易宪容著作集 4

汇率、流动性及金融危机的理论研究

易宪容 陈颖颖 著

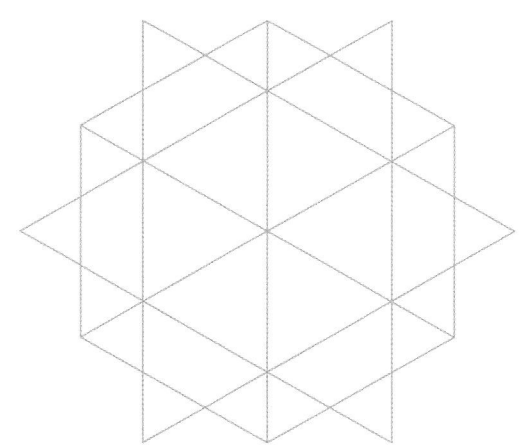

A Theoretical Study on Exchange Rate, Liquidity and Financial Crisis

中国社会科学出版社

图书在版编目（CIP）数据

汇率、流动性及金融危机的理论研究 / 易宪容，陈颖颖著.
—北京：中国社会科学出版社，2020.12
ISBN 978-7-5203-5832-3

Ⅰ.①汇… Ⅱ.①易… ②陈… Ⅲ.①金融危机—研究 Ⅳ.①F830.99

中国版本图书馆 CIP 数据核字（2019）第 294481 号

出 版 人	赵剑英
责任编辑	侯苗苗
责任校对	周晓东
责任印制	王 超

出 版	中国社会科学出版社
社 址	北京鼓楼西大街甲 158 号
邮 编	100720
网 址	http://www.csspw.cn
发 行 部	010-84083685
门 市 部	010-84029450
经 销	新华书店及其他书店
印刷装订	三河弘翰印务有限公司
版 次	2020 年 12 月第 1 版
印 次	2020 年 12 月第 1 次印刷
开 本	710×1000 1/16
印 张	26.5
插 页	2
字 数	426 千字
定 价	149.00 元

凡购买中国社会科学出版社图书，如有质量问题请与本社营销中心联系调换
电话：010-84083683
版权所有 侵权必究

序

《中国居住正义的理论研究》《金融市场基础性制度的理论研究》《中国金融市场化改革的理论研究》《汇率、流动性及金融危机的理论研究》四本书，主要汇集了我近年来的学术研究成果，也有少量的早期作品。这些成果既展现了我几十年来学习、思考、研究、分析的学术历程，也展现了中国经济改革和金融改革大潮的后浪推前浪的场景。

我们这一代人是幸运的，得益于邓小平的伟大谋略，他老人家倡导的改革开放让我重写了人生轨迹，让我走出了上高这个小县城，走向了上海，进入了北京，到了香港这个国际大都市，面向全世界，现驻留在青岛。如果没有邓小平他老人家，没有改革开放这个伟大时代，我也许只能在上高这个小县城度过一生。

面对这个伟大的时代，作为改革开放大潮的弄潮者，我选择了独有的途径，希望以个人所学、所思、所想转化为大众可知晓、可理解的知识，特别是2000年我从香港回到北京之后，这种信念更加坚定。由此，几十年如一日，撰写了数以万计的财经评论和金融评论的文章。这些在网络世界广为流传的文章为广大国人普及了经济学知识、金融学知识及房地产市场知识，启迪了民智，让广大民众变得更为聪明。每当我想到能够为社会做一点事情之时，欣慰之情油然而生，也许这就是我最为重要的人生意义。

所以，站在绝大多数人利益的角度来思考，为社会进步贡献绵薄之力，既是我做学术的源泉与基点，也是我的学术价值观。我记得有一次从加拿大回北京，在机场等取行李时，与一个移民加拿大的人聊了几句。她就告诉我，她已经移民加拿大多年了。她说多伦多是如何落后，是一个如何牺牲有钱人的利益而只对绝大多数没有钱的人有利的社会，所以，她就是不喜欢这样的社会。我就告诉她，我正好与她相反，我喜欢的社会就是要为绝大多数人谋利益的社会，就是要让社会最为弱势的人过上有尊严的生活的社会。我告诉她，这是价值观问题。价值观不一样，无话可交流。

所以，我这些学术著作的基点就是站在绝大多数人利益的角度，站在为整个社会文明增添一砖一瓦的角度来思考，为绝大多数人的利益鼓与呼，为构建让弱势者生活得有尊严的生活的社会做点努力。比如，对中国房地产市场问题的学术讨论，我从始至终都围绕着"居住正义"这个基点，探索如何来保证中国绝大多数人基本的居住条件，如何让绝大多数人在中国房地产市场空前繁荣中分享到相应的成果。所以，2000年以来我参与了政府一系列重大问题改革的政策讨论（如银行不良贷款处置、国有银行股份制改革、汇率制度改革、利率市场化改革、股权分置改革、房地产市场改革等），在这个过程中，我的政策讨论与学术思考从来没有离开过这个基点，它永远是我的学术思想与观点涌现的源泉。

在此，我特别感谢范跃进书记，是他真诚热情地聘请我来到青岛大学，来到青岛这个风景优美、气候宜人的城市，来到充满着活力与朝气的青岛大学。这算是我人生旅途上又一次重大转折，因为，来到青岛大学又让我完全回归学术生活轨迹。在大学的校园里、在大海边、在浮山和金家岭上，都是我学术思考最好的环境与地方。可以说，尽管我早已步入知天命之年，但青岛大学将是我学术生涯的新起点，现在感觉到要研究的各种重大的学术问题越来越多，人生又好像回到年轻的时代。向范跃进书记再道一声谢谢，祝你一生永远平安与快乐！

在此，我也感谢我的同学张群群教授，我们几十年的友谊始终如一。我们经常在一起讨论不同学术问题、探讨各种观点与意见、剖析种种社会现象。在此过程中，我都能从他那里获得无数的知识与启发。特别是当我碰到各种疑难问题、遇到各种困难时，他都能够帮助我找到迎刃而解的办法。人生有一知己足矣！

一对儿女——大中与韵珂，永远是我心中的明灯，自从他们出生之时起，就给了我人生的无穷力量及活力。无论遇上何种艰难险阻、惊涛骇浪，这盏灯都能让我拨云见日，化腐朽为神奇，让人生一步一步走下去。也许我对他们做不了什么，但愿我也能够点亮他们心中的那盏灯，照耀他们步入幸福快乐的人生。

在人生的旅途上，要感谢的人太多，我的学生、我的同事，以及青岛大学的各级领导，书的出版有他们一份辛苦与功劳。在此，特别感谢中国社会科学出版社大众分社侯苗苗总编辑,她不仅促成了本书的出版,也在出版过程中付出了她的一份辛苦。谢谢人生旅途上所有的朋友!

易宪容
2019 年 12 月 2 日
于青岛崂山区科大支路青岛大学人才公寓 1204 室

目　录

第一编　流动性与金融危机

1 美国次贷危机的流动性传导机制的金融分析 …………………… 3
　　1.1　前言 ……………………………………………………………… 3
　　1.2　文献综述 ………………………………………………………… 8
　　1.3　美国金融危机前的流动性过剩、流动性泛滥及后果 ………… 11
　　1.4　美国"影子银行"的流动性传导机制 ………………………… 15
　　1.5　美国金融危机爆发，从流动性过剩到流动性突然消失 ……… 23
　　1.6　美国政府救市及对中国金融市场改革的启示 ………………… 29

2 "影子银行体系"信贷危机的金融分析 ………………………… 32
　　2.1　前言 ……………………………………………………………… 32
　　2.2　"影子银行"的定义及产生背景 ……………………………… 34
　　2.3　"影子银行体系"的运作机制与实质 ………………………… 38
　　2.4　"影子银行体系"的崩溃及原因 ……………………………… 41
　　2.5　"影子银行"崩溃对中国金融市场的启示 …………………… 45

3 美国次贷危机的信用扩张过度的金融分析 ……………………… 47
　　3.1　前言 ……………………………………………………………… 47
　　3.2　美国次贷危机的根源何在？为什么不是全球经济
　　　　 失衡呢？ ………………………………………………………… 47
　　3.3　信用扩张过度是金融体系不稳定性的根源 …………………… 51
　　3.4　信用扩张过度的类型及表现形式 ……………………………… 55

3.5　美国信用扩张过度的新形式及整个金融体系崩溃 …………… 57
　　3.6　结论与对中国金融政策的含义 ………………………………… 60

4　美国次贷危机的根源、实质及反思 ……………………………………… 63
　　4.1　前言 ……………………………………………………………… 63
　　4.2　对美国次贷危机起源的观点综述 ……………………………… 65
　　4.3　美国次贷危机是一连串事件的结果 …………………………… 70
　　4.4　"影子银行"及金融市场系统性风险的新态势 ……………… 75
　　4.5　次贷危机的实质及反思 ………………………………………… 79

5　美联储量化宽松政策退出的市场不确定性效应 ……………………… 85
　　5.1　前言 ……………………………………………………………… 85
　　5.2　美国QE不退出的市场不确定效应 …………………………… 88
　　5.3　QE退出为何会导致市场巨大的不确定性？ ………………… 91
　　5.4　美国QE退出的实质及退出的不确定性 ……………………… 94
　　5.5　QE退出加大新兴市场不确定性及中国市场面临的风险 …… 97
　　5.6　小结 ……………………………………………………………… 102

6　美联储量化宽松货币政策退出的经济分析 …………………………… 103
　　6.1　前言 ……………………………………………………………… 103
　　6.2　QE退出为何会对市场产生巨大的影响：美国货币政策的
　　　　 国际化 …………………………………………………………… 107
　　6.3　QE变动为何会对市场产生巨大的影响：现代金融市场
　　　　 发生了质的变化 ………………………………………………… 109
　　6.4　美联储QE实施5年的效果 …………………………………… 112
　　6.5　美联储QE退出的决定因素 …………………………………… 115
　　6.6　QE退出可能的路径及方式 …………………………………… 117
　　6.7　美国QE退出对中国经济的影响与冲击 ……………………… 120

7　"安倍经济学"效果及影响的理论分析 ………………………………… 124
　　7.1　前言："安倍经济学"的由来 ………………………………… 124
　　7.2　"安倍经济学"的目的 ………………………………………… 128

7.3 "安倍经济学"核心："质化与量化"宽松的货币政策…… 130
7.4 "安倍经济学"的效果与影响 …… 134
7.5 "安倍经济学"的机会与挑战 …… 137

第二编　金融市场震荡与监管

8 美国金融监管体系改革中几个重大理论问题 …… 143
8.1 前言 …… 143
8.2 以金融监管体系重大改革来重建美国金融体系 …… 143
8.3 美国金融危机产生的根源与实质 …… 146
8.4 金融监管的目的是什么？ …… 149
8.5 哪一种金融监管模式最合适？ …… 153
8.6 金融监管与金融创新的平衡何以可能？ …… 155
8.7 美国金融监管改革对中国的启示 …… 157

9 美国金融业监管制度的演进 …… 160
9.1 前言 …… 160
9.2 问题的提出 …… 160
9.3 金融监管体制分析的理论框架 …… 163
9.4 美国金融业监管体制的历史演进与特征 …… 165
9.5 美国金融监管体制的框架与内容 …… 169
9.6 1999年《金融服务现代化法案》的确立及主要内容…… 171
9.7 中国应该建立怎样的金融监管体系？ …… 172

10 当前国际市场油价暴跌的金融分析 …… 174
10.1 从金融角度来看当前国际油价的暴跌 …… 174
10.2 石油的金融化、期货化改变了油价的定价基础 …… 177
10.3 国际油价暴跌对金融市场的影响 …… 179
10.4 中国政府如何应对油价暴跌？ …… 182

第三编　汇率及制度改革

11　人民币汇率的制度选择、运作机理及定位锚——基于一般性的金融理论分析 ······ 187

　11.1　前言 ······ 187
　11.2　"8·11""新汇改"后人民币汇率制度的变化 ······ 189
　11.3　人民币纳入 SDR 货币篮子后对汇率制度提出了新要求 ······ 191
　11.4　选择 CFETS 人民币汇率指数的评估 ······ 194
　11.5　以信用货币美元为主导的国际货币体系下的汇率定价机制 ······ 197
　11.6　人民币的汇率形成机制及定位锚 ······ 199
　11.7　小结 ······ 202

12　人民币"8·11""新汇改"的动因、影响及未来走势 ······ 204

　12.1　人民币为何会突然主动贬值？ ······ 204
　12.2　人民币主动贬值企稳后的善后政策 ······ 210
　12.3　当前人民币汇率所面临的难题与挑战 ······ 214
　12.4　小结 ······ 220

13　人民币纳入 SDR 对中国经济的影响与冲击——基于一般性的金融理论分析 ······ 221

　13.1　前言 ······ 221
　13.2　SDR 的基本含义及纳入 SDR 货币篮子的技术标准 ······ 223
　13.3　人民币纳入 SDR 货币篮子的技术障碍及内在问题 ······ 225
　13.4　人民币纳入 SDR 货币篮子对中国经济及金融市场的影响与冲击 ······ 227
　13.5　人民币纳入 SDR 货币篮子是一把"双刃剑" ······ 229
　13.6　小结 ······ 232

14 资本账户开放的理论与运作 233

- 14.1 前言 233
- 14.2 资本管制与金融自由化 234
- 14.3 从资本管制到资本账户开放 237
- 14.4 资本账户开放的含义及内容 247
- 14.5 资本账户开放的前提条件 251
- 14.6 资本账户开放顺序与速度 259
- 14.7 资本账户开放的国际经验与模式 264
- 14.8 人民币资本账户可兑换的困难与问题 275
- 14.9 人民币资本账户可兑换对香港的影响 281

15 现代养老金的理论与运作 285

- 15.1 问题提出 285
- 15.2 现代社会保障制度的产生、演进与发展 290
- 15.3 现收现付制向养老基金制转轨的国际趋势 293
- 15.4 养老基金运作机理及资本市场 298

第四编 融资及香港金融市场

16 中国机构海外债券融资研究 311

- 16.1 导言 311
- 16.2 文献综述与研究背景 312
- 16.3 中国境内机构境外发行外币债券的融资结构 314
- 16.4 中国境内机构海外发行债券的发行和偿还情况分析 322
- 16.5 中国企业对外发行外币公司债的情况 324
- 16.6 中国机构海外发行债券筹资的成本分析 329
- 16.7 结论和政策建议 335

17 国内企业海外上市利于中国资本市场发展 338

- 17.1 前言 338

17.2 国内企业海外上市的概况 ………………………………………… 338
17.3 国内企业海外上市的成长性 ……………………………………… 341
17.4 国内企业海外上市的原因 ………………………………………… 348
17.5 国企海外上市是国有资产保值增值的一种方式 ………………… 352
17.6 国内企业海外上市对中国资本市场的影响 ……………………… 357
17.7 国内企业海外上市展望 …………………………………………… 358

18 香港设立人民币债券离岸中心可行性分析 …………………………… 361
18.1 香港债券市场的现状 ……………………………………………… 361
18.2 人民币本地债券市场的发展 ……………………………………… 366
18.3 香港离岸债券中心的足与不足 …………………………………… 370
18.4 香港设立人民币离岸债券中心分析 ……………………………… 372
18.5 香港设立人民币债券离岸中心程序与时间安排 ………………… 375

19 香港国际金融中心定位与发展的研究 ………………………………… 376
19.1 上海与香港的国际金融中心的关系 ……………………………… 376
19.2 从伦敦国际金融的发展看香港的定位 …………………………… 377

参考文献 ……………………………………………………………………… 383

CONTENTS

Part I Liquidity and Financial Crisis

1. Financial Analysis of the Liquidity Transmission Mechanism of the U. S. Subprime Crisis ················· 3

   1.1 Preface ················· 3

   1.2 Literature Review ················· 8

   1.3 Excess Liquidity, Liquidity Overflow and the Consequences Before the U. S. Financial Crisis ················· 11

   1.4 Liquidity Transmission Mechanism of U. S. "Shadow Banking" ················· 15

   1.5 The Outbreak of the U. S. Financial Crisis, from Excess Liquidity to Sudden Disappearance of Liquidity ················· 23

   1.6 U. S. Government Bailout and Enlightenment for China's Financial Market Reform ················· 29

2. Financial Analysis of the "Shadow Banking System" Credit Crisis ················· 32

   2.1 Preface ················· 32

   2.2 Definition and Background of "Shadow Banking" ················· 34

   2.3 The Operating Mechanism and Essence of the "Shadow Banking" System ················· 38

   2.4 The Collapse of the "Shadow Banking System" and Its Causes ················· 41

2.5 Implications of the "Shadow Banking" Collapse on China's Financial Market ……………………………………………… 45

3. **Financial Analysis of Credit Excessive Expansion in the U. S. Subprime Crisis** …………………………………………………… 47

    3.1 Preface ……………………………………………………………… 47
    3.2 What Is the Root of the U. S. Subprime Crisis? Why Is It Not the Global Economic Imbalance? ……………………………… 47
    3.3 Excessive Credit Expansion Is the Source of Instability of the Financial System ……………………………………………… 51
    3.4 Types and Manifestations of Excessive Credit Expansion ……… 55
    3.5 New Form of Excessive Credit Expansion in the United States and the Collapse of the Entire Financial System ………………… 57
    3.6 Conclusions and Implications for China's Financial Policy …… 60

4. **The Origin, Essence and Reflection of the US Subprime Crisis** ……………………………………………………………………… 63

    4.1 Preface ……………………………………………………………… 63
    4.2 Views Review on the Origin of the U. S. Subprime Crisis …… 65
    4.3 The U. S. Subprime Crisis Is the Result of a Series of Events …………………………………………………………… 70
    4.4 The New Situation of "Shadow Banking" and Systematic Risk in Financial Market ……………………………………………… 75
    4.5 The Essence and Reflection of the Subprime Crisis …………… 79

5. **Market Uncertainty Effects of the Fed's Quantitative Easing Exit** ……………………………………………………………………… 85

    5.1 Preface ……………………………………………………………… 85
    5.2 Market Uncertainty Effect of U. S. QE Non-Exit ……………… 88
    5.3 Why QE Exit Causes Great Market Uncertainty? ……………… 91
    5.4 The Essence and Uncertainty of the U. S. QE Exit …………… 94
    5.5 QE Exit Increases Uncertainty of Emerging Market and Risk

of China's Markets ·· 97
5.6　Summary ·· 102

6. **Economic Analysis of the Fed's Quantitative Easing Monetary Policy Exit** ·· 103

  6.1　Preface ·· 103
  6.2　Why QE Exit Will Have Huge Impact on the Market: Internationalization of US Monetary Policy ····················· 107
  6.3　Why QE Changes Have a Huge Impact on the Market: Qualitative Changes in Modern Financial Market ············· 109
  6.4　Effect of the Federal Reserve's QE Implementation in Five Years ·· 112
  6.5　Determining Factor of the Fed's QE Exit ····················· 115
  6.6　Possible Paths and Methods for QE Exit ······················ 117
  6.7　Influence and Impact of U.S. QE Exit on China's Economy ·· 120

7. **Theoretical Analysis of the Effect and Impact of "Abenomics"** ·· 124

  7.1　Preface: The Origin of "Abenomics" ······················· 124
  7.2　Purpose of "Abenomics" ·································· 128
  7.3　Core of "Abenomics": "Qualitative and Quantitative" Easing Monetary Policy ··· 130
  7.4　Effects and Impacts of "Abenomics" ······················· 134
  7.5　Opportunities and Challenges of "Abenomics" ··············· 137

Part II　Financial Market Volatilities and Regulations

8. **Several Major Theoretical Issues in the Reform of the U.S. Financial Supervision System** ·· 143

  8.1　Preface ·· 143

- 8.2 Rebuilding the U. S. Financial System with Major Reforms in the Financial Supervision System 143
- 8.3 Origins and Essence of the U. S. Financial Crisis 146
- 8.4 What Is the Purpose of Financial Regulation? 149
- 8.5 Which Financial Regulation Model Is the Most Suitable? 153
- 8.6 How to achieve the Balance between Financial Regulation and Financial Innovation Possible? 155
- 8.7 Implications for China from U. S. Financial Regulatory Reform 157

9. Evolution of the U. S. Financial Industry Regulatory System 160

- 9.1 Preface 160
- 9.2 Raised Questions 160
- 9.3 Theoretical Framework to Analyse Financial Supervision System 163
- 9.4 Historical Evolution and Characteristics of the U. S. Financial Industry Regulatory System 165
- 9.5 Framework and Content of the U. S. Financial Supervision System 169
- 9.6 Establishment and Main Contents of the Financial Services Modernization Act 1999 171
- 9.7 What Kind of Financial Supervision System Should China Establish? 172

10. Financial Analysis of the Current Slump in Oil Prices in the International Market 174

- 10.1 Research on the Current Slump in International Oil Price from the Financial Perspective 174
- 10.2 The Financialization and Future-lization of Oil Changes the Pricing Basis of Oil Prices 177
- 10.3 Impact of the Plunge in International Oil Prices on Financial

           Market ·· 179
    10.4   How does the Chinese Government Respond to the Plunge
           in Oil Price? ··· 182

Part III   Exchange Rate and Institutional Reform

11. Institutional Choice, Operating Mechanism and Positioning Anchor of RMB Exchange Rate – Based on General Financial Theory Analysis ··· 187

   11.1   Preface ··· 187
   11.2   The Variation in the RMB Exchange Rate System after
          the 8 · 11 "New Exchange Reform" ···························· 189
   11.3   New Requirements for the Exchange Rate System Were
          Introduced after RMB Was Included in the SDR Currency
          Basket ··· 191
   11.4   Evaluation of the CFETS RMB Exchange Rate Index ········ 194
   11.5   Exchange Rate Pricing Mechanism under the International
          Monetary System Dominated by the Credit Currency USD ··· 197
   11.6   RMB Exchange Rate Formation Mechanism and Positioning
          Anchor ··· 199
   11.7   Summary ··· 202

12. Motivation, Impact and Future Trends of RMB 8 · 11 "New Exchange Reform" ··· 204

   12.1   Why Did the RMB Suddenly Subjectively Depreciate? ········ 204
   12.2   The Aftercare Policy After Stabilizing the RMB Which
          Depreciates Subjectively ·································· 210
   12.3   Difficulties and Challenges to the Current RMB Exchange
          Rate ··· 214
   12.4   Summary ··· 220

13. Influence and Impact of RMB into SDR on China's Economy – Based on General Financial Theory Analysis 221

13. 1 Preface 221
13. 2 Basic Meaning of SDR and Technical Standards Included in SDR Currency Basket 223
13. 3 Technical Obstacles and Inherent Problems of RMB into SDR Currency Basket 225
13. 4 Influence and Impact of RMB into SDR Currency Basket on China's Economy and Financial Market 227
13. 5 RMB into SDR Currency Basket Is a Double-Edged Blade 229
13. 6 Summary 232

14. Theory and Operation of Capital Account Opening 233

14. 1 Preface 233
14. 2 Capital Controls and Financial Liberalization 234
14. 3 From Capital Control to Capital Account Opening 237
14. 4 Meaning and Content of Capital Account Opening 247
14. 5 Prerequisites for Capital Account Opening 251
14. 6 Sequence and Speed for Capital Account Opening 259
14. 7 International Experience and Models of Capital Account Opening 264
14. 8 Difficulties and Problems of RMB Capital Account Convertibility 275
14. 9 Impact of RMB Capital Account Convertibility on Hong Kong 281

15. The Theory and Operation of Modern Pension 285

15. 1 Raised Questions 285
15. 2 The Emergence, Evolution, and Development of Modern Social Security Systems 290

15.3	International Trends in the Transition from PAYG to Pension Fund System	293
15.4	Operation Mechanism of Pension Funds and Capital Markets	298

Part IV Financing and Hong Kong Financial Market

16. Research on Chinese Institutions' Overseas Bond Financing 311

16.1	Preface	311
16.2	Literature Review and Research Background	312
16.3	Financing Structure of Foreign Currency Bonds Issued by Institutions from China	314
16.4	Analysis of the Issuance and Repayment of Overseas Bonds Issued by Chinese Domestic Institutions	322
16.5	Foreign Corporate Bonds Issued by Chinese Enterprises	324
16.6	Cost Analysis of Chinese Institutions' Bond Issuance Overseas	329
16.7	Conclusions and Policy Recommendations	335

17. Overseas Listing of Domestic Companies Is Conducive to the Development of China's Capital Market 338

17.1	Preface	338
17.2	Overview of Overseas Listings of Domestic Enterprises	338
17.3	The Growth of Overseas Listing of Domestic Companies	341
17.4	Reasons for Overseas Listing of Domestic Companies	348
17.5	Overseas Listing of State-Owned Enterprises Is a Way to Preserve and Increase the Value of State-Owned Assets	352
17.6	Impact of Overseas Listing of Domestic Enterprises on China's Capital Market	357
17.7	Prospects for Domestic Companies to List Overseas	358

18. Feasibility Analysis of the Setup of an Offshore RMB Bond Center in Hong Kong ········ 361

    18.1 The Situation of Hong Kong's Bond Market ············ 361
    18.2 Development of the RMB Local Bond Market ·········· 366
    18.3 Adequacy and Inadequacy of Hong Kong Offshore Bond Center ········ 370
    18.4 Analysis of the Setup of RMB Offshore Bond Center in Hong Kong ········ 372
    18.5 Procedures and Timeline for the Setup of an Offshore RMB Bond Center in Hong Kong ········ 375

19. Research on the Position and Development of Hong Kong International Financial Center ········ 376

    19.1 Relationship between Shanghai and Hong Kong as International Financial Centers ········ 376
    19.2 Positioning of Hong Kong from a Perspective of the International Finance Development of London ········ 377

References ········ 383

第一编　　流动性与金融危机

1 美国次贷危机的流动性传导机制的金融分析[①]

1.1 前言

 这次美国金融危机是近 20 年来一连串事件长期信用无限扩张的结果。这种信用无限扩张的主要工具是"影子银行"。在金融全球化的国内外背景下,"影子银行"是一个创造流动性的新的融资体系。它的实质就是为了规避正式监管规则而由发起人设计的一套如何把市场流动性转变为银行流动性的金融产品及市场安排。其目标就是通过增加流动性来提高金融资产的杠杆率,过度地使用公共性的金融体系,从而为金融机构谋取利润最大化。这种新融资模式既为流动性的转换与聚集创造了条件,也为流动性突然中断及整个金融体系突然崩溃留下了巨大的隐患。本文就是从这个角度揭示这次美国金融危机的流动性传导机制及内在机理的。

 2007 年 2 月 10 日美国第二大次级贷款抵押公司:新世纪金融公司(Countrywide Financial Corp)发布盈利预警,美国金融危机的风险开始浮出水面,已经有两年半了;从 2008 年 9 月 15 日,投资银行雷曼兄弟宣布破产,百年一遇的金融海啸刹那间袭来,也已经有一年多了。在这段时间,美国金融危机很快就蔓延到全世界及把全球经济带入衰退的边缘。但是,奇怪的是,为什么全世界绝大部分的政府、企业及个人都没能预测到这场金融危机的到来,更没人能预测这场金融危机的严重性和破坏性?即使有人预测到,为什么就没有人能预先采取应对的方式?而且为什么当人们感觉金融危机即将爆发时,整个美国金融体系却突然间完全崩溃了呢(克鲁格曼,2009)?

[①] 该文章发表在《金融研究》2010 年第 5 期。

可以说，在美国金融危机爆发之后，人们对美国次贷危机的起因、后果及形成机制提出了各种各样的解释。比如全球流动性的泛滥、政府宽松的货币政策、降低信用消费市场准入为购房者提供过度的流动性、房地产泡沫破裂、金融衍生工具泛滥、金融监管不足、评级机构评级虚假性、人性贪婪、全球经济的失衡等（易宪容，2009a）。但是，由于这些解释对事件没有经过深刻的反思，多片面化或表象化，因此，这样解释也就无法真正揭示这次美国金融危机的实质、真相及对未来经济生活的影响了。

可以说，这场美国金融危机不仅改变了整个世界的经济格局、利益关系、生产方式及消费方式，也颠覆了整个人类世界的价值观念及思维方式。我们只有对该事件进行全面深入的反思，了解其事件的来龙去脉，才能把握事件实质及原因所在、才能真正找到化解这场金融危机之道。可以看到，美国金融危机之后，由于缺乏对这场金融危机在理论上的深刻反思，也就使全球不少政府都只能采取短视的、以毒攻毒的、措施猛烈的救市政策，其作用可以让衰退的全球经济短期见底，但却增加了未来经济的不确定及潜在风险。正如黄元山（2009）所指出的那样，尽管全球政府以公共开支代替居民消费、以发钞票来代替破灭了信贷泡沫时，让既有的金融体系存活下来，但金融体系的系统性风险并没有消失，只不过这种风险由金融机构转移到政府身上。如果这样，金融危机将逐渐转移为欧美各国政府潜在的财政危机。如果2008年金融海啸真的埋下了将来可能发生欧美财政危机的种子，那么当新的金融危机爆发时，它给人类带来的灾难可能会大于2008年国际金融危机。因为，再也没有第三者可以挽救欧美各国政府了。可见，更为深入地研究美国金融危机的根源与实质显得更为重要与迫切了。本文试图从流动性传导机制及内在机理的角度来研究这次美国金融危机，希望以此来揭示美国金融危机的实质。

一般来说，任何一部金融市场发展史都是一部金融危机史。金融危机就如金融行动本身一样，是与金融活动相伴随的。而金融是什么？它是通过信用创造或信用扩张跨时空的价值交易或资源配置。信用就是生产资本通过这种生产资本的扩张即信用量的增加与扩展来创造社会财富，给人们的生活提供更多的便利。信用扩张或信用创造既可以通过股权也可以通过债权的方式进行。但信用扩张往往是以债务融资为主，金融体系危机一般都表现为债务危机（熊伟，2009a）。无论是 1997 年亚洲金融危机，还是最近美国次贷危机都是如此。现在的问题是，既然金融体系更容易出现债务危机，为什么这些金融机构还是要采取债务融资而不采取股权融资呢？这既在于投资人采取债权融资便于选择清算的方式来维护自己的利益和化解借贷双方信息不对称而导致的代理风险，也在于债务融资的信用工具在债权与货币之间的转换非常方便（白俊男，1997）。由于债权极易换成货币，所以拥有多余资金的人乐于提供资金换取债权，并可取利息或红利等收益，而在需要资金之时，又可将其所持有债权换成货币。信用工具这种债权与货币之间便利转换之性质就是"流动性"。正是在这个意义上说，信用创造更多的是金融市场"流动性"创造。所以，沈联涛（2009）认为，没有一次金融危机是完全相同的，但是它们有着共同的因素，即所有的金融危机都从流动性创造、流动性过剩开始，接着出现投机过热，最终形成资产泡沫、爆发金融危机。也就是说，历史上的任何金融危机都表现为流动性过剩、流动性泛滥、流动性突然消失的过程。流动性危机就是每一次金融危机的核心所在。比方说，这次美国金融危机就是一次流动性危机。

那么什么是"流动性"？一般来说，"流动性"是指某种资产转换为支付清偿手段的难易程度，比如现金不用转换为别的资产就可直接用于购买，因此一般认为现金是"流动性"最强的资产（中国人民银行货币政策分析小组，2006）。正是从这个意义上说，格利和肖则直接把"流动性"理解为"货币性"（谢德宗，1993）。克兰普则从三个方面来定义"流动性"（《新帕尔格雷夫金融学大辞典》，2000）：一是从资产的到期日来界定"流动性"，而货币则是一种到期日为零的资产，所以货币最具有"流动性"的本性；二是便利性，即货币余额存量与产出流量的比例，"流动性"对产出的大小比例关系；三是金融力，他从整个经济体的资产负债表出发来定义"流动性"，即金融力是指人们持有的、以市场价值衡量的对政府债权和其他私人实体部门的债权，即"流动性"是一种金融产品便利地转换为另一个金融产品的工具。在这里，克兰普是从三个层面上来理解"流动性"的，即货币与产出的关系为宏观意义上的"流动性"；"流动性"的持有主体为机构及个人流动性；资产变现截止时间为市场流动性。

可以说，在金融市场中，基于融资活动的多样性，"流动性"的具体形式也是多样、复杂及变动的，因此我们要对"流动性"给出一个统一的定义是不可能的。克罗兹勒（2007）曾指出，在他研究取样的前6个月里，关于"流动性"的文章有2795篇，但是这些文章对"流动性"的含义解释就有2795种。也就是说，"流动性"是一种复杂多变的现象，是一个多层次的概念，它不能用简单的定义来界定。对于"流动性"，一般研究者所关注问题的有两个（北京大学中国经济研究中心宏观组，2008）：一是"流动性"的界定与度量，二是"流动性"与资产价格的关系。在此基础上，一般把"流动性"分为三个层次：货币流动性、银行流动性及市场流动性。货币流动性又称为宏观流动性，可理解为不同统计口径的货币信贷总量（中国人民银行货币政策分析小组，2006），并用货币的增长率或结构比例来度量。银行流动性也称融资流动性，是指无须支付额外利息而能够顺利借到资金的能力（国际货币基金组织，2008），它采用超额存款准备金率以及与金融周期密切相关的资产负债表的扩张率等指标来度量。市场流动性是指在几乎不影响价格的情况下迅速达成交易的能力（中国人民银行货币政策分析小组，2006）。市场流动性往往与市场交易量、交易成本、交易时间等因素有关，分别用紧度、深度及弹性等指标来度量（Kyle，1985）。

从上述的梳理可以看到，尽管"流动性"具有多样性与复杂性的特征，但每一种"流动性"都具备以下几个方面的基本特点。第一，"流动性"是一种资产的属性，是市场在瓦尔拉斯均衡下投资者对该属性的偏好。比如，Lippman 和 McCall（1986）认为，若某资产能以可预期的价格迅速出售，则该资产就具有"流动性"。既然"流动性"是资产的属性，它既有与投资者的效用与信心、市场交易制度、市场环境密切相关的变量，也有与资产的安全性、营利性等属性密切相关的属性。因此，"流动性"同样是与资产评估、杠杆化及风险不可分离的属性。Gumerlock（2000）指出，资产的流动性、价格、评估、杠杆都是相互联系的，都要视环境与时机而定，都是投资者随机选择的结果。

第二，"流动性"主要表现为资产的融资工具转换、财富增长与规避风险的能力。无论是货币流动性、银行流动性，还是市场流动性都是如此，只不过它们所对应的层面与范围不同。白俊男（1997）认为，"流动性"具有转让性（negotiability）、可逆性（reversibility）、市场性（marketability）等特质，而这些特质都与能力有关。能力既可以是已经具备的现实条件，也可以是经过行为调整后达到其目标的可能性。前者所指的是现有市场环境、制度条件、投资者的偏好与信心等初始条件，后者则是指这种属性的能力倾向。比如，货币之所以流动性高就在于它本身能够便利地转变为其他融资工具的特质。还有，有人认为证券流动性为市场在不对证券价格产生较大冲击的前提下保证了交易指令尽快被执行的可能性（刘海龙等，2001）。这里的"流动性"就是指证券市场的流动性倾向。因此，对"流动性"初始条件测量起来比较困难，而对后一种情况"流动性"可测量但要受到时空限制。还有，既然"流动性"是资产的某种能力，因此它同样是一个形成、产生与成长的过程，而且"流动性"永远是在过程中。

在此，我们就可以看到，以往对"流动性"的研究，更多关注的是"流动性"的界定与度量。即从静态的角度来确定"流动性"度量标准、度量方式及多少，而不是从动态的角度来把握流动性过程及运行机制。如果是这样，自然也就无法从这种"流动性"度量中预测金融体系所面临的风险及市场发展的趋势。可以说，每一次金融危机爆发特别是这次美国金融危机爆发基本上都是"流动性"急剧波动的结果。不过，到目前为止，还没有一个金融机构或经济学家能够通过对流动性急剧波动的度量来预测金融危机爆发的可能性。其原因是，这些研究或分析都把"流动性"看作一个静态事物而不是一个过程来理解。本文的研究就是从一个动态角度来研究"流动性"的生成、获得、变化、形成机理及传导机制等，并通过"流动性"的研究来揭示这次美国金融危机的实质。

第三，既然"流动性"是资产属性，而资产的本质特征是信用创造，因此，流动性与信用的扩张与收缩存在密切的关系。"流动性"不是信用创造，但"流动性"是信用创造的工具与结果。如果把"流动性"放在信用创造的过程中来分析与研究，也就容易把握"流动性"的生成、获得、变化及内在运行的过程，从而把握"流动性"的本质及内在机理。本文就是从这样一个角度来分析研究美国金融危机流动性的内在机理的。

本文结构安排如下：第二部分是对相关研究文献的综述；第三部分从20世纪以来的金融全球化大背景角度来观察与分析美国金融危机前的流动性过剩、流动性泛滥及后果；第四部分研究美国影子银行的流动性传导机制与内在机理；第五部分分析了美国金融危机爆发为什么会让流动性突然发生逆转或消失；第六部分从流动性角度来看美国金融危机的教训及对中国金融市场的启示。

1.2 文献综述

对于流动性研究文献，尽管浩如烟海，但现有的研究主要关注流动性的解释、度量及与资产价格的关系，却很少有文献来讨论流动性生成机理及内在的运行机制，也很少有文献来分析不同流动性之间的内在关系。因此，不少文献对流动性运行分析更多的是从信用扩张的角度来分析。比如，哈耶克（1931）认为，人为的信用扩张而制造市场过度的流动性，从而造成人为的经济繁荣，经济繁荣与衰退是流动性的扩张与收缩的结果，而这种流动性的巨大波动容易引起危机。从信用扩张的角度来讨论流动性的问题，有费雪的"债务紧缩萧条理论"及明斯基的"金融不稳定理论"。

费雪（1933）认为，在经济繁荣时期，由于过度投资引起的经济体系信用快速扩张，就会出现过度负债的情况。在出现意外冲击（如1929年股市崩溃）的情况下，则由于资产贬值，其抵押功能大为降低。在这种情况下，由于不能以其他方式进行融资获得必要的流动性，债务人就会面临债务偿还困难。这时，如果没有外来干预，就会引致强制性的债务清偿。这样，一方面债务人以资产为担保从银行获得更多的抵押贷款就变得非常困难；若得不到贷款，就只能被迫变现抵押资产，导致资产价格跌得更惨，资产变现所得远不足以清偿债务。另一方面，若资不抵债，就只得破产，而债务人的破产也意味着银行坏账的出现，对银行体系的流动性造成压力，从而引起货币供应量的下降和货币流通速度的下降。这时，费雪的"债务—紧缩"进程就已经开始了。如果货币管理当局能够在债务清偿困难时，进行外生的干预，增加及保证金融支付体系的流动性，使债务清偿所可能引发的流动性危机得以缓解，从而阻止资产廉价出售，稳住价格水平，"债务—紧缩"进程得以控制，这种不断放大的信用破坏才得以停止。可以说，尽管费雪"债务—紧缩"过程是建立在"过度负债"及"通货紧缩"两个核心概念的基础上，但实际上"债务—紧缩"整个过程就是信用的扩张与收缩，其核心内容就是流动性增加与减少。而且在"债务—紧缩"过程中，已经涉及不同层面流动性的变化,但费雪并没有揭示出这些流动性内在机理及变化。

在费雪理论的基础上,明斯基(1975)提出了"金融不稳定假说"。在明斯基看来,现代经济活动是通过银行借贷关系联系在一起的。而这种银行借贷行为具有内在不稳定性。这不仅在于银行体系高杠杆的资产负债结构和融资行为的跨期性,而且在于越是经济繁荣时期,经济主体越是有意愿承担高风险的融资,借贷越是活跃及金融创新使各种项目融资计划更是容易。在这种情况下,经济主体的套期融资就容易转化为投机融资和庞齐融资(明斯基,1986),使提高金融杠杆率、增加流动性、推高资产价格。在这种情况下,当货币政策当局收缩信贷时,缺乏流动性的投资者不得不出售资产改变金融头寸。这就容易导致资产价格泡沫破灭及金融危机爆发。后来戴尔蒙德等(1983)用DD模型严格地证明了银行在提供流动性方面的特殊地位,银行用自己特殊的资产负债结构为大量借款人分散了跨期消费所带来的不确定性流动性风险,但这种流动性风险却又让自己来承担。这就容易造成银行体系内在不稳定。也就是说,无论是从金融体系来说,还是从银行体系来说,流动性的巨大波动是金融不稳定的内在基础。因此,减小流动性的波动是弱化金融体系不稳定性的重要方面。明斯基的金融体系的内在不稳定假说看到流动性在金融体系中的重要性但同样无法揭示流动性的内在机理及不同层次流动性之间的内在关系。

对此,Gumerlock(2000)则提出有新意的解释。他指出,在正常的情况下,任何市场属性(如价格、风险及流动性)的一阶近似值都是稳定的,因此相对容易识别并可以测量。然而,在极端的市场条件下,风险、流动性和杠杆率彼此之间具有非常高的关联度,因此既不稳定也无法用当前模型来测量。也就是说,在正常的市场情况下,流动性等不同的风险是可区分的,并可以用计量工具进行测量与对冲。但是,在极端的情况下,流动性等风险变得不可区分、不可测量了,因此,投资者唯一的选择是不计代价地退出这个市场。在这种情况下,如果投资者都这样做,流动性就会突然中断,金融危机也就全面爆发了。在这里,对流动性的讨论不仅深入在不同条件下的状态,而且也指出了在极端条件下流动性与金融风险、杠杆率、市场波动的关联性,指出了流动性危机是金融危机的核心,从而使对流动性机理分析更为深化了一步。

对流动性的内在性及机理较为关注的是,国际货币基金组织的研究报告。它在2008年4月的《全球金融稳定报告》中，专门有一章讨论市场流动性与融资流动性的问题。在该报告（国际货币基金组织，2008）看来，当市场流动性与融资流动性不足时，私人部门的金融风险就会转变为公共部门的金融风险。在该报告看来，2007年7月发生的国际金融市场震荡，尽管看上去是起源于美国次贷抵押贷款市场信贷风险恶化，但其核心是流动性传导机制脆弱性的结果。因为，在美国新的融资模式下，不仅赋予市场流动性和融资流动性新的意义，而且使用传统的流动性指标来度量这些流动性风险是十分困难的。在这种条件下，两种流动性能够以不同的方式相互作用与转化，从而引发自我维持型的"流动性升级"，或由市场流动性不足导致融资流动性不足相互弱化的循环，从而导致金融市场的流动性危机。这就要求成熟市场中的中央银行通过货币流动性进行前所未有的干预，以满足融资流动性的需要，从而减小流动性风险由私人部门向公共部门的转移，保证金融市场的稳定。可以说，到目前为止，该报告是对流动性机制研究最为深入的文献。它不仅探讨了不同层面的流动性之间的相互关系，也探讨了流动性传导机制及对金融市场稳定性的影响，以及对"流动性升级"的应对政策。不过，由于该报告立足于个案的研究及个案的事件还在进行中，因此，也就无法对流动性的一般性问题进行更为深入的探讨。对于流动性的一般性讨论，相关的文献还有北京大学中国经济研究中心宏观组（2008）和彭兴韵（2007）等研究文章，在此就不一一列举。

  从上述文献可以看到，学界对流动性的研究与认识是一个逐渐演进的过程，而且在这个过程中，这种认识是随着现代金融市场变化与发展才逐渐深化的。还有，早期对流动性的理解，更多的是放在信贷扩张或信用创造的意义上。这既有金融市场成熟程度问题，也有对流动性度量的工具认识不足的问题。现有的关于流动性文献的研究大多是关注在平常市场条件下的流动性度量和与资产价格关系问题，而很少考虑在非常市场条件下流动性变化、市场风险、金融市场震荡及流动性之间的相互转化的关系等问题。这些都是我们需要深入探讨的重大的理论问题。正是这次美国金融危机，把关于流动性的许多重大理论问题都暴露了出来。这就需要我们更为深入地进行研究与讨论。下一节将讨论美国金融危机前的流动性泛滥的大背景及美联储的货币政策对金融市场流动性的影响。

1.3 美国金融危机前的流动性过剩、流动性泛滥及后果

一般来说，这次美国金融危机的大背景是20世纪80—90年代"冷战"结束之后的经济全球化与金融全球化，它通过工资套利、金融套利、知识套利、技术套利及监管套利带来了全球经济繁荣，也造成了整个全球经济失衡、新的"发行—分销"融资模式的出现、流动性的过剩与泛滥、资产价格快速上涨等（沈联涛，2009），即形成了一个20多年的全球性信用无限扩张的过程。美国金融危机国内的宏观背景是美国"9·11"事件及纳斯达克股市泡沫破灭之后，美联储为了减小这些事件对美国经济冲击与影响，防止美国经济衰退而采取十分宽松的货币政策，从而导致次级贷款盛行。

所谓的工资套利就是指近二三十年来，社会主义国家全面地由计划经济体制向市场经济转轨。在这次转轨的过程中，来自中国、印度、东欧等计划经济国家及新兴市场国家有30亿劳动力从传统的体制中释放出来，加上贸易自由化、技术生产率的提高、企业经营管理改善，这样一种经济环境创造出了一个全球经济高增长、低通胀的繁荣时期。在这个时期，这些国家释放出来的劳动力不仅促进所在国的经济快速增长与繁荣，也为整个世界市场提供了大量的低价格商品，保证全球经济在低通胀条件下运行。也正是通过这些低价格商品大量出口，不仅使出口所在国的外汇储备快速增长[1]，也使这些劳动力所创造的财富源源不断地流入富裕国家的金融市场。比如，从1994年到2007年，中国出口总额从10421亿元人民币增长到了93455亿元人民币，增加了9倍多；外汇储备从1994年的516亿美元增加到2009年9月底的22726亿美元，增加了44倍多[2]。在此期间，全球的外汇储备从1997年的1.19万亿美元增长到2006年的3.34万亿美元，尤其是"金砖四国"增长更快（陈洁，2009）。由于这些转轨经济国家及新兴市场经济国家的金融市场发展滞

---

[1] 这些国家外汇储备不少就是工资套利的结果。
[2] 其数据参见国家统计年鉴及月报。

后，其增加的金融资产只能在本国之外寻求合适的投资途径。当大量的外汇储备涌向国际金融市场寻求合适的投资渠道时，对金融产品增长需求不仅推动华尔街金融市场的繁荣，也让国际金融市场的流动性涌现了出来。

所谓的金融套利就是指日本20世纪90年代初资产价格泡沫破灭之后，日本政府为了应对资产泡沫的破灭，采取极度宽松的低利息甚至于"零利息"的货币政策，从而使在近20年的时间里日本向全球金融市场提供大量的"零成本"融资。据国际清算银行的统计，1993年日元的国际贷款只有4000亿美元左右，但到1998年3月上升到9200亿美元。在这个时期，不仅日本银行的日元利息低，而且日元相对非日元货币迅速贬值。在这种情况下，既有利差收益，也有汇兑收益，当时利差交易十分盛行。在1995年4月到1998年8月年均利差交易达到2000亿—3500亿美元，而在三年里利差交易盈利可达到1690多亿美元。不少新金融工具如对冲基金，在这场利差交易中大获其利（沈联涛，2009）。到了2007年，全球的利差交易市场进一步扩大，估计当年利差交易达到2万多亿美元，其中一半以上的利差交易是日元。这种对不同国家货币之间的利率和汇率套利，不仅使国际金融市场流动性泛滥，而且又被杠杆工具及衍生品无限地放大，从而加大了全球金融交易资本流动的巨大波动。

知识套利就是"冷战"结束后，大量的科学家和物理学家开始涌入华尔街的各种不同的金融机构。这些数理人才将技术和统计技巧应用到金融市场，创立了许多的金融工具及金融模型来管理风险，创造出各种各样的金融产品，以便满足上述的金融市场需求。这些金融工程师不仅催生了对冲基金，而且也创造出了大量的金融衍生工具。1999年对冲基金管理资产不足2000亿美元，但到2007年，对冲基金有9000多家，管理着2万多亿美元的资产。根据国际货币基金组织的估算（2008），1980—2007年，全球金融资产从占全球GDP的109%增长到了421%，增长了近4倍。2007年全球金融资产（包括银行资产、股票市值、债券市值）总值达230万亿美元，是当前全球GDP的4倍，而全球金融衍生品的名义价值达596万亿美元，相当于当前全球GDP的11倍，虽然金融衍生品实际市值只有14.5万亿美元，相差41倍多。

毫无疑问，各种各样的金融创新不仅增加了大量的金融产品的供给，满足上述金融市场的需求，而且金融衍生品的高杠杆率使全球金融市场的流动性快速膨胀。洛希认为（沈联涛，2009），全世界的流动性好比一个以几何级数增长的倒金字塔，其中流动性占有比例，金融衍生工具约为80%、以债务和资产为担保的证券为10%、广义货币为9%、高能货币为1%。洛希将传统的流动性称为高能货币和广义货币，从1990年到2006年，传统流动性占证券债务和金融衍生品的比例从13.6%下降到7.1%，其比例差不多下降了一半。2005年，美国交易对手风险防范小组报告（2005）指出，由于金融创新的泛滥，从而使"市场已经从偏重质量和基本面的投资方式转变为偏重数量、技术和模式的投资方式，这大大增加了总的交易量，缩短了反应周期，并使新型产品（包括信用违约掉期和不计其数的复杂金融产品）的数量增加。这些产品的设计使风险以新的方式分散到各参与方，但通常都蕴含着杠杆化。因为风险更加分散了，因此很难识别风险分布在何处以及在各参与方之间如何分布。相关的对冲行为，尤其在结构完善的CDS（信用违约掉期）市场，对金融市场的流动性起到无限放大的作用。"从上述的分析可以看到，这些金融创造或金融衍生工具管理风险多以建立在风险世界是一个正态分布统计曲线基础上的，建立在人的决策行为可以完全量化的基础上，因此，人类可以用新创立的金融产品及金融工具来管理与分散风险，但实际上由于市场条件与上述的假定差距很大，从而使这些创新的金融产品不仅没有分散风险，反而让金融产品的风险管理更为复杂化及风险无限放大。也就是说，金融知识套利通过金融衍生工具的创新而高杠杆化人为地制造大量的市场流动性，但是这种高杠杆化积累到一定程度之后，一旦风险承担者决定卖出金融衍生产品或避险产品以降低风险，去杠杆化就会很快发生，从而使流动性突然间减少或消失，流动性的危机也就随这种风险放大而放大。

所谓的监管套利就是指在金融自由化的潮流中，全球金融市场的监管全面放松，那种干预最小化、市场是定价的基础及竞争出效率的原则，不仅是一般教科书的基本内容，也是政府决策者奉行的准则。在这种条件下，1988年《巴塞尔协议》推出后，不同类型的金融机构都会通过一系列的金融产品、金融工具、金融市场的创新来突破既有金融监管体系，以便在这种无监管的过度金融交易过程中利润最大化（巴茨等，2008）。可以说，近十年来，无论是传统的商业银行还是投资银行及对冲基金；无论是CDO（担保债务证券）还是CDS等金融产品的出现，还是大量场外交易存在；无论是国际大宗商品的炒作，还是国际原油价格"坐过山车"等，基本上都与这些金融机构的监管套利有关。也正是这种监管套利，美国由传统的融资模式即"借贷—持有"模式转变为"发起—分销"新的融资及经营模式。通过这一新的融资与经营模式，传统商业银行将资产及业务从表内移到表外，以高杠杆化来提高资本效率及利润水平。可以说，在这种融资模式下，传统商业银行、投资银行、评级机构、保险公司、按揭机构等大发其财，同时没有一个机构对这种发行证券化运作过程进行监管。

从美国国内的情况来看，2000年5月美国纳斯达克股市暴跌，随后是"9·11"事件，因此到2001年美国长达100多个月的经济持续增长的景气周期结束，经济开始疲软下滑。此时，美联储认识到经济基本面已经发生恶化，为了降低经济衰退的风险，美国的货币政策开始转向，由从紧转变为扩张，因此，从2001年1月3日起到2003年6月25日美国联邦基准利率连续13次下降，由6.5厘下降到1厘，创自1958年以来的历史最低水平。而货币政策的扩张降低融资成本、刺激消费与投资、信用快速扩张，从而使国际金融市场流动性泛滥。从以下几个指标来看，美国M2/GDP从1997年的56.37%提高到2007年的71.74%，巨大的流动性从信贷市场流出。由外国投资者持有的美元债权从2000年的3.56万亿美元迅速上升到2006年的7.77万亿美元。有学者估计，在这段时间，美国向国际金融市场至少输入了近4.21万亿美元的流动性（陈洁，2009），是国内外金融市场最直接的流动性来源。

当金融市场流动性泛滥时，美国贷款银行开始寻找美国房地产作为吸收这些流动性的主要载体。比如，在低利率及流动性泛滥的情况下，为了让一些信用不高、收入不稳定的居民进入房地产市场，美国按揭贷款银行设计了许多所谓金融创新的按揭利率产品，让一些信用级别较低的购买住房者或次级信用者纷纷进入房地产市场，让他们购买超过其收入所能承担的住房。其结果是，按揭贷款的质量全面下降。然后以证券化的方式把这些按揭贷款卖给不同的投资者。美国一套新融资体系也就在这个过程中产生了。这就是下一节要研究的主题。

可以说，这次美国金融危机是近20年来一连串事件长期信用无限扩张的结果，无论是工资套利、金融套利、知识套利、监管套利等，还是美国极度宽松的货币政策，都是在采取不同的方式进行信用无限扩张、增加流动性。尽管这些流动性增加、持有及表现的方式各不相同，但其目标就是通过流动性增加来提高金融资产的杠杆率，谋取金融机构的利润水平最大化。这就是这次美国金融危机爆发的国内外宏观大背景。也就是说，引发这次美国金融危机的根源早就植根于既有国内外金融市场主体行为及环境之中，也就在于我们如何来把握与认识这些问题。

1.4 美国"影子银行"的流动性传导机制

这次美国金融危机的核心是以证券化的方式制造一个全新的融资模式即"影子银行体系"。"影子银行"是以债务融资为主导，通过证券化的方式让市场流动性转换为银行流动性，并进行信用无限扩张及制造流动性，以便在无监管的过度金融交易的过程中实现金融机构的利润最大化。当然，这种以证券化为主导的"影子银行体系"同样是一个不断发展与演进的过程。比如，在初期（20世纪七八十年代），按揭贷款证券化的目标是为了解决银行体系流动性问题（解决短期存款用作长期贷款的银行资产的期限结构错配），降低银行体系的流动性风险。第二阶段（20世纪八九十年代），其目标就在于化解银行体系流动性风险的同时还要如何来规避监管或监管套利，以及满足经济全球化涌现出的流动性的金融需求，因此，通过一系列所谓的金融产品、金融工具、金融市场及金融机构的创新来突破既有金融监管体系，把商业银行的表内业务移到表外，让银行信贷资金从银行贷款转向有价债务证券。这样既可规避监管，又可提高杠杆率及增加流动性，提供更多的债务性金融产品。第三阶段（1995—2007年）是以CDO与CDS的发展与膨胀、结构性投资工具或金融衍生品大量涌现、广泛地使用大量的短期融资来维持"发起—分销"的融资模式、过度高杠杆率、过度地使用具有"公共性"的金融体系为特征，从而使金融市场的流动性泛滥，参与其中的金融机构及投资者大获其利，金融市场不确定性则不断地增加及风险聚积。以下我们就从影子银行演进发展的角度来讨论影子银行的流动性机制和内在机理。

从20世纪七八十年代开始，随着全球不少国家金融管制的放松，以及金融技术及网络技术的革命，全球金融体系发生了显著的变化，特别是美国金融体系更是发生了一场巨大的革命。这场革命主要表现为传统银行信贷方式向新的融资模式的转变。因为，从传统的银行信贷模式来看（范奥德，2007），商业银行是利用债务（通常是存款）来发放并持有贷款的，它所关注的是信用风险管理，以及如何将异质性资产转化为同质性债务等。美国这场金融革命后形成的新融资模式则是以证券化的方式从市场上获得融资，即银行资金不是来自个人存款而是直接来自证券市场。对于美国金融市场这场革命，Lall 等（2006）对它给出了一对更为学术化的概念，即高度关系型的金融交易及非关系型的金融交易。这场美国信贷市场的革命就是一场由高度关系型金融交易向高度非关系型金融交易的转变。这种非关系型金融交易不仅使金融机构与金融组织出现根本性的变革，而且也让整个金融交易方式与运作模式发生了很大的变化。它由传统的零售并持有为主导的银行信贷模式改变为以"发起—分销"为主导新的银行融资模式，或全球性信贷金融已经从传统银行主导的模式演变为隐藏在证券借贷背后类似为一个"影子银行体系"的金融制度安排（格罗斯，2009）。这种信贷融资模式没有传统银行的组织结构却行使着传统银行信贷运作的功能，即债权融资的实质没有改变，但其金融交易关系与方式则改变了。可以说，这种金融交易方式的重大变革不仅改变了个人与企业所面临的借款与储蓄的机会、改变了金融机构从业者的职业生态、改变了整个金融市场的信用基础，也改变了金融市场的运作方式、流动性运行机制和内在机理。在此，我们先来了解"影子银行"的特质，然后在此基础上来分析"影子银行"流动性的运行机制及其内在机理。

  所谓的"影子银行"（Shadow Banking）就是把银行贷款证券化，通过证券市场获得信贷资金或信用扩张的一种融资方式（黄元山，2008）。这种新的融资方式是一种债务融资，但它把传统银行的信贷关系演变为隐藏在证券化中的信贷关系。这种信贷关系看上去像传统银行但仅是行使传统银行的功能而没有传统银行的组织机构，即类似一个"影子银行体系"存在。在影子银行中，金融机构的融资来源主要是依靠金融市场的证券化，而不是如传统银行体系那样，金融机构的作用主要是把储蓄转化为投资，融资的来源主要是存款。而影子银行的证券化最为主要的产品就是住房按揭贷款的证券化（MBS）。它也包括了资产支持证券（ABS）、资产支持商业票据（ABCP）、担保债务证券（CDO）、结构性投资工具（SIV）、拍卖利率优先证券、可选择偿还债券和活期可变利率票据等多样化的金融产品与市场（克鲁格曼，2009）。也就是说，资产证券化的债务融资是影子银行的核心所在。因为债务融资的优势就在于投资人既可规避金融市场的代理风险及保证可观收益，又可便于流动性转换或流动性创造。

可见，影子银行是一种新的债务融资方式，它能够通过资产证券化把市场流动性转化为银行流动性。这样，它既可以降低商业银行流动性风险，也可以增加商业银行流动性。而证券按揭贷款的证券化肇端于20世纪70年代的MBS（按揭贷款支持债券）（戴维森等，2006）。MBS开始是由美国政府信用担保的三家住房按揭公司推动与发行。一般来说，证券化的债权创始机构是零售银行或贷款公司。这些机构把贷款按揭给购买住房者，然后又把放出去的贷款卖给住房按揭公司或发行证券的投资银行。投资银行将购自不同银行性质的按揭贷款放入一个资产池，再依据资产的收益与风险加以分类、切割、信用加强、重新包装等程序，转换成小单位证券卖给不同的投资者。在按揭贷款证券化后，商业银行无须持有贷款至到期为止，这样贷款银行既可以把利率与信用风险转移出去而激励银行的信贷扩张，也可以调整债权的期限结构使长期债权得以流动。可以看到，按揭贷款证券化，尽管可以转移信用风险、降低贷款人的贷款成本、提供贷款便利，但最为核心的问题是能够调整商业银行的贷款期限结构，使银行的长期债权可以流动，增加银行的流动性或让市场流动性转变为银行流动性。可以说，按揭贷款证券化初衷就是为了增加商业银行的流动性而创立的，并通过不同流动性的转换来进行信用扩张。MBS推出后逐渐为市场所接受，二级市场交易也开始非常活跃。但是，由于违约、利息波动等风险的存在，加上投资者很难评估MBS的风险，从而影响了投资者进入。

还有，从资产证券化初期的产品来看，MBS作为一种转换流动性的金融产品，尽管当时按揭贷款的市场准入要求比较高或基础资产违约风险低，再加上有政府背景的金融机构担保，但由于受到当时金融创新的技术及人才、金融需求不足等方面条件的限制，其产品的目的更主要的是放在如何让银行的长期债权能够流动，创造银行体系的流动性，但投资者对这些金融产品风险并不太了解，也无法规避相应的风险。因此，要盘活银行体系的流动性，就得设计更好的证券化产品来吸引投资者购买。因此，随着MBS的弊端不断显现、市场环境的变化及技术条件改善，资产的证券化观念演化变得十分复杂，新的证券化产品也在不断推陈出新。1983 年推出了第一个 CMO（按揭贷款担保债券）产品（范奥德，2007）。

CMO 最基本的特性就是将不同的住房按揭贷款的风险汇集，然后进行组合分割，产生一组相关联但偿付顺位不同的债权，再将风险分成不同等级，配以稳定或不稳定的现金流量，也就是收益。最高级的具有优先性，其收益的时点及数量几乎是确定的，但剩下的偿付债权则依排序不同而承担不同风险及获得不同的收益。这样，证券化后的长期按揭贷款的债券就可以转化为一系列短期、中期、长期债券，然后卖给不同风险偏好类型的投资者。这些证券化债券创新表面上看是在降低风险与转移风险，但实际上只是以风险重新分配方式来吸引投资者进入，以便根据投资者的偏好来锁定风险。因为，只有让大量的投资者进入，保证市场繁荣，才能保证银行的长期债权得以流动或让市场流动性转化为银行流动性。同时，在这个时期，商业银行为了规避监管，也开始通过金融创新把其表内业务移到表外，但是这个时期的次贷风险还没有出现。这就是资产证券化的第二个时期。可以说，CMO 的创新为未来的 CDO 及结构性金融产品出现奠定了基础。

因为，从 CMO 出现开始，资产证券化产品变得越来越复杂。后来有 ABS（资产支持证券）、CDO 及许多 SIV（结构性投资工具）也就是在此基础上形成的，后来并由此衍生出一系列的证券化的金融衍生工具，并制造了结构性投资工具市场空前繁荣。比如，在 2007 年 7 月美国金融危机爆发之前，结构性信用金融产品呈指数增长。1995 年 CDO 还很少，但到 2000 年达到 1500 亿美元，2007 年则增加到 12000 亿美元；结构性信用产品，2000 年为 5000 亿美元，到 2007 年增加到 26000 亿美元（国际货币基金组织，2008）；CDS，2000 年只有 6300 亿美元，到 2007 年增加到 62200 亿美元，增长了近 10 倍（朱民等，2009）。

这些结构性投资工具为什么能够在短期内以指数方式增长或结构性投资工具市场能够短期内繁荣？是与这些 CDO 创新的目的、实现的手段及方式，以及现实经济环境与社会条件相关的。"发起—分销"或影子银行的结构性投资工具的主要发行人是投资银行或基金，它们通过创设这些 CDO 等结构性投资工具来组织市场，并从中赚取管理费收入。而管理费收入高低取决于这个市场的繁荣程度。资产证券化供给方的目标是为了化解商业银行或贷款机构的存贷款期限结构错配、增加流动性、规避监管制度的监管等来追求利润最大化。资产证券化的需求方不仅在美国国内，而且还包括金融全球化后大量地涌入美国市场国外的各种资金。这些投资者希望证券化产品是一种较为安全、风险低、收益高、流动性好的投资品。

因此，为了满足上述两方供求之间的要求，投资银行往往会以高薪聘请金融工程师来设计各种不同的证券化衍生投资工具以满足这种不同风险偏好投资者对金融产品的需求，而且这些金融产品创新给每一个投资者量体裁衣，产品十分个性化。面对这些个性化的投资产品，自然会减弱投资者对该产品的风险关注。当这些表面上个性化的金融产品通过复杂的数理模式设计出现时，投资者根本就没有能力来识别这些产品的风险。还有，在设计这些产品时，基本上假定金融风险是呈正态分布的，根据大数定理法则，可以通过复杂的金融数理模型来分散与管理风险。同时，在设计这些复杂金融衍生工具时，不仅其历史数据时间很短而且没有连续性，更为重要的是用这些金融数理模式在设计金融产品时，基本上假定住房的价格只涨不跌，因此，在房价上涨时，绝大多数次级按揭贷款是没有违约风险的。因此，只要对这些CDO风险进行有效的分类，那么对排序优先的投资者来说，其购买的CDO的风险就不存在了。对于信用级别较低CDO则可以通过CDS这些投资工具让投资者来规避风险。但实际上，对于投资银行来说，它们既了解产品特性，也了解交易部门市场变化，因此对产品风险及市况十分敏感，但是对于投资者来说，由于处于严重的信息不对称状态下，以及经过复杂金融数量模式多次衍生工具化，也就根本无法知道这些结构性投资工具真实风险所在。

在此，我们可以把其资产证券化的基本过程简约为（Jobst，2008）：先是一家拥有贷款或其他带有收益资产的公司即发起人，确认希望从资产负债表中转移的资产，并将这些资产打包成所谓的"资产池"，然后出售给发行者，即特殊目的的公司（Special－Purpose Entity，SPV）。SPV是由不同金融机构设立，专门用于收购资产并出于法律与核算目的，实现资产负债表外处理。还有，SPV既可以是一个信托，也可以是一家登记在境外的责任公司。因为，这样做，如果把放在同一个信托内的贷款资产结构相近，比起资产结构不同的投资标的来说能够为投资者所接受。同时，发起人可以不用将此证券化资产挂在自己账上，从而降低其风险。

当金融市场发生变化导致发起人本身财务困难时，CDO 的投资者可以享受最优先偿还权的保护，从而使投资者感觉投资这些证券化资产风险降低。还有，更为重要的是，在设计这些证券化产品时也可以让 SPV 取得外部融资。这样，SPV 可以从货币市场通过 ABCP（资产支持的商业票据）获得短期贷款，即通过短期融资来购买高收益的长期债务，提高 SPV 的杠杆率，从而使 SPV 的市场信用无限放大，市场流动性快速增长。比如，IMF 的研究表明（沈联涛，2009），截至 2007 年年底，美国最大的 5 家投资银行总资产达到 4.3 万亿美元，但其股本只有 2003 亿美元，其杠杆率为 21.3 倍。但是，这 5 家投资银行的名义表外负债达 17.8 万亿美元，其杠杆率达到 88.8 倍。

由于资产证券化的结构性产品设计得十分复杂，由于这些产品存在严重的信息不对称，为了吸引投资者，发起人还通过信用的内部增级与信用的外部增级来增加证券化产品的信用度。比如请信用评级机构进行评级（实际上是信用升级），让保险公司给这些产品的违约风险担保。由于这些产品新颖、复杂、个性化，通过有关联利益的信用评级机构及保险公司在产品设计时就参与其中，这自然让这些产品在评级时往往会偏离评级机构应该扮演的中立裁判角色，从而以严重包装的方式卖给投资者。而且 SPV 的证券化产品通过信用内部增级和外部信用增级之后，通过投资银行为中心的场外交易系统卖给各种不同投资者如对冲基金、保险公司、退休基金、银行等。而这种以投资银行为中心的场外交易市场不仅杠杆率高，而且监管松散或无法受到证券交易规则监管，从而这些结构性投资工具及证券化产品得到飞快发展。"影子银行"就是通过上述的途径与方式，让资本市场上的传统机构债券投资者及对冲基金的流动性源源不断地流入美国住房消费者手上（见图 1）。

从以上的分析可以看出，"影子银行"的主要参与者有：按揭贷款的借款人、按揭贷款机构、投资银行、SPV、传统债券机构投资者和对冲基金等，在房价上涨或基础资产不存在问题的情况下（按揭贷款没有违约风险时），各个当事人都能各得其所，但是"影子银行"的基本前提一旦改变，其潜在风险就明显地暴露出来。因为，从"影子银行"的流动性机制来看，"影子银行"形成（它是市场自然形成的而不是人为设立的），首先是为了解决贷款银行的流动性问题（用短期存款做长期贷款的银行资产期限结构错配），让贷款银行的长期贷款通过市场流动性转变为可流

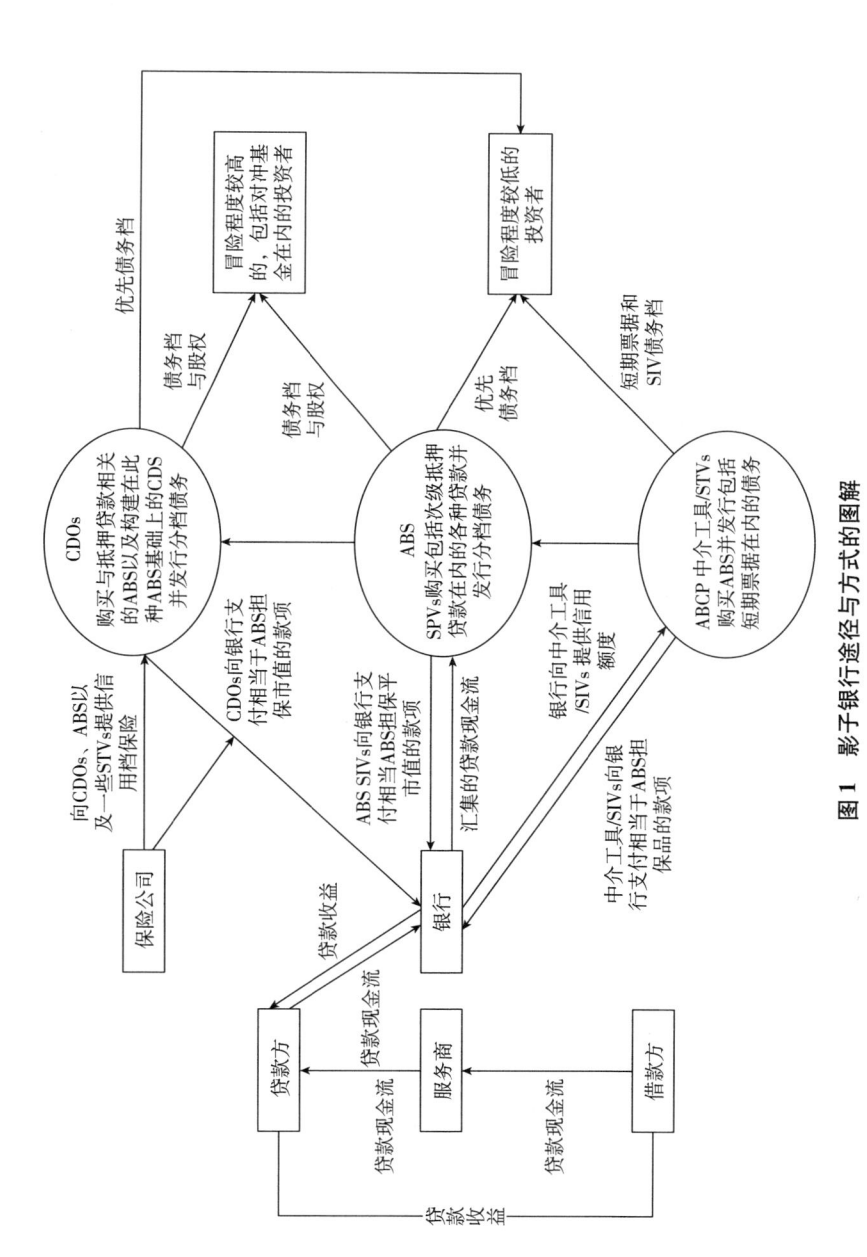

1 美国次贷危机的流动性传导机制的金融分析 / 21

图 1 影子银行途径与方式的图解

注：ABS = 资产支持证券；ABCP = 资产支持商业票据；CDO = 担保债务证券；CDS = 信用违约掉期；SIV = 结构性投资工具；SPV = 特殊目的工具。
资料来源：国际货币基金组织工作人员的估算。

动的资产。这样既增加银行的可贷款资金,也可降低借款人的成本(因为从市场流动性中获得贷款成本更低)及让更多借款人进入信贷市场,同时也可以规避对商业银行资本金要求的监管及开启了投资人新的投资渠道。后来,随着CMO、CDO等结构性投资工具的金融创新,尽管这些结构性投资工具的目的仍然是让市场流动性转变为银行流动性和让银行的长期债务可流动,以及把证券化资产衍生工具化、提高资金的杠杆率、增加市场流动性,但是由于这些CDO产品假定违约风险不存在的情况下可以识别风险及给风险资产排序,以此来减弱投资者对风险规避的疑虑及诱导更多的投资者进入CDO市场,从而让投资者获得比其他市场更高的收益,及国内外投资者大量涌入,以此来制造CDO市场的繁荣。

正因为有这种CDO市场的繁荣,为了追求更高的利润,贷款机构通过降低信用标准的方式把按揭贷款贷给次级信用的借款人,并把这些次级信用的贷款所有权转让给投资银行。投资银行将买来次级住房按揭贷款同样用复杂的金融工具转化为多种方式的次贷证券化CDO等产品。然后,投资银行把这些次贷证券化CDO产品转移到SPV公司,即发起CDO的金融机构把表内业务移到表外。SPV通过发行或投资次贷债券等评级较高、收益较高的产品,其负债方由货币市场的短期商业票据来提供流动性资金,通过资产长短搭配来获得利差收益。这样,传统的商业银行或金融机构一方面向SPV收费,另一方面在初始合约中对SPV有某种承诺(SPV无法在货币市场通过商业票据获得资金时提供临时的紧急贷款)。当SPV运行正常时,商业银行不仅可以收取高额的服务费,也拥有了几乎无限的股本回报率(张健华,2008)。"影子银行"就是通过上述的途径与方式,让资本市场上的传统机构债券投资者及对冲基金的流动性源源不断地直接流入美国住房消费者手上。

综上所述,"影子银行"是一个创造流动性的融资体系。其实质就是为了规避正式监管规则而由发起人设计一套如何把市场流动性转变为银行流动性的金融产品及市场安排。在这种流动性转换及市场安排的过程中,尽管十分量化的金融模式越来越高级,聚集流动性越来越便利(提高杠杆率及资本稀释化),但发起人在设计这些金融创新产品过程中其前提假定与现实背离从而低估了金融创新产品的风险,以及金融衍生产品越来越复杂且越来越透明度低而难以定价。这既为流动性的转换与聚集创造了条件,也为流动性突然中断导致以"影子银行"为主导的金融体系突然崩溃埋下巨大的定时炸弹。

1.5 美国金融危机爆发，从流动性过剩到流动性突然消失

现在我们要问的是，为什么以影子银行为主导的美国金融体系会让只有约5650亿美元次贷证券化产品的损失①导致整个美国金融体系突然崩塌，会引起全球的金融海啸，会造成全球经济严重衰退？其中有基本面的原因，但根本的原因是影子银行出现的流动性危机。也就是说，这次美国金融危机最为根本的是其本身的债务危机或流动性危机。因为，美国的影子银行体系看上去是可规避监管风险、可通过让不同的层面的流动性相互转换增加银行体系流动性及金融市场流动性，但是无论影子银行流动性机制的内在本性还是证券化过程的每一步都潜在巨大的流动性风险，只不过这些风险在经济繁荣周期内可隐藏起来，但一旦整个经济周期出现逆转，这些隐藏起来的流动性风险就会暴露出来并无限地放大，从而导致整个金融体系突然间崩塌。对此，美国的经济学教授Nouriel Roubini 早在2006年7月就预测过，如果美国影子银行体系的流动性风险暴露出来将给美国经济带来严重衰退（刘志勇，2008）。随后，他还在2008年9月21日英国《金融时报》撰文指出（刘志勇，2008），随着雷曼兄弟的倒闭，这预示着已经发展了20多年的影子银行体系崩溃。"影子银行"体系的崩溃先是整个结构性投资工具和渠道体系的崩溃，然后是美国大型投资银行遭到挤兑，随之是没有偿付能力的高杠杆机构的倒闭、货币市场的恐慌，以及数以千计的高杠杆对冲基金出现赎回及倒闭等。而"影子银行"体系的崩溃不仅预示着美国以证券化为主导的融资模式崩溃，也意味着这种融资模式所潜藏的巨大风险全面暴露出来。它

---

① 国际货币基金2008年4月《全球金融稳定报告》预测，美国房价下跌和抵押贷款拖欠情况的增加可能导致与住宅相关证券有关的损失总额达到约5650亿美元。如果加上商业房地产、消费信贷市场和公司有关的贷款及发行证券，潜在损失总额将增加约9450亿美元。但2008年10月《全球金融稳定报告》预测，由于违约率的高峰还未来到以及市场困境，美国贷款和证券化资产公开损失有可能增加至约14000亿美元，远高于4月报告的预测。这也说明金融市场的形势在半年内在进一步恶化。

将严重冲击美国及全球的金融体系及实体经济,而这一切都是流动性危机导致的结果。在此,我们先简单地来看看美国"影子银行"崩溃的基本原因,然后分析美国"影子银行"体系崩溃为什么是流动性危机?

我们可以看到,这次美国次贷危机使不少金融机构倒闭,一个重要的原因在于其资产负债表上持有很多与住房按揭产品相关的证券化产品。我们知道,在危机爆发前,美国房地产市场出现了明显的泡沫,2000—2007年的房价涨幅大大超过了过去30多年的长期增长趋势。Case – Shiller指数表明,2006年6月美国房价涨至189.9的历史高位,是1996年年底的2.34倍。其中,自2000年以来就上涨了93.2%(朱民等,2009)。而这个时期房价为什么会大幅上涨不仅在于政府货币政策过度宽松,而且在于次贷开始大行其道,次贷证券化市场迅速繁荣。2006年下半年,当美国经济出现周期性调整时,住房按揭贷款的违约率开始上升,反映了次贷证券化资产质量迅速恶化。到2007年年底,在360万宗可调整利率的次贷中,严重违约率达到1/5。也就是说,当美国房地产泡沫破灭之后,以住房按揭贷款为主导各种证券化资产质量迅速下降,其资产的净值大幅缩水。这给相关的投资者造成了严重损失。

不过,像雷曼这样大的金融机构资产负债表严重缩水,资产受到重创,会元气大伤,但不一定倒闭(熊伟,2009B)。在熊伟看来,雷曼倒闭的直接原因是无法从信贷市场上获得足够流动性,出现严重的流动性危机。因为,在一个依赖短期融资高杠杆的市场,当一些金融机构的基本面出现问题时,市场就会担心这些金融机构的偿付能力,因而不愿意给这些金融机构融资,从而使众多金融机构退出融资市场,导致流动性危机,这就是现代版的银行挤兑。这与传统的银行挤兑有很大不同。因为,传统的银行挤兑是存款人从银行取出他们的存款。比如,20世纪30年代的大萧条时期就是这样。但是,从那以后,银行体系在两个方面发生了很大变化。一方面传统的银行体系其资金主要来源于存款,在留取一定存款准备金再做贷款,它是以零售为主导,并受到监管部门严格监管。比方说,商业银行必须维持存款准备,要求保留资本充足率为8%,即杠杆率不能够超过12.5,并向存款保险体系缴纳保险费等。也就是说,在现代金融体系中,对传统商业银行有一套严格监管制度并实行了存款保障制度。在这种情况下,传统银行的挤兑风险及可能引发的骨牌效应是不容易发生的。另一方面,现代银行体系和其他金融机构可以在货币市场获得短期的批发性融资，可由此筹集大量的资金。

但是，现代"影子银行"体系与传统银行体系之间有天壤之别。两者无论是从资金来源、运作模式、交易场所、监管方式与监管程度等方面都存在巨大的差别。但是，"影子银行"之所以能够在短期内迅速发展与繁荣，就在于它采取了一系列的所谓的金融创新突破了现有的银行监管制度与体系，把金融衍生品的设计建立在不存在的假定之上，并形成一套高风险的运作方式。因为，"影子银行"中的许多结构性投资工具是通过高度数学化模型计算风险而设计出来的，表面上是分散风险实际上是制造风险及把其中风险无限放大。因为，"影子银行"这种大量的产品创新及批发的模式，表面上是让银行按揭贷款长期债务得以流动，让市场流动性转换为银行流动性，但产品发起人为了其利润最大化，不仅让这些结构性投资工具更为复杂化、不透明化及定价困难，而且还不断地把这些资产移到表外[①]，用货币市场的短期商业票据来购买高收益的、无法流动的长期资产，以便通过资产和负债的长短错配来获得利差收益，加上没有谨慎监管的场外交易，这些就为这类金融机构追求过高杠杆率创造了条件，从而使这场流动性危机无限放大。

有研究估计，2007年美国金融产品交易合约总额有530万亿美元之多，其中CDS超过60万亿美元，它们赖以发起的担保品即物理金融资产实际价值只有2.7万亿美元，其杠杆率达到200%（孙涤，2009）。2008年6月，美国现任的财务长盖特纳在其演讲中指出："在本次美国经济繁荣期间，美国金融体系的结构发生了根本性变化，传统银行系统之外的资产所占比重大大提高。这个'影子银行'金融体系变得非常大，在货币和资金市场上尤其如此。2007年年初，资产支持商业票据、结构化投资工具、拍卖利率优先证券等资产价值已经达到2.2万亿美元，通过第三方回购隔夜融资的资产增加到2.5万亿美元，对冲基金持有的资产增加到约1.8万亿美元。原先的五大投资银行的资产负债表总规模达到4万亿美元。相比之下，美国最大的5家银行持股公司当时的总资产只有6万亿美元，而整个'影子银行'体系的总资产则超过10万亿美元。"（克鲁格曼，2009）也就是说，"影子银行"通过这些结构性投资工具以高杠杆率

---

① 2006年，花旗银行的表外资产价格高达2.1万亿美元，已经超过了其1.8万亿美元的表内资产。

在短期内使其资产不断膨胀。当这些金融机构不断地为其投资组合筹集资金时,其资本收益率也在不断提高,但其资本也越来越稀释。而且,在任何情况下,如果资产价值越低、不确定性越大、杠杆越高,那么资本耗尽和金融机构破产的概率也就越大。也就是说,当这些高杠杆率的金融机构的基本面或资产负债表受到市场质疑时,它们离破产倒闭那一步也就不远了。因为,在这样一个高杠杆率的市场中,一旦某家金融机构流动性不足及出现破产倒闭,现代版的银行挤兑也会同时发生,金融危机会随之无限放大。

因为,在这个高杠杆率的影子银行体系中,它不仅没有进行传统银行监管体系,也没有进入正式股市交易市场与规则,加上 MBS 和 CDO 的流动量不高,结构性投资工具定价复杂,加上又在投资银行的场外交易,现有的市场根本上没有一个合适的方法来衡量证券化产品及结构性投资工具的市值。也就是说,在当时的美国金融市场没有一个合适的对结构性投资工具衡量其价值的方式。因此,美国《证券交易条例》就规定(黄元山,2008),持有这些资产的金融机构就得每天度量这些 MBS 和 CDO 的市场价值。美国会计准则也规定,结构性金融产品只能按当前市值计价,不能按购入成本计价结构产品投资。不过,传统的商业银行不需要每天来评估账面上住房按揭贷款的价值。为了计算这些结构性投资工具的市值,美国证券市场把这些 MBS 和 CDO 建立一个新指数 ABX。但这个指数的流通量不高,容易被投机者操纵扩大了升跌波幅。随着 2005 年和 2006 年借出的住房按揭贷款问题逐渐显现,MBS 和 CDO 的价格和少有的流通量便随 ABX 指数一起大幅下滑。

随着 MBS 和 CDO 的市值快速下跌,不仅导致一些持有这些资产的 SPV 的破产及挤提现象(贝尔斯登旗下的两只对冲基金就是如此)。由于这些 SPV 的融资是来自货币市场短期票据融资,当市场发现这些 SPV 面临严重的流动性风险时,这些短期债主都会迅速及同时地向 SPV 讨债,或停止向这些 SPV 融资。而这些 SPV 的融资流动性中断,就不得不出售资产来应对债主的追讨,但是,在这种情况下,基本上没有任何一家资金雄厚的投资者愿意买入这些资产。加上这些结构性投资工具的资产难以估价,SPV 只能按低于预期资产现值的价格出售或甩卖。这意味着,如果有一家机构以低价出售资产,就会进一步引起所有同类资产价格的下跌。在这种情况下,不仅会造成资产出售者的资产负债表缩水,而且也会造成持有同类资产所有机构的资产负债表都缩水。这样，就会使这些机构的资本金减少，需要继续甩卖资产来补充资本金，如此恶性循环，流动性的风险就无限放大了（布兰查德，2009）。

面对这些 SPV 资产贬值恶性循环及资本金严重不足，使发起这些 SPV 的金融机构或商业银行只好把这些原本放在表外的业务重新收回表内，并利用商业银行本身融资来偿还这些短期债务。其结果是，这些金融机构资产负债表的规模突然扩大，再加上监管部门要求商业银行加大次贷相关的拨备，要求提高资本充足率，使这些商业银行和其他投资银行所遇到的流动性突然紧缩。在这种情况下，商业银行只好减少贷款以及提高贷款的利息。这样，短期货币市场流动性突然减少，融资条件恶化的可能性升高，从而导致许多投资者试图在同时甩卖资产时，现代版的银行挤兑就会进一步升级。影子银行体系的潜在风险也在这个过程中无限地放大。

在这里，我们可以看到，影子银行体系的流动性是反周期波动的，而且不同层面的流动性是反方向作用的。因为，当"影子银行"的业务模式从以关系为基础的业务模式向以交易为基础的交易转变，基本上增强了银行流动性，也增加了对市场流动性的依赖，并无法从央行获得货币流动性补充。而市场流动性依赖于表外业务及对冲基金活动，依赖于复杂金融衍生工具及对冲基金进行杠杆操作的能力、量化交易及风险管理技术等。当经济繁荣时，市场流动性充沛，融资流动性便利，两种流动性之间除了可转换外，并没有更多的关联性。不过，随着危机从结构性投资工具和渠道的融资问题转化为银行间流动性普遍下降，两种流动性之间关联在增强，而这些结构性投资工具更是增加了两种流动性之间的不利"流动性升级"的可能性。在这种情况下，流动性危机爆发，现代版的银行挤兑发生。"影子银行"体系的流动性过剩就转化为流动性突然紧缩。这就是"影子银行"体系的脆弱性的内在本性所致的。

而"影子银行"体系所存在的严重的金融脆弱性，就在于"影子银行"体系运作中的每一步都包括巨大的潜在风险。比方说，在"影子银行"的证券化过程中，贷款银行不需要持有贷款至到期，而是可以把利率风险及信用风险等转移出去，这自然会强化贷款人以降低信贷的市场准入盲目信贷扩张的激励，从而使贷款的品质在一开始就容易处于极高的风险之中。这就是通常所指的逆向选择。为什么次级贷款能够大行其道，道理就在这里。而且这种信贷模式不仅在事前对借款人不会认真筛选，而且在事后也不会认真监督借款者（道德风险）。这些与传统银行都是有很大差别的。还有，这些次贷证券化产品之所以能够在短短数年内形成大规模的市场，完全是与证券化过程中的每一个交易环节虚假的包装分不开的。贷款银行是这样，投资银行也是如此。投资银行把风险较高的次贷打包与分解成为各种各样的证券化产品，如 MBS、CDO 和 CDS 等产品，卖给国内外的投资者。对于简单 MBS 所包括的风险，比如违约、利率波动及借款提前偿还本息等，贷款银行采取一些传统管理方式可以控制其风险。但是，对于这些复杂的或一而再和再而三的衍生化金融产品、结构性投资工具来说，其复杂结构下的风险即使最为精明的投资者都是无法识别的。正因如此，这些证券化产品的投资者没有能力来识别其产品所蕴含的风险高低，投资者往往就会在这种过度包装的掩盖下进入市场。而且这种过度的包装不仅与这些产品设计过度数理模型有关，也与对这些产品的评级机构及保险公司有关。近 20 多年来，影子银行激励机制造就了美国经济及 2001 年之后楼市繁荣。在繁荣期间，买房人、贷款银行或贷款中介机构、各大投行银行、对冲基金、信用评级机构、保险公司等各当事人，全部都大赚特赚、皆大欢喜，但制造的潜在风险则留给整个社会来承担。

在这种情况下，"影子银行"的规模迅速扩大，其潜在风险也就越积越多。由于"影子银行"各种工具及产品都是依靠货币市场的短期票据来购买大量风险高、流动性较低的长期资产，并通过这种方式无限放大的信用扩张，这就使"影子银行"如传统银行挤兑时一样不堪一击。而在这种情况下，传统银行可以通过央行最后贷款人制度及存款保险等机制来降低这种风险，但是"影子银行"没有这种保护机制。还有，由于"影子银行"在证券化的过程中每一步都存在较大风险及信用丧失，因此，随着"影子银行"扩张链条的无限延伸，其风险也在无限地放大。当"影子银行"这种无限扩张链条某一个环节出现问题或风险暴露出来时，那么整个影子银行体系就立即会土崩瓦解了。

正如格罗斯所指出的那样，"影子银行"体系利用杠杆和金融创新，在 20 多年来给全球经济扩张注入了巨大能量，给全球金融市场带来了无节制的信贷扩张，但正是"影子银行"的运作内在风险也给全球经济带来了巨大的严重威胁（格罗斯，2009）。因为，现代市场经济核心是信用，一旦严重信用缺失的影子银行体系崩塌，不仅是这种融资模式崩塌，而且是整个金融体系的崩塌。这就是为什么美国金融危机爆发后，尽管各国政府对金融体系注入了大量的流动性，但全球金融体系则无法很快地稳定与唤起；反之，一路沉落的原因所在。

1.6 美国政府救市及对中国金融市场改革的启示

美国次贷危机爆发后，很快就演变成一场债务危机或流动性危机，及全球性的金融危机。为了减小金融危机对美国整个金融体系的冲击、稳定金融市场、恢复金融市场的信心，美国、欧洲等各国政府采取了前所未有的大规模金融救助计划。特别是美联储，在伯南克的领导下，不仅把货币政策平常的工具发挥得淋漓尽致，而且美联储危机管理的货币政策操作工具随着金融危机变化而不断地演进与创新。但是，货币政策无论是常规的工具还是创新的武器，其核心就是如何更好地向金融体系注入流动性，是围绕着流动性救助而展开，以此来化解美国金融市场的流动性危机。美联储这些着眼于流动性供给的危机管理方法不仅涉及金融机构流动性的可得性、相关资产的流动性，而且涉及货币市场或特定的金融产品市场的流动性。美联储不仅向金融机构提供流动性，也直接向金融市场提供流动性（彭兴韵，2009）。比如，从2007年9月开始到2008年12月，美联储基准利率由5.25%下降到零，并通过公开市场操作向市场提供大量的流动性，以及创新了对金融机构非常规性的流动性救助工具（如定期拍卖便利、定期证券借贷工具、一级交易商信贷工具等）和对金融市场的直接流动性救助工具（如商业票据融资便利、货币市场投资者融资便利、定期资产支持证券贷款便利等）。可以说，正是这些超常规的应对货币政策，从而使美国金融市场的流动性危机得以化解，美国金融体系开始稳定及信心得以恢复，从而没有让美国经济走向1929—1930年那种经济大萧条之路。不过，美国这种超常规的危机管理的货币政策，尤其是量化宽松的货币政策，在短期内是化解了金融市场的流动性危机，但是并没有化解"影子银行"流动性危机所产生的根源。比方说，美联储推出的"定期资产支持证券贷款工具"，希望通过政府宠大信贷刺激计划来激活影子银行体系。但实际上这是在用一个短期解决方案来解决长期问题，其效果是十分有限的。

最近，克鲁格曼（2009）指出，当"影子银行"体系不断扩张，甚至其重要性超过传统银行的时候，不少人都在看好这种金融制度安排的优越性，但是当"影子银行"给整个金融市场带来巨大危机并当人们开始认识到这点时，"影子银行"体系已经接近崩溃的边缘。这说明了什么道理？其实，它告诉我们，任何一个金融制度安排都存在内在不稳定，都存在不同的风险。面对金融制度安排内在的不稳定与风险，我们无法规避与减少，而是随时都得保持一种谨慎的态度，建立起一种有效的监管制度、风险管理系统及危机预警系统。在美国如此发达的金融市场、如此完善法制制度下都容易导致巨大的流动性危机，那么对中国这种新兴金融市场来说，更是要在这方面花大力气。

首先，"影子银行"这种以"发起—分销"的融资模式，已经不是以往那种以市场为主导的金融体系及以银行为主导的金融体系可解释的了。对于这种与传统完全不同的融资模式，我们是不是说这种融资模式已经一无是处了。如果不是，它的问题又在哪里？比方说，资产证券化不失为金融市场流动性创造的好方式，但为什么资产证券化成了流动性危机的直接根源。正如上文所分析的关键的问题还在于我们没有把流动性创造与信用扩张、资产定价、杠杆率尺度、风险管理等内在关系理清楚，从而通过负向的激励机制把资产证券化的流动性创造走向反面。

其次，金融市场内在不稳定性的根源在哪里，从影子银行运作方式来看，就是信用借助于金融创新的方式无节制地快速扩张创造流动性。而信用的快速扩张，必然导致金融市场内在不稳定或吹大金融市场的泡沫。在这里又要处理好三个方面的问题。一是金融经济与实体经济关系问题。金融好比实体经济衍生品，除非实体经济本身良好；否则，就不可能有好的金融市场。比如，尽管房地产泡沫是这次美国次贷危机的导火线，但并不是次贷危机的最终根源。但是，房地产泡沫破灭必然会引发出金融市场严重的危机。也就是说，如果信用快速扩张不是让巨大流动性流向实体经济而是流向金融市场，也就会导致金融市场泡沫四起，最终经济泡沫破灭引发金融危机。二是金融创新与金融市场发展问题。可以说，没有金融创新也就没有金融市场的发展与繁荣，但是，任何金融创新都存在巨大的风险。尽管这些金融风险可以通过新金融创新工具转移，但并没有消失。特别是我们对某种金融创新产品不了解时，其存在的风险更大。因此，任何金融创新既要强调原始基础资产的真实性也要强调金融监管的合适性。如果基础资产有问题，衍生市场的风险就会无限放大。由于金融市场的内在不稳定，任何金融创新就得受制约与严格监管。任何金融产品都是在信用基础上给的风险定价，因此金融市场风险高低完全取决于该金融市场的信用基础。中国的金融市场才刚建立，信用基础相当薄弱。特别是在当前信用下，中国金融创新就面对着一系列的制度障碍，因此，中国金融创新即使发展迟缓，也同样不可操之过急，而是要成熟一个品种就出台一个品种，绝不可照抄他人的东西。

最后，从影子银行经验教训中寻求中国金融改革与发展之路，绝不可因噎废食。目前，中国金融市场的问题并不是金融自由化过度而是金融自由化不足，是政府对金融市场的管制过多。因此，既要加大中国金融改革力度，也要引导金融市场发展以适应中国的信用基础。

2 "影子银行体系"信贷危机的金融分析[①]

2.1 前言

源于美国华尔街的次贷危机,很快就蔓延到实体经济。全球经济衰退、大量企业倒闭、居民消费萎缩、大量失业人口出现、国际大宗商品价格全面下跌、进出口贸易停顿等从各个方面冲击影响到全球经济的增长,影响到居民的生活水平。可以说,无论是从规模还是从程度来说,次贷危机无疑成了20世纪30年代大萧条以来情况最为严重的金融危机或经济危机(葛奇,2008)。对于次贷危机产生的根源,最近讨论的文献很多,众说纷纭。可以是宏观的,也可以是微观的;可以是直接的,也可以是间接的。不过,最为重要的可以归结为以下几个方面,如政府宽松的货币政策、通过信用消费为购房者提供过度的流动性、房地产泡沫破裂、金融衍生工具泛滥、金融监管不足、评级机构评级虚假性、人性贪婪、全球经济失衡等(易宪容,2009A)。不过,这些观点多是表面的或片面的。

最近萨缪尔森(2009)指出,次贷危机表面是房地产泡沫引起的,但实际上是供给学派的放松管制政策的结果;也有研究者(马俊,2009)指出,此次金融危机不能归咎于住宅贷款的证券化,而是信贷市场在极度扩张后,信用链条迅速萎缩,从而冲击实体经济的"教科书式"的经济危机。即如同20世纪30年代经济大萧条一样的信贷危机。不过,尽管这些分析已经指向了问题的核心,但仍然是片面的。因为,前者仅指出从更宏大的背景上来探寻危机根源,但没有指明其根源的表现形式、载

[①] 该文章发表在《江海学刊》2009年第3期。

体及实质；后者看到了问题实质的所在，但是否认了问题的表现形式及载体，否认了次贷危机是通过什么方式来产生与传播的。在本文看来，美国次贷危机既可从整个世界经济利益格局变化角度来思考，也要探讨其产生的微观基础，从金融体系的内在性变化来探讨这种危机的根源。

我们可以看到，从 20 世纪 70—80 年代开始，随着全球不少国家金融管制的放松，以及金融技术及网络技术的革命，全球金融体系也发生显著的变化，特别是美国金融体系更是发生了一场巨大的革命。一般来说，传统金融机构就是将剩余者手中资金转化到资金不足者手中，并在这一过程中处理信息不对称、评估风险、解决委托代理问题及减少资金供需双方所需负担的交易成本与风险。而这些融资方式既可以是直接的（如证券市场），也可以是间接的（如银行）。不过，从金融市场历史来看，金融机构的演进与发展又是与银行信贷变化有关。几百年来，银行是提供信贷主要的金融机构，它也随着实体经济发展不断地改变其信贷方式，并由此创造出许多不同的金融产品，形成许多不同的金融机构。而 20 世纪 70—80 年代传统银行信贷方式的改变则导致了美国金融体系一场巨大革命。

因为，从传统的银行信贷模式来看（范奥德，2007），商业银行是利用债务（通常是存款）发放并持有贷款，它所关注的信用风险管理，以及如何将异质性资产转化为同质性债务等；而美国这场金融革命后形成的新的信贷模式就是证券化融资，即银行资金直接来自证券市场，投资者有责任知道信用风险。[①] Lall 等（2006）给这次金融革命取了一种更为学术化的概念，即高度关系型的金融交易及非关系型的金融交易。在关系型的金融交易中，双方的交易主要依赖于债权人对借款人的内部信息，而执行合同的机制更多的是依赖于债权人对借款人的直接影响，以及债权人在市场中的垄断力；对于非关系型交易，它高度依赖于公开可获得的信息以及通过适用于不相关的双方的正式标准的法律机制和程序来执行合同。价格信号和公开竞争在贷款人中有很强的作用。也就是说，这次美国信贷市场的革命，不仅在于金融机构的变革，而且在于金融交易方式的变革。它由传统的零售并持有为主传统的银行模式改变为"创造产品并批发"为主导新的银行模式。或全球性信贷金融已经从传统银行

[①] 这种信贷模式就是本文要讨论的问题及核心。

主导的模式演变为隐藏在证券借贷背后类似一个"影子银行体系"的金融制度安排（格罗斯，2009）。这种信贷融资体系没有传统银行的组织结构却行使着传统银行信贷运作的功能，如"影子银行"。可以说，这种金融交易方式的重大变化不仅改变了个人与企业所面临的借款与储蓄的机会，也改变了金融从业者的职业生态，改变了整个金融市场的信用基础，从而形成一种与传统完全不同的金融体系。但是，由于金融市场内在的不稳定（Minsky，1986），当金融市场主体的行为方式及信贷基础发生变化之后，如果没有相应的监管制度安排，如果没有一套适应于这种金融体系的法律及制度规则，那么，金融危机也就不可避免。本文就是从"影子银行"入手来研究这次美国次贷危机的载体、运作方式及实质，并希望从中找到化解之道，看看对当前中国金融改革有什么启示？

本文的结构是，第二部分给出"影子银行"定义及讨论"影子银行"所产生的思想及现实背景；第三部分讨论"影子银行"的运作方式及实质；第四部分讨论"影子银行"崩溃的原因及影响；第五部分讨论"影子银行"崩溃对中国金融市场的启示。

2.2 "影子银行"的定义及产生背景

"影子银行"（Shadow Banking）就是把银行贷款证券化，通过证券市场获得信贷资金或信贷扩张的一种融资方式（黄元山，2008），从而把传统的银行信贷关系演变为隐藏在证券化中的信贷关系。这种信贷关系看上去像传统银行但仅是行使传统银行的功能而没有传统银行的组织机构，即类似一个"影子银行体系"存在。在"影子银行"中，金融机构的融资来源主要是依靠金融市场的证券化，而不是如传统银行体系那样，金融机构的作用主要是把储蓄转化为投资，融资的来源主要是存款。而"影子银行"的证券化最为主要的产品就是住房按揭贷款的证券化。它包括了资产支持商业票据、结构化投资工具、拍卖利率优先证券、可选择偿还债券和活期可变利率票据等多样化的金融产品与市场（克鲁格曼，2009）。而住房按揭贷款的证券化是"影子银行"的核心所在。这种住房按揭贷款融资来源方式的改变，不仅降低了住房按揭者的融资成本、让这种信贷扩张通过衍生工具全球化与平民化，也成了系统性风险的新来源。

那么,影子银行是如何产生的,它产生的背景条件又是什么?首先,在20世纪60—70年代,欧美国家出现了所谓"脱媒"型信用危机,即存在机构的资金流失、信用收缩、盈利下降、银行倒闭等。为了应对这种脱媒型信用危机,不仅政府大规模放松金融部门的各种管制,而且激烈的市场竞争形成一股金融创新潮。各种金融产品、金融工具、金融组织及金融经营方式等层出不穷。可以说,从近二三十年所发生的情况来看,"影子银行"的产生与发展首先是和美国金融产品创新密切相关的。我们可以看到,随着美国金融管制放松,一系列的金融创新产品不断涌现,"影子银行"体系也在这个过程中逐渐形成。比如,在各类金融产品中,美国衍生产品和结构性产品发展更是远远超过传统金融产品。截至2007年年底,传统金融产品总值约为70万亿美元,1999—2007年,其年均增长为5.9%。而衍生产品名义合约额超过了165万亿美元,其年均增长为21.7%。结构性产品发展更是迅速,2000年总规模约5000亿美元,到2007年已发展到2.6万亿美元,年均增长为74%(BIS,2008)。也就是说,影子银行的出现本身就是一种对传统银行模式的颠覆,是对传统银行体系的运作模式、产品结构、经营方式的金融创新。

住房按揭贷款支持证券(Mortgage Backed Cecurity,MBS)是最早的资产证券化产品,产生于1970年的美国。早期住房按揭贷款债券仅是一种政府信用机构参与的转手债券(范奥德,2007)。由于这种证券化资产持有的期限过长、定价基础不稳定、会计处理不便利,从而影响投资者进入及债券销售。为了解决这种转手债券存在的弊端,20世纪80年代初期,资产证券化的产品创新出现重大突破,即住房按揭贷款担保债务(Collateralized Mortgage Obligation,CMO)。随着CMO的出现,住房按揭贷款证券化开始进入一个快速发展阶段。比如,从1992年起,住房按揭贷款支持证券市场余额仅次于国债余额,并成为美国资产市场最为重要的投资产品。但是,这些证券化资产仍然是以政府信用机构参与的优质的按揭贷款为基础资产(次贷风波课题组,2008)。不过,在2000年后,不仅住房按揭贷款证券化的速度进一步加快,其基础资产也在开始发生变化,即次级按揭贷款开始逐渐成为证券化的基础性资产,而这种情况的变化则与当时美国国内外经济市场环境发生巨变有关。

比如,在2000年纳斯达克股市泡沫破灭及"9·11"事件之后,美联储为了减少这些事件对美国经济的冲击与影响，防止美国经济衰退而采取完全宽松的货币政策。从2001年1月3日到2003年6月25日美国联邦基准利率连续13次下降，由6.5厘下降到1厘，创50年最低水平。而货币政策的宽松降低融资的成本、刺激消费与投资、社会信用快速扩张，从而使金融市场流动性泛滥。为了使一些信用不高、收入不稳定的居民进入房地产市场，美国按揭贷款机构设计了许多所谓金融创新的按揭贷款利率，让这些人购买超过其收入所能承担的住房。再加上第二次世界大战后出生的"婴儿潮"即将退休，从而进一步刺激整个房地产市场的需求，房价也就在这种需求扩张中快速上涨。房价的上升，房地产市场的快速发展，住房按揭贷款业务也成了各商业贷款银行最好的盈利模式。次级按揭贷款证券化也在这种背景下快速发展。

首先，从全球的大背景来看（沈联涛，2008），美国按揭贷款的快速发展又与经济全球化过程中的工资套利、金融套利、知识套利及监管套利有关。所谓的工资套利就是指在转轨经济过程中，新兴市场经济体制释放出了30亿劳动力，这些劳动力不仅促进所在国经济快速增长，也为整个世界市场提供了大量的低价商品，保证全球经济在低通货膨胀下运行。也正是通过大量低价格商品的出口，从而使大量的财富源源不断地流入富裕国家。金融套利就是日本20世纪90年代初经济泡沫破灭之后，日本为了应对泡沫，采取低利息甚至于"零利息"的政策，从而近20年的时间里向全球金融市场提供"零成本"的融资。而这种"零成本"的融资的结果就是日元的利差交易盛行。这种对不同国家利率和汇率的套利，不仅使国际金融市场流动性泛滥，而且又被杠杆工具及衍生品放大，从而加大全球金融交易资本流动的巨大波动（刘卓衡，2007）。知识套利主要有两个方面。一方面就是"冷战"结束后，大量的科学家和物理学家开始涌入各种不同的金融机构。这些数理人才将技术和统计技巧应用到金融市场，创立了许多金融工具及金融模型来管理风险，创造出了各种各样的金融产品，创造出了金融工程学。但是，这些金融模型管理风险大多是建立在风险世界一个正态分布统计曲线基础上的，建立在人的决策行为完全可以通过金融工具来量化的基础上的，但市场实际条件与这种假定相差甚远。而这种风险完全量化不仅把复杂的金融交易行为简单化，而且也改变了金融行为主体的核心价值，即金融交易行为的价值量化为货币极大化（易宪容，2009B）。另一方面，科学技术快速发展也打破了传统的场外交易市场的交易方式,第三、第四交易市场开始出现并发展。这种交易市场的出现不仅提高了交易市场效率、为金融全球化创造了条件,而且也为金融产品创新突破现行的金融监管奠定了基础。可以说,如果没有便利的场外交易市场的形成,这种证券化市场要得到迅速发展是不可能的。监管套利就是指在金融自由化的潮流中,全球金融市场的监管全面放松,那种干预最小化、市场是定价的基础及竞争出效率的理念,不仅是一般教科书的基本内容,也是政府决策者奉行的准则。也正是在这样的大背景下,美国的按揭贷款证券化市场得到快速的发展。

其次,从经济全球化的发展来看,从20世纪90年代开始经济全球化的速度明显加快。经济全球化的快速发展,不仅加快了跨境资本的流动,也导致了全球经济的失衡(Helbling,2005)。Caballero、Farhi 和 Gourinchas(2008)3位教授的研究认为,全球经济失衡、次贷危机及最近国际石油价格波动存在密切的关系。因为,全球经济失衡在于安全性高且流动性好的金融资产供给不足。因为,近十年来,全球各国的经济增长与发展出现巨大的差距,特别是中国及印度经济快速增长,石油出口国的经济繁荣,使这些国家快速增长的收入需要寻求安全性高且流动性好的金融资产,从而使这些国家大量的资金都回流到了美国金融市场。美国金融市场的流动性泛滥,不仅导致了融资成本低,房地产泡沫泛起,而且也造成了结构性信贷产品的快速扩张。也就是说,如果不是全球经济失衡,从而使大量的跨境资产需要寻找具有安全性及流动性好的金融市场,那么许多结构性信贷产品与工具也不会创造出来。因为,金融创新的工具再好,如果没有市场的需求,它是无法展现出其优越性的。正如3位教授指出的那样(Caballero et al.,2008),如果全球经济失衡问题没有解决,尽管次贷危机爆发,但对这种安全性高且流动性好的资产超额需求并没有消除;反之,世界经济在增加金融资产供给过程中很可能再次创造出产生新的泡沫的条件。只有当世界经济创造的安全性高且流动性好的资产的能力超过收入增长的时候,这个问题才能得以解决。也就是说,结构性信贷产品得以快速发展不仅在于这种产品的金融创新快,更重要的是在于金融市场的需求及跨境资产的流动而导致全球经济失衡。而这种全球经济失衡很大程度上在于大量资金流出国的金融市场发展,在于这种金融市场发展能否让这些资金转化为国内投资,在于这些新兴国家金融市场的改革。

从上述分析可以看到,"影子银行"的产生并非某种单一因素所导致的,而是现实的经济生活一系列事件所导致的结果。只有在这个大背景下,我们才能够把握"影子银行"的实质。但是,影子银行为什么能够以一种与传统信贷扩张不同的方式给住房借款人提供过度的流动性?而这种过度流动性为什么没有得到有效的监管?为什么不能通过传统商业银行的方式来化解风险(比如不良贷款通过银行拨备的方式来解决)?为什么直到问题暴露出来才能够知道其问题的严重性?等等。这就在于"影子银行"给按揭贷款人提供的银行信贷模式发生了根本性变化,就在于贷款银行的信贷扩张是通过按揭产品的证券化来进行的,而不是通过传统的商业银行信贷方式来进行的。这种信贷模式看上去是起到了传统商业银行的信贷扩张的作用,但它像银行的影子一样远离传统商业银行的运作模式,远离传统银行及传统证券市场的监管制度。

2.3 "影子银行体系"的运作机制与实质

从上述分析可以看到,"影子银行"实质就是以住房按揭贷款的证券化等方式行使着传统银行的功能,但没有传统银行的组织形式。证券按揭贷款的证券化肇端于1970年的MBS。MBS开始是由政府信用担保的三家住房按揭公司推动与发行的。一般来说,证券化的债权创始机构是零售银行或贷款公司。这些机构把贷款按揭给购买住房者,然后又把放出去贷款卖给住房按揭公司或发行证券的投资银行。投资银行将购自不同银行性质的按揭贷款放入一个资产池,再依据资产的收益与风险加以分类、切割、信用加强、重新包装等程序,转换成小单位证券卖给不同的投资者,如商业银行、投资银行、保险公司、退休基金、共同基金、对冲基金等。在按揭贷款证券化后,银行无须持有贷款至到期为止,这样贷款银行既可把利率与信用风险转移出去而激励银行的信贷扩张,也可以调整债权的期限结构使长期债权得以流动。同时,证券化不仅使借款人的借款成本降低,增加了借款人申请贷款的便利,也因为投资产品增加有助于分散投资者风险。所以,MBS产生后逐渐为市场所接受,二级市场交易也开始非常活跃。但是,由于违约风险、利息波动等风险的存在，加上投资者很难评估 MBS 的风险，从而影响投资者进入这种投资市场。

但是，随着 MBS 弊端不断显现、市场环境的变化及技术条件改善，证券化观念演化变得十分复杂，新的证券化产品不断推陈出新。1983 年推出第一个 CMO 产品（范奥德，2007）。这个新的证券化产品最基本的一个特性就是以许多不同的证券衍生化工具将住房按揭贷款进行组合，然后产生一组相关联但偿付顺位不同的债权，再将风险分成不同等级，配以稳定或不稳定现金流量，也就是收益。最高级的具有优先性，其收益的时点及数量几乎是确定的，但剩下的偿付债权则依排序不同而承担不同风险及收益。这样，证券化后的 30 年的按揭贷款债券就可以转化为一系列短期、中期、长期债券，然后卖给不同风险偏好类型的投资者。在这种证券化的过程中，表面上看是降低了风险，但实际上只是风险重新分配，而整个债券的风险并没有降低。

可以说，从 CMO 出现开始，住房按揭证券化债券产品变得越来越复杂。后来的 CDO 产品也就是在此基础上形成了，后来并由此衍出一系列的证券化产品。一般来说，无论是 CMO 还是 CDO，其产品创新的重点要让这些产品的总价值高于尚未加以重组证券的市值，这是证券发行商的投资银行获利的空间。因此，投资银行往往会以高薪聘请金融工程师来设计各种不同的证券化衍生产品来满足不同的投资者需要。在设计这些金融衍生产品时，基本上假定金融风险是呈正态分布的，因此能够通过复杂的金融数理模型来分散与管理风险。对于投资银行来说，由于其了解产品特性，也了解交易部门市场的变化，因此其对风险及市况十分敏感，但是对于投资者来说，则是处于严重的信息不对称状态。

还有，发行证券商在设计证券化产品时，依法必须将这组按揭贷款资产抽离到一个特殊目的的法人主体（Special－Purpose Entity，SPE）。这既可能是一个信托，也可能是一家登记在境外的责任公司。因为，这样做，如果把放在同一个信托内的贷款资产结构相近，比起资产结构不同的投资标的能够为投资者所接受，同时，发行商可以不用将证券化资产挂在自己账上，从而降低自己的风险。当市场发生变化导致发行券商本身财务困难时，CDO 的投资者可以享受最优先偿还权的保护，从而使投资者感到降低其风险。同时，在设计这些证券化产品时也可以取得外部融资。这样，SPE 可以把金融杠杆不断地放大，信用、流动性及利率等风险尽显其中。

由于此类证券化产品设计得十分复杂，由于这些产品存在严重的信息不对称，投资银行为了吸引投资者，希望通过信用内部增级与外部信用增级来增加证券化产品的信用度。比如，请信用评级机构评级与保险公司给这些产品的风险担保。由于这些产品新颖、复杂，以及信用评级机构及保险公司在产品设计时就参与其中，由于相关的利益关系，从而使这些产品在评级时往往会偏离其应该扮演的中立裁判角色，从而让这些严重包装证券化的衍生产品卖给投资者。

而 SPE 的证券化产品通过信用内部增级（评级公司评级）和外部信用增级（保险公司担保）之后，在投资银行为中心的场外交易系统卖给传统机构债券投资者如对冲基金、保险公司、退休基金、银行等。而这种以投资银行为中心的场外交易市场不仅杠杆率高，而且监管松散或无法受到证券交易规则监管。特别是对于对冲基金来说，它是一种投资战略较为自由的不受监管的私人投资载体，由专业人士管理，以绝对收益为投资目标（IMF，2008）。对冲基金不用登记，不用公布它们的交易、持有的资产、负债和平共处五项原则损失等信息。正因如此，对冲基金有此特性，在近几年金融市场繁荣时，对冲基金也得到快速的发展。在美国，2007 年年底对冲基金规模达到 2 万多亿美元（IMF，2008）。它也成了购买这些证券化产品的中坚力量。

从以上的分析可以看到，"影子银行"的主要参与者有：按揭贷款的借款人、按揭贷款机构、投资银行、SPE、传统债券机构投资者和对冲基金等。"影子银行"简单流程是：为了提高利润，贷款机构通过降低信用标准的方式把按揭贷款贷给次级信用的借款人，并把这些次级信用的贷款所有权转让给投资银行。投资银行将买来次级住房按揭贷款再用复杂的金融工具转化成多种方式的次贷证券化产品。然后，投资银行把次贷证券化产品转移到 SPE 公司。SPE 通常由金融机构出资设立，通过发行或投资次贷债券等评级较高、收益较高的产品，其负债方由短期的商业票据来提供流动性资金，通过资产长短搭配来获得利差收益。SPE 主要是通过从资产打包和分销中赚取收益，而不是通过持有债券获利。传统的商业银行一方面向 SPE 收费，另一方面在初始合约中对 SPE 有某种承诺（SPE 无法在货币市场通过商业票据获得资金时提供临时的紧急贷款）。在法律上，SPE 是独立法人；在财务上，SPE 并没有纳入银行的资产负债表。因此，当 SPE 运行正常时，商业银行不仅可以收取高额的服务费，也拥有几乎无限的股本回报率（张健华，2008）。"影子银行"就是通过上述的途径与方式，资本市场上的传统机构债券投资者及对冲基金的钱源源不断地直接流入美国住房消费者手上。这就是"影子银行"的运作方式与实质。

2.4 "影子银行体系"的崩溃及原因

现在我们要问的是，为什么以"影子银行"为主导的金融体系会让只有 3 亿—4000 亿美元次贷证券化产品的损失就导致了美国金融体系的崩塌，会引起全球的金融海啸，会造成全球经济严重衰退？其主要原因是，尽管这种金融体系有不少可取之处，但是无论它的内在本性及证券化过程的每一步都潜在巨大的风险，而且这种金融体系既能够把其中的风险隐藏起来，也容易把这些隐藏起来的风险无限地放大。对此，美国的经济学教授 Nouriel Roubini 早在 2006 年 7 月就预测过，由于美国"影子银行体系"破产将给美国经济带来严重衰退（刘志勇，2008）。随后，他还在 2008 年 9 月 21 日英国《金融时报》撰文指出，随着雷曼兄弟的倒闭，它预示着已经发展了 20 多年的"影子银行体系"崩溃。"影子银行体系"的崩溃先是整个结构投资工具和渠道体系的崩塌，然后是美国大型投资银行遭到挤兑，随之是有偿付能力的杠杆机构的倒闭、货币市场的恐慌，以及数以千计的高杠杆对冲基金出现赎回等。而"影子银行体系"的崩溃不仅预示着美国以证券化为主导的融资模式崩溃，也意味着这种融资模式所潜藏巨大风险全面暴露出来，它将严重冲击美国及全球的金融体系及实体经济。

我们知道，传统的银行体系与"影子银行"之间有天壤之别。两者无论是从资金来源、运作模式、交易场所、监管方式与监管程度等方面都存在巨大的差别。传统的银行体系其资金主要来源于存款，在留取一定存款准备金再做贷款，它是以零售为主导，并受到监管部门严格监管。比方说，商业银行必须维持存款准备金，要求保留 8% 的资本充足率，即杠杆率不能超过 12.5%，并向存款保险体系缴纳保险费等。也就是说，在现代金融体系中，对传统商业银行有一套严格监管制度与要求。而传统银行的风险主要表现为由于不能够及时兑付而引发的"多米诺骨牌效应",导致金融机构大面积倒闭。

但是,"影子银行"之所以能够在短期内迅速发展,就在于它采取一系列的所谓的金融创新突破了现有的银行监管制度与体系,把金融衍生品的设计建立在不存在的假定之上,并形成一套高风险的运作方式。比方说,"影子银行"中的证券化产品基本上都是通过高度数学化模型计算风险而设计出来的,即这些资产的品质如果能够维持在模型的安全范围内或房价在上升,那么"影子银行"不仅能够有效运作,而且这种证券化按揭产品表面上也能够分散风险,但房价上涨假定不成立或房价下跌时,这种广泛分散的风险会把其中的风险无限放大。由于"影子银行"大量采取的是产品创新及批发的模式,即负债方由短期的商业票据来提供流动性资金并通过资产和负债的长短错配来获得利差收益,和没有谨慎监管的场外交易,因此,这就容易导致这类金融机构追求过高杠杆率而形成巨大的潜在风险。

有研究估计,美国金融产品交易合约总额有530万亿美元之多[其中CDS(Credit Default Swap,信贷违约掉期)超过60万亿美元],它们赖以发起的担保品即物理金融资产实际价值只有2.7万亿元,其杠杆率达到200(孙涤,2009)。IMF(2008)的研究也表明,截至2007年年底,世界上十大投资银行控制的资产超过13万亿美元,平均杠杆率约30.6%;而在2003年则不到23%。2008年6月,美国现任的财长盖特纳在其演讲中指出:"在本次繁荣期间,金融体系的结构发生了根本性变化,传统银行系统之外的资产所占比重大大提高。这个'影子银行'金融体系变得非常大,在货币和资金市场上尤其如此。2007年年初,资产支持商业票据、结构化投资工具、拍卖利率优先证券等资产价值已经达到2.2万亿美元,通过第三方回购隔夜融资的资产增加到2.5万亿美元,对冲基金持有的资产增加到约1.8万亿美元。原先的五大投资银行的资产负债表总规模达到4万亿美元。相比之下,美国最大的5家银行持股公司当时的总资产只有6万亿美元,而整个影子银行体系的总资产则超过10万亿美元。"(克鲁格曼,2009)

也就是说,从"影子银行"的内在性质来看,近十多年来,这种融资体系的变革,造就了美国经济及2001年之后楼市繁荣。在繁荣期间,买房人、贷款银行或贷款中介机构、各大投资银行、对冲基金、评级机构等，全部大赚特赚、皆大欢喜。但是，当次贷危机爆发后，所有潜在的风险都显露了出来，而且这种无限放大的风险不仅成了一个永无止境的黑洞，也是压倒美国华尔街的许多投资银行的最后一根稻草。因为，在次贷危机爆发后，由于次级按揭贷款违约率上升，造成次级债金融产品的信用评级和市场价值直线下降。随着信用风险从次级按揭贷款领域扩展到其他住房按揭贷款领域，则较低等级的住房按揭贷款金融产品的信用评级和市场价值也大幅下滑。

也正是在这些证券化产品价值快速下滑的过程中，由于 MBS 和 CDO 的流动量不高，又在投资银行的场外交易，现有市场上没有一个根本性、中肯而基础的方法来衡量这些证券的市值，因此美国《证券交易条例》就规定（黄元山，2008），持有这些资产的金融机构就得每天度量这些 MBS 和 CDO 的市场价值。美国会计准则也规定，结构性金融产品只能按当前市值计价，不能按购入成本计价结构产品投资。但是，传统的商业银行不需要每天来评估账面上住房按揭贷款的价值。为了计算这些结构性产品的市值，美国证券市场给这些 MBS 和 CDO 建立一个新指数 ABX。但这个指数的流通量不高，容易被投机者操纵扩大了涨跌波幅。随着 2005 年和 2006 年借出的住房按揭贷款问题逐渐显现，MBS 和 CDO 的价格和少有的流通量便随 ABX 指数一起大幅下滑。

随着 MBS 和 CDO 的市值快速下跌，不仅导致一些持有这些资产的 SPE 破产及挤提现象（贝尔斯登旗下的两只对冲基金就是如此），由于这些 SPE 的融资是来自货币市场短期票据融资，当市场发现这些 SPE 面临严重的流动性问题时，这些短期债主都会迅速地向它们讨债，而且会让这些 SPE 公司资产大幅贬值。在这种情况下，使发起这些 SPE 的传统商业银行只好把这些原本放在表外的业务重新放在表内，并利用商业银行本身融资偿还这些短期债务。其结果是，这些商业银行的资产负债表突然扩大了，再加上商业银行加大次贷相关的拨备，使这些商业银行和其他投资银行所遇到的流动性突然紧缩。在这种情况下，商业银行只好减少贷款以及增加贷款所需的利息。这样，市场流动性突然减少。当然，市场流动性减少时，由于这些证券化产品及金融衍生品的杠杆效应，以金融产品的市场价值来确定资产负债表上相关资产的账面价值的次贷产品的资产也就迅速下降，相关金融机构所持有次债证券资产的风险也迅速地暴露出来，从而使不少商业银行陷入资不抵债的困境。"影子银行"

的风险也在无限地放大。

不仅"影子银行"本身存在严重的金融脆弱性，而且"影子银行"运作的每一步都包括巨大的潜在风险。比方说，在"影子银行"的证券化过程中，贷款银行不需要持有贷款至到期为止，而是可以把利率风险及信用风险等转移出去，这自然会强化贷款人以降低信贷的市场准入盲目信贷扩张的激励，从而使贷款的品质在一开始就容易处于极高的风险之中。这就是通常所指的逆向选择。而且这种信贷模式不仅在事前对借款人不会认真筛选，而且在事后也不会认真监督借款者（道德风险）。这些与传统银行是有很大差别的。另外，这些次贷证券化产品之所以能够在短短数年内形成大规模的市场，完全与证券化过程中的每一个交易环节虚假的包装是分不开的。贷款银行是这样，投资银行也是如此。投资银行把风险较高的次贷打包与分解成为各种各样的证券化产品 MBS、CDO 和 CDS 等卖给国内外的投资者。对于简单的 MBS 所包括的风险，比如违约、利率波动及借款提前偿还本息等，贷款银行采取一些传统管理方式可以控制其风险。对于这些复杂的或一而再再而三的衍生化金融产品来说，其复杂结构下的风险即使最为精明的投资者都是无法识别的。正因如此，这些证券化产品的投资者没有能力来识别其产品蕴藏的风险高低，投资者往往就会在这种过度包装的掩盖下进入市场。

在这种情况下，"影子银行"的规模迅速扩大，其风险也就越积越多。由于"影子银行"各种工具及产品都是依靠货币市场的短期票据来购买大量风险高、流动性较低的长期资产，并通过这种方式无限放大的信用扩张，这就使"影子银行"如传统银行挤兑时一样不堪一击。而在这种情况下，传统银行可以通过央行最后贷款人制度及存款保险等机制来降低这种风险，但是"影子银行"则没有这种保护机制。还有，由于"影子银行"在证券化的过程中每一步都存在较大风险及信用丧失，因此，随着"影子银行"扩张链条的无限延伸，其风险也在无限地放大。当"影子银行"这种无限扩张链条某一个环节出现问题或风险暴露出来时，那么整个"影子银行体系"就立即土崩瓦解。

正如格罗斯所指出的那样（格罗斯，2009），"影子银行体系"利用杠杆和金融创新，在25年来给全球经济扩张注入了巨大能量，在全球金融市场给出了无节制的信贷扩张，但正是"影子银行"的运作内在风险也给全球经济带来了严重的威胁。因为，现代市场经济核心是信用，一旦信用缺失的"影子银行体系"崩塌，这不仅是这种融资模式的崩塌，而且是整个金融体系的崩塌。这就是为什么在次贷危机爆发后，尽管各国政府对金融体系注入了大量的流动性，但全球金融体系则无法稳定与唤起，反之一路沉落的原因所在。这就是为什么次贷危机会如此严重，对美国及世界经济冲击及影响又会如此之大的原因。

2.5 "影子银行"崩溃对中国金融市场的启示

最近，在美国"影子银行"奄奄一息之际，美国政府推出一个"定期资产支持证券贷款工具"（TALF），希望通过政府宠大信贷刺激计划来激活"影子银行体系"。目前，美国的TALF信贷计划政府启动2000亿美元的投入，激活已经崩溃的影子银行市场，进而带动1万亿美元的消费者和企业信贷发放。其实美国政府这个救市计划是十分令人质疑的。因为，这是在用一个短期解决方案来解决长期问题，其效果是十分有限的。美国影子银行的问题只能从其内在体制之手，从其内在的不稳定入手。对此，中国政府也是值得思考的问题。

克鲁格曼（2009）指出，当"影子银行体系"不断扩张，甚至其重要性超过传统银行的时候，不少人都在看好这种金融制度安排的优越性，但是当"影子银行"给整个金融市场带来巨大危机并当人们开始认识到这点时，"影子银行体系"已经接近崩溃的边缘了。这说明了什么道理？其实，它告诉我们，任何一个金融制度安排都存在内在的不稳定，都存在不同的风险。面对金融制度安排内在的不稳定与风险，我们无法规避与减少，而是随时都得保持一种谨慎的态度，建立起一种有效的监管制度及风险管理系统。在美国如此发达的金融市场、如此完善的法制制度下都容易导致巨大的风险管理问题，那么对中国这种新兴金融市场来说，更要在这方面花更大力气。

首先，金融市场内在不稳定的根源在哪里？从影子银行运作方式来看，就是信用借助于金融创新的方式无节制地快速扩张。而信用的快速扩张，必然导致金融市场内在不稳定或吹大金融市场的泡沫。在这里又得处理好三个方面的问题。一是金融经济与实体经济的关系问题。金融好比实体经济衍生品，除非实体经济本身良好，否则，就不可能有好的金融市场。比如，尽管房地产泡沫是这次美国次贷危机的导火线，但并不是次贷危机最终根源。但是，房地产泡沫破灭必然会引发出金融市场严重的危机。也就是说，如果信用快速扩张不是让巨大流动性流向实体经济而是流向金融市场，也就会导致金融市场泡沫四起，最终泡沫破灭引发金融危机。二是金融创新与金融市场发展问题。可以说，没有金融创新也就没有金融市场发展与繁荣，但是，任何金融创新都存在巨大的风险。尽管这些金融风险可以通过新金融创新工具转移，但没有消失。特别我们对某种金融创新产品不了解时，其存在的风险会更大。因此，任何金融创新既要强调原始基础资产的真实性也要强调金融监管合适性。如果基础资产有问题，衍生市场的风险就会无限放大。由于金融市场的内在不稳定，任何金融创新就得受制约与严格监管。任何金融产品都是在信用基础上给风险定价，因此金融市场风险高低完全取决于该金融市场的信用基础。中国的金融市场才刚建立，信用基础是相当薄弱的。特别是在当前信用下，中国金融创新还面对着一系列的制度障碍，因此，中国金融创新尽管发展迟缓，也同样不可操之过急，而是要成熟一个品种，出台一个品种，绝不可照抄他人东西。

其次，要重新思考与审查中国的金融市场体系及早几年确定金融发展战略。从"影子银行"经验教训中找到中国金融发展及改革之路，绝不可因噎废食。目前，中国金融市场的问题并不是金融自由化过度，而是金融自由化不足，是政府对金融市场管制得过多。因此，既要加大中国金融改革的力度，也要引导金融市场发展以适应中国的信用基础。

3 美国次贷危机的信用扩张过度的金融分析[①]

3.1 前言

"信用扩张过度"就是信用货币膨胀速度快于实体经济产出的增长速度。它可以通过货币政策的数量工具（信贷规模扩张）及价格工具（利率变化），也可以通过货币制度安排方式、金融体系的产品创新及市场扩展等方式进行。也就是说，信用扩张过度的类型可以是价格型的、数量型的，也可能是制度型的及市场型的。信用扩张过程总是面临着大量的不确定性。这种不确定性都会给实体经济造成巨大负面冲击，会导致资产价格泡沫，增加金融体系的脆弱性。

美国金融危机是近 20 年来一连串事件长期信用无限扩张的结果。这种信用无限扩张的主要工具是"影子银行"。"影子银行"的实质就是为了规避正式监管规则而由发起人设计一套无限信贷扩张的方式、工具与市场。其目的就是通过信用的无限扩张来提高金融资产的杠杆率，过度地使用公共性的金融体系，从而为金融机构谋取利润最大化，但其风险则是要让整个社会来承担。因此，我们对这种融资体系进行全面反思，以便让中国金融市场能够健康持续地发展。

3.2 美国次贷危机的根源何在？为什么不是全球经济失衡呢？

对于美国次贷危机产生的根源及实质，最近讨论的文献很多，众说

[①] 该文章发表在《国际金融研究》2009 年第 12 期。

纷纭。既可以是宏观的，也可以是微观的；既可以是直接的，也可以是间接的；既可以是金融体系的内在缺陷，也可以是外部冲击的结果等。不过，最为重要的可以归结为以下几个方面，如政府宽松的货币政策、通过信用消费为购房者提供过度的流动性而导致房地产泡沫及破裂、金融衍生工具及证券化泛滥、金融监管不足、评级机构评级虚假性、人性贪婪、"以市值计价"的会计原则不合理等。更为深刻、更复杂的主流意见是全球经济的失衡，是以美元为主导的国际货币体系内在不稳定与缺陷，是宏观经济失衡和信用过度膨胀所产生的美国房地产泡沫等。

比方说，美国经济学家邓肯（Duncan，2007）、Adrian 和 Shin（2008）都认为，美联储 2002—2004 年宽松的货币政策是美国次贷危机的重要根源；Demyanyk Y. 和 Hemert O. Van（2008）、Jimenez 等（2006）和费尔德斯坦（2008）则认为，美国次贷危机主要是美国房地产泡沫破裂所导致的结果；也有人认为，美国次贷危机产生及蔓延主要是与证券化过度有关（Duncan，2007；Petersen & Rajan，2002；Keys et al.，2008）；Caballero、Farhi 和 Gourinchas（2008）则认为，全球经济失衡、次贷危机及最近国际石油价格波动存在密切的关系；沈联涛（2008）认为，从宏观角度来看，美国次贷危机的根源是工资套利、金融套利、知识套利及监管套利的结果；刘海影（2009）认为，庞大而快速的工业化或新兴市场的快速发展催生出了信用扩张快速过程，这是美国次贷危机产生的实质；当然，还有道德风险上升说、会计标准不当说、人性贪婪说等。

对于上述各种理论或观点，尽管能够从不同的角度来分析与观察美国次贷危机产生的根源，但是其中的不少观点或是盲人摸象，只是从局部看到危机产生的一个方面；或是因果关系倒置，往往把事件发生的结果看成是事件产生的原因，没有思维上的逻辑性与经验上的一致性；或是把联系的链条拉得太长，把不相关的事件进行无限的联系，把简单的问题复杂化，从而增加了对事件真实了解的困难；或是无限夸大了一些技术性的范畴，从而模糊了对事件本质的认识等。

比方说，对美国次贷危机，目前最为流行的主流意见是，当前美国金融危机的主要根源应归结为"全球经济失衡"。一般来说，这里所说的"全球经济失衡"是指美国巨额的经常账户逆差和迅速上升的净对外债务以及世界其他国家对美国的经济账户顺差和迅速累积的对美国债权所引起的经济失衡（国际货币基金组织，2005）。2008年8月，美联储主席伯克南指出（Bernanke，2008），当前美国金融动荡是与20世纪90年代中期开始并在2000年再获得扩张势头的美国住房景气以及后来的信用扩张有关，与发展中国家及新兴市场经济体前所未有的高速经济增长有关。它表现在金融领域是，新兴市场经济体净储蓄供给的显著增加同时支持了美国住房景气和更大范围的信用扩张过度。也就是说，美国对外收支失衡和实际低利率与新兴市场经济体的高储蓄行为有关。美国前财长保尔森在接受英国《金融时报》记者的访问时也指出，全球经济失衡压低了利率水平，促使投资者转向风险较高的金融资产，从而助长了信贷危机（Guha，2009）。因此，当前金融危机的根源不仅在于金融体系的缺陷，更重要的是与全球经济失衡密切相关。

对于这些观点，不仅在欧美国家十分盛行，而且也引起国内不少经济学家的反驳，认为美国官员所指的金融危机外因论是不成立的（贺力平，2009），并认为在美国持续性大规模经常账户逆差为特征的全球经济失衡的情况下，国际金融危机的根本原因在于美国乃至世界金融体系风险控制功能的弱化，而并非新兴市场经济外汇储备快速增长并流入美国。可以说，无论这些观点哪一方，正方或反方，尽管表现的形式会有所不同，但都把国际金融危机根源指向了全球经济失衡。当然，美国次贷危机放在整个经济全球化、金融全球化这个大背景来思考与考察是对的。正如我早就指出的那样（易宪容，2009A），美国次贷危机是在经济全球化、金融全球化及现有的美国社会文化这样的一个大背景下一连串事件的结果，其中主要的因素有，但是不把这些因素放在整体事件发展脉络中、不放在大的社会文化背景中，是无法真正把握到事件真相的。看上去事件中的每一个因素都能够找到其得以存在的理由，找到其存在的合法性根据，但当这些理由聚集在一起时，合成谬误就自然显现。

因为，全球经济失衡，它只是相对全球各国的国际收支账户而言的，而相对各个国家的要素比较优势来说，它则是一种均衡。因为，在经济全球化、金融全球化的大背景下，各个国际要素比较优势，只有进入20世纪后期形成的"消费研发中心—制造业基地—原材料基地"整个国际分工体系中，才能分享到经济利益与成果。否则，这些要素优势是不可能分享到经济全球化的利益与成果的。如果这样，该国的要素比较优势根本就不可能体现出来，国家的经济繁荣与发展也是不可能出现。在这个意义上说，上面所指的全球经济失衡，实际上是各个国家经济要素比较优势的均衡。

还有，在经济全球化、金融全球化这个大背景下，全球化为改善国际投资多元化带来的机会，比方说，跨境交易成本和信息成本的降低、管制壁垒的减少等，从而使全球范围的本国资产持有偏好减弱。[1] 在这种情况下，它对全球国际收入失衡及调整影响重大，也决定了在多大程度上经常账户的平衡。因为，如果本国偏好很强，对国外资产的总体需求就会较低，而且不具有价格弹性。这时，大规模对外负债的收益率就会较高，从而抑制对外净借款，经常账户逆差就会小。反之，如果本国偏好较弱，对国外资产的需求就会较高，也会具有价格弹性，大规模的对外净负债的成本就会低，经常账户的逆差就会高。已有的研究表明，最近的20多年里，本国偏好已经下降，对外经常账户逆差或顺差也在快速增加（国际货币基金组织，2005）。也就是说，由于经济全球化、金融全球化，再加上美国本身拥有国家经济实力、发达的金融市场体系以及以美元为主导的国际货币体系，世界其他地区过剩的流动性大量地涌入美国是一种必然现象，即使美国不出现次级按揭贷款及次贷证券化产品，这种必然也是不可改变的。只不过，全球其他地区过剩的流动性涌入美国加速了金融风险积聚和危机的爆发，而不是金融危机的根源（金永军，2009）。

同样，人性的贪婪，自古有之，华尔街从来就是利字当头；美国的监管制度早就形成一套严格和有效的制度，而且其金融机构的风险管理在长时期内也被认为是世界领先的；住房按揭的证券化产品，从20世纪70年代以来已经安然无恙地运作了40年，这样的证券化产品为什么会在一夜之间让整个金融市场崩塌？等等。可以说，上述这些解释尽管可以帮助我们了解这次金融危机传播与深化的过程，但并不能解释危机的根源所在。本文试图从更为深入的理性和实证的角度来考察事件的来龙去脉，透过诸多现象来把握事件的本质。这样，我们就会发现，信用扩张过度所导致的美国房地产泡沫及证券化衍生工具的泛滥才是导致这次全球金融危机的真正根源。

---

[1] 本国投资偏好是指，在传统条件下，投资将其大部分金融财富投资于国内资产。

3.3　信用扩张过度是金融体系不稳定性的根源

本文把"信用扩张过度"界定为信用货币膨胀速度快于实体经济产出的增长速度。在这里，信用不是货币，但信用又是相对货币而言的，信用是货币的延伸。货币是一种特殊的信用工具，代表了社会的承诺，可以随时用于支付。但其他信用工具，尽管也代表了一种承诺，可以用于支付，但这种支付是限定在某种条件范围内的（时间与空间的限制）。也就是说，各种信用工具是以特定当事人的承诺为基础的，可在未来的特定时期用于支付。在这个意义上说，信用扩张其实就是信用货币的扩张，信用扩张过度就是信用货币增长快于实体经济产出的增长，或大量信用货币追求少数的产品，或信用货币超出未来的特定时空用于支付。在这种情况下，它不仅会把既有的借贷关系放大，也容易导致既有资源的跨期配置的失误。因此，信用扩张过度往往会成为人类历史上所有的金融危机的根源。

一般来说，金融交易的实质是跨时空的信用扩张过程。信用是通过货币的信贷关系对现有财富重新跨时空的配置，因此，信用代表的是未来不确定性价值（瞿强，2005）。信用扩张既可以用于实体经济循环，也可以用于单纯的金融循环。当信用扩张用于实体经济的循环时，它能够缓解经济增长过程中的融资约束，促使经济的发展与增长；它也可能造成生产与消费的失衡，形成经济波动。当信用扩张只是单纯的金融循环时，它可能推高资产的价格，使资产的价格脱离基础因素快速上升，从而给实体经济发出错误的信号，同时引起社会财富的重新分配，导致总供给与总需求的错位，最终引起宏观经济的波动。一旦信用扩张过度，资产价格高得难以维系时，有可能使金融体系变得非常脆弱。在这种情况下，一次小的外部冲击就可能造成严重的金融危机。从历史上大量的金融危机案例中总结出来的基本的"特征事实"中就会发现，资产价格泡沫与信用扩张过度都是高度正相关的（瞿强，2005）。各种金融危机往往就是信用扩张过度的结果。

对此，奥地利经济学家对此有经典的论述（瞿强，2005），比如在维克塞尔的纯信用经济时，由于自然利率（实物资本的收益率）和市场利率（货币资金的利率）的不同，两者的偏离会导致经济活动的扩张与收缩。因此，信用的合理使用可以限制当期消费，促进实物资本增加，但货币的滥用（它包括了政府纸币过度发行及银行信用过度扩张），也可能破坏巨额的实物资本，导致经济混乱。哈耶克对维克塞尔的理论作了进一步展开。在哈耶克看来，不仅货币供应规模变化，而且货币进入实际经济以及在经济体系中运行途径，都会影响真实变量和最终的市场结果。特别是人为的货币扩张或信用扩张使生产结构拉长，经济危机则使这种过长的跨期资源配置出现暂时性中断，即金融资产价格泡沫的破灭。

不过，尽管哈耶克提出了人为的信用扩张可能引发危机的思想，但没有分析出现危机之后，实体经济及相应的信用活动是如何收缩的，更无法指出危机爆发后的应对方式。而费雪与明斯基则用"债务—紧缩"理论和"金融不稳定"理论，分析信用过度扩张的后果及内在机理。比如，在明斯基（Minsky, 1986）看来，任何金融体系都存在"内在不稳定"。即金融体系的"不稳定"是内生的、经常性的，金融不稳定有可能在较长的时期内处于潜在期，而"稳定"是暂时的、表面的。因为，任何金融体系在促进储蓄充分有效地向投资转化的过程中，信用扩张面对未来时，总是面对一系列的不确定性。比如，对内，存在信息不对称、金融杠杆的高风险、投资者过高估计经济发展的前景、委托代理问题、非理性的合成谬误等；对外，存在意外经济事件的冲击、宏观波动、政府宏观经济政策失误等。在这种情况下，就容易导致不同方式的信用扩张过度，而且信用扩张过度自然会导致资产价格泡沫。也就是说，当信用扩张过度推高资产价格时，必然会造成整个金融体系的不稳定与脆弱性，甚至造成潜在的大量系统性风险。在这种情况下，信用扩张过度对实际经济波动的放大效应更为显著。而这种资产价格泡沫与信用扩张过度的高度正相关或信用扩张过度导致金融危机，明斯基把其结果归结为"金融体系的内在不稳定"。

我们可以看到，尽管人类历史上出现的金融危机所表现的形式千差万别，比如银行危机、货币危机、外债危机及资产价格泡沫，但这些危机产生基本上都是信用扩张过度所导致的结果。而信用扩张过度最主要的表现就是金融资产快速增长。例如，近几十年来，在美国金融监管不断放松的情况下，金融创新频繁，信用快速扩张。美国金融资产总量（包括银行资产、债券和股票），1952 年为 1.47 万亿美元，到 2008 年年底达到了 145.5 万亿美元，56 年增长 97 倍多（殷剑峰等，2009）。1980 年全球金融资产价值只有 12 万亿美元，与当时 GDP 规模基本相当。但是，2007 年全球 GDP 为 54.5 万亿美元，但全球金融资产则达到 230 万亿美元（没有包括房地产，比如 2007 年年底美国及公司持有的房地产价值约为 GDP 的 225%），是当年 GDP 的 421%。而 2008 年年底美国和英国金融资产占 GDP 之比分别达到 1020% 和 1298%（沈联涛，2009）。金融资产快速膨胀主要是通过金融工具创新而让信用过度扩张。当信贷过度扩张通过金融创新工具来进行时，不仅使整个经济体融资便利性在过剩的流动性中迅速放大，而且表现为金融交易在金融部门的内部循环中不断地过度强化，金融市场的产品结构及运作方式发生了根本性的改变。

近十年来，全球金融资产快速增长，基本上是通过金融衍生性工具的信用扩张过度来实现的。据国际清算银行 2008 年的数据，1998 年全球衍生品的名义价值（衍生品对应的基础资产的金额）存量为 80.3 万亿美元，总市值（衍生品交易的实际市场价值）为 3.23 万亿美元。2007 年年末全球衍生品名义价值为 630 万亿美元，场外交易规模达到 600 万亿美元。2008 年上半年，全球衍生品名义价值增加到 766 万亿美元，为当年 GDP 的 14 倍以上，十年时间增长了 10 倍。其中，利率掉期（Interest Rate Swap）产品约占整体市场的 2/3，信用违约掉期产品（CDS）约占 8%，证券衍生产品约占 2%，其他各类衍生产品约占 12%（朱民等，2009；王康，2009）。还有，在各类金融产品中，美国衍生产品和结构性产品发展更是远远超过传统金融产品。截至 2007 年年底，传统金融产品总市值约为 70 万亿美元，1999—2007 年，其年均增长为 5.9%。而衍生产品名义合约额超过了 165 万亿美元，其年均增长为 21.7%。结构性投资工具发展更是迅速，2000 年总规模约 5000 亿美元，到 2007 年已发展到 2.6 万亿美元，年均增长为 74%（BIS，2008）。而这些衍生性产品及结构性投资工具已经改变了传统的信用扩张过度的方式。

2008 年 6 月，美国财长盖特纳在其演讲中指出，"在本次繁荣期间，金融体系的结构发生了根本性变化，传统银行系统之外的资产所占比重大大提高。这个'影子银行'金融体系变得非常大，在货币和资金市场上尤其如此。2007 年年初，资产支持商业票据、结构化投资工具、拍卖利率优先证券等资产价值已经达到 2.2 万亿美元，通过第三方回购隔夜融资的资产增加到 2.5 万亿美元，对冲基金持有的资产增加到约 1.8 万亿美元。原先的五大投资银行的资产负债表总规模达到 4 万亿美元。相比之下，美国最大的 5 家银行持股公司当时的总资产只有 6 万亿美元，而整个'影子银行体系'的总资产则超过 10 万亿美元。"（克鲁格曼，2009）也就是说，当前美国金融市场发生了根本性变化，新的信用扩张方式多是通过"影子银行体系"来实现的。正如后面所指出的，"影子银行"及相应的信用扩张工具成为这次美国金融危机产生的重要根源。

同时，近年来全球对冲基金的发展，它成为全球信用扩张过度最为便利的工具。因为，对冲基金是一种投资战略较为自由的不受监管的私人投资载体，由专业人士管理，以绝对收益为投资目标（IMF，2008）。对冲基金不用登记，不用公布它们的交易、持有的资产、负债和损失等信息。正因如此，对冲基金有此特性，在近几年金融市场繁荣中，对冲基金也得到快速的发展。在美国，2007 年年底对冲基金规模达到 2 万多亿美元（IMF，2008）。在亚洲，2001—2007 年第一季度，对冲基金也增长了 6 倍，从 220 亿美元增至 1460 亿美元（国际货币基金组织，2008）。而且更为重要的是，对冲基金不仅在于数量上的超高速增长，而且在于它正在逐渐地放弃发现价格异常和利用套利机会方面的传统作用，变得越来越像是商业银行，忙于提供银团贷款、资产支持融资和结构性产品以及与传统的私人股权公司按业务专长进行投资分工。也就是说，无论新的信用扩张过度供给还是需求上，对冲基金都起到特别重要的作用。可以说，近几十年来，特别是近十年来，这种融资体系的重大变革及新的信用扩张过度的方式，不仅造就了美国经济及 2001 年之后楼市的繁荣，吹大美国房地产市场泡沫，让不少美国民众及企业的金融资产快速膨胀，而且也为美国次贷危机爆发及美国金融体系的崩塌埋下了伏笔。

也就是说，尽管信用扩张过度的方式千差万别，但其结果都会体现在金融资产快速膨胀上，体现在资产价格快速上升上。当资产价格远离实体经济的基本面时，资产价格的泡沫也正在不断吹大，从而使整个金融体系开始变得十分脆弱，使一个小的外部冲击就可能导致严重的金融危机。还有，信用扩张过度的方式或表现形式也在随着金融市场的变化而发展，因此，我们要把握信用扩张过度的实质，就得考察信用扩张过度的不同类型及表现方式。这就是下一节要讨论的内容。

3.4 信用扩张过度的类型及表现形式

在本文中，我们把"信用扩张过度"界定为信用货币膨胀速度快于实体经济产出的增长速度。其实，这也是维克塞尔体系中的自然利率与市场利率的利差。如果两种利率相等时，信用扩张的边界也就确定了。在信用扩张过度的过程中，它不仅受到货币政策数量工具（信贷规模扩张）及价格工具（利率变化）影响、受货币制度安排的制约，也受到金融体系的产品创新及市场扩展等因素的影响。信用扩张过程总是面临着大量的不确定性。因此，无论是对信用扩张的本身来说，还是对信用扩张对实体经济的影响来说，信用扩张的不确定性都会给实体经济造成巨大负面冲击，都会对资产价格造成巨大的影响，都会增加金融体系的脆弱性。

在完全竞争及信息对称的市场中，信用扩张可以通过市场价格工具与数量工具的调整来实现。但是，任何金融市场都是竞争不完全及信息不对称的市场。因此，它就需要通过一系列制度安排来保证信用扩张的边界合理性。但是，由于任何制度安排都是不完全的，并具有严重时滞性及渗透了行为主体的利益关系（因为任何制度安排都是某种利益关系的调整），这就使相关的金融制度安排不仅不容易达到信用扩张合理边界的均衡；反之，这些金融制度安排可能成为信用扩张过度的制度性根源。特别是，由于任何金融交易都涉及跨时空的资源配置，这就使金融制度安排不仅具有内在不稳定性，也存在外在不稳定性。这些都为信用扩张过度提供了制度性的条件。也就是说，信用扩张过度的类型既可以是价格型的、数量型的，也可以是制度型的及市场型的。在这个意义上说，本文对奥地利学派的信用扩张理论作了进一步扩展。在此，我们可以从以下几个典型事例进行分析。

比如，20世纪80年代后期，瑞典的信用扩张过度，不仅在于低利率政策或采取价格工具，而且在于取消了对商业银行贷款的数量限制，从而使银行信贷政策十分宽松，金融机构涌现，信贷规模在短期内急剧扩张。在1985年放松金融管制之前，金融机构信贷总额与GDP的比例稳定地在80%，但是从1985年开始，在短短的几年里，这一指标上升到

130%。银行信贷的过度扩张,金融机构有一半以上的贷款进入房地产市场,从而使瑞典斯德哥尔摩地区的房价在1985—1989年的时间里上涨了125%。面对房地产市场巨大的泡沫,瑞典政府突然采取从紧的货币政策,对信贷扩张收缩,从而使瑞典的房地产市场出现根本性的逆转,房地产泡沫破裂(瞿强,2005)。

日本泡沫经济破灭,更是一个信贷扩张过度导致资产价格快速飙升及房地产泡沫破灭的典型案例(中国人民银行营业管理部课题组,2007)。日本经济在20世纪60年代开始迅速增长。为了摆脱60—70年代的二次石油危机,日本加快了金融自由化步伐,加上1985年广场协议后的日元升值,岛国国民对投资土地特殊偏好,"土地只涨不跌"的神话逐渐成了日本人的信条。随着日本经济快速扩张,在宽松货币政策的低利率诱导下,大量的银行信贷进入房地产,从而导致股价及地价快速飙升,货币供应及银行信贷更多地在此基础上快速膨胀。而大量的银行信贷涌向金融市场时,不是通过实体经济流通吸收,而是绝大多数流入了房地产及股市等资产市场,造成股市及土地价格进一步地快速飙升。但是,1989年日本央行的货币政策开始紧缩,日本"土地价格只涨不跌"的神话被打破,房地产泡沫很快破灭,从而使日本陷入了长达十多年的经济低迷中。

而导致1997年的东南亚金融危机的信用扩张过度,既有传统型的价格工具与数量工具,也有相应的制度因素(中国人民银行营业管理部课题组,2007)。比如泰国,20世纪80年代以来,泰国采取了一系列的金融改革开放政策,从而使大量外资迅速涌入泰国,泰国国内投资与信贷迅速膨胀,而这些资金不是流入实体经济而是流入了房地产及证券等市场。随着银行信贷的快速扩张,使泰国各城市的房价快速飙升。而房价飙升及房地产业的暴利更是吸引大量国际资金流入,从而使房地产泡沫更加膨胀。但泰国的信贷快速扩张并非仅是发达的市场条件下数量工具及价格工具的扩张,而是政府隐性担保的结果(克鲁格曼,2009)。在克鲁格曼看来,就在于政府隐性担保下,这些金融机构才敢于进入高风险的项目,赚了归自己,亏了由政府来埋单。在这种情况下,信贷扩张过度也就不可避免。

而导致中国2006—2007年的房地产泡沫的信用扩张过度,基本上是制度性因素的结果。周京奎(2005)对中国12个城市的实证研究结果显示，房地产价格指数与利率呈正相关关系。也就是说，利率上升不仅没有使房价下跌；反之使房价照样上升。特别是 2007 年，央行为加强银行流动性管理，在灵活开展公开市场操作的同时，10 次上调存款准备金率 5.5 个百分点，6 次上调金融机构人民币存贷基准利率（中国人民银行货币政策分析小组，2008）。但这个时候，不少地方的房价上涨更快，利率上升对房地产的资金成本效应、资产负债表效应、流动性效应及预期没有显著相关性。这也说明了中国的金融体系存在缺陷，金融市场价格机制受到严重约束。只是 2007 年下半年信贷政策的改变才让信用扩张有所收缩。而不合理的住房预售制度及信贷政策则是中国房地产市场信用扩张过度最主要的制度根源（易宪容，2009）。还有，2009 年 4—7 月国内不少城市的房价在全球经济衰退房价普遍下跌的情况下突然暴涨，也是国内信贷制度过度宽松的结果。

这次美国次贷危机，同样是信用扩张过度的结果。这里既有美联储货币政策（宽松的货币政策利率下调到 50 年来的最低水平）的原因，也有金融全球化为美国经济提供过剩的流动性（全球各国大量外汇储备都进入美国金融市场），其诱因看上去是房地产泡沫的破灭，但实际上是美国次贷危机的信贷过度扩张不是通过传统商业银行体系来进行的，而是通过"影子银行"（Shadow Banking）来实现的（易宪容，2009）。因此，美国的信用扩张过度完全是在一种新背景下以新的方式来进行的。只有把握了美国信用扩张过度的特征及运行方式，才能够真正地了解这次美国金融危机的根源与实质。这就是下一节要分析的主要内容。

3.5 美国信用扩张过度的新形式及整个金融体系崩溃

"影子银行"（Shadow Banking）就是把银行按揭贷款的证券化，通过证券市场获得信贷资金或信用扩张的一种融资方式（黄元山，2008），从而把传统的银行信用关系演变为隐藏在证券化中的信用关系。这种信用关系看上去像传统银行的借贷关系但仅行使传统银行的功能而没有传统银行的组织机构，即类似一个"影子银行体系"存在。在"影子银行"中，金融机构的融资来源主要是依靠金融市场的证券化，而不是如传统银行体系那样，金融机构的作用主要是把储蓄转化为投资，融资的来源主要是存款。而"影子银行"的证券化最为主要的产品就是住房按揭贷款的证券化。它也包括了资产支持商业票据、结构化投资工具、拍卖利率优先证券、可选择偿还债券和活期可变利率票据等多样化的金融产品与市场工具（克鲁格曼，2009）。而次级住房按揭贷款的证券化是影子银行的核心所在。这种住房按揭贷款融资来源方式的改变，不仅降低了住房按揭者的融资成本、让这种信用扩张通过衍生工具的全球化与平民化来现实，它也成为美国金融危机产生的主要根源。

其实，"影子银行"运作方式在20世纪60—70年代就开始了，它的根本性变化是在2000年次级按揭贷款开始逐渐成为证券化的基础性资产之后。当然，这种变化也是与当时美国国内外经济市场环境发生巨变有关的。2000年美国纳斯达克股市泡沫破灭及"9·11"事件之后，美联储为了减小这些事件对美国经济的冲击与影响，防止美国经济衰退而采取完全宽松的货币政策。从2001年1月3日到2003年6月25日美国联邦基准利率连续13次下降，由6.5厘下降到1厘，创50年最低水平。而货币政策的宽松降低了融资成本、刺激消费与投资、社会信用快速扩张，从而使金融市场流动性泛滥。美国的M2从2000年年初的4.6万亿美元增加到2007年的7.4万亿美元，7年增加了61%。为了消化这些过剩的流动性，美国按揭贷款机构设计了许多所谓金融创新的按揭贷款利率品种，让次级信用居民购买超过其收入所能承担的住房。住房需求增加，房价的上升，房地产市场的快速发展，住房按揭贷款业务也成了各商业贷款银行最好的盈利模式。还有，从全球的大背景来看（沈联涛，2008），美国的信用扩张过度又是与经济全球化、金融化过程中的工资套利、金融套利、知识套利及监管套利有关，由此形成一个新的国际分工体系，让大量资金流向美国市场，让金融需求增加及金融创新频繁、美国金融市场繁荣。次级按揭贷款证券化也是在这样的背景下快速发展的。

"影子银行"简单流程是：为了提高利润，贷款机构通过降低信用标准的方式把按揭贷款贷给次级信用的借款人，然后把这些次级信用的贷款所有权转让给投资银行。投资银行将买来次级住房按揭贷款再用复杂的金融工具转化为多种方式的次级证券化产品，比如MBS。这样，通过信用扩张把一级市场的次贷风险转移至二级市场。随着MBS弊端不断显现、市场环境的变化及技术条件改善，证券化观念演化变得十分复杂，新的证券化产品不断推陈出新。1983年推出第一个CMO产品（范奥德，2007），后来的CDO产品也就是在此基础上形成的，并由此衍生出一系列的证券化产品。一般来说，这些CDO产品创新的重点是要让这些产品的总价值高于尚未加以重组证券的市值，这是证券发行商的投资银行获利的空间（各种金融创新产品的目的基本上都是如此）。同时，投资银行往往会以高薪聘请金融工程师来设计各种不同的证券化衍生产品，并对这些产品的风险分类，并通过信用评级与增级之后，让这些不同的产品来满足不同风险偏好的投资者。在设计这些金融衍生产品时，基本上假定金融风险是呈正态分布的，假定房价只涨不跌，这样就能够通过复杂的金融数理模型来分散与管理风险。信用扩张也就是在过程中得到无限放大。但实际上通过过度的信用扩张的目的是这些金融机构获得最大化的利润。

还有，发行证券商或投资银行在设计证券化产品时，依法必须将这组按揭贷款资产抽离到一个特殊目的的法人主体（Special-Purpose Entity, SPE）。这既可能是一个信托，也可能是一家登记在境外的责任公司。因为，这样做，如果把放在同一个信托内的贷款资产结构相近，比起资产结构不同的投资标的能够为投资者所接受，同时，发行商可以不用将此证券化资产挂在自己账上，从而降低自己的风险。当市场发生变化导致发行券商本身财务困难时，CDO的投资者可以享受最优先偿还权的保护，从而使投资者感觉到降低其风险。同时，在设计这些证券化产品的同时也可以SPE取得外部融资。即SPE通过货币市场的短期融资来购买长期的次级贷款。这样，SPE可以把金融杠杆不断地放大，把信用扩张过度推向极端。这样，通过上述的途径与方式，资本市场上的传统机构债券投资者及对冲基金的钱源源不断地直接流入美国住房消费者手上，并由此让房地产泡沫逐渐吹大。这就是"影子银行"信用扩张过度的运作过程。

在这里，我们可以看到，传统的银行体系与"影子银行"之间的信用扩张方式有天壤之别。两者无论是从资金来源、运作模式、交易场所、监管方式与监管程度等都存在巨大的差别。传统的银行体系其资金主要来源于存款，在留取一定存款准备金再做贷款，它是以零售为主导，并受到监管部门严格的监管。比方说，商业银行必须维持存款准备，要求保留资本充足率为8%，即杠杆率不能超过12.5%，并向存款保险体系缴纳保险费等。也就是说，在现代金融体系中，对传统商业银行有一套严格监管制度与要求。而传统银行的风险主要表现为不能够及时兑付而可能引发"多米诺骨牌效应"，导致金融机构大面积倒闭，而这点可以通过存款保险体系来避免及外部融资来降低其风险。但是对于影子银行来说，通过各种金融工具让其杠杆率无限放大或把信用扩张过度推到极端。

"影子银行"之所以能够在短期内迅速发展，就在于它采取一系列的所谓的金融创新突破了现有的银行监管制度与体系，把金融衍生品的设计建立在不存在的"房价只涨不跌"的假定之上，并形成一套高风险的运作方式来获得超额高利润。比方说，"影子银行"中的证券化产品基本上都是通过高度数学化模型计算风险而设计出来的，即这些资产的品质如何能够维持在模型的安全范围内，即"房价只涨不跌"的假定上。在这种假定上，"影子银行"不仅能够有效运作，而且能让这种证券化按揭产品表面上分散风险。但房价上涨假定不成立或房价下跌时，这种广泛分散的风险则会把其中的风险无限放大。由于"影子银行"大量采取的是金融产品创新及批发的模式，即负债方由短期的商业票据来提供流动性资金并通过资产和负债的长短错配来获得利差收益，和没有谨慎监管的场外交易，因此，这就容易导致这类金融机构追求过高杠杆率来获得超额利润而形成巨大的潜在风险或把相应的风险无限放大。而这种信用扩张过度的风险一旦暴露出来，整个"影子银行体系"就崩塌了。也就是说，美国金融危机中的房地产泡沫的产生与破灭，同样是信用扩张过度的结果，只不过这种信用扩张过度所表现的方式不同。

3.6　结论与对中国金融政策的含义

从上述的分析可以看出，信用扩张过度是绝大多数金融危机的重要根源。由于信用扩张过度的方式不同，因此，它对金融市场所造成的影响也不一样。而美国次贷危机同样是信用扩张过度所造成的结果，但是，这次美国金融危机所采用的信用扩张过度的方式完全与以往不同。这种新的信用扩张过度方式是以"影子银行"所谓金融创新为核心，以金融全球化方式带来大量流动性及2004年以前美联储宽松的货币政策为基础，通过影子银行运作体系使美国金融资产在短时间内快速膨胀及房地产泡沫被迅速吹大,"影子银行体系"也在这种信用扩张过度中快速发展与繁荣。这样,在很短的时间内,"影子银行体系"的重要性很快超过传统银行。在这种情况下,不少人都在看好这种金融制度安排的优越性,但是当影子银行给整个金融市场带来巨大危机并当人们开始认识到这一点时,影子银行体系已经接近崩溃的边缘。这说明了什么道理?其实,它告诉我们,任何一个金融制度安排由于它的信用扩张都存在内在不稳定,都存在不同的风险。面对金融制度安排内在的不稳定与风险,如果不能够对这种信用扩张设定某种合理边界,或随时都得保持一种谨慎的态度,建立起一种有效的监管制度及风险管理系统,信用扩张过度一定会导致金融危机最终爆发。在美国如此发达的金融市场、如此完善法制制度下都容易导致巨大的风险管理问题,那么对中国这种新兴金融市场来说,更是要在这方面花更大力气。

首先,金融市场内在不稳定的根源在哪里?从"影子银行"运作方式来看,就是信用借助于金融创新的方式无节制地快速扩张。而信用的快速扩张,必然导致金融市场内在不稳定或吹大金融市场的泡沫。在这里我们又得思考两个问题。一是金融经济与实体经济关系问题。金融好比实体经济衍生品,除非实体经济本身良好;否则,就不可能有好的金融市场。比如,尽管房地产泡沫是这次美国次贷危机的导火线,但并不是次贷危机的最终根源。但是房地产泡沫破灭必然会引发金融市场严重的危机。也就是说,如果金融市场的信用扩张不是让巨大流动性流向实体经济而是流向金融市场,也就会导致金融市场泡沫四起,最后泡沫破灭引发金融危机。但是,这里还有一个很重要的问题是,货币政策通过什么样的方式来保证金融市场的稳定,如何来保证信用扩张的流动性进入实体经济,如何来保证信用扩张在合理的边界上。因为,在传统的意义上,它可以通过数量工具及价格工具来达到(如利率调整及信贷规模限制等)。因此,通货膨胀单一目标制往往就成了货币政策有效性的基础。但是,在金融全球化的大背景下,在发达的影子银行运作体系下,这样一种以"货币中性论"为基础的货币政策目标早就时过境迁了。因此,在信用扩张完全采取一种新的方式条件下,如果不重新调整货币政策目标(比如把资产价格特别是房地产价格作为一个重要考量指标),那么要确定信用扩张的合理边界是不容易的。

二是金融创新与金融市场发展的问题。可以说,没有金融创新也就没有金融市场发展与繁荣，但是，任何金融创新都存在巨大的风险。尽管这些金融风险可以通过新金融创新工具转移，但并没有消失。当前我们对金融创新的理解是通过金融创新可以管理风险及分散风险。但实际上，在这次美国金融危机中，如"公地悲剧"一样，如果金融创新过度，以新的方式让信用扩张无限过度，那么所谓的金融创新不仅设计产品者在推卸承担金融风险的责任，而且在制造一个又一个更为深层次的风险。因此，对于金融创新的问题得重新来思考。

其次，当前的金融创新产品越来越复杂，越来越与实际市场相差很远。看上去这些金融产品是如何科学，但实际上这些金融产品的设计是完全建立在不存在的假定基础上的。一旦这种假定抽出或不成立，其金融创新产品的风险也就暴露无遗。而且当投资者对这些金融创新产品不了解时，其存在的风险会更大。因此，任何金融创新既要强调原始基础资产的真实性也要强调金融监管的合适性。如果基础资产有问题，衍生市场的风险就会无限放大，比如吹大房地产泡沫。由于金融市场的内在不稳定，任何金融创新就得受制约与严格监管。任何金融产品都是在信用基础上给风险的定价，因此金融市场风险高低完全取决于该金融市场的信用基础。中国的金融市场才刚刚建立，其信用基础是相当薄弱的。特别是在当前信用体系下，中国金融创新就面对着一系列的制度障碍，因此，中国金融创新尽管发展迟缓，也同样不可操之过急大上快上，而是要成熟一个品种，出台一个品种，绝不可照抄他人东西。

最后，要重新思考与审查中国的金融市场体系及早几年确定金融发展战略。从影子银行经验教训中找到中国金融发展及改革之路，绝不可"因噎废食"。目前，中国金融市场的问题并不是金融自由化过度而是不足，是政府对金融市场管制过多。还有，中国以国有银行为主导的金融体系并非中国金融体系发展的优势而是不足。因此，在重新审视中国现行的金融体系基础上，既加大了中国金融改革力度，也得引导金融市场发展适应中国信用基础的环境。而政府希望以信用扩张过度的方式来发展金融市场，来保证中国经济增长的持续性，可能面临的问题会更多。特别是，各级政府都希望银行信贷扩张过度来发展房地产市场，来吹大房地产市场泡沫，以此来保证中国经济持续增长。这样一种严重的倾向性基本上是主流意见或开始制度化，如果是这样，中国离金融危机也就不远了。

4 美国次贷危机的根源、实质及反思[①]

4.1 前言

美国次贷危机的爆发并非一蹴而就的事件，而是经历了一个漫长的演变过程。它也不是一项政策、一家机构、一家金融组织、一次事件所导致的结果，而是相关的事件在特定的背景下合力而为。次贷危机根源的载体是房地产泡沫及通过证券化的无限信用扩张。通过这种方式让一些人的财富掠夺以合法化或市场化的方式得以进行。这不仅表现为人性贪婪及相应的监管制度严重的缺失，更重要的是表现为政府的权力为少数人所挟持，让既得利益制度化与合法化。这不仅会颠覆整个社会的公平性基础，也让整个金融市场的信用基础丧失，从而对整个世界经济造成严重的负面影响。中国对这些问题必须进行深刻的反思，并以此为切入点深入地进行金融制度改革。本文对次贷危机讨论进行一定综述，并在此基础上提出了对次贷危机成因的描述与解释，指出"影子银行"条件下的金融系统性风险的新特征以及对美国次贷危机进行全面深入的反思。

一般来说，次贷危机是指美国贷款银行把住房按揭贷款给次级信用的低收入者而导致金融危机。2007年2月13日，美国次贷风险开始露出端倪，汇丰银行为美国次贷业务增加拨备，美国最大次贷公司全国金融集团开始减少贷款。在当时，市场都以为，次级按揭贷款余额仅有7570亿美元，其中损失的估计也只有1500亿美元（沈联涛，2008），也就是美国GDP的1%左右，对整个经济不会造成多大的影响。但实际上，由

[①] 该文章发表在香港《21世纪》2009年第4期。

于贷款利率下降及按揭贷款市场准入降低，随着2001—2006年房价快速上升，个人住房次级按揭贷款快速增长。次贷余额增长，2003年达到4000亿美元、2004年突破了1万亿美元、2005年增加到1.4万亿美元，2006年增长放缓。2007年保持在2005年的水平上，次贷占住房按揭贷款比重为14%（次贷风波研究课题组，2008）。也就是说，由于市场及监管几乎难以及时发现这些次贷的真实状况及潜在风险，美国的住房按揭贷款质量整体下降、次贷过度膨胀的过程中既没有意识到这种风险更无法采取应对的措施。

因此，到2008年9月15日，雷曼兄弟的破产，在不到一个月的时间内，世界银行体系如"多米诺骨牌"一样一溃千里，全球股市崩盘。比方说，10月10日美国道琼斯指数下跌到7771点比一年前的峰值时"腰斩"；香港恒生指数从8月底的21261点到10月10日跌到14796点，一个多月下跌30%以上；10月6日，全球股市遭遇"黑色星期一"，为1987年以来的单日最大跌幅。可以说，在过去的一年里，全球金融市场财富缩水达50万亿美元（其中股市财富缩水30万亿美元，房地产市场损失约20万亿美元），这等于全球2008年一年的GDP。有文章估算（葛奇，2008），美国次贷危机不仅影响范围广，而且严重的程度大大超过了过去几十年的历次金融危机的程度。该文章计算，此次危机损失总计超过1.4万亿美元，超过前三次重要的金融危机损失的总和。[①] 而且雷曼兄弟破产，随后美银收购美林，摩根士丹利考虑合并，高盛股价急转直下，AIG（美国国际集团）与"两房"（房地美和房利美）等大型金融机构相继遇险被政府收购，独立投行在美国消失，美国及欧洲银行被部分国有化等。而且此次金融危机也波及对冲基金、保险公司、养老基金、政府信用支持的金融企业等几乎所有的金融机构。

而且，次贷危机的冲击与影响很快就蔓延到实体经济，全球经济衰退、居民消费萎缩、大量失业人口出现、国际大宗商品价格全面下跌、进出口贸易停顿等从各个方面影响全球经济的增长，影响居民的生活水平。虽然美国政府及全球各国抛出金额巨大的拯救方案，而且世界主要大国央行与美国一起快速大幅地降息，希望以此来稳定金融市场和稳定

---

① 三次金融危机是指20世纪80年代美国储蓄贷款危机、90年代初的日本房地产泡沫破灭及1997年的亚洲金融危机。

经济，重建投资者的信心，但实际上，国际金融市场恶化经济的形势并没有完全好转，投资者对市场的信心仍然缺乏，整个国际金融市场也没有从信心丧失的恐慌之中走出来，整个国际金融市场前景仍然是十分不明朗。

现在我们要问的是，在美国国家的法律制度如此完善、金融监管如此严密、金融市场如此成熟、社会财富分配如此公平而且发展了几百年的金融市场，为什么会被少许次级贷款所击溃？其原因何在？为什么美国次贷危机能够在短时间内蔓延全世界并对国际金融市场及全球经济造成如此严重的冲击和影响？还有，在华尔街一大批巨大的金融机构倒塌后，美国次贷危机风险还有多大？是不是这场危机已经结束了，金融危机的第二波、第三波还会不会来？如果次贷危机远远没有结束，那么其风险与不确定性又有多大，它什么时候结束？这次美国次贷危机对中国金融市场及中国经济又会造成多大的冲击和影响，中国有没有找到应对的方式？等等。这些都是需要认真思考及反思的问题。只有在此基础上，才能真正了解次贷危机的起源，把握次贷危机的实质，及寻找合适的应对方式。

本文的结构安排是，第二部分是对次贷危机讨论的综述，以便了解他们的观点与分析；第三部分是在他人的基础上提出本文对次贷危机成因的描述与解释；第四部分讨论了"影子银行"条件下的金融系统性风险的新特征；第五部分是对次贷危机的全面反思。

4.2 对美国次贷危机起源的观点综述

对于次贷危机产生的根源与评论，最近讨论的文献很多，众说纷纭。既可以是宏观的，也可以是微观的；既可以是直接的，也可以是间接的。不过，最为重要的可以归结为以下几个方面，如政府宽松的货币政策、通过信用消费为购房者提供过度的流动性、房地产泡沫破裂、金融衍生工具泛滥、金融监管不足、评级机构评级虚假性、人性贪婪、全球经济失衡等。对此，我们只能简单地就几个方面做一些概括与分析。

4.2.1 货币政策宽松说

美国经济学家邓肯认为（Duncan，2007），美联储宽松的货币政策，不断降低资金的价格，持续刺激消费与投资，社会信用快速扩张，从而造成房地产市场的过度繁荣及泡沫化，这是导致次贷危机的重要原因之一。Adrian 和 Shin（2008）的研究也表明，美联储宽松的货币政策导致了流动性过剩、融资成本的降低、资产价格上升，从而为金融机构运用高杠杆率创造了条件，过高的杠杆率使金融机构处于巨大的风险之中。当市场发生逆转时，巨大的风险也就暴露出来，危机也就爆发了。斯坦福的泰勒教授也认为，美联储 2002—2004 年宽松的货币政策是次贷危机的重要根源。

房地产泡沫说。对于房地产泡沫的根源，有人认为是由于美国政府的房地产政策。比如，美国 1949 年的《住宅法》就宣布了政府住房政策目的是"让每一个家庭都能在适宜的环境里拥有一个舒适的家"（施瓦兹，2008），因此，政府的房地产政策就是如何在经济上刺激对中低价位住房的投资，就在于对带有歧视性行为制定惩罚性规范，以此来保障中低收入者和少数族裔民众有房可住。如克林顿政府为了消除种族歧视，缩小贫富差距，推出了"居者有其屋"的政策，力争大幅提高低收入者尤其是少数族裔的住房拥有率。比如，对拒绝向低收入者提供住房贷款的金融机构制定惩罚性规范，从而使更多公司及金融机构利用不同的金融工具与方式让更多的人通过住房按揭贷款拥有住房，使高风险的按揭贷款迅速增长。Demyanyk Y. 和 Hemert O. Van（2008）研究认为，次贷危机主要是由 2006 年和 2007 年发放的住房按揭贷款的违约率上升造成的。而按揭贷款的违约率与贷款特征关联不大，主要是由借款人的特征及房价上涨过快有关。当房价快速上涨到下跌周期出现时，房价上涨的不可持续性最终导致市场的崩溃。他们也发现，次贷危机爆发前，许多简单的统计指标已经揭示了风险的存在，但是由于 2003—2005 年房价的迅速上涨把许多问题都掩盖了。Jimenez 等（2006）认为，随着按揭贷款快速增长，房价的上升，住房按揭贷款市场的贷款担保要求、贷款标准、信贷质量都出现明显下降。特别是 90% 以上的次贷可以证券化，在外在竞争压力下，贷款机构不再关心借款人信用，不断放松贷款标准，竞相延长贷款期限，降低首付比例，大幅简化申报贷款的文件，以此吸引借款人，从而使不少无信用、无收入来源、无财产的"三无"人员进入住房按揭市场，次贷风险也就越来越高。美国哈佛大学教授费尔德斯坦指出（2008），美国次贷危机发生的直接原因是美国房地产泡沫破裂。房价下跌最初引发次级抵押贷款问题，然后蔓延到房地产抵押贷款市场和其他金融市场，导致信贷供给的下降，从而影响了经济持续发展、金融市场的危机及全球经济衰退。

证券化过度说。不少研究表明，次贷危机蔓延与证券化过度有关。统计资料显示，1994—2007年，美国按揭贷款证券化水平大幅提高。按揭贷款证券率由1994年的55.8%提高到2007年的74.2%，而所有次级按揭贷款证券化率则由1994年的31.6%大幅提高到了2007年的92.8%（Duncan，2007）。Petersen和Rajan（2002）认为，证券化过度不仅会拉大借款人与放款人之间的距离，也加大了监管难度，从而弱化了贷款人对借款人的监管激励。Keys等（2008）的研究也发现，次贷危机的发生机理主要源于证券化的过快、过度发展，随着一些非流动性贷款转化为流动性债券，不仅使金融机构对借款人的评估和监测动力明显降低，风险监管的链条拉长，而且也为一些金融机构在发行债券的过程中弄虚作假创造了条件，因此，过度证券化是引起次贷危机的重要原因。而证券化过度容易提高金融机构的杠杆率，表面上是分散金融风险实际上是无限地放大金融风险。截至2007年年底，世界十大投资银行控制的资产超过13万亿美元，平均杠杆率在30%以上；2003年，十大投资银行总资产不足2007年的一半，杠杆率也只有23%（IMF，2008），而这些都与证券化有关。

4.2.2 经济结构失衡说

对于经济结构失衡，不同研究者在全球化的角度从经常账户失衡、财富与收入分配失衡及实体经济与金融经济的失衡做了不同的研究。Caballero、Farhi和Gourinchas（2008）3位教授认为，全球经济失衡、次贷危机与最近国际石油价格波动存在密切的关系。因为，全球经济失衡在于安全性高且流动性好的金融资产供给不足。因为，近十年来，全球各国的经济增长与发展出现巨大的差距，特别是中国及印度经济快速增长，石油出口国的经济繁荣，使这些国家快速增长的收入需要寻求安全性高且流动性好的金融资产，从而使这些国家大量的资金都回流到了美国金融市场。美国金融市场的流动性泛滥，不仅导致了融资成本低，房地产泡沫泛起，而且也造成了结构性信贷产品的快速扩张。而房地产泡沫的破灭，这种信贷风险立即暴露出来。尽管次贷危机爆发，但对这种安全性高且流动性好的资产超额需求并没有消除；反之，世界经济在增加金融资产供给过程中很可能再次创造出产生新的泡沫的条件。只有当世界经济创造的安全性高且流动性好的资产的能力超过收入增长的时候，这个问题才能得以解决。也就是说，这些经济快速增长的新兴国家新增的收入能够为本国经济所接受而不是资本输出时，那么这种全球经济失衡才得以解决。

而沈联涛（2008）则认为，从宏观角度来看，美国次贷危机的根源是工资套利、金融套利、知识套利及监管套利的结果。所谓的工资套利就是指在转轨经济过程中，新兴市场经济体制释放出了30亿劳动力，这些劳动力不仅促进所在国经济快速增长，也为整个世界市场提供了大量的低价格商品，保证全球经济在低通货膨胀下运行。也正是通过大量低价格的商品，从而使大量的财富源源不断地流入富裕国家。金融套利就是日本20世纪90年代初经济泡沫破灭之后，日本为了应对泡沫，采取低利息甚至于"零利息"的政策，从而近20年的时间里向全球金融市场提供"零成本"的融资。而这种"零成本"的融资的结果就是日元的利差交易盛行。这种对不同国家利率和汇率的套利，不仅使国际金融市场流动性泛滥，而且又被杠杆工具及衍生品放大，从而加大全球金融交易资本流动的巨大波动。知识套利就是"冷战"结束后，大量的科学家和物理学家开始涌入各种不同的金融机构。这些数理人才将技术和统计技巧应用到金融市场，创立起了许多的金融工具及金融模型来管理风险，创造出各种各样的金融产品。但这些金融模型管理风险大多是建立在风险世界是一个正态分布统计曲线基础上的，建立在人的决策行为可以完全量化的基础上，但市场实际条件与这种假定差距很大。监管套利就是指在金融自由化的潮流中，全球金融市场的监管全面放松，那种干预最小化、市场是定价的基础及竞争出效率，不仅是一般教科书的基本内容，也是政府决策者奉行的准则。也正是在这样的大背景下，次贷危机才会产生。

从金融市场的内在本性来看（刘海影，2009），庞大而快速的工业化或新兴市场的快速发展催生出了信贷扩张快速过程。当这种信贷扩张达到一个无法自我维持的顶点，随后就可能陷入不欢而散自我崩溃的过程。而由此给实体经济造成的致命打击与金融市场的崩溃是相辅相成、自我演进的。它将构成次贷危机发展的主要链条。我们可以看到，20世纪90年代之后，随着中国、印度等人口大国以史无前例的速度融入全球经济，工业化与现代化在全球范围内呼啸前行，中国高达两位数的增长构成了全球经济增长最亮丽的顶端。这些都与1873年之前美国经济工业化革命、1929年之前西方经济过度的繁荣相似，如此规模扩展的经济增长伴随的是巨大规模的信用扩张。它与1873年、1929年不同的地方在于，这一次快速的信用扩张是建立在经济全球化的基础上。其中的核心环节，是美国极其巨大的贸易赤字构成了全球资本流动的载体，把发展中国家的剩余储蓄吸引到美国以及其他发达国家，并在此转化为资本投资。这一循环在全球范围内造就低利率环境，创造出充分的流动性与信贷扩张。而且数以十亿计的产业工人进入全球供应池，降低了全球通货膨胀，令各国央行放任利率的自由落体运动。全球范围内利率跌落至有史以来的最低水平，在各个资本市场上催生价格增值与泡沫，从而各地股市的泡沫及房地产泡沫随处可见。而这些资产泡沫的破灭，金融危机出现，必然会让信贷扩张迅速收缩，全球经济又回到早期发展的起点。

　　当然，还有道德风险上升说、会计标准不当说、人性贪婪说等。对于这些讨论与分析，本文只能简单做此概括。不过，对于上述各种理论或观点，尽管能够从不同的角度来分析次贷危机产生的原因，但其中的不少观点或是盲人摸象，只是从局部看到危机产生的一个方面；或是因果关系倒置，往往把事件发生的结果看成是事件产生之原因，没有思维上的逻辑性；或是把联系的链条拉得太长，对不相关的事件进行无限的联系，把简单的问题复杂化，从而增加了对事件实质了解的困难；或是无限夸大了一些技术性规范，从而模糊了对事件的认识等。其实，美国次贷危机是在经济全球化、现有的美国经济文化的大背景下一连串事件的结果，其中有主要的因素，但是不把这些因素放在整体事件发展脉络中、不放在大的社会文化背景中，是无法真正把握到事件的真相的。看上去事件中的每一个因素都能够找到其得以存在的理由，找到其存在的合法性根据，但当这些理由聚集在一起时，合成谬误就自然显现。在一个大的背景下，我们来观察次贷危机是如何发生的，相关每一个当事人在事件中又扮演什么角色，对此条分缕析，以便对次贷危机产生原因给出一个清晰的描述。

4.3 美国次贷危机是一连串事件的结果

可以说,这次美国次贷危机的爆发并非一蹴而就的事件,而是经历了一个长期漫长的演变过程。它也不是一项政策、一家机构或一家金融组织、一次事件所导致的结果,而是整个事件的当事人以表面豪华、以贪婪本性及整个社会核心价值丧失所导致的结果,是在表面看上去合法合理,实际上从没有对这些制度规则进行认真反思或制度化谋利的结果。如果我们不对这些事件进行认真的反思,不对现有的制度规则重新思考,既无法找到问题根源与症结所在,也无法找到化解次贷危机真正的解决办法,甚至于会有一次新的潜在的更大的金融危机或经济危机代替已有的次贷危机。如果这样,更严重的金融危机还将发生。

可以说,次贷危机事件的直接导因是美国"9·11"事件及纳斯达克股市泡沫破灭之后,美联储为了减少这些事件对美国经济冲击与影响,防止美国经济衰退而采取完全宽松的货币政策。从2001年1月3日到2003年6月25日美国联邦基准利率连续13次下降,由6.5厘下降到1厘,创50年最低水平。而货币政策的宽松降低融资的成本、刺激消费与投资、社会信用快速扩张,从而使金融市场流动性泛滥。当金融市场流动性泛滥时,这些流动性总是要寻找承载它的方式。当时美国贷款银行就找到房地产作为吸收这些流动性最好的途径。

一般来说,美国房地产市场已经有100多年的历史,它已经是一个十分成熟的市场。特别是在第二次世界大战后,美国政府为了保证让更多的中低收入阶层的居民进入房地产市场,颁布了一系列帮助这类居民进入房地产市场的各种信贷优惠、税收优惠等政策。在2001年以前,美国居民的住房自有率已经达到63%。[①] 因此,在低利率及流动性泛滥的条件下,如何让那些中低收入者进入房地产市场,美国贷款银行对住房按揭贷款利率品种进行了一系列金融产品的创新。一般来说,美国住房按揭

[①] 参见美国的统计年鉴。

贷款市场准入有三条标准：一是客户的信用记录和信用评分不得低于620分；① 二是借款人的债务与收入比率不得超过40%；三是借款人申请的贷款住房价值比不得超过85%或按揭首付不得低于15%。以此为标准，次级贷款就是指向信用低于620分、债务与收入比率超过40%以及按揭贷款与房地产价值比率超过85%的借款人发放贷款。而这些次级信用的人申请贷款时不需要提供全套的收入证明文件。也就是说，为了让这些信用不高、收入不稳定的居民进入房地产市场，美国按揭贷款机构设计了许多所谓金融创新的按揭利率产品，让一些信用级别较低的购买住房者或次级信用者纷纷进入房地产市场，让他们购买超过其收入所能承担的住房。

再加上第二次世界大战后出生的"婴儿潮"即将退休，进一步刺激整个房地产市场需求，房价在这种需求扩张中快速上涨。从美国房地产市场100多年的发展来看，其真实房价指数从1890年开始围绕在100左右波动，直到1921年开始的经济大萧条后，房价指数持续在70左右水平维持了24年之久。随后，美国房价指数一直保持在110左右。但是从1997年开始，房价指数出现前所未有的快速上升，在短短的10年时间里，房价指数上升到200以上（葛奇，2008）。房价的上升，房地产市场的快速发展与繁荣，住房按揭贷款业务也成了各商业贷款银行最好的盈利模式。各商业银行及贷款公司为了扩张按揭信贷业务，于是就通过所谓金融创新制造了不少新的按揭贷款利率产品，以便吸引更多的消费者进入房地产市场。比如，推出可调式利率贷款合约，压低贷款人前几年的利息支出，制造房价不高的假象，吸引更多的信用不足的住房消费者进入房地产市场。同时，商业银行放贷手法不断翻新，有时甚至于购买住房者不用信用评级、不用提供真实性还款能力证明。不少商业银行或贷款公司甚至对购房采取"零首付"或低首付；而贷款公司往往又会把好的与坏的按揭贷款混杂向商业银行申请贷款等，其结果是，按揭贷款的质量全面下降。可以看到，通过按揭贷款金融产品的创新，就在这短短的几年里，美国住房自有率大幅提高，从1997年的65.7%上升到2005年的68.9%。而美国住房自有率增长最快的是西部地区、35岁以下年龄

---

① 美国的个人信用评级一般分为三个等级，620分以下为次级信用；620—660分是Alt – A信用，是指可选择的优质贷款；660分以上为优级信用。

组、收入低于平均线的人群、拉美及黑人族群（希勒，2008）。而这种现象的出现都是与政府过松的货币政策、利率快速走低、银行创新的利率产品、按揭信贷市场准入标准降低，并让大量信用不足的住房消费者进入有关。

但是，贷款银行所设计的所谓的金融创新产品仅是帮助次级信用的居民进入房地产市场吗？仅是让大量低收入居民进入房地产市场而信用扩张吗？非也。有研究者认为，次级按揭贷款一些金融产品其实是具有掠夺性贷款（次贷风波课题组，2008）。比如"2/28"混合利率按揭贷款。它是一种期限为30年的长期贷款。这种贷款前两年的利率是固定的，而且低于市场利率，从第三年开始，利率开始浮动，并且采取一种基准利率加上风险溢价的形式。这种贷款合同的利率在第三年开始重新设定，从此借款者还款压力就会显著上升。也就是说，这种掠夺性的贷款是专门针对低收入居民设计的一种掠夺性贷款。它收取高利率和各种手续费，提供的贷款超出消费者的偿还能力，并把高昂的手续费打入贷款中，使债务负担越来越重等。而正是针对这种次级贷款的掠夺性，这些贷款的低收入居民也利用美国的《个人破产法》及按揭贷款合同的限定，在房价上涨时，把这种贷款当成了他们增加消费的"自动提款机"。也就是说，在房价上涨时，居民通过转按揭及加按揭重新进行按揭贷款，然后把价格上涨这一部分的住房价值套现出来用于个人消费。[①] 这样，不仅房地产市场繁荣，而且美国消费市场也得到迅速的发展，美国经济也在居民消费扩张中表现出极度的繁荣。

但是，当住房的价格水平快速上涨，居民消费迅速增加，居民消费价格指数（CPI）自然也会随之上升。[②] 为了配合政府扩张性财政政策，减轻通货膨胀上升压力，美联储从2004年6月30日到2006年6月29日连续加息17次，美联储基准利率由1%上升到5.25%。利率上升，80%的次贷月供在不到半年的时间里就上升30%—50%，再加上不少次贷开始重新订合同，从而使次贷借款人还款负担突然上升。在这种情况下，不仅进入房地产的人减少，而且通过次贷进入房地产，不少居民希望将

[①] 从2001年开始，美国个人消费开始快速增长，而且这种增长开始超过个人可支配收入增长速度。其重要的原因就是不少居民利用住房按揭贷款套现消费。

[②] 特别是美国居住类消费所占权重为42%以上的情况下，房价上涨对推高CPI作用更大，而中国居住类消费所占的权重仅为13%。

手中住房脱手，住房供求矛盾突然出现逆转，住房的价格开始下跌。当住房的价格开始下跌时，住房市场的供求矛盾进一步加剧，次贷违约开始上升。一些无力偿还按揭贷款的居民开始以个人破产的方式把住房还给贷款银行，以此来中止个人住房按揭贷款债务，房地产泡沫也开始破灭。

如果次级贷款是以传统的商业银行信贷方式获得的，即以商业银行的存款决定贷款，当房地产泡沫破灭时，次贷危机的风险至多使商业银行增加大量的不良贷款，至多是巨大的不良贷款造成商业银行的破产与倒闭，引发出银行危机。但是，次级贷款来源不是传统商业银行而是证券市场。也就是说，为了保证按揭贷款有足够的流动性，商业贷款银行把发放出去的住房按揭贷款的所有权卖给投资银行。这样，对于贷款公司来说，既增加了其所需要贷款的流动性也降低了借款人无法到期偿还贷款的风险。而投资银行在获得这些住房按揭贷款之后，把这些不同级别的按揭贷款放在一个资产池中，并运用复杂的金融工具将这些品质不同的按揭贷款进行重新分解与打包或证券化，转换成结构复杂而且看上去信用很好的以次贷为主的各种衍生债券（比如 MBS，按揭抵押债券和 CDO，综合抵押债券）。然后，投资银行将大量创造出来的住房按揭衍生债券转移到特殊目标机构（又称 SPE）。再通过信用增级之后把这些债券卖给美国国内外的广大投资者（比如保险公司、共同基金、养老基金、投资银行以及其他金融机构）。

从现金流的转移角度看，在次贷债券发行阶段，投资者将初始投资转交给 SPE，SPE 又转交给投资银行，投资银行再把该投资转交给商业贷款机构。所以，商业贷款机构在次贷发行之初就获得了该笔贷款额相应的收入，贷款人的违约风险已经从商业贷款机构转移到最终投资者。也就是说，经过次级按揭贷款的证券化，商业贷款机构可以获得更多的资金并对信贷进行大规模的扩张。由于商业贷款机构的信贷风险已经转移到了资本市场，这就使商业贷款机构更有动力扩张信贷给信用不足的贷款者。此信贷风险也随次贷债券的发行迅速增加。当市场的流动性由于次级贷款市场交易繁荣而大增时，房地产泡沫也在流动性泛滥中一步一步地被吹大。在这种情况下，不仅房地产的风险在不断地聚积，而且投资银行在把这些证券化按揭贷款通过复杂的"金融创新"产品衍生工具化后，次贷证券化产品的风险也在这个过程中无限放大。其中的任何一个环节出现问题,都会导致整个金融市场的巨大风险及灾难。

从上述次贷危机的过程来看,每一个环节看上去都有其合理性及正当性,但是实际上每一个环节都在无限地聚集风险与放大风险。首先,从政府来看,由于政府的短视或短期行为,尽管宽松货币政策可以让几次危机事件对当时经济冲击降到最低程度,但这些政府货币政策仅是来自短期考虑,从来就没有从长期的经济战略角度来思考,然后根据情况变化立即做出相应的调整。对于次级贷款借款者来说,他们之所以能够轻易地进入房地产市场,主要是政府的房地产政策及新的按揭金融产品推出使然。同时,他们之所以能够把按揭贷款作为一种"自动提款机",其根本就在于这种次贷掠夺性不得不使次贷借款人借助于现行的产品内在缺陷反其道而行之,借助现行法律来保护其利益。对于商业贷款机构来说,如果没有过多的流动性、没有借款人易于接受的信贷消费理念、没有新的信贷流转的方式,他们想通过欺诈的方式诱导次级信用的居民进入房地产市场是不可能的(对此下一部分做专门具体的分析)。对投资银行来说,证券化之所以能够在次贷转移环节中起到十分重要的作用,是与金融技术出现、金融市场繁荣及宏观和法律条件的变化有很大关系的。如果其中的任何一个条件不成立,金融创新的供求关系不会出现,次贷证券化产品是难以发展的。他们希望复杂的金融工具制造出各种各样的衍生产品来欺骗投资者更是无从下手。对于投资者来说,这里既与新兴市场经济国家快速发展之后让其快速增长的财富如何寻求安全及风险低金融产品有关,也与一些金融机构借助于这种大势大力炒作有关(如对冲基金)。

有人认为,在这场次贷危机中,对金融创新与金融监管的平衡上,政府部门对金融创新监管的滞后,从而使其无法对新的金融工具及产品进行有效的监管,金融创新工具的风险及危机也只能越来越大。这只是道明其中一部分理由,但实际上当整个市场环境都发生变化的时候,当大量的新的金融产品涌出来的时候,政府的监管永远是滞后的。而且在新的市场、新的金融产品面前,如果政府的监管不能够从基础性的制度改革入手,政府对这种市场监管永远是鞭长莫及的。比如,最近,作为这次世界金融危机的始作俑者和根源之地,华尔街大亨却拿着政府救市的钱,在 2008 年大派 184 亿美元分红。当这种行为招致了美国新任总统奥巴马的抨击时,华尔街分析员竟然说总统奥巴马不了解华尔街的制度。

有人就认为，华尔街的金融分析员是按照一条方程式计算分红，除非诚信有问题，违反专业操守，否则分红将如常发放，因为这些从业人员的获得分红都与全球金融危机无关。对于这种现象孰是孰非？真的是奥巴马不了解华尔街的法律制度吗？真是奥巴马错了吗？根本就不是，在整个市场出现严重的系统的风险时，应该是无一人或企业能够幸免的。政府用纳税人的钱当然是救助整个市场，以此来降低市场的系统性风险，但是政府救助整个市场时，它必须落实到企业或机构层面上，是通过企业或机构的救助来保证市场的有效运行的。而华尔街的从业人员仅仅是从企业的程序性来寻求获得分红的理由而不能从整个市场的系统性风险来考虑，表面上看这种利益的获得是正当的，但实际上是荒唐的。下一节将对"影子银行"做一些具体分析，以便让大家更清楚地识别这种现象的荒唐性。

4.4 "影子银行"及金融市场系统性风险的新态势

"影子银行"（Shadow Banking）就是把住房按揭贷款证券化，通过证券市场获得信贷资金或信贷扩张的一种融资方式。在"影子银行"，金融机构的融资来源主要是依靠金融市场，而不是如传统银行体系那样，金融机构的作用主要是把储蓄转化为投资，融资的来源主要是存款（黄元山，2008）。这种住房按揭贷款融资来源方式的改变，不仅降低了住房按揭者的融资成本、让这种信贷扩张通过衍生工具全球化与平民化，也成了系统性风险的新来源。从近20年的情况来看，"影子银行"的发展是与美国金融产品创新密切相关的。随着美国金融管制放松，一系列的金融创新产品不断涌现，"影子银行"体系也在这个过程中逐渐形成。在各类金融产品中，美国衍生产品和结构性产品发展更是远远超过传统金融产品。截至2007年年底，传统金融产品总值约为70万亿美元，1999—2007年，其年均增长为5.9%。而衍生产品名义合约额超过了165万亿美元，其年均增长为21.7%。结构性产品发展更是迅速，2000年总规模约5000亿美元，到2007年已发展到2.6万亿美元，年均增长为74%（BIS，2008）。也就是说，通过金融产品的创新或按揭贷款的证券化，不仅为住房按揭贷款提供了充沛的流动性，繁荣金融市场，而且使这些金融产品成为系统性风险的新来源。正是从这个意义上说，美国房地产泡沫为什么能够被迅速吹大，问题的根源就是这种"影子银行"通过资产证券化给住房购买者提供过度便利的金融杠杆及过度的流动性，从而使按揭信贷快速扩张。可以说，在这次美国次贷危机中，尽管其根源是多方面的，是一系列事件的结果，但是，它是以一种与传统信贷扩张不同的方式给住房借款人提供过度的流动性。而这种过度流动性，为什么没有得到有效的监管？为什么没有通过传统商业银行的方式来解决（比如不良贷款通过银行拨备的方式来解决）？为什么直到问题暴露出来才知道其问题的严重性？就在于"影子银行"给按揭消费者提供的银行信贷模式发生了根本性变化，就在于贷款银行的信贷扩张是通过按揭产品的证券化来进行的，而不是通过传统的商业银行信贷方式来进行的。这种信贷模式看上去是起到了传统商业银行的信贷扩张的作用，但像"银行影子"一样远离传统商业银行的运作模式，远离传统银行的监管制度。

一般来说，"影子银行"的主要参与者有贷款机构、投资银行、SPE、传统债券机构投资者和对冲基金。为了提高利润，贷款机构通过降低信用标准主要把按揭贷款贷给次级信用的借款人，并把这些次级信用的贷款所有权转让给投资银行。投资银行将买来次级住房按揭贷款再用复杂的金融工具转化成多种方式的次贷证券产品。然后，投资银行把次贷证券化产品转移到 SPE 公司。SPE 通常由金融机构出资设立，通过发行或投资次贷债券等评级较高、收益较高的产品，其负债方由短期的商业票据来提供流动性资金，通过资产长短搭配来获得利差收益。SPE 主要是通过从资产打包和分销中赚取收益，而不是通过持有债券获利。传统的商业银行一方面向 SPE 收费，另一方面在初始合约中对 SPE 有某种承诺（SPE 无法在货币市场通过商业票据获得资金时提供临时的紧急贷款）。在法律上，SPE 是独立法人；在财务上，SPE 并没有纳入银行的资产负债表。因此，当 SPE 运行正常时，商业银行不仅可以收取高额的服务费，也拥有几乎无限的股本回报率（张健华，2008）。

而 SPE 的证券化产品，又通过信用内部增级（评级公司评级）和外部信用增级（保险公司担保）后，在投资银行为中心的场外交易系统卖给传统机构债券投资者如对冲基金、保险公司、退休基金、银行等。而以这种投资银行为中心的场外交易市场不仅杠杆率高，而且监管松散或无法受到证券交易规则监管。对于对冲基金来说，它是一种投资战略较为自由的不受监管的私人投资载体，由专业人士管理，以绝对收益为投资目标（IMF，2008）。对冲基金不用登记，不用公布它们的交易、持有的资产、负债和平共处五项原则损失等信息。正因如此，对冲基金有此特性，在近几年金融市场繁荣中，对冲基金也得到快速的发展。在美国，2007年年底对冲基金规模达到2万多亿美元（IMF，2008）。就是通过上述的途径与方式，资本市场上的传统机构债券投资者及对冲基金的钱就源源不断地直接流入美国住房消费者手上。这种通过按揭贷款证券化的融资模式就是所谓的"影子银行"。

现在我们要问的是，为什么这种融资方式转变会让只有一两千亿美元次贷证券化产品的损失导致全球如此严重的金融危机？其主要原因就在于这种融资模式不仅能够把其中的风险隐藏起来，而且容易把这些风险无限地放大。我们知道，这些次贷证券化产品基本上都是通过高度数学化模型计算风险而设计的金融衍生产品。如果次贷资产的品质能够维持在模型的安全范围内或房价在上升，那么这种次贷证券市场不仅能够有效运作，而且这种证券化按揭产品表面上也能够分散风险，但当次贷资产出现问题时或房价下跌时，这种广泛分散的风险则把其中的风险无限放大。因为，在"影子银行"的证券化过程中，贷款银行不需要持有贷款至到期为止，而是可以把利率风险及信用风险等转移出去，这自然会强化贷款人以降低信贷的市场准入盲目信贷扩张的激励，贷款的品质在一开始就容易处于较高的风险之中。

还有，这些次贷证券化产品之所以能够在短短数年内形成大规模的市场，完全与证券化过程中的每一个交易环节虚假的包装是分不开的。贷款银行是这样，投资银行也是如此。投资银行把风险较高的次贷打包与分解成为各种各样的证券化产品 MBS 和 CDO 和 CDS（Credit Default Swap，信贷违约掉期）等产品卖给国内外的投资者。对于简单的 MBS 所包括的风险，比如违约、利率波动及借款提前偿还本息等，贷款银行采取一些传统管理方式可以控制其风险。对于这些复杂的或一而再再而三的衍生化金融产品来说，其复杂结构下的风险即使最为精明的投资者都是无法识别的。

正因如此，这些证券化产品的投资者没有能力来识别其产品蕴藏的风险高低，投资者往往就会在这种过度包装的掩盖下进入市场。同时，在证券化的过程，投资银行或 SPE 为了让投资者心甘情愿地来买这个高风险产品，投资银行又会把 CDO 产品进行分类，以风险差异性来分配不同的收益，从而让不同风险偏好投资者购买不同的 CDO 产品。比如，让传统投资者购买一些低风险的 CDO，而剩下的高风险 CDO 卖给对冲基金。但当贪婪的投行发现对冲基金买的高风险 CDO 的回报比自己高得多时，又发明了 CDS 产品。这些产品表面上的目的是信用增级和风险转移，实际上是希望更多的高风险投资者愿意购买这些产品。这种产品也是保险公司借用保险公司的壳，去做对冲基金的生意。为什么 AIG 这样大型的保险公司会与次贷危机有关，问题就在这里。后来 CDS 也一路卖好，于是越来越多的投资者钟情于这些信贷衍生产品。

可以说，在 2001 年之后美国楼市繁荣时期，买房人、贷款银行或贷款中介机构、各大投行银行、对冲基金、评级机构等，全部大赚特赚、皆大欢喜。但是，当次贷危机爆发后，所有隐藏的风险都暴露了出来，而且这种无限放大的风险不仅成了一个永无止境的黑洞，也是压倒美国华尔街的许多投资银行的最后一根稻草。因为，在次贷危机爆发后，由于次级按揭贷款违约率上升，造成次级债金融产品的信用评级和市场价值直线下降。随着信用风险从次级按揭贷款领域扩展到其他住房按揭贷款领域，则较低等级的住房按揭贷款金融产品的信用评级和市场价值也大幅下滑。那么，如何来判断这些住房按揭债券的市场的价值？由于 MBS 和 CDO 的流动量不高，而在投资银行的场外交易，现有的市场上没有一个根本性、中肯而基础的方法来衡量这些证券的市值，因此美国《证券交易条例》就规定（黄元山，2008），持有这些资产的金融机构就得每天度量这些 MBS 和 CDO 的市场价值。美国会计准则也规定，结构性金融产品只能按当前市值计价，不能按购入成本计价结构产品投资。但是，传统的商业银行不需要每天来评估账面上住房按揭贷款的价值。为了计算这些结构性产品的市值，美国证券市场把这些 MBS 和 CDO 建立一个新指数 ABX。但这个指数的流通量不高，容易被投机者操纵扩大了升跌波幅。随着 2005 年和 2006 年借出的住房按揭贷款问题逐渐显现，MBS 和 CDO 的价格和少有的流通量便随 ABX 指数一起大幅下滑。

随着 MBS 和 CDO 的市值快速下跌，不仅导致一些持有这些资产的 SPE 破产及挤提现象（贝尔斯登旗下的两只对冲基金就是如此），因为这些 SPE 是从货币市场获得的短期融资，当市场发现这些 SPE 面临严重的流动性问题时,这些短期债主会同时向它们讨债,这会让这些 SPE 公司资产大幅贬值。在这种情况下,传统商业银行只好把这些原本放在表外的业务重新放在表内,并利用商业银行本身融资偿还这些短债。其结果是,这些商业银行的资产负债表突然扩大了,再加上商业银行加大次贷相关的拨备,使这些商业银行和其他投资银行所遇到的现金流和资本问题。在这种情况下,商业银行只好减少贷款以及增加贷款所需的利息。这样,市场流动性突然减少。当然,市场流动性减少时,由于这些证券化产品及金融衍生品的杠杆效应,以金融产品的市场价值来确定资产负债表上相关资产的账面价值的次贷产品的资产也就迅速下降,相关金融机构所持有次级债证券资产的风险也迅速地暴露出来,并陷入资不抵债的困境。

对此,经济学教授 Nouriel Roubini 早在 2006 年 7 月就预测过,由于美国"影子银行体系"破产将给美国经济带来严重衰退(刘志勇,2008)。随后,他还在 2008 年 9 月 21 日英国《金融时报》撰文指出,随着雷曼兄弟的倒闭,它预示着已经发展了 20 多年的"影子银行体系"崩溃。"影子银行体系"的崩溃先是整个结构投资工具和渠道体系的崩塌,然后是美国大型投资银行遭到挤兑,随之是有偿付能力的杠杆机构的倒闭、货币市场的恐慌,以及数以千计的高杠杆对冲基金出现赎回等。而"影子银行体系"的崩溃不仅预示着美国以证券化为主导的融资模式崩溃,而且意味着这种融资模式所潜藏的巨大风险全面暴露出来,严重的次贷危机全面爆发。这就是为什么次贷危机会如此严重,对美国及世界经济冲击及影响又会如此之大的原因。

4.5 次贷危机的实质及反思

美国著名的金融学家罗伯特·希勒认为(2008),美国次贷危机将是 21 世纪世界经济生活的一个重大的历史转折点。它把美国房地产市场泡沫的祸水引向全球各个国家,造成了全球金融市场困境、全球信贷紧缩及金融市场的严重破坏。这次信贷市场破坏已经构成了一次重大的历史事件,它将对世界经济造成长期深远的影响。而且这场次贷危机也给当代社会经济生活的基础带来根本性的变化。从这个意义上来说,本文认为对美国次贷危机不仅在于认识其问题的严重性,在于看到次贷危机对经济所造成的影响与伤害，更重要的是如何来对这场次贷危机进行深刻的反思，并通过这种反思来学习点什么，而不仅是寻找应对的方式。因此，本文将在以下几个方面对次贷危机做认真的反思。

首先，无论是政府、企业还是个人，特别是政府，在不同的突发事件面前，或在经济生活面临重大的变化之际，往往都会采取一系列的短期行为或推出一系列的影响短期行为的政策，从而形成整个社会的短期从众心理。在这种情况下，整个社会总是会用一种新的经济泡沫掩盖旧的经济泡沫。而这些短期行为与政策，每一个环节看上去都有其合理性及正当性，但是实际上每一个环节都在放大风险与聚集风险。从政府来看，由于政府的短视或短期行为，尽管可以让当时的几次危机事件对经济冲击和影响降到最低程度，但这些政府的政策仅是来自短期考虑，从来就没有从长期的经济战略角度来制定货币政策。既然政府的政策是短期的，那么这些政策一定会激励企业及个人在短期内让其利润最大化或个人利益最大化，以此来制造社会经济的虚假繁荣。在这种情况下，不仅容易用一个新的经济泡沫掩盖旧的泡沫，而且其本身也是聚集风险制造泡沫的过程。

其次，这场次贷危机，如果没有"房地产价格只涨不跌"的假定，或次贷市场所有当事人的行为不是建立在"房地产市场价格只涨不跌"的假定上，那么次贷市场的各种产品根本无法推出，即使推出也没有市场需求。比方说，没有这个假定，商业贷款银行也就不可能设计出那么多高风险按揭贷款利率品种，借钱人也不会把住房按揭当作"提款机"而进入住房市场，投资银行也无法设计出所谓住房按揭贷款证券化产品让大量投资者进入，住房按揭证券化产品更不能够衍生工具化，等等。可以说，次贷市场所有的行为及产品都是建立在"住房价格只涨不跌"的假定上。离开了这个假定，整个次贷市场就轰然倒塌了。也就是说，当美国房地产市场的价格向下调整时，美国次贷市场许多潜在的金融风险都暴露无遗了。

但实际上，这种"房价只涨不跌"的假定是不成立的。市场的价格永远是在波动的，否则就没有市场价格与市场可言。既然市场的价格是波动的，那么谁有理由假定某种商品的价格会只涨不跌呢？既然市场的价格没有只涨不跌，房地产作为一个市场，它的价格同样也是不可能只涨不跌。只不过，由于房地产生产的周期性及产品的特殊性，它的价格上涨与下跌波动幅度会长一些，或上涨或下跌的时间会久一些而已，但根本上是不存在房地产的价格只涨不跌的。在早几年，国内房地产市场，"房地产价格只涨不跌"的假定同样是十分盛行，即使是现在，仍然有不少人还在鼓吹这个假定。说什么土地资源是稀缺的，现在的土地用了一块就少了一块。因此，住房的价格只会涨而不会跌。甚至一些人说房价下跌会影响农民工的就业，会影响城市的经济发展，会影响居民内需的扩大，会影响国家的经济增长等。且不说这些理由如何不成立，因为这些理由不仅早就被市场击得粉碎，而且也与市场法则完全相悖。20世纪90年代日本的房价只涨不跌的神话，在一夜之间消失；1997—2003年中国香港地区的房价下跌70%；美国次贷危机"房价只涨不跌"假定的破灭等，都说明了这一点。从美国次贷危机事件可以看出，"房地产价格只涨不跌"假定不仅不成立，也会给社会经济带来严重的祸害。

第三，有人说这次美国次贷危机是自由市场经济的失败，实际上市场经济的核心价值是"诚信、理性、节俭、勤劳"（韦伯，1987），对于次贷危机中的当事人来说，他们基本上是违背了这种核心价值的。因此，次贷危机并不是市场经济的失败，而是违背了基本市场法则所导致的结果。从上面可以看到，美国次贷危机为什么会愈演愈烈？房贷风险当然是其根源，但从这些房贷风险的根源开始，每一个环节都把人性的贪婪表现得淋漓尽致。购房者、贷款银行、按揭公司、投资银行及证券评级机构、投资者等都是如此。特别是那些称霸华尔街的投资银行，以所谓金融创新为名，设立各种各样的金融衍生品。这些金融工具表面上是分散风险，实际上是为了短期利润在无限地放大风险。也就是说，这场金融危机的根源表象是房地产市场的泡沫。更关键的是，为了获得超额利润，投资银行设计了很多与房地产相关的金融衍生产品。由于放贷机构放松信贷标准，金融机构利用杠杆工具大量介入高风险市场，一旦某个环节泡沫破裂，整个金融系统立即会陷入一场恶性循环。最后当这些金融机构或投资银行无法把这些巨大风险转移给他人时，这些金融机构岂能不轰然倒塌？

在这样的一个故事中，每一个人都希望以最小的付出获得最高的收益或最高的报酬。每一个人都以为天下有这样的好事，个人只要简单地动一点脑筋，就能够尽揽天下财富。每一个人都以为自己是天下最为聪明的人，能够通过金融杠杆让自己在短期内暴富。而且这种人性贪婪愈演愈烈，演化到最后都不知道自己是谁了。试想，美林、雷曼、AIG、房地美等，这些美国大的金融机构，哪一家没有世界第一流的研究力量，哪一家没有世界最好的信息收集渠道，但最后还是被市场打败了。何也？这里，既有永无止境的人性贪婪蒙着这些人的眼睛，也有金融监管制度缺失没有控制这种人性的贪婪。

可以说，在这次美国次贷危机中所表现出来的人性贪婪，既有人性内在本性使然，也有美国金融市场模式及消费模式发生根本性的变化。比方说，这次美国的房地产泡沫为什么会被越吹越大，不少美国金融机构就是利用了人性贪婪，设计一些能够逃避监管的金融工具，向美国的次级信用的购房者提供过度的信贷，或所谓"影子银行"（证券化）通过信贷市场向美国的消费者提供了过度便利的金融杠杆和流动性，即现代信贷资金融资渠道不是通过传统的由商业银行来进行，而是通过资本市场的证券化的方式来获得。这种通过"影子银行"获得的资金，由长链条的复杂的金融工具来联系，在资产价格上涨时，这种方式可以起到分散风险的作用；但在资产价格下跌时，则能够无限放大风险，加上人性贪婪及没有有效的监管制度，风险放大更是无以复加。

近年来的美国消费模式从以收入为基础的储蓄模式向以资产为基础的储蓄模式贸然地转型。即使个人财富增长及基本消费，不是以个人收入水平为基准，量入而出，而是通过各种金融工具如何让个人未来收入流转化可以增加财富的资本，然后把这些资本或资产变成个人消费来源。这样，不仅可能透支过去与现在，而且更容易透支未来。而这种严重地透支未来的消费模式，从房地产市场，扩展到股票，扩展到保险业，扩展到个人资产所谓的领域。而每一个人都希望通过华尔街发明的各种令人眼花缭乱的金融衍生工具，通过种种杠杆，无限扩大信用与创造信用，即钱生钱短期暴富。但是，这些手段或可促进投资回报率高升，却无助于真正的财富增长。而上述这些现象都是与资本主义的核心价值相悖的。既然这些行为是与资本主义的核心价值相悖，如何可以说次贷危机是自由市场经济的失败？

第四，该是对现代金融学理论反思的时候了。从1859年马科维兹的资产组合理论开始，现代金融理论的发展基本上是沿着一个简化而偏离现实的路径上发展的。这种理论假定风险世界处于一个风险正态分布的状态。因此，只要把一定的数学方程与统计技巧应用到金融市场，就能够建立起金融模型来管理金融市场所面临的风险。特别是"冷战"末期，当大量的科学家及物理学家加入华尔街后，金融工程学也开始成了"显学"。在这样的背景下，大量与次贷有关的金融产品与金融工具开始涌现出来。但是，这些通过数学模型设计出的风险管理的金融模式，在大数法则下是可以看到市场的某个片段，但是往往会忽略小概率事件；它能够把复杂的经济关系简化为数量关系，或经济生活的数量化，但是这却无法量化经济生活中人的所有行为。当经济生活中小概率事件发生时，当复杂的人的经济行为不能够数量化与模型化时，那么通过这种金融模式所设计产品的风险也就无所不在。当用金融模型完全把金融市场的生活完全数量化时，它不仅把人的丰富的经济生活变成机械化与科学主义化，而且容易与拜金主义结盟而彻底摧毁现实社会的核心价值，让人的贪婪本性横流。可以说，近年来美国华尔街之所以完全成了一件逐利的工具、成为贪婪人性的展现场所完全是与金融市场这种纯粹金融模式化有关的。应该说，从现代金融学出现以来，它很少反思自身，更少地反思理论范式上的革命。借助于次贷危机，现在是时候该对现代金融学理论进行全面的反思了。

第五，次贷危机的破坏力之所以这样大，最为核心的问题是次贷危机摧毁了金融市场上的信用基础。金融市场交易的是信用，是给风险定价。当这个市场的信用基础被摧毁时，金融市场岂能不信心丧失？现在我们要问的是，目前美国及世界金融市场的信用基础在哪里？仅是通过政府的注资就能够解决问题吗？仅是口号式的建立信心就能够解决问题吗？重要的是要重建金融市场的制度基础。否则，金融市场的信用要得以确立是不容易的。

最后，对于这场次贷危机，要全面反思这场危机的深层次问题还为时过早，因为这场次贷危机要在什么时间结束还不确定；尽管如何估算这场次贷危机对全球及中国经济的影响还不是时候，因为这场危机对全球乃至中国经济的冲击与影响还没有完全地显现出来，但是我们应该对这场危机的根源进行认真的反思与研究。特别是要通过这种反思与研究来对照中国金融体系现实，来对照现有的中国金融改革的方向，并对一些重大的金融理论问题进行全面的检讨。

首先，美国次贷金融危机无论是市场失败还是政府失败，是市场过度还是管制过度，国内媒体多说是市场自由化的结果，是市场失败。但实际上，根源是政府过多管制的结果，是政府货币政策过于宽松，如果不是政府的短视，不是政府货币政策过于宽松，那么就不会出现市场的流动性泛滥，不出现这种流动性泛滥，就不会导致房地产泡沫。因此，对于中国来说，金融市场的问题仍然是政府管制过多，是政府对金融的主导。因此，中国金融市场未来发展不是要增加政府对市场的管制，而是要加快市场化的进程。比如利率市场化、汇率市场化、信贷市场化等都是未来中国金融市场改革的方向，而不是让中国金融市场回到政府为主导的时代。

其次，政府的货币政策是遵从短期利益还是长期目标。可以说，这次美国的金融危机，其根源就是美国货币政策的短期性，如果不是这样，这次金融危机也可能不会发生。对于中国来说，政府政策的短期性更是明显，为了短期的 GDP、为了地方经济短期效果，政府的许多宏观经济政策往往会朝三暮四。这不仅使企业与个人无法适应，也容易导致经济周期较大的波动。比如，房地产市场政策就是如此等。

再次，次贷危机中为什么人性贪婪会表现得如此淋漓尽致，会在短期内让大量财富被少数人掠夺？其关键就在于这种财富掠夺都是以合法化或市场化的方式来进行的。这不仅表现为人性贪婪及相应的监管制度严重缺失，更重要的是表现为政府的权力为少数人所挟持，让既得利益制度化与合法化。这不仅会颠覆整个社会的公平性基础，也容易给政府权力的合法性带来更多的质疑。因此，如果中国不对这些问题进行深刻的反思，不对这些不合理的金融制度进行深入改革，并用有效的监管制度来控制人性的贪婪，来约束滥用权力，那么中国的金融市场也难免会走美国金融危机的老路！

最后，对于国内房地产市场的泡沫，我们就得思考以往国内所鼓吹的信贷消费模式是否适合中国，这种模式在美国都引起如此严重的问题，如果制度安排不合理，中国会不会发生比美国更为严重的问题。对于中国金融发展模式，无论是以银行为主导还是以市场为主导，早些时候主流意见都认为要学习美国以市场为主导的金融发展模式，但就这次美国金融危机的危害性来说，我们所学的"老师"都问题重重，那么这种以市场为主导的金融发展模式是否适应中国，也是时候好好反思了。总之，美国次贷危机之后，国内金融市场有许多问题该深刻反思与研究了，只有从这些深入的反思入手，才有可能找到中国金融市场发展之路。

5 美联储量化宽松政策退出的市场不确定性效应[①]

5.1 前言

由于美国货币政策的国际性及现代金融市场的本质异化，这就使美国 QE 的任何变化都会对全球市场造成巨大的影响与冲击。从 2014 年起，美国 QE 退出启动，意味着 5 年来全球廉价资本盛宴的结束，这必然导致国际市场的投资者风险偏好的变化、全球资金流向的逆转和金融市场利益结构的重大调整，及市场预期根本性的逆转。这将给全球市场，特别是新兴国家市场带来更多的不确定性。再加上美国 QE 政策退出的不确定性，更是增加市场的不确定性。因此，美国 QE 的退出将是 2014 年全球最大的市场风险。对此，中国政府要密切关注并选择好应对政策。

美国量化宽松货币政策（以下简称 QE）是指 2008 年美国爆发金融危机之后所实行的非常规货币政策。其实质就是在名义利率接近或等于零的条件下，央行以数量工具来创造货币和扩张信贷增加市场的流动性，以便减轻银行等金融机构流动性的压力，引导实际利率下降、刺激居民增加消费和企业增加投资，以此来带动美国经济从衰退中复苏。与日本 QE 不同，美国 QE 既关注央行资产负债表的扩张，也要改变资产负债表的结构；既是数量化宽松，也是信贷宽松。其目的就是要重塑金融市场的信用创造功能，保证市场流动性充足，降低市场的融资成本，刺激居民和企业的信贷需求增长。

正因为美国 QE 是在非常时期并以非常规方式来进行过度的信用创

[①] 该文章发表在《财贸经济》2014 年第 5 期。

造，所以美国 QE 的推出既可以增加市场的流动性，稳定金融市场情绪及保证金融市场正常运行，也可以改变金融市场资金之流向与结构，也可以重构金融市场的利益格局，因此，美国 QE 的推出给全球市场带来了震撼性的影响与冲击。我们可以看到，从 2008 年到 2012 年，在美国 QE 推出的 5 年，全球经济利益格局发生了根本的变化，不仅美国经济能够在危机中不断走出，美国的股市更是连续创出新高，同时新兴市场国家也出现一轮经济快速增长及繁荣。既然美国 QE 推出会对全球市场产生巨大的影响，那么同样，如果美国退出 QE，它的反向影响与冲击也是不可避免的。尤其是美国 QE 已经实施了 5 年多的时间，当市场的惯性及投资者思维定向性突然改变时，这种影响与冲击会更大，更是会增加美国 QE 退出市场的不稳定性和不确定性。

我们可以看到，2013 年 6 月中旬，美联储主席伯南克宣布可能调整 QE 或美国 QE 可能会退出，并透露了 QE 退出的路径与时间表（The Federal Reserve Board，2013a）。该消息一公布，立即爆发了新兴市场严重的走资潮，尤其是亚洲市场更为明显。之后的几个月，在预期美国 QE 退出的阴影笼罩下，不少资金纷纷逃离亚洲市场，从而导致了亚洲市场一些国家股市大跌，货币大幅贬值，尤其是印度与印度尼西亚最为严重。因为，当市场预期美国 QE 要退出时，不仅意味着 5 年来廉价资本的盛宴结束，也意味着全球市场的风险偏好、资金流向，及市场的利益结构将发生根本性变化。而这种变化对市场造成的影响与冲击自然会对全球市场造成一系列的不确定性。但是，当 2013 年 9 月 18 日美联储并没有如市场预期那样宣布退出 QE；反之宣布维持量化宽松的货币政策（The Federal Reserve Board，2013b）。这时，整个全球市场又一片欢呼，美国各种股票指数连创历史最高纪录，10 年期美国国债收益率重挫，黄金及大宗商品的价格又全面上涨。

2013 年 12 月 18 日美国 QE 退出的靴子终于落下。美联储宣布从 2014 年 1 月开始缩减购债规模（从每月 850 亿美元减少至 750 亿美元，国债和按揭抵押证券各减少购买 50 亿美元）。这样，美国 QE 终于踏上退市之路。同时，美联储对利率"前瞻性指引"（Forward Guidance）做了一项重要的修订，即超低利率将维持一段较长时间，即使失业率跌到 6.5% 或以下。尤其是如果通货膨胀率未能升到美联储设定的 2% 水平时，超低利率政策不会改变（The Federal Reserve Board，2013c）。美联储声明发表之后，美股大涨而全球市场的金价大跌，两种资产的价格走出了南辕北辙行情。而这种现象出现就在于不同的投资者对美联储政策的不同解读。因为，全球不少股市投资者所强调的是超低利率维持的时间比预期时间长，美国股市的黄金期并没有结束。而黄金市场投资者看到是长达5年的廉价资本盛宴已经结束，黄金会逐渐地退出避险工具市场。不过，尽管美联储 QE 退出的声明希望减少购买债券与更新利率前瞻性指引两者对货币政策的影响相互抵消，但不可否认，美国 QE 全面退出给全球市场带来的不确定性或影响已经是 2014 年全球市场的最大风险（中国台湾"经济日报"，2013a）。再加上美国 QE 退出减少购买债券的结束时间、开始加息的时点及加息幅度与频率及 QE 退出影响、未来市场形势等都是不确定的。这些因素都可能给全球市场带来一系列的不确定性。

比如，当国际市场预期美国 QE 进一步退出时，2014 年 1 月 23 日，不少新兴市场国家货币出现了 5 年来最为严重抛售潮，其中阿根廷比索暴跌 13%，这是 12 年来该国货币最大跌幅（23 日和 24 日两天跌幅高达 16%）；土耳其里拉也急挫至 1 美元兑换 2.3029 里拉的新低；俄罗斯卢布下跌至 1 美元兑换 39.75 卢布的 5 年新低；巴西雷亚尔也创 5 个月以来新低（在过去两年雷亚尔下跌了 27%）；在亚洲，印度卢比和印度尼西亚盾都创最近新低，韩元也跌到了 7 个月最低水平等。不少国家股市更是大幅下跌及震荡不已。而新兴市场国家股市及汇市的巨大震荡更是增加全球市场的不稳定，增加市场对美国 QE 退出的担心。因此，从理论上对美国 QE 退出市场的不稳定性研究，不仅是一个全新的理论课题，也是与企业及投资者的决策判断有关的现实问题。如果我们能够真正地把握美国 QE 退出的实质及市场不确定性效应，同样也是寻找美国 QE 退出应对之道的最好方式。

本文第二部分是讨论与分析美国 QE 不退出的市场不确定效应。也就是说，美国 QE 退出也是一种必然，只不过选择什么样的方式与途径。如果美国 QE 不退出，它将对全球市场产生严重的不确定效应；第三部分论述了当前美国货币政策的变化为何会对全球市场带来如此之巨大影响与不确定性；第四部分讨论与分析美联储 QE 退出的实质及退出的不确定性；第五部分分析了美国 QE 退出后新兴市场的不确定性及中国市场所面临的风险；最后为小结。

5.2 美国 QE 不退出的市场不确定效应

一般来说，QE 作为一种非常时期非常规的货币政策，只要经济形势开始好转，QE 退出也是必然。比如，2008 年美国 QE 实施以来，关于该政策可能引发通货膨胀和资产泡沫风险的讨论从来就没有停止过。伯南克主张，通过美联储直接购买某段收益率曲线上的资产，降低了该期限资产收益率（Bernanke，2009），从而达到降低短期融资成本的目的，因此，量化宽松货币政策是有效的。Woodford（2012）的报告更是对美联储的 QE 推出提供了理论上的依据，并指出 QE 的货币创造具有独特效应。而美国哈佛大学的教授 Dobbs（2014）对美国 QE 推出的效应研究表明，自 2008 年美国金融危机以来，美联储、欧洲央行、英国央行，以及日本央行利用量化宽松的货币政策，向本国经济体合计注入超过 4 万亿美元的额外流动性。而这样做，首先受益的是政府。比如过度宽松的货币政策把利率推到极低水平，这就为美国政府及欧洲各国政府的债务负担节省了 1.6 万多亿美元。这样政府就可增加开支，减少紧缩政策，也有利于促进经济增长。如果美国 QE 退出，让利率回到 2007 年的水平，那么政府债务中的利率支出要增加 20%。这样就可能使美国及欧洲各国政府增加其脆弱性。其次，在极低利率的条件下，QE 也给欧美的非金融企业节省了 7100 多亿美元的成本，使美国及欧洲各国企业的利润平均分别上升了 5% 和 3%。但是，如果利率上升到 2007 年的水平，那么这些企业利润水平将面对严重下降之风险。当然，由于利率推到极低水平，从而使欧美居民利率收入损失了 6300 亿美元。在这种情况下，更为严重的是让欧美银行业及保险业受到巨大冲击，利润全面下降，金融风险脆弱性全面上升。可见，QE 推出不仅向市场注入大量的流动性，而且让整个市场的利益格局发生了巨大变化。

但更多人的研究表明，QE 的数量效应是无效的（Mauldin，2013b）。因为美联储及全球各国央行货币政策所依据的分析模型，不但不足以反映全球经济的复杂性，更因只凭主观臆测及良好愿望做决策指标。这样做只能表明美联储对现实形势一无所知，其制定的货币政策效果也是十分有限的。Jensen（2013）研究更是认为，量化宽松货币政策不仅对企业及消费者借贷欲望有抑制作用，也对居民具有严重的抑制收入效应。Gave（Mauldin，2013b）研究更是证明了，在实质利率为负的时期（量化宽松货币政策实施时期），美国居民收入增长往往是偏低的，甚至于出现了负增长。哈佛大学经济学家 Stein 等也指出，量化宽松货币政策不但没有带动经济显著增长，反而衍生种种另类风险（Mauldin，2013c）。不少理论的研究都表明，量化宽松货币政策给市场带来了巨大的负面影响，增加了全球市场的不确定性。

也就是说，五年来，美联储的 QE 通过稳定金融市场、向市场注入大量的流动性及信贷快速扩张让美国经济走出衰退的阴影，让欧美经济在一定程度上逐渐复苏，但是其负面影响也不小。因为，在当时背景条件下，无论是货币扩张还是货币贬值的效应所达到的正面效果都不如理论分析的要好；反之留下的另类风险会更大。

比如，QE 实施 5 年，美联储的资产负债表由平常的 1 万亿美元上升到 4 万亿美元，美联储向市场注入大量的流动性。在此期间，尽管基础货币快速增长，但货币乘数则快速回落，即商业银行信贷扩张能力则大不如前，美联储注入的基础货币几乎完全转化为商业银行超额准备金（徐滢，2013）。这种情况的出现，既有市场信贷需求不足的原因也有银行信贷谨慎性增强的问题。还有，尽管泛滥的流动性没有让美国通货膨胀快速上升[①]，但是却吹起了美国及新兴市场资产的价格泡沫。5 年来，不仅美国股市指数早就超过 2008 年 9 月金融危机爆发时水平，并连创新高。2013 年美国道琼斯更是连创新高，到 16504 点，当年上涨 26%。而 2013 年标准普尔 500 指数获得了 1997 年以来最大年度涨幅，上涨 29%。自 2009 年 3 月以来，到 2013 年年底该指数上涨了 160%。美国股市是这样，日本、欧洲及不少新兴国家市场也是如此（2013 年日经指数上涨了 57%）。也就是说，无论是欧美发达国家市场还是新兴市场，随着 QE 的推出，资产价格全面上升，泡沫破灭的风险也在升高。

还有，2008 年美国金融危机以来，去杠杆化成为金融市场调整的主要方式，但是这种调整速度太慢。比方说，美国个人负债水平由 2008 年开始下跌，由 130% 跌到 110%，但是仍然超过可持续水平。而美国个人

---

① 因为美国是一个完全开放的市场，当企业看不到投资前景，是不愿意增加其投资的，信贷需求扩张愿望不高，从而使物价也不容易上涨。

储蓄率在 2008 年时上升到 6%，但现在仍然在 4.4% 水平（Mauldin，2013A）。也就是说，经过 2008 年金融市场的调整，尽管居民负债水平有所下降，但是由于收入水平增长缓慢而使居民的储蓄率根本就无法上升。

有研究表明，伯南克执掌美联储期间，美国贫富差距达到空前程度。美国加州大学萨伊教授的研究指出，2012 年全美顶尖 1% 高收入组别的收入激增 19.6%，而其他 99% 的收入只是增幅为 1%。因为 1% 的高收入组别占 2012 年全美居民收入总值高达 19.3%，所占比例之高，为 1928 年以来之最。如果把资本投资收益计算在内，此一顶尖高收入组别占全美收入比例由 2009 年的 18.1% 增加到了 2012 年的 22.5%（Mauldin，2013a）。实体性收入分配情况是这样，股市财富效应也是如此。也就是说，过去 5 年，美国量化宽松货币政策看上去是保证美国经济没有走上 1929 年那样经济大萧条之路，并让美国经济从危机阴影中走出来，但该政策最有利于少数富人，而不是全体美国人民。量化宽松的货币政策并没有让全体人民来分享其成果。反之，这种货币政策给整个社会与经济带来的后遗症则是无可复加的。

还有，美国金融市场是一个完全开放的体系，当美国商业银行对贷款谨慎，而企业信贷需求不足，大量的流动性资本流向了国际市场，流向了不少新兴市场经济国家，从而也吹大了这些国家的资产泡沫。国际货币基金组织的研究报告（2011）指出，流向新兴市场经济体的净资本流动总量大于事件（危机爆发）发生前一年或后一年的总量，并在美国 QE 实施后达到最大规模。而且大量的美元流向国际市场，也必然使美元汇率全面下降，以美元计价的大宗商品价格全面上涨，从而吹起了国际市场大宗商品价格泡沫。在这种环境下，看上去是促进了这些新兴市场国家的经济繁荣，但实际上却增加了全球经济的潜在风险。

可见，过去 5 年，美联储一连几次推出 QE，虽然把即将崩溃的美国经济拉回到正常运行的轨道，但 QE 政策效果不仅越来越弱化，也没有让实体经济有所起色。反之，所造成的负面影响则越来越大，资产泡沫所引发的潜在危机也越来越高。而这也说明了 QE 不退出所面临的市场不稳定性的效应越来越大。对于这点，不仅伯南克在 2013 年 12 月 18 日提及 QE 不退出所面临的市场不确定效应（The Federal Reserve Board，2013c），而且 Brock（Mauldin，2013c）也撰文指出，美国量化宽松货币政策所衍生出的许多后遗症，对经济生活的负面影响更是深远。

因为，这里有一个十分重要的理论问题是传统经济学无法解释的。即为什么如此宽松的货币政策没有让实体经济振兴起来？美国前财政部长萨默斯（Summers，2013）指出，在这种情况下，美国经济可能进入"长期停滞"（secular stagnation）时期。他认为，美国自金融危机以来，美联储的货币政策或全球不少国家货币政策是如此宽松，金融市场是那样容易借到钱，人们也觉得自己相当富有，但企业设备利用率没有上升，失业率也没有明显下降，通货膨胀竟连一点儿影子也没有，欧洲则在考虑如何来防止通货紧缩，但如此巨量的货币就没有造成一点儿供不应求。这也许就是美国经济学家 Hansen 所指出（中国台湾《经济日报》，2013b）的经济现象。他指出，资本主义并不经常处于快速增长与充分就业，也可能长期甚至无止境地处于一个缓慢增长、就业不足和产能过剩的状态。这种经济状态就是"长期停滞"。Spence（2013）的解释是，这种现象很大程度上与政府公共投资不足有关。当公共投资远低于维持经济持续增长水平时，充分实现潜在增长并非易事。可以说，对此种现象论争与讨论还会继续下去，但有一点是十分明确的。即 QE 不退出增加了市场不确定性效应，QE 退出是一种必然。

5.3　QE 退出为何会导致市场巨大的不确定性？

从 2014 年 1 月 1 日起，美国 QE 开始退出，而 QE 的退出导致全球市场巨大的不确定性将是大概率事件了。那么，QE 退出为何会导致全球市场巨大的不确定性？这在很大程度上既与美国货币政策的特殊性及量化宽松政策之后美国货币政策变异有关，也与现代金融市场的本质异化有关。因为，美国 QE 的退出就是其货币政策的变化，而其货币政策变化的承受者既是本国也是全球市场。从这两个角度分析，也就容易理解为何 QE 退出会对全球市场造成巨大影响与冲击了。

首先，一般来说，货币政策是指一国政府或中央银行为影响经济活动所采取的措施，尤其是指控制货币供给（数量控制）以及调控利率（价格控制）的各项措施。美国的货币政策既有货币政策一般性的特征，同时，也具有其他国家货币政策完全不同的特殊性。因为，当前是以信用货币美元为主导的国际货币体系，在这种国际货币体系下，由于美元是信用货币，它就无法形成一个单一明确的"货币锚"，或如金本位制下那样的一价机制，这种"无锚货币制"增加了对市场影响的不确定性。在以信用货币美元为主导的国际货币体系下，对美国来说，美元既是本币也是外币。美国的货币政策同样既针对本国，也针对国际金融市场。所以，美联储的货币政策既是本国的货币政策，也是国际市场的货币政策。在这种情况下，美联储的货币政策的任何风吹草动都有可能对国内外市场产生巨大的影响。还有，不仅美联储的货币政策具有国际化的性质，而且美联储也具有完全的国际清算银行的功能（林行止，2013）。美联储 QE 的迅速推出不仅令银行支付系统能够畅顺运作，而且也保证了全球市场对美元及美国金融业的信心不下降。同时，美国货币政策国际化的重要性与美元为绝对的国际储备货币有关。在这种情况下，美国 QE 退出当然会对美国国内外市场造成巨大的影响。

其次，美国 QE 推出之后，美国的货币政策在很大程度上出现变异，或货币政策向财政政策转变。但按照 1978 年修订的《联邦储备局法案》的规定，美联储的职责是"务须确保美国货币及信贷总额配合国家经济发展远景，以增加产值，从而有效实现全民就业、稳定物价，以及长期利率适中的三大目标"。从该规定来看，美国货币政策是以长期为重点，而不是着眼短期。但量化宽松货币政策不仅强调短期宏观变量的重要性，而且以短期内调控就业为重点。这不仅削弱了美联储履行职责的能力，也弱化了美联储货币政策的可信度及权威性。因为，从长期来看，货币政策是根本无法左右就业之趋势的。而在"无锚货币制"下，稳定物价才是所能实现的长期目标。

再次，近年来，面对美国金融危机及随之出现的经济衰退，美联储采取非常规的货币政策向市场注入大量的流动性，这实际上严重超越了央行固有的业务范围。比如，在联邦基金利率接近为零的情况，实施大规模购买资产计划以加大货币政策宽松的程度。这当然有助于美联储资产负债表规模快速扩张，但受所购买资产组合影响难免令其资产负债表的成分变质。而且大量购买非国债类的固定类别资产（如住房按揭贷款证券化资产），实际上是具体地针对某类企业或某类行业的信贷配给，以此来刺激楼市。这样美联储的货币政策也就异化成了美国政府的财政政策。而美国货币政策变异不仅会损害其政策的权威性及弱化其职责，也会增加美国 QE 退出的不确定性。

最后，美国货币政策的变化与近十年来全球货币体系发生了重大变化有关。我们可以看出，一个多世纪以来，全球货币体系发生了翻天覆地的变革。20世纪初，在黄金本位制下，货币单位的意义由一价机制贵金属来决定，在这种情况下，货币就如实质性产品，货币在经济理论研究中是中性的，然后金属本位的货币为信用货币所取代，整个国际货币体系与货币政策也发生了巨大的变化，凯恩斯的货币理论大行其道。但到20世纪70年代布雷顿森林体系崩溃后，特别是自90年代起电子货币及电子支付系统的发展，世界上的货币与实质性商品的最后一丝联系也被抛弃了。如今我们生活在纯粹的记账单位的世界中，每个记账单位的价值唯一地取决于对其负责的中央银行的相应政策（伍德福德，2010）。为了适应变化了的形势，各国央行货币政策及理论也取得了巨大的进展。比如利率规则理论、利率走廊及利率微调理论等都是各国央行货币政策的理论基础。而这些理论的核心不是关注货币总量的变化及确定短期名义利率的合适水平，而是通过央行的基准利率所透露的前瞻性指引及变动，来影响企业和居民对未来的行为决策，来影响其他金融市场的价格。可以看到，近十年来，美国、加拿大、澳大利亚、新西兰、英国等中央银行都十分强调前瞻性利率规则或指引。而以前瞻性利率指引为主导的货币政策不仅强调企业及居民行为的未来指向，而且要面对未来世界更多的不确定性。因为，前瞻性利率指引本身就是不确定的，其参数指标随着可能变化了的经济形势而调整。前瞻性利率指引作为QE退出政策的主体部分，它的不确定性自然会增加QE退出的不确定。[①] 还有，近几十年来，金融本质开始异化，而这种金融市场本质的异化也增加了QE市场退出的不确定性（张云东，2013）。

可见，美国货币政策的国际性、美国QE推出后其货币政策职责的变化，以及金融本质的异化等因素，都增加了美国货币政策变化可能导致市场不稳定性的深度与广度，都给全球市场增加了更多的不确定。从这样一个角度分析，不仅深化了我们对美国QE退出的市场不稳定性的理解，也有利于我们对美国QE退出应对工具的选择。

---

① 比如，美联储新任主席耶伦上任后2014年3月所主持的第一次议息会议，就对前瞻性指引做了修改。

5.4 美国QE退出的实质及退出的不确定性

2013年12月18日美国QE退出的"靴子"终于落地。美联储宣布从2014年1月开始，把量化宽松规模由现时每月850亿美元减少至750亿美元，而国债和按揭抵押证券各减少50亿美元，这样，美国QE终于踏上了退市之路。同时，美联储对利率"前瞻性指引"（Forward Guidance）做了一项重要的修订，指出即使失业率跌至6.5%或以下达一段时间，尤其是如果通货膨胀率未能升到美联储设定的2%水平，当局也会继续维持联邦基准利率目标在0—0.25%超低利率水平不变，而且强调联邦基准利率上升预计要2015年年底才会开始（The Federal Reserve Board, 2013c）。也就是说，如果美国经济形势继续走好并在没有下行反复的情况下，那么这种小幅规模的QE逐渐退出，也得持续到2014年年底，美联储基准利率上调更是要延续到两年之后。[①] 所以，伯南克认为（The Federal Reserve Board, 2013c），减少债券购买并不等于货币政策紧缩。不过，无论如何，美联储正式启动QE退出，标志着5年来廉价资金的盛宴结束，全球市场资金的风险偏好、流动方向、利益格局都会发生根本性的变化；而美元的强势，不仅会导致国际资金流出新兴市场，而且也会导致大宗商品市场及汇市价格剧烈波动。这些因素都增加了全球市场的不确定性风险，进而影响QE退出的步伐、节奏与难度，并由此更是强化QE退出的不确定性。因此，对于美国QE退出的不确定性风险，下面将进行更为深化与细化的分析。

这次美联储QE退出策略可以分为两个方面。一是减少购买资产的规模；二是修改利率前瞻性指引。前者预示着美国QE正式退出市场，否则QE不退出将给市场带来严重的不确定性。但其减少购买债券行为是十分温和的，美联储宣布QE退出的措辞也是十分小心的，以便避免市场的负面解读。而修改利率的前瞻性指引就是给市场一个明确的承诺，美联储量化宽松的货币政策并没有结束，而且会持续较长一段时间。其实质是

---

① 耶伦上任后，对购债计划退出更为明确，并认为在购债计划退出6个月后（2015年上半年），就可能成为美联储加息起点，而不是购债计划退出两年后加息。

美联储量化宽松的货币政策没有改变，只不过美联储货币政策的重点由以往的大规模地购买债券计划转向管理市场对短期利率的预期。

我们先来分析减少购买资产的规模。减少购买资产的规模受到影响的是国债利率及住房按揭贷款利率。而国债利率与美国政府的支出成正比，证券化按揭贷款利率则与居民购买住房的成本有关。而这两种利率水平高低很大程度上与减少购买债券的力度有关。减少购买债券大小直接影响这两种利率走向，同时也影响政府债务累积的速度，影响美国经济复苏，及最后又会影响美国的步伐与节奏。

比方说，美联储宣布把长期国债的购买规模从450亿美元减少到400亿美元，美国的10年期和30年期国债利率立即上升。2014年年初10年期国债利率上升到3%的水平。按照这样的变化，如果国债购买规模缩减到150亿美元时，10年期国债利率可能上升到3.6%—3.7%的水平。如果美国国债利率上升到这个水平，那么对于有17万亿美元债务的美国政府来说，其融资成本以10年期国债利率来计算，美国政府就得额外增加1500亿美元的支出。如此巨额的债务支出增加，美国政府是无法承受的。因此，美国政府一定要把国债利率控制在一个合理的水平，如果这样必然会增加减债退出时间的不确定性，或美联储减少国债的购买还得与政府财务支出能力联系起来。

还有，30年国债利率又是与住房按揭贷款利率相关联的。前者是无风险收益率。而无风险收益率的上升，又决定了基准利率的水平，而由此向整个市场利率传导。同时，如果住房按揭贷款证券购买规模变小，按揭贷款的利率也会随之上升，如果住房按揭贷款证券一直减少购买，让按揭贷款利率由目前的4.3%上升到5.3%—5.5%，即按揭贷款利率上升到一个百分点以上，那么购买住房的居民负担就得增加10%以上。在这种情况下，除非美国住房的价格能够以一年10%以上的速度增长，这才可让居民购买住房意愿不会减弱，否则美国人购买住房的意愿就会减弱，甚至退出住房市场。如果这种情况出现，拉动这次美国经济复苏的动力就可能停止，美联储减少购买债券的计划也将调整。

可见，从失业率和通货膨胀率的变化角度来看，减少债券的购买表面上看并不算紧缩，不过，美国QE退出信息是十分明确的。但如果从减少债券购买对国债利率及按揭贷款利率变化的角度来看，这种行为不仅意味着市场的流动性减少，相应的利率也随之提升，而且这两种利率的变化不仅取决于减少购买债券的力度，而且会影响到政府债务支出水平，影响到住房购买者的购买住房欲望，这些都决定了美国经济复苏，这些都会影响美联储的 QE 退出步伐和节奏，从而严重地增加美联储 QE 退出的不确定性。

对于利率前瞻性指引，它是指当央行没有意愿或空间进一步降低当前政策利率，仍通过改变未来利率承诺方式传达政策立场的措施（Woodford，2012）。利率前瞻性指引作用是以央行的承诺能够改变市场对未来政策的预期为基础的。最为成功的范例是 2008 年美国金融危机爆发之后，2009 年 3 月加拿大央行政策声明提出了"前瞻性指引"（Fay & Gravelle，2009），该政策包括了下调基准利率及维持低利率的前瞻性指引，并以此来增加央行政策的透明度与前瞻性，引导及管理利率的市场预期，从而以此来保持当时加拿大金融市场的稳定。

2008 年美国金融危机爆发之后，美联储既将利率降到一个极低的水平，同时又宣布将低利率维持到一定时期，以此来引导与管理市场对利率的预期，即开始使用利率前瞻性指引工具。不过，以往美联储备的利率前瞻性指引是以期限为基准，即宣布极低利率将维持在哪一时间段。这种以期限为基准的利率前瞻性指引，尽管简单明了，但缺乏弹性，面临变幻莫测的经济形势时，更容易自废武功。因此，这次美联储 QE 退出对利率前瞻性指引的修改，既有时间上的限制，也加上失业率及通货膨胀率变化的条件，并以此来引导利率的市场预期。不过，正如上面分析过的，这种以经济形势为基准的利率前瞻性指引，面对千变万化的经济形势与环境，不仅无法确定就业通货膨胀经济增长如何发展的情况下，向市场承诺极低利率在多长期限维持不变，也无法确定所设定指标是否反映现实经济变化的形势。因此，对于 QE 退出来说，修改后的利率前瞻性指引同样面临更多的不确定性。美联储宽松的货币政策何时真正退出（基准利率上调）同样面临着不确定性。①

可见，当前美国 QE 退出的实质是向市场宣示美联储量化宽松货币政策没有改变，只不过美联储货币政策的重点由以往的大规模地购买债券计划转向管理市场对短期利率的预期。但是，不可否认，只要 QE 退出启

---

① 而耶伦上任后对前瞻性指引的修正，尽管指出了加息的时间表，但 2014 年后来几次议息是否还会对前瞻性指引进行修正同样是不确定的。

动,不仅 QE 退市操作会对市场产生紧缩的作用,而且市场预期的逆转也将对全球市场产生显著的影响。这些都可能增加美国 QE 退出的不确定性与金融市场的不稳定性。

5.5 QE 退出加大新兴市场不确定性及中国市场面临的风险

可以说,美国 QE 的退出不仅持续 5 年廉价资本盛宴已经结束,而且长期推动新兴市场经济繁荣的动力即大宗商品的繁荣也将告终,再加上新兴市场国家政治及金融市场不稳定局势扩大,国际投资者对新兴市场也将失去信心。这就是 2014 年以来全球新兴市场股价和汇价突然快速下跌,国际市场哀鸿遍野的原因所在。

2014 年 1 月 23 日,不少新兴市场国家货币出现了 5 年来最为严重抛售潮,其中阿根廷比索暴跌 13%,这是 12 年来该货币最大跌幅(两天跌幅高达 16%);同时土耳其里拉、俄罗斯卢布、巴西雷亚尔、印度卢比、印度尼西亚盾、韩元等都也跌到各自货币新低等,而且由此引发全球不少国家股市暴跌。这不得不迫使这些新兴市场国家仓促应对。全球不少新兴市场国家货币突然快速下跌意味着什么?这不仅意味着国际投资者对新兴市场未来经济不看好,更重要的是意味着国际市场的资金流向发生了根本性变化,意味着新兴市场对美国 QE 退出根本就没有准备好。

因为,2008 年美国金融危机爆发之后,欧美国家推出了一轮又一轮的量化宽松的货币政策,从而使大量的资金从欧美发达市场流向新兴市场(5 年内达 600 亿美元之多)。这不仅拉动了消费需求,也造就了经济繁荣,造成了信用扩张过度而导致各种资产价格暴涨及货币快速升值。Mauldin(2014)认为,近几年来,这些新兴市场的增长模式就在于:一是吸引发达国家资金流入,以此来推动经济发展;二是生产迎合这些发达国家消费者的产品;三是输出原材料,供制造业经济体生产迎合发达国家消费者的产品。

美国哈佛大学豪斯曼(2013)教授研究表明,如果以当前价格衡量,2003—2011 年美国、英国、日本和德国的名义 GDP 累计增长分别为 35%、32%、36%、49%(均以美元计算)。而这一时期,巴西、中国、俄罗斯、印度、哈萨克斯坦的名义 GDP 增长率分别为 348%、346%、331%、203%、500%。印度尼西亚等新兴国家的经济增长同样达到了 200% 以上。而这些国家的经济快速增长很大程度上是与发达国家资金大量流入有关，也与这些国家货币升值及大宗商品上涨有关。比如，在这一期间，巴西的名义 GDP 增长比中国还强劲，但是其名义 GDP 增长只有 11% 来自实体经济产出的增长，而 89% 增长则来自物价上涨及巴西货币升值。俄罗斯、中国及其他新兴市场也是一样的。

但是，对于这种基本上依靠外来资金推动的经济增长，不少新兴市场不仅没有意识到所面临的风险，更没有为这些外资退出做好准备。所以，当 2013 年美国预示 QE 将要退出时，新兴市场的震荡就开始了。当 2014 年美国 QE 真正退出时，给新兴市场带来的影响与冲击更是不可复加。因为，从 2014 年开始，不仅美国 QE 退出全面启动，而且美国 QE 退出的力度、方式及时间是相当不确定的。也就是说，当大量的资金撤出这些新兴市场时，不仅会使这些国家的整体投资立即下降，消费需求减少，经济马上陷入衰退，而且早几年过高的杠杆化推高的资产价格将全面下跌，甚至于泡沫破灭可能会引发金融市场的连锁反应（1997 年亚洲金融危机就是这样）。在这种情况下，这些国家所显现出来的经济困境，不仅为经济周期性的风险，而且也会把早几年信用过度扩张所导致的严重的结构性失衡暴露出来。在这种情况下，新兴市场的不确定性更会增加。

因此，对于当前新兴市场震荡，我们所要关注的问题有，一是当前新兴市场震荡所受到冲击到底有多大，它是否会引起区域性的金融危机？二是它是否会产生骨牌效应而引发一场全球性金融危机？三是它是否会严重影响及冲击中国经济并引发金融市场危机及经济衰退？等等。对于这些问题，我们不可不密切关注。因为，2013 年以来，无论是"脆弱五国"（the fragile five，印度、印度尼西亚、南非、巴西及土耳其），还是"暴露八国"（the exposed eight，"脆弱五国"加上智利、匈牙利及波兰）一场货币危机正在向全球迅速蔓延。而且这场货币危机会蔓延到哪里，什么时候结束是相当不确定的。比如，美国 QE 的退出及中国经济增长放缓，不少新兴市场国家货币都应声倒下。先是"脆弱五国"的货币遭殃，后有阿根廷比索及俄罗斯卢布等货币暴跌。还有数据显示，新兴市场股票基金 1 月就流出资金达到 122 亿美元。

面对大量的资金流走,面对着突如其来的货币危机及股市暴跌,2014年1月28日,多个新兴市场国家都通过加息和干预汇市等手段来稳定本币汇价。印度央行上调基准利率25个基点,至八厘;土耳其央行更是把基准利率大幅上调425个基点,至12%,以稳定里拉。同时,南非等国也开始加息。在采取应对政策之后,这些国家的汇市及股市有所喘定,但这些政策只能治一时之标,要让货币危机不向全球蔓延并非易事。因为,如果以下几个问题不解决,新兴市场国家的货币危机可能会没完没了。

首先,这次新兴市场国家所爆发的货币危机,并非主要是外部环境与条件改变而造成的(比方说美国及中国的经济条件与环境变化),而最为重要的是由这些国家自身的经济问题引发。目前,这些新兴市场国家都面对通货膨胀率高、经济增长放缓、经常账户赤字庞大、政府决策不透明、政治局势不稳定等问题。对于这些新兴市场国家来说,这些问题既有经济周期性调整问题,更有结构性调整问题。如果说这些国家不能够尽快地启动结构性的经济改革,扭转过度依赖对海外投资的经济结构,令整个国家的经济全面转型,那么这些新兴市场国家要应对一次又一次走资潮冲击是不容易的。

我们可以看到,尽管这些新兴市场国家希望提高利率来留住外资或吸引外资,但如果这些国家通货膨胀率高、经济环境不好、政治裙带关系严重,那么这些条件要吸引外资是非常困难的。有研究表明,这些新兴市场国家通货膨胀调整后的利率(inflation–adjusted interest rate,或实质利率)仍然偏低,其中,土耳其及南非的一年实质利率仅3.6厘及1.4厘,都低于近年的平均水平。更何况,这些新兴市场国家的经济结构的调整不仅有政治决策上的原因,更有时间上的原因,即这些新兴市场国家要实现经济结构调整是一个长期的过程,这是在短期内无法完成的任务。

其次,美国QE退出面临着的不确定性效应问题。可以说,从2014年开始美国QE退出的启动,这当然是确定的事情,即美国QE 2014年正式退出。但美国QE的退出,既有减少购买债券的问题,也有联邦基准利率在什么时候加的问题。至少减少购买债券,多数分析估计可能在2014年年底完成。但是,其不确定性仍然很多。比如,最近新兴市场国家货币危机的发生后,就有人分析该事件发生后会影响美国QE退出减少买债的进度，但是实际上这种情况并没有发生。尽管这次市场预期的情况没有发生，但在今后其他事件出现是不是会发生，应该是不确定的。因为，这完全取决于美联储决策者对当时经济事件之判断。还有，最为重要的是美联储会在什么时候加息。因为美联储加息对量化宽松货币政策退出更为重要。就目前的情况来看，美联储是在用利率前瞻性指引引导市场行为及投资者预期，并设定了加息的相应指标。但是，一是经济形势变幻莫测，市场如何变化，这些指标是什么时候满足都是不确定的。二是这些所设定的指标会不会调整同样是不确定的。因此，对于美国QE退出存在相当多的不确定性，而这些不确定性对市场之影响与冲击，特别是对新兴市场国家的冲击是不可低估的。

还有，新兴市场震荡对中国经济也将造成巨大的影响与冲击。因为中国作为新兴市场经济国家，尽管最近一轮又一轮的新兴市场走资潮好像对中国市场波及不大，在2014年2月之前人民币仍然保持坚挺，国内股市震荡也与外部市场因素关联性不是太大，特别是国有资本账没有完全开放这道防火墙，更是能够把美国QE退出的风险阻止在外。但实际上，我们对此不可太乐观。特别是2014年2月之后，随着中国经济增长进一步放缓及人民币的贬值，美国QE退出对中国经济的影响与冲击开始显现。

因为，从目前的情况来看，近十几年来中国经济增长方式与这些新兴市场国家没有多少不同，基本上也是以货币升值及资产价格（特别是房地产价格）上涨为主导的，而且中国资产价格上涨幅度只会有过之而无不及。从2005年人民币汇率制度改革以来，人民币兑换美元的汇率已经升值达33%以上。而人民币的升值必然导致大量的外国资金涌入中国市场，2008年美国金融危机之后，外汇占款增长超过2万亿美元以上。而大量的外资流入，不仅造成中国经济的短期快速增长，也加速了国内信用的过度扩张及严重推高国内房地产价格（不少城市房价上涨达到近10倍以上），国内金融体系面临的潜在风险也越来越大。

面对这些风险，无论是索罗斯还是2013年诺贝尔经济学奖得主希勒都在月初警告，当前中国金融市场之现状，与2008年金融危机爆发前的美国没有什么不同。无论是"影子银行"泛滥、地方债务危机之风险、房地产泡沫巨大，还是国内网络金融"玩火"，及制造业增长低迷等都预示着中国经济将面临巨大的风险。因为，以币值上升及资产价格上涨带来的经济繁荣，只要人民币一出现贬值，不仅大量流入中国的资金会立即逃出中国市场，更为严重的是持有大量高负债的国内房地产企业都将面临严重资金断裂之风险（因为国内的许多房地产企业量化宽松的条件下都通过借高息外债经营）。

现在的问题是，这次新兴市场震荡是否会引发中国金融危机？而要回答这个问题，必然要厘清以下几个问题。一是当前中国"影子银行"及地方政府融资平台的风险有多高？如果按照政府的测算与统计，那么这两者的风险都是可控的范围。但实际上，这类资金不仅巨大，而且基本上都以高息的代价流入地方政府融资平台及房地产市场。而地方政府的融资平台资金不仅纷纷流入没有效率根本还不起债的大小项目，而且都是以房价持续上涨为前提条件。只要后者少许的价格下跌，地方政府违约风险所引发的问题都可以暴露出来，资金链的断裂，并由此传导到经济各个领域（殷剑峰和王增武，2013）。

二是中国房地产泡沫在什么时候破灭或中国经济房地产能够持续多久？至于中国房地产泡沫，当前国际评估机构连评估都不纳入其评估体系了，无论政府是否承认，其严重性是任何一个新兴市场无法比拟的，中国房地产泡沫破灭只是一个时间问题了。

三是人民币的坚挺能够持续多久？可以说，当前人民币升值的问题很大程度上与政府干预有关，因为，面对正在下行的中国经济保持人民币稳定或稍微升值是保持市场对中国经济信心的最为重要的因素，这点中国政府应该是十分清楚的。还有，人民币要国际化升值才有可能，如果人民币贬值，人民币国际化就可能戛然而止。因此，2013年人为干预人民币升值是政府的主要任务。但人民币单边升值所带的严重负面影响一点儿都不可低估。比如利用人民币汇率套利盛行、国际热钱涌入、国内资产价格全面上升及房地产泡沫吹起等。所以，从2014年2月开始，国内央行不仅放开了人民币汇率浮动幅度空间，而且主导了人民币汇率逐渐贬值。如果人民币坚挺不能够持续或人民币贬值，那么早几年涌入中国国际热钱外逃也是不可避免的。这也许是引爆国内房地产泡沫破灭的导火线。

四是政府职能部门对当前中国金融风险是否有足够与正确的认识？对此市场十分质疑。因为中国政府官员多是政治家，他们观察问题角度政治性多于经济性或专业性。在这种情况下其政策维稳多于改革，掩饰问题多于暴露问题。这就必然使政府部门很少对以往政策效果进行反思,并容易低估当前风险的严重性,甚至于可能存在政策误判的严重风险,如果是这样,同样是引发国内金融危机的导火线。可见,新兴市场任何"黑天鹅"事件都增加了中国金融市场的不确定性,都可能引爆中国金融市场之危机。政府对此不得不密切关注。

5.6　小结

由于美国货币政策的国际性及现代金融市场的本质异化,这就使美国量化宽松货币政策的任何变化都会对全球市场造成巨大的影响与冲击。从2014年1月1日起美国量化宽松货币政策开始退出,尽管美联储量化宽松货币政策退出的力度十分温和,并修改利率的前瞻性指引来中和量化宽松货币政策退出市场的冲击与影响,但是,量化宽松货币政策退出的启动,也就意味着5年来全球廉价资本盛宴的结束、投资者风险偏好的变化、全球资金流向的逆转和金融市场利益结构的重大调整,特别是意味着市场预期的根本性逆转。在这种情况下,美国量化宽松货币政策的退出不仅会对全球各市场造成巨大的影响与冲击,也会给全球市场,特别是新兴国家市场增加更多的不确定性。特别是当前美联储量化宽松货币政策的退出的种种不确定性,由此而引发的市场不确定性会更大。因此,美国量化宽松货币政策的退出将是2014年全球市场最大的风险。对中国来说,也不会例外。我们对此必须密切关注。

6 美联储量化宽松货币政策退出的经济分析[①]

6.1 前言

美联储的量化宽松货币政策（QE）无论是退出还是延续，都会对全球经济及市场造成巨大的影响与冲击。因为，当前以信用货币美元为主导的国际货币体系，美国的货币政策既是本国的也是国际的，因此美国货币政策的任何变化都会对国际市场产生巨大影响与冲击，而现代金融市场的本质异化更是把这种影响与冲击无限地放大。本文全面分析了美联储5年来推出QE所产生的实际效果，美联储的决策机制，QE退出可能的时机、路径及方式，以及对国内外市场的重大影响与冲击。并指出QE退出是一种必然，中国政府要估足QE退出对全球和中国经济的影响与冲击，并尽早地准备最好的应对方式，以便减弱QE退出对中国经济与金融的影响和冲击。

美联储的量化宽松货币政策（以下简称QE）是指2008年美国爆发金融危机以来所实行的非常规货币政策。其核心就是在名义利率接近或等于零的条件下，央行以数量工具来创造货币和扩张信贷以此来减轻银行等金融机构流动性的压力，引导实际利率下降、刺激居民增加消费和企业增加投资，以此来带动美国经济从衰退中复苏。当然美国的QE与早些时候日本所实施的QE有所不同。日本的QE更关注央行资产负债表负债方的扩张，而美国的QE既要关注央行资产负债表的扩张，也要改变资产负债表的结构。日本的QE是数量化宽松，美国的QE是信贷宽松。美国QE的目的是要重塑金融市场的信用创造功能，保证市场流动性充分，

[①] 该文章发表在《国际金融研究》2014年第1期。

降低市场的融资成本，刺激居民和企业的信贷需求增长。

正因为美国的 QE 是在非常时期并以非常规方式来进行信用创造，因此，它的出现与变化给市场带来震撼性影响与冲击也是不可避免的。可以看到，2008 年 9 月美国金融危机爆发使美国整个金融体系突然崩塌，美国及全球经济面临着进入大衰退的危险。正是在这种背景下，美国推出了一轮又一轮的 QE。5 年来，在伯南克的主导下美联储通过推出的 QE 使美国成功地化解了百年一遇的金融危机，避免了美国经济重蹈 20 世纪 30 年代的覆辙和因流动性萎缩而导致的经济大萧条，保证美国及全球经济逐渐走上了增长的上行之道。经过 5 年努力，美国及全球经济又开始见到新的曙光。不过，美国著名经济学家斯蒂格利茨则认为过去的 5 年是全球经济停滞的 5 年（斯蒂格利茨，2013），那是另当别论了。

同时，我们也应该看到，在当前全球经济一体化、金融一体化，及以信用货币美元为主导的国际货币体系下，美国 QE 推出对国际市场之影响和冲击并非仅是平常理论所讨论的货币政策外溢效应的问题能够理解的。比如一般理论讨论的货币政策溢出影响为"火车头"及"以邻为壑"的"外溢效应"（Diza – Roldan，2000）。这些理论所强调的是，国与国之间的货币政策是独立的，货币政策的有效运行是分割的，因此一国货币政策对另一国的影响是外溢的。但是，在以信用货币美元为主导的国际货币体系下，美元既是本币也是外币（美元是由美国政府来发行的，但有 70% 的美元流到国外使用），美国的货币政策既是本国的货币政策，也是国际市场的货币政策。所以，无论是美国的 QE 推出，还是美国的 QE 退出，都会对美国及全球经济和市场造成巨大的影响与冲击。

比方说，2008 年 9 月美国危机爆发以来，由于推出 QE，美国股市不仅没有由于金融危机爆发而崩溃；反之很快就持续创新高。还有 2013 年 6 月中旬，美联储开会后宣布可能调整 QE 或美国 QE 可能会退出。而该消息一公布，立即爆发了新兴市场严重的走资潮，尤其是亚洲市场更为明显。近几个月来，在美国 QE 退出的阴影笼罩下，不少资金纷纷退出亚洲市场，从而导致了亚洲一些国家股市大跌，货币大幅贬值，尤其是印度与印度尼西亚最为严重。比如，印度股市 8 月 16 日起连续暴跌 4 天，跌幅达 7.5%。同样，印度尼西亚雅加达综合指数连续暴跌 5 天，跌幅达 13.29%。而印度卢布也跌到近 40 年新低。同时，泰国、马来西亚、新加坡、巴西、南非等新兴市场也都出现巨大的震荡。美国 10 年期国债利率也由年初的 1.66% 升至 6 月底的近 3%。而这些信息都表明流入新兴市场资金开始回流美国，国际金融市场融资成本全面上升。

但是，当市场听到主张加紧 QE 退出的美联储下任主席候选人萨默斯退出竞选后，全球股市立即飙升、美元汇率大跌。尤其是，9 月 19 日美联储并没有如市场预期那样宣布退出 QE；反之宣布维持量化宽松的货币政策。在这种情况下，国际市场又全然不同。也就是说，美国 QE 的第一轮退出没有像多数市场人士预期的那样成为现实。在这种情况下，整个国际市场一片欢呼，美国道指盘中最高攀升至 15709.58 点，标普 500 指数最高攀升至 1729.44 点，均创造了历史最高纪录。同时，10 年期美国国债收益率重挫 15 个基点；黄金疯狂了，飙升 4.25%，报每盎司 1365 美元；纽约原油上涨 2.7%，报每桶 108.27 美元；白银飙升 5.2%，即股市和大宗商品的价格全面上涨。

还有，当美国总统奥巴马提名耶伦为下一任美联储主席的消息宣布时，全球各国股市更是大幅上涨。因为，在市场看来，鸽派耶伦上任，美联储短期内将维持温和的货币政策，QE 退出步伐会放缓并有序推行（耶伦曾表示 QE 退出后的加息要到 2015 年），而如果萨默斯上任则情况会完全相反。所以，在市场看来，不同个性之人的美联储的上任主席及美国某个政治事件（比如最近美国债务上限争论也减弱了美联储退出 QE 意愿）发生都可能会影响美国 QE 退出，并由此影响世界市场趋势与未来经济发展。

这些现象说明了什么？其实，从当前国际市场反映来看，无论是国际金融市场，还是美国国内投资市场，既不希望美国 QE 过早地退出，也不希望几年来廉价的资本盛宴现在结束，更不希望美国 QE 退出对市场造成巨大的影响与冲击，从而影响各国的经济增长，影响政府的业绩。

我们应该看到，从 2008 年 9 月美国金融危机爆发以来，美联储向市场注入流动性达近 4 万亿美元。由于美国是一个完全开放的市场，当美元的流动性泛滥时，也可在美国市场寻找高收益的地方，同时也可能会溢向全球市场，形成全球大规模的利差交易，从而推高全球不少市场特别是新兴市场的资产价格，形成不少国家的资产价格泡沫及房地产泡沫。这样，美国经济可在这个过程中得到适当的恢复而不会出现 20 世纪 30 年代的经济大萧条。

但是，如果美国 QE 退出，无论是美国市场还是国际市场，市场的泡沫都可能挤破，市场资产价格也可能下跌。比如，最近印度及印度尼西亚股市汇率价格暴跌就与预期 QE 退出有关系。同时，这也可能影响美国经济复苏。有如此之好处，当然国际市场是不希望美国的 QE 退出。不过，如果世界都希望货币政策过度宽松，都希望通过信用的过度来保证经济增长与繁荣，那么整个国际市场要持续稳定发展是不可能了。因为，无论是资产价格快速飙升，还是房地产泡沫吹得巨大都会给整个社会经济的不稳定带来巨大的风险，从而使任何市场的不稳定可能导致潜在风险爆发。

比方说，如果美国 QE 退出，导致大量资金逃出中国，及国内贷款利率全面上涨，这就有可能刺破中国持续了 10 年的房地产泡沫。因为，就中国情况来看，前 10 年房地产就是大量流动性资产吹大了其泡沫，也是低利率刺激了投资者涌入房地产市场。如果这两个方面情况发生逆转，国内房地产市场巨大的风险就会暴露出来。而国内房地产泡沫破灭，国内银行体系以及整个金融体系所面临的风险就大了。如果这种情况出现，不仅会影响中国即将要开始的重大经济改革，也会影响中国经济长期持续稳定发展。因此，靠流动性来推高资产价格，来吹大房地产泡沫而实现经济业绩的增长几乎是不可能的。也就是说，国际市场试图用泛滥的流动性来减少经济衰退，来推动经济增长，这只能是用一个新的泡沫掩盖旧的泡沫。各个国家的愿望当然是好的，但是如果美国 QE 不退出，国际市场所面临的风险可能会更大。

而且，我们应该看到，尽管全球市场不喜欢美联储退出 QE，尽管全球市场希望美联储的下一任主席能够接替伯南克的 QE 政策，尽管国际市场都希望 QE 能够再维持更长的时间，但是资本的盛宴总有一天要结束，QE 退出最终也是一种必然。现在不退出，今后也要退出。可以说，时间越是向后，整个国际市场所面临的风险应该会更高，因此，各个国家的资产价格泡沫会更大，房地产的泡沫吹得更大。在这种情况下，全球市场所面临的风险会更高。只不过，现在让这种泡沫破灭时间推迟，让国际市场金融危机爆发的风险后移。因为，在这种情况下，风险是不会减少更不会消失，只不过这些风险后移了。因此，美联储在 2013 年 12 月 19 日最终宣布 QE 退出。这不仅决定了未来美国经济的持续稳定发展，也决定了全球市场的基本发展趋势及未来全球经济的基本走势。

本文先是梳理了一下当前美国货币政策的变化为何会对国际市场产

生如此之巨大影响；然后分析现代金融市场的本质变化如何更希望美国货币政策的不确定性；讨论美联储5年来推出QE所产生的实际效果，美联储的决策机制，QE退出的时机、路径及方式，以及对国内外市场的重大影响与冲击。

6.2 QE退出为何会对市场产生巨大的影响：美国货币政策的国际化

一般来说，货币政策是指一国政府或中央银行为影响经济活动所采取的措施，尤其是指控制货币供给（数量控制）以及调控利率（价格控制）的各项措施。为了达到政策目标，这些货币政策工具可以是直接的也可以是间接的，可以是传统的（比如以往利率变化、存款准备金率升降、公开市场操作），也可能是非常规的（如QE）。在以信用货币为主导的现代金融体系下，一国的货币政策基本上是独立的（货币制度局的汇率制度是例外），对他国的影响仅是溢出效应；货币政策针对的是信用货币，而任何国家的信用货币都得以国家政治主权及经济实力来担保，因而货币政策溢出效果是有边界的或有限的；由于货币政策的内在性，它的溢出效应往往需要通过汇率价格机制来传导等。

但是，美国的货币政策或QE既有货币政策一般性的特征，同时，也具有其他国家货币政策完全不同的特殊性。正因为美国的货币政策与其他国家的货币政策具有不同的特殊性，就决定了美国货币政策的功能与其他国家货币政策有很大的不同，也决定了美国QE的任何变化对国际市场所产生的影响与冲击完全不同。因为，当前是以信用货币美元为主导的国际货币体系，在这种国际货币体系下，由于美元是信用货币，它就无法形成一个单一明确的"货币锚"，或如金本位制下那样的一价机制，这就使美国货币政策的任何变化都会对国际市场产生重大的影响与冲击。

美联储QE退出或延续之所以如此重要，就在于在以信用货币美元为主导的国际货币体系下，对美国来说，美元既是本币也是外币（当前美国发行的货币只有30%在本土，70%流入海外）。美国的货币政策同样既针对本国，也针对国际金融市场。所以，美联储的货币政策既是本国的货币政策，也是国际市场的货币政策。在这种情况下，美联储的货币政策的任何风吹草动都有可能对国内外市场产生巨大的影响。譬如，美国QE 的实施，当大量的流动性从美联储体系流出及美国本土经济没有复苏时，融资成本是全面降低，但流出流动性或是在本土银行体系内循环，或是通过利差交易流向全球高风险市场，从而导致美元全面贬值、全球大宗商品价格飙升、新兴市场资产价格膨胀等。

还有，不仅美联储的货币政策具有国际化的性质，而且美联储也具有完全的国际清算银行的功能（林行止，2013）。因为，在以信用货币美元为主导的国际货币体系下，不仅在全球实体性贸易结算中美元占有绝对高的比例（美元占比为80%以上，而人民币不足0.5%），而且全球投资货币及储备货币中也占有绝对高的比重。我们可以看到，2007年美国的次贷危机发生及2008年9月美国金融危机爆发，当时不少市场人士分析认为，美国金融危机爆发将可能使美元的贬值一泻千里，从而使美国金融在国际市场上的地位摇摇欲坠。实际上，这种情况不仅没有发生，反之使美国金融在国际市场地位得到了进一步增强。在当时条件下，美元成了全球资金最好的"避风港"。因为，美联储QE的迅速推出不仅令银行支付系统能够畅顺运作，而且也保证了全球市场对美元及美国金融业的信心不下降，而美国货币政策的重要性就在这个过程中得到进一步强化。

还有，美国货币政策国际化的重要性与美元为绝对的国际储备货币有关（如美国国债有一半以上为国外投资者持有）。当前市场一个时兴的观点是，认为中国购买美国国债是穷国借钱给富国用，这是不合适的。中国购买美国国债是这样，其他不少国家购买美国国债也是如此。其实，这里有一个十分简单的常识问题。就是如果一个国家不向其他国家大量购买货品，其他国家是无法持有该国货币的。早几年中国外汇储备快速增长，很大程度上是与中国向美国大量出口商品有关。而这里就有一个重要问题，就是美元作为最为重要的国际储备货币，很大程度上是与美国居民消费力有关，而美国的货币政策国际化是建立在这种现实基础上的。对于这点，它与其他国家的货币政策相比显现出更多的独特性。比如，中国人民币要成为国际储备货币，不仅在于它的国际化程度，而且在于中国能否向其他国家购买大量的货品，或大量进口他国的商品。这样，人民币就有机会成为他国的储备货币。

可见，由于美国货币政策所具有的独特性，美国QE出台与实施对国内外市场所造成的巨大的影响与冲击是无可复加的。特别是，当美国 QE 对国际市场产生的负面影响与冲击越来越大时，QE 退出也是一种必然，否则如果美联储把一种短期货币政策转变为长期政策，那么不仅会让这种货币政策的效应丧失，也会增加对国际市场更多的确定性。特别是当这种货币政策被迫进行重大调整时，其任何变动对国内外市场的损害将是巨大的。因为，这种货币政策变动，不仅会影响全球资金的流动方向，而且也会影响全球金融市场利益格局，影响市场投资者资源不同的配置，甚至于引发一场新的全球金融危机。如果美国 QE 退出将引发新一轮的全球金融危机，那么任何政府都是不愿意这样的事情在自己手上发生的。因此，美国 QE 退出最为重要的是如何做好应对准备。

6.3　QE 变动为何会对市场产生巨大的影响：现代金融市场发生了质的变化

一般来说，金融是指人们在不确定性的情况下通过特定媒介对资源跨时空的配置，即资金的剩余者通过某种媒介把资金转移到付出一定成本的资金不足者手中使用。金融就是服务于实体经济，而金融交易的实质和核心就是信用创造。而信用创造既是现代经济繁荣发展的三大动力之一（工业革命、技术创新及金融创新），也可能成为金融危机的根源所在。因为信用作为一种非实质性产品，如果它能够成为交换价值和增加财富的工具，那么就能够为实体经济发展创造各种条件，从而让非实质性产品转化为实质性产品并为现代经济繁荣发展提供巨大的动力。同样，由于信用创造是一种由非实质性产品转化为实质性产品的工具，如果这种信用创造扩张过度时，或金融交易超过其合理边界时，金融交易就可能出现扭曲、异化、中断等，金融的异化就会让金融市场发生本质上的变化。

美联储前主席保罗·沃尔克就指出，自 1973 年布雷顿森林体系崩溃之后，华尔街金融业已经从"产业服务模式"转变为"金融交易模式"（张云东，2013）。而这种金融业交易模式的变化则直接导致了过去几十年的金融危机与金融震荡。因为国际金融市场这种质上的变化，由以往金融业服务于实体经济，而转变自己服务于自己，金融资源只是在金融体系内自我循环。而金融业的这种异化或自我循环则导致金融业基本功能全面扭曲及金融市场过度膨胀。也就是说，如果金融建立在服务于实体经济的基础上，建立在现货市场的基础上，那么金融业就能健康发展，对其整个市场所带来的风险也是可以控制的。如果金融离开了它对实体经济服务的本性，那么整个市场性质的扭曲及风险就会增加。

从近几十年的情况来看，随着社会经济金融化的程度提高，整个全球金融市场发生了质的变化。比如，1980年全球金融资产规模相当于全球GDP的108%，但2012年年底，金融业规模大约相当于全球实体经济的16倍（张云东，2013）。还有，从2001年到2007年，全球GDP增长75.8%，从31万亿美元增加到54.5万亿美元。而同期，全球债券、股权资本和银行资产增长53.1%，从150万亿美元增加到229.7万亿美元。相比而言，全球金融衍生品场外交易尚未清偿的合同金额估计增长了536.5%，从111万亿美元增加到596万亿美元。也就是说，金融衍生工具等待交易的金额比传统金融资产增长10.1倍，比实体经济增长7.1倍（沈联涛，2009）。还有，当前全球外汇市场一天的交易量超过5万亿美元，但其中98%的交易量与实体经济的外贸需求量没有直接关系（张云东，2013）。可见，当前国际金融市场已经异化到完全与实体经济关联不大了。

可以说，近几十年来，随着现代计算机技术与网络技术的快速发展，金融工程师制造出了无数光怪陆离、极其复杂的金融衍生产品，创造了许多与实体经济完全风马牛不相及的金融市场巨额交易。而这些金融产品的目标并非什么发现价格、规避风险、套期保值等，而是制造波动、投机套利，以便攫取高额利润。这些行为不仅让绝大多数民众财富受到某种程度掠夺，也直接挤压实体经济甚至危害实体经济。比如，石油价格波动、粮食波动等都在严重伤害绝大多数人的民生。在当前金融电子交易甚至是高频交易、债券市场工具智能化与金融产品衍生化的情况下，金融业已经成为互为对手的自我服务，而这种金融服务与实体经济的相关性几乎消失。在这种情况下，金融服务于实体经济的功能全面丧失。

比方说，从华尔街所涉及的重大刑事案件层出不穷的情况来看，近些年来华尔街商人不仅十分贪婪，而且都在借助于各种金融工具与手段制造风险。这种制造金融风险表面上是所谓的金融创新，实际上是为了其超额利润无所不用其极。比如1991年7月国际商业信贷银行因为非法借贷及内幕交易宣布倒闭；近几年在伦敦银行拆借市场，各大银行操纵拆借利率事件；2012年5月在伦敦发生的"伦敦鲸"事件（摩根大通伦敦一个交易员伊科西尔可以规模高达数万亿美元的债券交易，其操作行为可严重扭曲债券市场的价格），就是在债券衍生品指数上的对冲交易，让摩根大通亏损达20亿美元等。这些事件说明了什么？说明了当前所谓金融创新所制造出的许多金融衍生产品，表面上是对冲金融市场风险，平抑市场波幅，实际上反其道而行之。不少金融创新产品已经成了制造市场波动、投机套利、对赌博弈的攫取暴利的工具。

华尔街要寻找这种对赌博弈的机会，不仅会要求央行向市场注入更多的流动性，而且也会千方百计地让市场永远处于不确定、信息不对称的状况。因为，只有市场不确定，只有市场的信息不对称，这样才能够为他们对赌博弈制造金融风险创造条件。可以说，美国QE推出不仅是向市场释放出了大量的流动性，而且也增加了市场的不确定与波动。而这些流动性就是通过商业银行转贷给投资银行及私人基金，从而形成流向全球市场大量的热钱。而市场的不确定性及波动，则是有利于这些投资者的市场对赌。在这种情况下，这些投机者就能够通过热钱在各个市场炒作，推高其资产价格，但是一旦有风吹草动，他们就快速撤出，从而又导致市场的股价及汇价剧烈波动，全球的社会财富就在这种炒作过程中短期内流向了少数人。

如果美国QE退出，不仅整个市场流动性逐渐消失，也会形成市场稳定预期，减少市场不确定性与波动。如果这种情况出现，对华尔街投机者来说肯定是不利的，他们就会千方百计地阻碍美联储QE的退出。比方说，美国金融危机之后，针对这次危机美国制定了《多德—弗兰克法案》。而法案的核心就是要限制华尔街在掉期市场、私募股权、对冲基金等方面过度投资。但是该法案才刚实施两年，美国共和党总统候选人米特·罗姆尼就扬言，如果他当选总统就会废除该法案。因为，该法案危害了华尔街商人的利益（张云东，2013）。这就意味着，在性质完全变化了的金融市场，华尔街的既得利益集团总是会寻求利益的代言人，总是会阻止不利于其利益的政策与法律制定与实施。同样，美联储退出QE也是他们不愿意看到的。同时，如果美联储真的退出了QE，华尔街商人也会借助货币政策的重大变化而在国际金融市场翻江倒海。

6.4 美联储 QE 实施 5 年的效果

美国 QE 已经实施 5 年了，其效果如何还得深入地研究，在此只能粗略地来评估。5 年来，美联储 QE 通过稳定金融市场、向市场注入了大量的流动性及信贷快速扩张让美国经济走出衰退的阴影，但是其负面影响也不小。因为，在当时背景条件下，无论是货币扩张还是货币贬值的效应所达到的正面效果都不如理论分析得好。

比如，QE 实施 5 年，美联储的资产负债表由平常的 1 万亿美元上升到近 4 万亿美元，美联储向市场注入了大量的流动性。在此期间，尽管基础货币快速增长，但货币乘数快速回落，即商业银行信贷扩张能力则大不如前，美联储注入的基础货币几乎完全转化为商业银行超额准备金。这种情况的出现既有市场信贷需求不足的原因也有银行信贷谨慎性增强的问题。还有，尽管泛滥的流动性没有让美国通货膨胀快速上升（因为美国是一个完全开放的市场，当企业看不到投资前景，是不愿意增加其投资的，信贷需求扩张愿望不高，从而使物价也不容易上涨），但是却吹起了美国及新兴市场资产价格泡沫。5 年来，不仅美国股市指数早就超过 2008 年 9 月金融危机爆发时的水平，还连创新高；也吹起不少新兴市场各种资产价格泡沫。也就是说，无论是美国还是新兴市场，泡沫破灭的风险正在升高。

还有，2008 年美国金融危机以来，去杠杆化成为金融市场调整的主要方式，但是这种调整速度太慢。比方说，美国个人负债水平由 2008 年开始下跌，由 130% 跌到 110%，但是仍然超过可持续水平。而美国个人储蓄率在 2008 年时上升到 6%，但现在仍然在 4.4% 水平。也就是说，经过 2008 年金融市场的调整，尽管居民负债水平有所下降，但是由于收入水平增长缓慢而使居民的储蓄率根本就无法上升。

有研究表明，在伯南克执掌美联储的期间，美国贫富差距达到空前的程度。美国加州大学萨伊教授的研究指出，2012 年全美顶尖 1% 高收入组别的收入激增 19.6%，而其他 99% 的收入只是增幅为 1%。因此，1% 的高收入组别占 2012 年全美居民收入总值高达 19.3%，所占比例之高，为 1928 年以来之最。如果把资本投资收益计算在内，此一顶尖高收入组别占全美收入比例由 2009 年的 18.1% 增加到了 2012 年的 22.5%（Mauldin，2013）。

也就是说，过去 5 年，美国量化宽松的货币政策看上去是保证美国经济没有走上 1929 年那样经济大萧条之路，并让美国经济从危机阴影中走出。但该政策最有利于少数富人，而不是全体美国人民。量化宽松的货币政策并没有让全体人民来分享其成果。反之，这种货币政策给整个社会与经济带来的后遗症则是无可复加的。这点斯蒂格利茨（2013）分析得很清楚。他认为，2008 年金融危机以来，美国有 2200 万人无法获得全职工作，劳动参与率跌到了自妇女开始大量进入劳动力市场以来的最低水平。大多数美国人的收入和财富都比危机前少了许多。金融市场的环境仍然没有多少改善，高风险金融衍生品仍然盛行，一些掠夺性和歧视性的信贷仍然存在，大银行照旧对企业的金融交易收取高昂费用，金融系统变得更为集中，并导致银行问题进一步恶化。但市场过多的流动性则让美国股市指数全面飙升。到目前为止，美国各项股票指数不仅早就超过 2008 年金融危机爆发前的水平，而且一直在创历史新高。

还有，美国金融市场是一个完全开放的体系，当美国商业银行对贷款谨慎，而企业信贷需求不足，大量的流动性流向了国际市场，流向了不少新兴市场经济国家，从而也吹大了这些国家的资产泡沫。国际货币基金组织的研究报告（2011）指出，流向新兴市场经济体的净资本流动总量大于事件（危机爆发）发生前一年或后一年的总量，并在美国 QE 实施后达到最大规模。而且大量的美元流向国际市场，也必然使美元汇率全面下降，以美元计价的大宗商品价格全面上涨，从而吹起了国际市场大宗商品价格泡沫。在这种环境下，看上去是促进这些新兴市场国家的经济繁荣，但实际上却增加了全球经济的潜在风险。

美国哈佛大学豪斯曼（2013）教授研究表明，当前国际上的资金为何会逐渐地撤出这些新兴市场经济国家？这里得对前 10 年这些新兴市场国家经济发展情况做一点分析。我们可以看到，如果以当前价格衡量，2003—2011 年美国、英国、日本和德国的名义 GDP 累计增长分别为 35%、32%、36%、49%（均以美元计算）。而这一时期，巴西、中国、俄罗斯、印度、哈萨克斯坦的名义 GDP 增长率分别为 348%、346%、331%、203%、500%。印度尼西亚等新兴国家的经济增长同样达到 200% 以上。当这些国家的经济快速增长时，某种程度的经济繁荣也会出现，各国企业及国际市场投资者肯定把资产向这些经济高增长国家配置。因此，在这个时期，大量的国际资金流向这些高速经济增长新兴市场经济国家也是正常。特别是在美国 QE 实施之后，国际市场的资金流向这些国家更是明显。

但是，我们应该看到，这些新兴市场经济国家的 GDP 高速增长是真正的实体经济增长吗？基本不是，而更多的是名义 GDP 增长。比如，在这一期间，巴西的名义 GDP 增长比中国还强劲，但是其名义 GDP 增长只有 11% 来自实体经济产出的增长，而 89% 增长则来自物价上涨及巴西货币升值。同样，俄罗斯的情况也是一样，其名义 GDP 的增长更多的是来自石油价格上涨及卢布对美元的升值。而中国名义 GDP 的增长更多的是来自以住房为主导的资产价格全面上涨和人民币对美元汇率升值。其他新兴国家的情况也是如此。当这些新兴国家以美元计价的名义 GDP 的增长远远超过实质经济增长时，特别是以货币升值来推动名义 GDP 增长时，它不仅会导致该国资产价格快速上涨，贸易条件全面恶化，削弱这些国家产品竞争力及实体经济增长，也容易导致贸易账出现逆转，货币停止升值甚至大幅贬值等。在这种情况下，当早期流入这些国家的资本逐渐地撤出这些市场时，这些国家的经济增长就会放缓，甚至于出现明显衰退及可能面临金融危机及经济危机。2013 年上半年以来，当市场预期美联储 QE 退出时，印度与印度尼西亚等新兴市场经济国家发生的情况就是如此。因此，如果美国 QE 退出，这些国家外资撤出是必然，这就使这些新兴国家经济快速增长盛宴可能结束，从而使全球经济面临的潜在风险可能暴露出来。

可见，美联储 QE 的推出，已经把即将崩溃的美国经济拉回到正常运行的轨道，但 QE 政策效果可能会越来越弱化，以至于所带来的负面影响会越来越大。由于美国的货币政策就是全球的货币政策，如果说美联储的 QE 不能够尽早退出或适时地退出，而是继续希望用信贷过度扩张方式来刺激经济增长，那么其结果只能是用一个新的泡沫来掩盖旧的泡沫，用一场新的潜在全球金融危机来代替旧的金融危机。正是从这个意义上说，当市场预期美联储的 QE 一定会退出时，有人认为一场新的金融危机即将爆发，特别是对新兴市场经济国家来说更是如此。所以，美国 QE 已经推行 5 年了，它已经到全面退出的时候了。

6.5 美联储 QE 退出的决定因素

现在我们要问的是，美联储的货币政策为何对国内外市场会产生如此巨大的影响？而这种对市场影响巨大的货币政策是由什么决定的？是由个人人格因素决定，还是有一套基本的程序设定及制度安排？如果是由个人人格因素及意志来决定，那么这种个人人格因素是单个人的还是多数人的？如果不是由个人人格因素来决定，那么市场为何对谁上任美联储主席会如此关注？以及由于不同的人的上任会对市场造成如此大的震荡？等等。对于这些问题，我们只要做点简单的分析，事情真相就能够显现出来。

首先，正如前面已经讨论过的，美联储的货币政策之所以如此重要，就在于在以美元为主导的国际货币体系下，美国货币政策的国际化，在于当前全球的金融市场已经异化为一个完全金融化、货币化、期货化的少数人谋取超额利润的市场。在这种市场中，当前国际市场的投资者基本上都希望利用个人的信息及揣测能够给市场制造更大的波动，甚至兴风作浪，以此实现瞬间攫取超额利润。对美联储 QE 来说，任何信息都是制造市场波动的理由，都是如何攫取暴利的理由。所以，QE 的任何变化都会对国际市场造成巨大的影响。

对于谁上任美联储主席更可能让 QE 尽早退市或 QE 更可能延续？香港学人罗家聪（2013B）则认为，个人人格因素对美国的货币政策变化的影响不是太大。因为，美联储委员会成员的鸽派与鹰派之分，其实是各成员的观点建基在古典经济学及凯恩斯经济学之差别。而古典学派相信市场无形之手，强调的是长期性，根本不认为需要调控政策；而凯恩斯学派强调相信政府干预，看短期，主张反周期。给人的感觉前者为鹰派，后者为鸽派。但实际上，无论是从理论模式上还是从观念上来看，两者差别仅是技术上的差异而产生理念上的分歧。他们所主张的货币政策都是建立在客观环境归纳的理论模式参数的基础上，都是建立在其重要的学术背景上，因此耶伦上任后的货币政策并非多少鸽派与鹰派，而在于现实经济条件与环境，在于委员会成员的重要的学术背景与素质。这几年来，美国的货币政策在制度化、透明化、学术化上下了不少功夫，因此耶伦上任之后也不会离此多远了。所以,美国 QE 退出之后,其方向不会改变。

还有,美联储的货币政策之所以会显示出人格因素对其影响不小,最为重要的是美国货币政策不如德国和瑞士央行的货币政策那样弹性小。德国与瑞士的货币政策具有明确的货币供应指标,政策的弹性小;但美国货币政策则不同是由于它没有一个单一明确的定位"锚",因而在政策的执行过程中有很大弹性,不同的人所实施货币政策有不小的差距。而正是这种弹性,市场理解为个人人格因素所起的作用,实际上并非如此。美国货币政策有人格因素的影子,但实质则不是这样。比如,有研究者证明(Kuttner & Posen, 2010),过去 30 多年来,15 个发达国家有 60 多个央行行长被替换,行长替换期间都可能引起汇率波动,只不过在新的美联储主席任命时对汇率影响更为显著而已。

还有,美国的货币政策不仅无定位"锚"表现为更多的弹性,而且美联储的决策机制看上去也是由主席决定因素高,但实际上美联储的货币政策是由一个专家组成的小组议定(如美联储中的公开市场委员会),只不过美联储的主席更多地在媒体追踪下比其他成员出境的概率高。有研究者表明(Ehrmann & Fratzscher, 2007),与英国央行及欧洲央行相比,美联储的成员对现行政策的合适性及未来货币政策走向,更多地会表达不同意见,甚至是完全相反的意见,但是美联储 80% 以上的政策都是高度一致的决议。而这种情况很大程度上与美联储公开市场委员会会议的表决程度有关。也就是说,美联储公开市场委员会的每次会议都是先由主席陈述自己政策取向,然后由委员会成员讨论及表达意见,最后形成高度一致的决议。在这种情况下,看上去主席的意见相当重要,但是美联储高度一致的决议往往取决于这个团队成员的素质。

因为,主席人格因素的作用并非单个人,而是显示为美联储整个团队和素质。有研究者认为(Blinder A. & Morgan J. 2008),美联储货币政策好坏并非取决于央行行长一人,而是取决于美联储的整个团队及这个团队的平均素质。而这个团队的平均素质决定了美联储货币政策成效与影响。这样自然也就降低了美联储人为因素可能带来的风险。还有,在不同时期,美联储人格因素影响和作用也完全不一样。比如在格林斯潘时期,其人格因素对货币政策的影响可能会大一些,而耶伦在这种团队中是否有这种的威望是相当不确定的。

还有,在美国,这个完全制度化和法律化的国家,尽管时常会有人强调美联储的货币政策的独立性,但这些独立性货币政策同样是在现有的制度框架下运作的。如果美联储的货币政策远远偏离制度框架,那么相应制度安排能够通过一定的约束机制来调整。比如美联储货币政策的基本目标是稳定物价及增加就业,而离开这点,货币政策就得重新返回到原点。

更为现实的问题是,美联储经过四轮的量化宽松政策后,资产负债表已经膨胀到近4万亿美元的空前水平,远超过平常时期的1万亿美元的水平,这是引发市场严重的资产泡沫的问题。如果美联储对这个问题处理不好,它将可能成为引发下一轮金融危机的隐患。因此,美联储如何退出QE,并让美联储的资产负债表回到常态而又不至于引发金融市场巨大震荡、不打乱美国经济复苏步伐,这些问题都会成为耶伦上任美联储主席之后立马要着手解决的难题。而这些难题的解决并非仅是个人的人格因素所能决定的,更重要的是市场因素使然,是由美联储团队的平均素质来决定。可见,耶伦上任之后,美联储的货币政策会走向哪里应该是既定的,只不过在实施方面有少许的弹性或技术上的差异。而有少许的弹性也并非完全取决于美联储主席个人人格因素之力量,而是对既有预测模式回归技术性因素的不同处理。对此,市场应该有较为清醒的认识,而不是炒作新的美联储主席上任之后其货币政策是"放水"还是"收水",而是要关注美国QE退出后如何落实,加息在什么时候进行及如何处理好可能的通货膨胀。

6.6　QE退出可能的路径及方式

美国金融危机爆发已经5周年了。在这几年,美国连续推出四轮量化宽松的货币政策。可以说,从美国QE推出时间开始,就不断地有研究者在研究美国QE退出机制。因为,从以往的经验来看,QE过早或过晚退出都可能带来相应巨大的风险。因此,研究者都认为需要合理安排QE退出策略、机制和时机,完善退出标准,从而选择合适的退出时机、路径、方式。比如,伯南克(2008)研究表明,对于20世纪30年代的经济大衰退,由于美国政府过度放大继续实施经济刺激政策的风险和不恰当地退出货币政策及财政政策,从而导致了美国经济大萧条之后双谷衰退,断送了尚未稳定的经济复苏。但日本2006年的QE退出是在经济得以复苏、物价较为企稳、失业率稳步下行的背景下进行的,从而使日本QE退出后经济总体呈现比较平稳的走势(徐滢,2013)。

早在 2009 年 7 月,伯南克就在国会听证会上提出 QE 退出策略。他(2009)认为,随着经济复苏、信贷市场状况的改善,银行贷款扩张,广义货币增加,这些都会导致通货膨胀压力增大。因此,如果这种条件出现,也是美国退出 QE 的时机。而美联储提出的 QE 退市工具有,通过短期借贷等货币工具自动退出收缩商业银行准备金;提高商业银行准备金利率,收缩美联储资产负债表;通过大规模资产回购协议回收银行准备金及金融市场的流动性;提高贴现率和基准利率;出售国债及大额存单;向商业银行提供定期大额存单锁定市场流动性。2013 年 6 月,美联储更是宣布可能调整量化宽松的货币政策。

在这种背景下,市场开始预测,在 2013 年 9 月 19 日,美联储可能公布 QE 的退市计划。而且不少市场人士更是分析,这次美国 QE 退出路径可能分三步走:先是启动缩减购买债券的规模,然后根据经济数据来调整减债额度。比如开始缩减 100 亿美元到 150 亿美元,然后根据情况再加码;其次是到了 2014 年第二季度,如果美国的失业率如预期那样下降到 7%,那么就有条件终止资产购买计划。不过,虽然美联储不购买债券,但仍然会通过其他工具来保证市场流动性,以巩固经济增长之基础;再就是到 2014 年第四季度,如果美国失业率进一步下降到 6.7%,加上美国经济增长平稳,那么 2015 年第二季度,美国的失业率可能降到 6.5%,到时候美联储将开始加息。美国的货币政策调控又回到传统工具。

对于此分析,笔者早期曾撰文指出,这些分析只是根据当时美国的货币政策目标及当前美国实际经济情况所做的推测,但实际上美国 QE 退出所面临的未知数仍然很多。因为,一是美国 QE 退出已经是一种趋势,这是不以人的意志为转移的。只不过 QE 退出程度、时间、速度、路径与方式难以确定。二是从 2008 年美国金融危机爆发以来,美联储向市场注入流动性达 3.7 万亿美元。而美国是一个完全开放的市场,当美元的流动性泛滥时,它一定会溢向全球市场,形成全球大规模的利差交易,从而推高全球不少国家市场特别是新兴市场国家的资产价格。在这种情况下,自然减弱了美国通货膨胀上升的压力。物价压力小,QE 退出迫切性就会下降。三是美联储 QE 退出,最后会转向传统的宏观调控工具,即加息。尽管加息还有一个较长的时间,但是,加息对住房市场的影响将是巨大的。因为，近些年来，全球不少地方的房地产泡沫四起，很大程度上与货币政策的低利率有关。如果美联储 QE 退出而影响美国住房市场，自然会传导到美国整个经济复苏上来。比如美国房地产中介协会 10 月 21 日所公布的数据显示，美国 9 月房屋销售套数比 8 月减少 1.9%。而美国住房销售下降最为重要的原因是美国 30 年期住房按揭贷款利率比 5 月整整上涨了 1 个百分点为 4.58%，而这是美联储不愿意看到的。

正是在这样的背景下，2013 年市场所预期的美联储的 QE 退市并没有在 9 月 19 日发生。美联储在 9 月 19 日结束两天的会议后宣布，维持每月采购 850 亿美元资产的开放式量化宽松（QE）不变，0—0.25% 超低利率在失业率高于 6.5% 的情况下不变，即 QE 暂时不退出。当 QE 退出没有像多数市场人士预期的那样成为现实时，整个国际市场一片欢呼，美国股市全面飙升，美元汇率全面下跌，10 年期美国国债收益率重挫，黄金价格疯狂飙升，纽约原油价格上涨等。

对于市场预期的美联储于 9 月退出 QE 但为何没有发生？美联储为何大幅调整其行为和政策指导？哈佛大学经济学教授 Feldstein（2013）的解释有一定的代表性。他认为，一是以伯南克为主导的美联储从一开始就没有让 QE 退出的打算。早些时候的声明只不过是想让希望终止量化宽松政策的反对派成员觉得，领导层在聆听他们的意见。这样就可能防止反对派投票反对委员会的多数派的立场，由此显示美联储内部政策的一致性。如果真是这样的话，那么美国 QE 的退出至少要到 2014 年中期。二是伯南克及美联储可能打算在 9 月实施 QE 的退出政策，但是 5 月的声明导致美国长期国债利率快速飙升。而这种美国国债长期利率快速飙升，显然是市场对美联储关于 QE 退出声明的不信任，市场用脚来投票。因为，如果 QE 还没有退出就让美国国债长期利率快速飙升，即使美国经济强劲，这种利率快速飙升也将遏制住房市场的发展，从而影响美国经济全面复苏。三是美国复苏的经济可能面临放缓的风险。而长期利率快速飙升，必然会影响国内 GDP 的增长，导致物价水平下降，令整个经济滑向通货紧缩可能性大增。其实，这些美国 QE 不退出原因的分析，归结到一点就是 QE 不要过早退出，否则会影响整个经济复苏与增长。

也就是说，美联储的 QE 不会轻易地退出，要退出也得美国经济的表现必须符合公开市场委员会的预期。而经济表现观察指标，既有 GDP 的增长，也有物价水平及失业率水平。至于前两个指标，估计向好的概率则较高，但对于失业率来说，要达到6.5%指标并非易事。最近一份由全美平等机会联盟发布的报告指出，美国约有600万年轻人处于没有上学也不工作的闲置状态，处于闲置状态的年轻人正在错失获得今后生活中所需要技能的机会（美联社，2013）。还有，随着现代科学技术的迅速发展，由于自动化、机器人、智能手机、互联网的广泛应用与普及，使许多行业有条件减少雇佣工人而能够保持甚至提高生产力。上述现象也就意味着以传统经济为标准的失业率要达到并非易事。在当前的社会环境及经济条件下，比较高的失业率将成为常态。如果美联储以传统经济标准来设定失业率下降而考虑为QE退出的条件，恐怕是困难的事情了。除非对上述失业率条件做出修订，否则美国的QE不容易退出，这就是当前美国QE退出的困难。

这些现象说明了什么？其实，从当前国际市场反映来看，无论是国际金融市场，还是美国国内投资市场及中国市场，都不希望美国QE退出，都不希望几年来的资本盛宴结束，都不希望QE退出对市场造成巨大的影响与冲击，从而影响各国的经济增长，影响各国政府的业绩。但是，如果世界都希望货币政策过度宽松，都希望通过信用的过度扩张来保证经济增长与繁荣，那么这个市场要持续稳定发展是不可能的。因为，无论是资产价格快速飙升，还是房地产泡沫吹得巨大都会给整个社会经济的不稳定带来巨大的风险，而任何市场的不稳定都可能导致潜在风险增加及金融爆发。

但是，在市场没有预期的情况下，12月19日美联储宣布，从2014年1月开始减少购买100亿美元债券，并承诺极低的基准利率会保持在一个较长的时间，而基准利率加息的可能性至少到2015年之后修改了利息变化前瞻性指引。也就是说，美联储QE的退出主要看失业率及通货膨胀率变化能否达到指引标准，否则QE退出速度不会再快。这些都是我们与市场必须密切关注的问题。

6.7 美国QE退出对中国经济的影响与冲击

从2013年上半年开始，由于市场预期美国QE（量化宽松的货币政策）将要退出，从而使全球股票、债券、大宗商品市场遭到抛售，导致大量资金流出新兴市场而让这些国家股市汇市暴跌。不过，当美国 QE 退出预期并没有成为现实，而主张 QE 尽早退出竞选下一任的美联储主席萨默斯被迫退出竞选；反之主张不要着急 QE 退出的耶伦被奥巴马提名为下一任美联储主席时，市场一片欢呼，全球股市等资产价格又大幅上涨。我们应该看到，从 2008 年起，美国的 QE 实施已经 5 年了。近 5 年来，尽管美国 QE 看上去是保证美国不走上 1929 年那样的经济衰退之路，并让美国经济从危机中走出。但是该政策不仅使美联储资产负债表快速飙升，由 1 万亿美元上升到 3.7 万亿美元，也向国内外市场注入了大量的流动性，从而吹起了美国及新兴市场资产价格泡沫。同时，这些政策已经表明最有利的只是少数富人，而不是全体美国人民。反之，这种货币政策给整个社会与经济带来的后遗症则是无以复加的。可见，QE 无论是退出或延续都会对国内外市场产生极大的影响。甚至于有人指出，如果美国 QE 退出将可能引发新一轮的全球金融危机。所以，对美国 QE 退出或延续的政策选择是不可掉以轻心的。现在美国 QE 已经退出，只不过未来 QE 退出速度与方式还存在不少的不确定性。

而美国 QE 退出对中国的影响可以分为实体经济和金融市场两个层面（边卫红等，2013）。在实体层面，如果美国 QE 退出，也就意味着量化宽松的货币政策历史使命完成，即美国的私人部门的去杠杆化基本完成及美国经济开始真正复苏。而美国经济强劲复苏将带动中国出口的增长，特别是在 QE 退出将引发美元强势、人民币贬值、国际市场大宗商品价格下行的情况下，更是会增加中国出口产品的价格优势，形成中国出口生产的扩张效应。反之，如果美国 QE 迟迟无法退出，也就意味着美国经济正在复苏之中，这不仅会使美元弱势，人民币持续升值及国际市场的大宗商品价格高企。这既不利于中国企业出口扩张，也会增加中国输入型通货膨胀的压力。

在金融层面，美国 QE 退出，将会让国内外金融市场的环境发生巨大的变化。不仅资金流动会突然间发生逆转，而且金融市场利益结构也会发生重大调整。我们可以看到，从 2008 年美国金融危机爆发以来，中国热钱的流动与人民币汇率变动的预期存在高度的相关性。如果市场预期人民币会持续升值，大量海外热钱就涌入中国市场；反之，如果市场预期人民币将贬值，国际热钱就会逐渐撤出中国市场。可以说，随着市场对人民币贬值预期增强，如果美国 QE 一旦退出，就容易放大国际热钱流出中国的风险。

　　因为，我们可以看到，如果美国 QE 的退出，2008 年以来中国的收紧又宽松的货币政策不可能再这样继续下去了，同样会随着美国货币政策收紧。我们可以看出，自美国推出 QE 以来，中国货币政策从来就没有这样宽松过。2008—2012 年银行信贷增长就达到 35 万亿元，社会融资总额达到 65 万亿元。而且这种情况在 2013 年还在继续，甚至有过之而无不及。如果中国央行的货币政策也随着美国货币政策收紧，这对金融市场的影响肯定会不小。

　　还有，2009 年美国推出 QE 以来，国内外汇储备得到快速增长，由 2008 年年底的 1.95 万亿美元上升到 2012 年年底的 3.31 万美元。5 年内增加了 1.36 万亿美元，相当于 8.5 万亿元人民币外汇占款。如果这些外汇占款货币乘数为 5，那么就有可贷资金 40 万亿元人民币。可以说，前 5 年 M2 为何增长得如此之快，市场流动性如此之多，就是与外汇占款增长过快有关。如果说美国 QE 退出，外汇占款的减少是必然，这对国内金融市场带来的冲击与影响肯定会很大。

　　还有，QE 退出对全球的冲击与影响很快就传导到中国实体经济上来。比如，QE 退出预期影响，美国国债的价格 2013 年来已经下跌超过了 4%，为 35 年来最大跌势；美元对新兴市场国家货币自 5 月以来也出现最长时间涨势；而美国国债利率上升将对美国房地产市场产生抵制作用，这将影响美国经济复苏，而美国经济复苏缓慢同样会影响中国产品出口。日本与欧洲的情况也是如此。

　　当然最为重要的是当大量资金逃出中国，及国内利率上涨，这就有可能刺破中国持续了 10 年的房地产泡沫。因为，就中国情况来看，前 10 年房地产就是大量流动性吹大了其泡沫，也是低利率让投资者涌入房地产市场。如果这两个方面发生逆转，国内房地产市场巨大的风险就会暴露出来。而国内房地产泡沫破灭，国内银行体系以及整个金融体系所面临的风险就大了。如果这种情况出现，不仅会影响中国即将要开始的重大经济改革，也会影响中国经济长期持续稳定地发展。

　　更为严重的是，美国 QE 推出导致不少新兴市场国家的金融体系对高流动性依赖。而这种对流动性过度依赖并没有支持实体经济的发展；反之，过多的流动性则成了各种资产价格上涨的推手。尤其中国的房地产市场更是如此。而资产价格快速上涨，房地产泡沫的形成，在顺周期时，其潜在的风险会安然无恙。但是一旦美国 QE 退出，人民币贬值趋势增强，早期流入的热钱撤出中国市场，那么不仅会挤破中国的房地产泡沫，也会把中国"影子银行"及地方政府融资平台的风险都暴露出来。如果这样中国就面临着金融危机爆发的巨大风险。如果美国 QE 退出缓慢，大量的热钱继续地涌入中国市场，它又可能使中国房地产市场没有调整之机反而把其泡沫继续吹大，最终导致中国房地产泡沫自然破灭。

总之，尽管整个国际市场都不希望美国 QE 的退出，都不希望这场资本盛宴结束，但美国 QE 退出是一种必然的趋势。任何国家对此不可抱有侥幸的心理，特别是不可借美国 QE 退出缓慢而放任其政策扩张。同时，在以信用货币美元为主导的国际货币体系下，美国的货币政策就是全球金融市场的货币政策，它的任何变化都会对全球市场造成巨大的影响与冲击。因此，对美国 QE 的退出，我们不可太自信，认为这种退出对本国没有多少影响，也不可认为本国有能力来应对这种退出，而是要估足美国货币政策的重大变化对全球经济的影响与冲击，要估足可能对中国经济的影响与冲击。这样，才能够找到美国 QE 退出时最好的应对方式，从而真正地减弱美国 QE 退出对中国金融体系的风险冲击。

7 "安倍经济学"效果及影响的理论分析[①]

7.1 前言:"安倍经济学"的由来

"安倍经济学"(Abenomics),就是日本新上任首相安倍晋三希望通过十分激进的货币政策、灵活的财政政策、刺激民间投资为中心的经济产业成长战略等方式来让日本走出"20年经济迷失",走出当前日本经济通货紧缩的恶性循环,达到通货膨胀率2%的目标来提振日本经济。本文就是对"安倍经济学"的目标、内容及政策核心、可能效果进行全面的梳理,并从学理的角度对它进行理论分析与评估,以便让国人对"安倍经济学"有一个更为透彻的了解,并为日本经济可能产生巨大的变化及对中国经济的影响与冲击寻求可选择的应对方式。

2012年12月16日,执政3年3个月的日本民主党,由于治理国家经验不足,加上在选举前提出的一些施政理念在执政后无力兑现,失信于民,因此,日本民众重新选择了老牌的自民党重新执政,实现再次政党轮替。日本民众希望自民党上任后来改变已经"迷失了20年"的日本经济,重振日本经济信心。所以,日本自民党总裁安倍晋三在选举前发誓要找回日本人的信心,创造财富,尤其主张提高通货膨胀率、推动日元贬值以及采取更为激进的金融政策和灵活财政政策等来重整日本经济。因此,安倍希望通过十分激进的货币政策、灵活的财政政策、刺激民间投资为中心的经济产业成长战略等让日本走出当前通货紧缩的恶性循环,以达到通货膨胀率2%的目标来提振日本经济。这被称为"安倍经济学"(Abenomics)。

[①] 该文章发表在《国际金融研究》2013年第6期。

众所周知，日本经济自1989年资产泡沫破灭以来（当年日经225指数上升到38913点），已经迷失了24年。我们可以看出，20世纪80年代日本GDP年平均增长为4.6%，而到20世纪90年代下降到1.1%，2000年更是下跌到0.6%。在过去的20年里，日本GDP增长基本保持在不到1%的水平。2008年美国金融危机爆发，2009年日本的GDP增长更是出现5.5%的负增长，创第二次世界大战后的GDP增长新低。2011年日本发生了大地震，当年的GDP增长再度下跌到0.6%的水平。不过，尽管日本经济持续"低迷了20年"，但日元汇率则从80年代的1美元兑换280日元，上升到2012年1美元兑换78日元，日元汇率快速飙升，从而使2012年日本贸易创下有史以来6.9万亿日元的最大逆差。

那么，日本经济为何会出现持续20多年的增长停顿？其讨论的文献很多。在星岳雄等（2011）文章对此有一个概述。在星岳雄等看来，从20世纪90年代以来，日本经济经历了近20年经济增长停滞。其原因在于日本经济在80年代追赶阶段结束后，面对经济全球化及日本人口结构老龄化，不能够成功地应对这些挑战，尤其是之后的一系列宏观政策上的失误，从而导致了日本经济由停滞转为瘫痪。比如，对银行问题监管的宽容导致僵化银行支持僵化企业，阻碍了创造性破坏的进程，妨碍了经济增长；货币政策的失误导致日本长期陷入通货紧缩之中，并形成根深蒂固的通货紧缩预期；财政政策使大量资金流入了生产效率较低的项目，积累了大量债务；政府对不少行业实行严格的管制，从而使这些行业的生产率越来越低。何思因（1999）则认为，日本金融体系泡沫破灭之后，其严重痼疾使日本经济很难走出严重衰退的阴影。当然，尽管日本经历了1998年以来的"金融大爆炸"改革（鹿野嘉昭，2003），但日本金融体系仍然是重建日本经济重大的障碍。

由于日本经济持续低迷不振，不仅使日本政治十分动荡，出现多次政党轮替，而且让日本这个经济强国的国际地位不断下降。2012年12月安倍晋三重新登上首相的宝座，就希望摆脱经济长期低迷的困境来巩固日本自民党执政地位，以此来重建日本经济的国际地位。因此，安倍晋三上任后的首要执政目标就是要改变日本持续多年通货紧缩的困境，将通货膨胀率回升到2%的水平（苏显扬和吕慧敏，2013）。因为，在长期通货紧缩的状态下，不仅使日本物价水平全面下行，及工资、地价、股价等价格水平全面下跌，也使日本国内投资和消费全面萎缩，社会总需求跌到谷底，从而形成了通货紧缩的恶性循环。在安倍晋三政府看来，通货紧缩的恶性循环是日本经济持续走不出困境的关键所在。

因此，如何摆脱多年来的通货紧缩恶性循环是重振日本经济最为关键的一环。对此，早在1999年12月，时任美国普林斯顿大学教授的伯南克（1999）就指出，要重振日本经济，就得走出当时日本货币政策陷入瘫痪的困境，就得采取过激的量化宽松政策让通货膨胀达到3%—4%的目标，就得让日元全面贬值。因此，日本政府就得如美国罗斯福总统那样，以坚强的意志和决心不惜一切代价结束通货紧缩，这样才能为死气沉沉的日本经济注入活力。所以，为了摆脱通货紧缩的恶性循环，安倍晋三上任后立即要求采取激进的金融政策，再加上灵活的财政政策及经济成长策略来重振日本经济。如果这样，才可让日本经济GDP增长率达到2%，并创造60万个就业机会，重振日本经济。

因此，安倍晋三在接掌政权不到两个星期，2013年1月11日就出台了日本政府有史以来第二大规模超过20万亿日元的"紧急经济对策"。2013年1月22日宣布自2014年起实施无限期的金融宽松措施，每月购买国债等金融资产13万日元。2013年4月，黑田东彦任日本央行行长之后，于4月3日至4日召开了就任后的首次货币政策会议，并推出了更为激进的"质化与量化"宽松的货币政策。

日本政府在推出量化宽松的货币政策的同时，也向国际市场出动。在2013年2月中旬，安倍上任后立即访问美国。尽管这次安倍的访问并没有在美国取得巨大的实质利益，但是安倍则由此来全面修复因民主党执政所造成的美日不太通畅的同盟关系，从而使日本重新占据了美国重返亚洲战略中的核心地位。在经济上，也为日本经济改革及未来经济长期增长注入了强大的新动力。因为这次安倍访问美国得到美国总统奥巴马支持加入跨太平洋战略经济伙伴关系协定（TPP），并承诺日本可以享有部分非"零关税"。可以看到，这次日本加入TPP的谈判，在一定意义上推动日本新一轮社会和经济改革，并以此为契机推动日本经济走出当前低谷。还有，日本在3月26日启动了中、日、韩自由贸易区（FTA）的首轮谈判。中、日、韩三国GDP占全球总量超过20%，如果三国达成自由贸易协定，同样将成为未来日本经济增长的动力。同时，日本还启动了与欧盟及俄罗斯等经济贸易谈判，以此来全面开启日本在新一轮全球区域化经济浪潮中的新局面。这样不仅能够为日本在新一轮的全球利益再分配的激烈竞争中占据更有利的地位,而且也有利于让处于萧条中的日本经济注入活水源头,推动日本经济真正走出困境与复苏。

而在财政及产业政策方面,主张恢复产业咨询会议,设立产业竞争力会议,以支持尖端领域的研发及设备的投资。并希望超过 20 万亿日元紧急经济对策,重建日本经济强大实力。其主要内容包括,首先是重建日本的防灾体系,尤其是针对日本大震灾的基础设施以及隧道、桥梁等耐震建设的力度;其次加大民众社会保障体系各方面建设力度,比如给予人民一个安心、安全的生活对策,确保保姆人力资源培养,推动住宅医疗、增加对地方医师保证;最后是以成长创造财富,包括强化支持尖端技术的创投资金、充实可以产生新技术的基础设施、支持企业的节能、增加市场活力。同时,全面放松日本经济领域里各种控制,以便实现"企业产业自由化"。可见,"安倍经济学"就是安倍晋三上任后,希望通过更为激进的金融政策、灵活的财政政策及产业政策等来刺激日本经济增长,并让日本经济走出当前严重的通货紧缩困境,以适度的经济增长与通货膨胀的良性循环让日本经济走向新发展之路,以此来重建日本经济及找回日本经济强大的实力。

对于当前世界上流行的"安倍经济学",美国著名经济学家斯蒂格利茨(2013)认为,日本政策把货币、财政及重整经济结构的产业政策作为一种综合手段,是有利于促进日本经济复苏的,并对"安倍经济学"前景十分乐观。克鲁格曼(2013)也认为,安倍踏出勇敢的一步,日本经验将成为指引世界经济走出低迷的新亮点。当然,更多经济学家及市场人士认为,日本经济之所以"迷失了 20 年"更多的是一个长期的结构性问题并非仅是周期性问题(香港《经济日报》,2013),只有通过重大的结构性改革才能让日本经济脱胎换骨,让日本经济重新走上正轨。因此,尽管"安倍经济学"既有雄心壮志,但是否能够达到目的则面临着更多的不确定性。

正因为世人对"安倍经济学"众说纷纭,本文就是对"安倍经济学"的目标、内容及政策核心、可能效果进行全面的梳理,并从学理的角度对它进行分析与评估,以便让国人对"安倍经济学"有一个更为透彻的了解,并为日本经济可能产生巨大的变化及对中国经济的影响与冲击寻求可选择的应对方式。

7.2 "安倍经济学"的目的

一般来说，对于"安倍经济学"的目的，当然是如何让当前日本通货紧缩的经济态势得以改观。有人认为，日本政府希望通过较为进取的货币政策让货币贬值增加出口来达到，并由此引导全球的货币战争。对此，在2013年上半年举行的二十国集团会议前，日本副首相麻生太郎对"安倍经济学"的解释是，强调宽松货币政策旨在刺激国内需求，而不是增加出口。因为对于日本来说，其出口仅占日本国内GDP的11%—13%，比美国和德国还低。因此，对刺激日本出口增长当然有利于日本经济走出困境，但实际上有比此更深层的含义。

因为，在20世纪90年代日本就开始采取量化宽松的货币政策以来，为何没有让日本经济走出"迷失的20年"，这里既有宏观经济政策失误的原因，更有日本官僚式的金融体系无法打破现实利益格局的问题。而日本是一个市场经济的国家，价格机制所起的作用是不可低估的。也就是说，在日本的金融市场，当量化宽松的货币政策使利率调无可调时，汇率成为影响日本投资者、居民及企业最为重要的价格工具。而在本文看来，日本经济"迷失了20年"最为重要的原因很大程度上是与日元快速升值有关的。

我们应该看到，日元对美元的升值，从1983年227日元兑换1美元，上升到2011年76日元兑换1美元，升值幅度达3倍。即使近5年，日元汇率也由115日元兑换1美元升值到76日元兑换1美元，升值幅度达到50%以上。当日元快速升值时，这不仅全面削弱了日本企业国际竞争力及导致日本国力全面衰退（因为日本20世纪50—80年代经济高速成长很大程度上都是与出口导向经济相关），而且导致早些时候大量流向全世界各市场的日本资金迅速回到国内。比如，在1995年4月80日元兑换1美元，到1998年8月触及147日元兑换1美元时，从事日元的利差交易（carry trade）盛行，大量的资金也从日本金融体系流向全球市场，日本投资者也赚得盆满钵满（沈联涛，2009）。当日元快速升值之后，这些从事利差交易的资金很快又流回国内，而这些资金及财富很大程度上又集中在少数企业及少数年长者手中。

根据2012年年底日本央行统计资料，日本人所持有的资产有1866万亿日元，而其中一半为现金与存款，即总额达833万亿日元（如果按照2012年78日元兑换1美元计算达10万亿美元以上），此比例远高于美国的14%和欧元区的36%。由于日元快速升值，日本国民所关注的投资渠道与工具十分有限。比如，走进东京的日本银行，尽管银行服务柜台摆满了不少投资指引类的小册子，但给出的投资品种往往只有两种：定期存款及外币。而其定期存款利率，1年期利率为0.025厘，2年为0.03厘，1000万日元以上为0.04厘。终极最高利率为10年定期1000万日元以上，可获得0.15厘。相当于当前人民币存款利率的1/140。同样，对于日本的机构投资者来说，也更愿意持有日本国债而不是寻找其他投资工具与渠道。

可以说，日本国民持有近20万亿美元的个人财富，既没有扩大投资之欲望，也没有增加个人消费之动力（因为这些资金多为年长者持有，特别是在日元快速升值的条件下，这些人的消费支出会越来越小，因为进口品的价格越来越便宜），只要持有利率极低的日本银行存款及日本国债就可分享日元快速升值的成果（早些时候国际市场许多人都不明白，为何日本国民如此爱国，日本国债利率如此之低，日本民众还是踊跃进入国债市场，但实际上并非如此，日本国民愿意持有日元资产特别是国债在于日元快速升值）。还有，在通货紧缩持续多年、日元快速升值的背景下，日本的国民与企业不愿贷款，银行也没有意愿放款，因为有负债其负担会越来越重（苏显扬和吕慧敏，2013，调查统计表明，目前日本上市企业中有43%左右事实上没有向金融机构贷款，主要是企业庞大的内部盈余）。同时，在日本，个人信用卡市场也相当不发达。这些现象都与近几年日元快速升值有关。可以说，如果这样的价格机制不以激进政策来打破，并对这种利益格局进行重大的调整，那么日本经济要摆脱"迷失的20年"的困境是根本不可能的。

可见，"安倍经济学"采取激进的"量化和质化"的宽松货币政策不仅在于向市场释放出大量流动性，以此来增加企业与居民的信贷需求，刺激企业投资与居民消费的欲望，而且在于要冲破现有日元汇价机制，让日元快速贬值。因为，日元的大幅度贬值不仅能够打破现在固化的利益格局、调整现有的利益关系、清除强大既得利益集团对深层次改革可能设置的障碍、减少改革过程中利益摊分可能引起的政治僵局、改变及调整企业和投资预期，而且也可能提高日本企业国际竞争力，增加日本企业投资需求及国民消费需求。我们应该看到，近20年来，日本的经济改革应该是没有停止过，但是每次经济改革都会触动既得利益集团，所面对的阻力巨大。就算挟高民望在位5年多的前首相小泉纯一郎，所推出的改革也无疾而终。而安倍晋三政府借汇率改革来冲破现有的既得利益集团阻力，不失为最为重要的一招。但是这一招，特别是当日本激进的"量化和质化"宽松的货币政策导致日元快速贬值时，它既对国际市场造成巨大影响与冲击，也对日本国内市场价格机制产生巨大的影响。可以说，如果"安倍经济学"的激进的"质化与量化"宽松的货币政策能够对日元汇价造成巨大冲击，并让日元在短期内快速贬值，那么这种改革与冲击不能说对当前复苏日本经济一定会成功，但是没有这种冲击与改革日本经济是万万走不出当前"迷失了20年"的困境的。

可见，"安倍经济学"显性目标是要通过"质化及量化"宽松的货币政策让通货膨胀率上升到2%的水平，但其隐性目的则要通过汇率这个价格机制来改变日本银行、企业及个人的经济行为方式，来改变或冲破整个社会既有的利益结构及利益格局，改变日本企业及居民所持有资金的流向与市场预期，增加日本企业的投资需求及居民消费欲望，从而实现物价回升及经济增长之目的。

7.3 "安倍经济学"核心："质化与量化"宽松的货币政策

为了展现对抗通货紧缩的决心，安倍政府在2013年1月22日提出了"无限期量化宽松"的对策，以通货膨胀率达到2%作为对策实施期间的条件。同时，很快任命黑田东彦为日本央行行长，以保证无限量化宽松的政策得以全面实施。而黑田东彦上任后，日本央行于4月3日至4日召开了就任后的首次货币政策会议。会后日本央行宣布将在两年之内把当前日本量化宽松规模扩大到现在的2倍，并把量化宽松的目标由以往的隔夜拆借利率转为基础货币，并要求在2年内以每年60万亿—70万亿日元的速度增加货币供应规模。这样到2014年年底，日本央行的资产负债表规模激增到290万亿日元，接近2012年年底的2倍，相当于GDP的

60%。为了加强货币宽松效果，日本央行还决定扩大长期国债购买规模，将包括 40 年期国债在内的所有长期国债列为收购对象，并将购入更多的房地产投资信托基金（REITs）和日股交易所买卖基金（ETFs）。这就是"安倍经济学"所谓的"质化与量化"宽松的货币政策。可以说，黑田东彦推出的"质化和量化"宽松的货币政策的措施力度之强和规模之大远远超出市场预期。其目的就是希望通过长期低利率和资产价格上升的作用，让市场和实体经济出现预期大变化，改变日本资金的流向，以改变市民重储蓄轻消费的心理，推动整个物价水平上移，从而实现日本经济复苏及推动日本实体经济增长。

可以看出，日本央行采取比预期更为激进的量化宽松货币政策之后，4 月 9 日市场反应十分强烈，不仅刺激日元快速贬值，日元跌到 1 美元兑换 99 日元以上的水平，也促使日经指数快速上升，并连创新高。这在一定程度上反映了市场初步满意日本央行措施。但是，对于绝大多数市场分析员来说，认为这是安倍与黑田的一场豪赌。在这场豪赌中，日本政府希望通过激进的货币政策让日本经济走出"迷失的 20 年"或让日本经济走出近 20 年衰退的困境。但是，在许多人看来，当前日本的经济问题并非仅是一个金融问题及周期性问题，也不是仅通过短期的过激的量化宽松货币政策可解决的。因为，日本经济"迷失的 20 年"并非只是周期性问题，更多的是结构性问题（人口结构老化及产业结构不合理和低效率等）。虽然财政政策及货币政策扩张可能解决周期性经济不景气，但对经济结构性问题所产生的效果是不明显的。因此，市场对黑田过激的"质化和量化"宽松的货币政策能否让日本经济走出当前困境质疑之声不少。

在中国，对于这次日本"质化和量化"宽松的货币政策，国内媒体更是习以为常，分析报道并不太多，深度分析与报道更少。但是，我们应该看到，尽管日元没有美元那样在国际市场的地位，但是日本作为一个完全开放的经济强国，其重大政策调整与变化，其资金流向突然转向对国际市场的冲击与影响同样是不可小觑的。而且日本作为中国的一个邻国，其重大政策出台对中国经济的影响与冲击肯定是很大的。因此，我们同样得对黑田东彦的"质化和量化"宽松的货币政策做一些梳理与分析，以便我们对该政策有所了解并有所准备及选择应对的方式。如果对该政策连了解都不清楚，中国如何找到应对的政策。

可以说，这次黑田东彦推出的"质化与量化"宽松的货币政策，尽管市场上质疑的声音不少，但是力度之强、决心之大、范围之广都远远超出了市场预期。所谓"质化"宽松的货币政策就是央行的货币政策目标不是目前通常所使用货币市场的隔夜拆借利率，而是改用基础货币作为量化宽松货币政策的目标。而基础货币是指由央行发行而流通在外的通货及商业银行存在央行的存款准备金。它是整个商业银行体系借以创造存款货币的基础，也是整个商业银行体系的存款得以倍数扩张的源泉。日本把货币政策目标改为基础货币，这不仅让日本央行的量化宽松货币调控的工具由以往价格工具转为数量工具，而且当调控工具为基础货币并由央行直接控制时，自然会增加市场对央行这次"质化与量化"宽松的货币政策调控之信心，同时增加了央行"质化和量化"宽松的货币政策弹性空间与自主性。而这点与欧美国家量化宽松的货币政策是有很大差别的，也是量化宽松货币政策一种创造性的调整。

所谓的"量化"宽松的货币政策，就是指在利率基本上降到零或很小的情况下，通过卖出较短期的国债买入等额较长期的国债，从而抬高短期国债收益率而降低长期国债的收益率，从而拉低整个利率水平，以此来增加企业及居民信贷需求。比如，这次日本央行计划每月购买大约7万亿日元的国债，折算为美元后，相当于每月740亿美元，与当前美联储每月购买债券850亿美元相比，日本央行购买债券的规模与之相差不远，但日本的经济规模远小于美国的经济规模，可见日本央行量化宽松政策力度有多大。我们可以看出，美国量化宽松的货币政策导致全球的流动性泛滥，不少地方的资产价格飙升。同样，日本量化宽松政策对全球市场同样会造成巨大的影响与冲击。

还有，黑田量化宽松的货币政策不仅购买债券规模大，而且时间长，把购买长期债券对象从7年扩展到40年。购买长期国债是为了推低利率，但日本10年期国债利率已经低得不可再低了，因此，日本央行就把目光投向长达40年的长债。这样，不仅政府可利用这种低利率资金进行财政性投资的扩张，企业还可利用这些低成本资金进行投资与改制以便增加公司之利润，日本国民看到长期利率如此低下而更有意愿进入固定资产投资而获利，如进入房地产及股市。这样整个社会信贷需求就可能快速增加，资产价格也可能在这种大量需求涌现后推高。更为重要的是，当日本的长期资金成本如此之低、市场流动性如此泛滥时，必然会让日元贬值幅度越来越大。这既可能改变日本国民所持有资金的流向，也可能导致大量资金从日元体系流出，并涌向全球不同的市场。在这种情况下，以日元为主体的利差交易又可能在全球盛行。因为利率与汇率双重获利将驱使更多的日本资金流出日元体系。而这些资金流出会严重冲击与影响全球资金流向与走势，影响国际资产价格的变化，给整个国际金融市场造成重大冲击与影响。还有，日本央行计划每年增购1万亿日元ETF（交易所基金）及300亿日元REITs（房地产信托基金）风险资产，更是有托市之嫌。即日本政府希望推高资产价格能够产生财富效应，以此来刺激国民消费增长。在"质化和量化"宽松的货币政策推动下，只要日本通货膨胀率2%目标没有达到，日本央行的"质化和量化"宽松的货币政策就不会停止。

可以说，日本央行"质化与量化"宽松的货币政策宣布及全面实施，对国内外市场冲击最大的应该是日元的全面大幅度贬值。4月9日日元一度跌至1美元兑99日元以上，为2009年5月以来最低。与2012年1美元兑76日元相比，美元兑日元已经下跌20%以上了，而日元的这种跌势估计在短期内都不会停止。有分析员认为，1美元兑100日元、101日元、102日元及111日元分别是日元持续下跌的一个个阻力位。只要日元贬值冲破这个阻力位还会继续下跌。否则，日元贬值会受到强大的阻力。但是本文认为，这仅是历史之数据，情况如何则是相当不确定的。因为，最近日元持续快速地下跌，完全反映了日元汇价将扭转过去5年强势。这不仅在于市场对日本央行抗通货紧缩决心的质疑已消除，而且在于黑田东彦强势执行其2年内令日本通货膨胀达到2%的承诺，其"质化和量化"宽松的货币政策的承诺只要坚决执行，日元贬值就不可避免。至于美元兑日元重要的心理关口在哪里就得看日本央行的通货膨胀目标在什么时候达到。

可见，为了配合"安倍经济学"，这次日本央行行长黑田东彦推出激进的"质化和量化"宽松的货币政策，不仅在于其规模大、力度强，而且在于决心大与方式新。特别是"质化"宽松的货币政策已经明确地向市场发出一个强烈的信号，即这次安倍政府不重振日本国民之信心，不让"迷失了20年"的日本经济走出困境是不会罢休的。因此，只要日本通货紧缩的局面不改变，只要日本的通货膨胀率达不到2%的目标，日本央行激进的货币政策就不会改变，而且还会进一步加码，从而使国际市场流动性泛滥，日元快速贬值也不可避免。而日元的快速贬值及大量资金流出日本金融体系将给国际市场造成巨大的影响与冲击。

7.4 "安倍经济学"的效果与影响

由于"安倍经济学"采取"质化和量化"过度宽松的货币政策，首先受到冲击的是日元快速贬值。可以说，如果从2011年1美元兑换76日元，到现在，日元升值了25%；从安倍晋三2012年12月上任以来，日元贬值达到20%以上了；而从2012年初的1美元兑换86.72日元一度跌至99.9日元，2012年日元则累计下跌13%。有研究认为，根据前40年的经验，日元兑换美元每贬值千点（由90跌至100），通货膨胀率可升0.321%。如果按照当前日本物价水平，要让日本的通货膨胀率达到2%，那么美元兑换日元就要达到1∶163（罗家聪，2013a）。也就是说，安倍"质化和量化"宽松的货币政策受到影响与冲击最大的是日元大幅贬值，而且这种贬值可能是一个持续的过程。

对于日元的贬值，当前国内市场的主流意见是把它看作一场严重的货币战争正在兴起。也就是用阴谋论来看日本的这场经济制度的改革及这场改革对国际市场之影响与冲击。但实际上，这种用阴谋论来看日本这场改革及市场价格机制变化，只能说是国人懒怠及金融知识的不足。试想，汇率作为一种价格关系，其汇率的重大变化肯定是利益关系的重大调整。而汇率作为国与国之间的重大利益关系调整，是否能够通过不同阴谋方式可全赢或全输那是根本不可能的。它总是会利弊互现，其成本与收益的计算往往是相当不确定的。特别是在以美元为主导的国际货币体系下，以信用货币作为这种汇率变化的定位锚，要计算出这种利益关系大小是相当困难的。因此，每一个现代国家所采取的汇率政策往往会以本国的国家利益为基准，而无法顾及其他国家对这种利益调整的反应。在这种情况下，一国汇率政策调整，并不意味着他国也会随风而动。所以，在早些时候我就指出，不要用阴谋论来看日本这场改革所导致的日元贬值，国际上的货币战争也不会由于日元贬值而发生。

同样，汇率升值或贬值对一国的贸易关系同样是利弊互现的。虽然日元贬值有利于日本企业出口，增加日本企业利益及出口竞争力，但对日本的进口却是相当不利的。尤其是日本核电的危机导致了日本进口大增，2012 年创造了日本有史以来最大贸易逆差纪录。也就是说，对于资源十分匮乏的日本来说，日元贬值会让日本进口品价格快速上升，企业成本上升，其利润水平同样可能下降。可以说，这次安倍的激进"量化与质化"过度宽松的货币政策当然会导致日元快速贬值，但该政策对日元贬值的实际意义并非重点放在调整国与国之间的利益上，放在增加日本企业出口品的竞争力上，这只是政策效应的一种影响与结果，更为重要的是日本央行通过日元贬值来调整国内经济的利益关系与利益格局，来刺激对日本国民的通货膨胀预期，借此扩大日本国内需求，并以此来摆脱长期以来的通货紧缩的恶性循环的困局。

因为，在本文看来，无论当前日本经济局势有多么复杂，无论当前日本经济问题是周期问题还是结构问题，但有一点是可以肯定的，即日本经济"迷失了 20 年"最为重要的原因就是日元快速升值。因此，通过日元贬值来调整日本完全扭曲了的利益关系与价格机制也是必然的。我们应该看到，尽管日本经济"迷失了 20 年"，但是日本作为第三经济强国的格局没有改变，从质上来看，从日本民众财富持有及消费能力来看（日本 1 亿多人口，但其持有 20 万亿美元的金融资产，而中国 14 人口也只是 7 万亿美元左右，日本国民财富持有是国人 40 倍以上；日本国民消费能力是国人 15 倍以上），日本的经济实力远远超过中国。因此，汇率作为一种价格机制，它的重大调整或日元大幅度贬值不仅会影响日本国民利益关系及改变市场预期，而且它将影响全球市场资金流向。当日元升值时，早年流向世界各市场的日本资金纷纷回到日本市场；当日元贬值时，以日元为主体利差交易又可能盛行，日本资金又可能大量流向全球各市场。而这些资金流到哪里，对这些市场造成巨大冲击是肯定的。这就是我们应该密切关注的大问题。有研究表明（伯格斯坦，1998），近几十年来，日元和美元汇率的巨大震荡（日元兑换美元从 1970 年的 360∶1 到 1995 年年初的 80∶1，然后到 1998 年 6 月的 130∶1）是国际金融市场危机四起的重要根源。因此，当日元快速贬值后，一定会导致大量的资金流出日元国债市场。新的以日元为主体利差交易又可以盛行。我们可以看出，在 20 世纪 90 年代，日元利差交易盛行，不仅给日本投资者及国际市场的对冲基金赚得盆满钵满，而且带来了 1997 年一场严重的亚洲金融危机。因为，当日元贬值其资金大量流向亚洲各新兴经济体时，表面上会给这些国家带来经济繁荣，但也可能吹大这些国家资产泡沫及房地产泡沫。而最后泡沫的破灭必然会导致新的金融危机。因此，日元快速贬值后，由日元体系流出的这股巨大的资金有多少、会流向哪里，这是我们必须要密切关注的大事情，它将对国际市场与中国市场造成巨大的影响与冲击。

还有，日元的大幅贬值同样会冲击国际市场大宗商品价格重新定价（尽管这种冲击要小于美元变化所带来的冲击），而导致全球大宗商品价格震荡。最近国际黄金市场的黄金暴跌，尽管可找出这次国际黄金市场危机的种种理由，比如印度年初大幅调高黄金进口税；技术性走势转差，国际上投资银行纷纷警告与看淡黄金市场；传说塞浦路斯央行沽金；市场传言美联储量化宽松政策将退出；全球通货膨胀风险不大；中国经济复苏乏力等，但是国际市场应该关注到，由于日元快速贬值所导致日本国债市场不寻常波动，导致全球市场资金流向逆转，因而加快黄金投资者套现的沽压。

同时，日元贬值也会造成日本股价上涨及日本国债价格下降。可以看到，2012年以来，随着日元贬值和利率为零，及日股在出口股主导下不断攀升，日经225指数自2012年年初至今（4月底）升幅达33.56%，从而使日本国内外的资金逐渐流入股票市场。还有，在公布实施量化宽松的货币政策之后，日本国债利率也跌到历史低位0.315%，不过日本10年期的国债利率仍然在0.5%—0.3%横行。这也意味着日本投资者面对国债利率下跌，并没有立即把大量资金投放到海外，而是在观察市场变化而动。不过，我们应该看到，随着量化宽松的货币政策进一步实施，市场流动性泛滥及日元加速贬值，一定会让部分本土资金转移到海外，但是这些资金也不会盲目地只追求高回报而投资在风险系数较高的资产，而是会更为理性地选择。也就是说，日元大幅度贬值会对日本国内外金融市场产生很大的冲击，各类资产价格的反应可能会有很大不同，投资者对此应更为理性分析与慎重行事。而且日元大幅度贬值不仅会对市场各种利益关系出现重大调整，而且全球资金之流向将发生巨大的逆转，这些都将对中国经济及金融市场产生巨大的影响与冲击。

而且我们应该看到，日元贬值对国际市场之影响与冲击也很快会传导到中国市场来。比如，国际市场大宗商品价格巨大波动不仅会直接影响相关企业的成本与收益，而且也会造成巨大的汇率风险。比如，日本的农产品主要来自中国进口，日元贬值不仅要求中国贸易商对日本的农产品出口重新定价，而且也会加大中国贸易商汇率风险。有机构预测，日本实施量化宽松货币政策之后，对中国出口、经济增长及股市都具有正面的作用。因为，如果日本经济恢复增长和股价上升，不仅有利于日本国民的消费增长，而且也能够恢复企业投资之信心，从而使日本进口需求增加及中国出口增长。而日元的快速贬值可以让大量资产流出日本，导致大量的利差交易出现。投资者卖出日元，把资金转入人民币定息市场，机构投资者可通过 QFII 和 RQFII 进入中国资产和股市，短期内刺激中国市场流动性上升等。这些都会对中国经济与市场造成较大影响与冲击。国人及政府不得不密切关注资金流向与变化，以便尽早采取对策。

可以说，这次日本出台如此激进的"质化与量化"宽松的货币政策，一定会对中国及国际市场造成巨大影响与冲击，我们一点都不可小觑。因为，这些政策出台对日本社会、经济及市场的影响与冲击将是巨大的。同时，日本是世界上最为强大的经济体之一及资本项目完全开放的国家，这些政策对市场冲击与影响立即会传导到国际市场上来。这种传导不仅会影响全球那股大规模快速流动资金的流向，也会影响到国际市场大宗商品价格的变化，及国际金融市场资产的价格，影响到整个国际市场贸易关系的变化。对此，中国政府准备好了吗？如果我们的思维仅是货币战争阴谋论那种狭窄思维空间，等到日本经济真的走出"迷失的 20 年"时仍然会不知道怎么一回事或发生了什么。

7.5 "安倍经济学"的机会与挑战

我们应该看到，从安倍晋三重新执掌政权以来，"安倍经济学"希望以激进的金融政策、灵活的财政政策及长期的产业政策等来重振日本经济，重拾日本经济之信心，以便让日本经济真正走出"迷失了 20 年"的困境，这既是一场机会与挑战，同样也是一场豪赌。因为，尽管日本经济"迷失了 20 年"，但我们绝不可小觑日本经济的实力，更不可小觑日本国民与企业的素质。作为世界第三大经济体的日本，其经济实力不仅表现为个人财富持有量是中国民众 40 倍以上，而且表现为日本不少企业仍然是国际上有竞争力的企业。日本的质量与效益远在中国之上。比如，有统计资料显示（斯蒂格利茨，2013），在2012年之前，尽管日本劳动力人数的规模有所下降，但是日本国民工作人口人均产出年增长率在3.03%，这远高于美国的0.37%及德国的-0.25%。也就是说，从20世纪末以来，其劳动力的素质表现得相当出色。凡是访问过日本的人对此都有深刻的印象。还有，日本国民的市场意识，现代法律制度安排，拥有教育程度高、技术技能强、设计敏感卓越的劳动力，处于世界最具有活力的地区，加上整个社会平等公平程度高及具有长期战略的环保意识等，这些都为安倍经济学改革奠定了基础。

所以安倍晋三上任以来，日本国民的消费和投资者信心正在恢复。比如，有统计数据显示，日本3月家庭开支以9年来最快速度飙升，这反映了安倍晋三倡导的"安倍经济学"政策，正提振消费信心及为经济复苏创造条件。3月家庭开支按年急增5.2%，远高于市场估计的1.8%，也是自2004年2月以来的大升幅。有机构预测，日本家庭消费将会以更合理的速度扩张。此外，3月经季节调整的失业率降至4.1%，是2008年11月以来最低，优于市场预测的4.3%。还有最近公布的日本4月汽车销售数据按年增长2%。日本3月新屋动工量按年增长7.3%，高于2月3%的增长幅度。3月工业生产初值也录得了0.2%正增长。还有，从2012年12月开始，日经225指数反弹近40%，日本出口和经济增长都出现全面的提升，这些都是日本"迷失的20年"的机会。

同时，也有人认为"安倍经济"也是一场豪赌。因为这场豪赌让日本面临着几个重大的经济问题要解决。

一是日本政府财政赤字过高一直为外界所诟病。如果"安倍经济学"量化宽松的货币政策实施，日本财政赤字的问题会进一步恶化。更有日本学者TakatoshiIto（2011）的研究表明，日本政府财政赤字是不可持续的。比如2012年日本债务已高达GDP的2倍，特别是有研究者与欧洲主权债务相比（苏显扬和吕慧敏，2013），更显示出日本政府财政严重赤字的风险性，甚至于可能导致政府破产。不过，在本文看来，日本政府债务风险有两个问题要厘清：第一个问题是任何政府债务都是有国家信用担保，只要国家不灭亡，这种信用担保就不会消失。因此，日本作为一个主权国家，只要日本国存在就不存在信用破产的问题，只不过让其债务期限改变而已。这与欧洲主权债务危机的货币统一性和信用担保多元性所产生的矛盾是完全不同的概念。第二个问题是其债权人是谁。其实，日本国债为日本国民持有占 90% 以上。这不仅在于日本藏富于民，国民本土投资倾向（home bias）强，而且在于日本企业及大型机构都大量持有日本国债。如果这两个问题清楚了，日本政府的财政赤字不会成为"安倍经济学"展开的重大障碍。

二是"安倍经济学"让日元在短期内快速贬值引起了邻国的密切关注，特别是对韩国的冲击大。韩国高丽大学经济学教授李钟和（2013）就认为，日元的快速贬值将对韩国经济造成巨大的冲击。这种以邻为壑的（Beggar–thy–neighbour）汇率政策会导致总贸易量的下降，这不单是一场零和博弈游戏，更是无人能获益。因此，日本通过日元贬值的方式来让经济恢复，所带来的好处是短暂的。不过，正如上面所讨论的，日元的贬值主要原因既有早期的升值过快，也有汇率的价格机制来调整日本内部利益关系，促使日本国民增加消费及恢复投资信心的问题。如果日本不采取这种过激的金融政策让日元在短期内快速贬值，那么日本要走出当前通货紧缩的恶性循环是不可能的。如果让日本经济再"迷失10年"恐怕比日元贬值所带来的负面影响更大。更何况，从历史的经验来看，货币贬值往往不失为走出经济大萧条的驱动力（林维奇和吴淑妍，2013）。可见，"安倍经济学"能否成功，尽管面对这两大挑战，但并非问题核心所在。

可以说，如果安倍这场豪赌成功，那么安倍政府就能够带领日本经济走出当前通货紧缩恶性循环之困境，让日本经济步上良性增长之路，让日本民众生活水平提高，国家安康。如果这场豪赌失败，那么日本经济不仅会陷入严重的财政危机，而且可能导致整个日本物价水平全面上升，资产价格泡沫又重新到来。其结果如何，还得拭目以待。

还有，尽管当前日本经济困境更多的是结构性问题而不是周期性问题，而经济结构调整往往会受制既得利益的阻碍，经济重大改革更是面临许多困难，但是"安倍经济学"以汇率价格机制改革来冲破这些重重障碍也可能不失为一个好招，现在的问题就在于安倍政府的信心与决心。我相信以汇率为主体的价格机制突破所带来的影响可能是巨大的，实际效果如何，我们还得密切观察。因为，随着日元持续贬值，日本市场的资金会泛滥，它可能让日本物价水平在未来 18 个月内重新上升，甚至重临通货膨胀，但是这并不意味着日本经济就可彻底摆脱通货紧缩阴影。日本要真正走出通货紧缩阴影，必须采取较货币政策更多的财政政策及产业政策改革，进行更多的重大经济制度改革。只有这样，日本经济才能真正扭转20多年来通货紧缩局面，并让日本经济重新走稳定增长之路。

　　总之，安倍晋三的改革是否能够成功，是否能够让日本经济走出"迷失的20年"，还不是过早下结论的时候，但本文认为这场改革方向及所采取政策是正确的，问题在于这场改革能否坚持与有多大决心。因此，我们要密切关注"安倍经济学"发展与变化，并做好准备"安倍经济学"的成功给国内外市场所带来的影响与冲击。

第二编 金融市场震荡与监管

8 美国金融监管体系改革中几个重大理论问题[①]

8.1 前言

  任何一次金融危机,都是金融体系进行重大改革的机会。在 2008 年一场严重的金融危机之后,美国政府推出一个系统的金融监管制度改革蓝图。这个金融改革蓝图建立的目标就是要重新确立美国金融监管体系的新基础。而这个新基础的核心就是对以往的金融监管理念重新认识,以便设计出适应于新的经济形势的金融监管新规则,重构美国的金融体系。可以说,无论是监管目的的确立、监管模式的采取,还是金融创新的新理解,都会促使对美国金融监管体系进行较为全面彻底的改革。这就是重建美国新的金融体系的基础。对此,中国金融业的管理层要密切关注其动向与发展,以便重造中国的金融监管体系。当前中国金融体系最大的风险就是不能对中国金融市场现状有明确的定位;反之,定位中国特色的金融体系是未来发展的方向。

8.2 以金融监管体系重大改革
来重建美国金融体系

  美国金融危机让美国及全球进入严重的经济衰退,尽管这种经济衰退已经在一些国家开始"V"字形复苏,但是这次金融危机给整个世界带来的巨大冲击、带来的经济生活及社会生活以及整个市场行为方式的重

[①] 该文章发表在香港《信报月刊》2009 年第 9 期。

大转变,这使美国要在短期内重建其经济及金融市场是不可能的。那么,这次金融危机为什么会造成美国以及全球经济的严重衰退?最为根本的原因就是 20 多年来逐渐形成的美国金融市场危机导致了整个金融体系突然崩塌,就在于美国经济的核心:金融服务业出现了重大问题(易宪容,2009a)。美国金融体系突然崩塌,其中的原因很多,但新的金融运作体系没有相应的监管制度同样是其重要的原因之一。因此,为了帮助美国经济重新站起来并得以复苏,就得对美国金融监管架构进行全面的检讨与改革(美国财政部,2008),以此来重塑美国的金融体系。

2009 年 6 月 17 日,美国总统巴拉克·奥巴马公布了美国联邦政府制定的奥巴马政府于 2009 年 6 月 17 日公布的名为《金融监管改革:新基础》(Financial Regulatory Reform: A New Foundation 或简称《金融白皮书》)的改革蓝图。这份长达 88 页的改革方案从机构、市场、消费者保护和国际合作等多个角度,对美国金融监管体系做出了较为彻底的改革,其中包括将美联储打造成为"系统风险监管者"、设立全新的消费者金融保护机构(Consumer Financial Protection Agency)监管金融消费产品以及对对冲基金和私募基金实施监管。6 月 15 日,美国财政部长盖特纳和白宫国家经济委员会主任萨默斯在《华盛顿邮报》上撰文指出:"这次美国金融监管系统改革的主要目的,就是要弥补旧金融体系的漏洞,并确保未来不会再次发生类似于当前的美国金融危机。"奥巴马也表示,美国金融监管体系就在于要改变当前这种监管体系的落后现状,并修补引发本次大规模金融危机的体系漏洞。

也就是说,每一次美国重大金融监管制度改革都与金融危机的爆发相关联。1929—1933 年经济大萧条之后出台的《格拉斯—斯蒂格尔法案》,奠定了美国金融业近 70 年来分业经营的基础;2000 年互联网泡沫的破灭以及 2001 年安然与世通破产的会计丑闻,直接催生了重塑上市公司内部治理机制与证券市场监管体系的《萨班斯—奥克斯利法案》;2007 年以来的美国金融危机的爆发也促使美国对金融监管体系改革与重建,奥巴马政府公布金融监管制度改革的蓝图,就是希望重建未来若干年内美国金融市场乃至全球金融监管新框架。

从《金融白皮书》所推出的金融改革蓝图来看,为了弥补旧监管体系的漏洞,并确保未来不会再次发生类似的金融危机,美国金融监管体系改革主要是从以下几个方面入手的:首先,银行的资本、流动性以及杠杆率将受到严格监管，严格控制风险，防止经济动荡。其次，对冲基金必须在政府处进行注册，大型对冲基金将要受到联邦政府的监管。最后，抵押贷款以及其他消费产品将被监管，有毒资产将受到全球透明性法规的监管，即这次美国金融监管制度改革旨在从监管理念、监管机构、监管手段、监管体系的国内外协调等方面全面地改革现有金融监管体系。

也就是说，美国金融改革的蓝图将赋予美联储拥有更大的权力监管金融机构、金融产品以及金融市场交易，美联储也可能有权对大型金融机构设定资本以及流动性要求。对美联储来说，获得上述监管权力意味着其成为改革后美国金融监管体系中的系统风险监管者。这也是美联储职权在过去几十年中所经历的最大变动。创立一个由美国财政部领导的金融服务监管委员会，帮助弥补在监管方面的空白，促进政策的协调以及识别出新出现的风险。成立消费者金融保护局，目的是保护美国消费者和投资人免受信用卡公司、银行和按揭市场不法行为的侵害。还希望其制定的许多新的标准能够与海外国家的新政策相协调，以创立一个相容的监管架构，具体举措包括制定相似的信用衍生产品监管规定，在对大型跨国金融机构进行监管方面签署跨境协议，以及与海外监管机构进行更好的合作。但是，由于对美联储扩权的担心、由于既得利益集团的抗争，金融监管改革方案至今仍然争议颇多。

一般来说，任何制度的改革都是一种利益重新分配，特别是重大的制度改革更是如此。为了保证金融监管制度重大改革的顺利进行，就得协调好相关的利益关系，就得寻求其改革的理论基础。本文试图对当前美国金融监管体系改革中几个重大的理论问题进行梳理与分析，以便于我们了解美国金融监管制度改革合理性及合法性的理论基础和实质。

本文的结构是，第三部分简要讨论这次美国金融危机的根源及问题所在，这是该次金融监管体系改革的市场内在逻辑；第四部分是金融监管的目的是什么？是确保单个金融机构的偿付能力还是确保金融体系的整体稳定；第五部分是通过什么样的方式来实现监管目标，是功能监管还是机构监管，是混业监管还是分业监管等；第六部分是金融监管与金融创新平衡何以可能？第七部分是美国金融监管改革对中国的启示。

8.3 美国金融危机产生的根源与实质

美国金融危机产生的根源，最近讨论的文献很多，众说纷纭。不过，最主要的观点可以归结为以下几个方面，如宽松的货币政策、通过信用消费为购房者提供过度的流动性、房地产泡沫破裂、金融衍生工具泛滥、金融监管不足、评级机构评级虚假性、人性贪婪、全球经济失衡等（易宪容，2009b）。但是，在本文看来，美国金融危机应该从金融体系内在性的不稳定来探讨这种危机的根源。

从20世纪七八十年代开始，随着全球不少国家金融管制的放松，以及金融技术及网络技术的革命，全球金融体系发生了显著的变化，特别是美国金融体系更是发生了一场巨大的革命。这场革命主要表现为传统银行信贷方式向新的信贷方式转变。因为从传统的银行信贷模式来看（范奥德，2007），商业银行是利用债务（通常是存款）发放并持有贷款，它所关注的信用风险管理，以及如何将异质性资产转化为同质性债务等；而美国这场金融革命后形成的新的信贷模式则是从证券化的市场获得融资，即银行资金不是来自个人存款而是直接来自证券市场。Lall等（2006）对这次金融革命给出了一对更为学术化的概念，即高度关系型的金融交易及非关系型的金融交易。这次美国信贷市场的革命就是一场高度关系型金融交易向高度非关系型金融交易的转变。这种非关系型金融交易不仅使金融机构与金融组织出现根本性的变革，而且也让整个金融交易方式与运作模式发生了很大的改变。它由传统的零售并持有为主传统的银行模式改变为"创新产品并批发"为主导新的银行信贷模式，或全球性信贷金融已经从传统银行主导的模式演变为隐藏在证券借贷背后类似于一个"影子银行体系"的金融制度安排（格罗斯，2009）。这种信贷融资体系没有传统银行的组织结构却行使着传统银行信贷运作的功能。可以说，这种金融交易方式的重大变化不仅改变了个人与企业所面临的借款与储蓄的机会，也改变了金融从业者的职业生态，改变了整个金融市场的信用基础，从而形成一种与传统完全不同的金融体系，因此，金融市场的系统性风险的形成与表现方式也就不一样。但是，当金融市场的行为方式及信贷基础发生根本性的变化之后，如果没有相应的监管制度安排,如果没有一套适应于这种金融体系的法律及制度规则,也就无法形成一套如何来规避新的动作机制下金融风险的方式,金融危机爆发也就不可避免。可以说,这次美国金融危机就是在这样的一个背景下爆发的。

而这种所指的"影子银行"(Shadow Banking)就是把银行贷款证券化,通过证券市场获得信贷资金或信贷扩张的一种融资方式(黄元山,2008)。这种新的融资方式把传统银行的信贷关系演变为隐藏在证券化中的信贷关系。这种信贷关系看上去像传统银行但仅是行使传统银行的功能而没有传统银行的组织机构,即类似一个"影子银行体系"存在。在"影子银行"中,金融机构的融资来源主要是依靠金融市场的证券化,而不是如传统银行体系那样,金融机构的作用主要是把储蓄转化为投资,融资的来源主要是存款。而"影子银行"的证券化最主要的产品就是住房按揭贷款的证券化。它包括了资产支持商业票据、结构化投资工具、拍卖利率优先证券、可选择偿还债券和活期可变利率票据等多样化的金融产品与市场(克鲁格曼,2009),而住房按揭贷款的证券化是"影子银行"的核心所在。

"影子银行"的实质就是以住房按揭贷款的证券化等方式行使着传统银行的功能,但没有传统银行的组织形式。这种证券化产品先有MBS,然后有CMO、CDO、CDS等一系列的证券化产品。这些产品的特征是投资银行将购自贷款银行不同性质的按揭贷款放入一个资产池,再依据资产的收益与风险加以分类、切割、信用加强、重新包装等程序,转换成小单位证券卖给不同的投资者。在按揭贷款证券化后,由于银行无须持有贷款至到期,这样贷款银行既可把贷款的各种风险转移出去而激励贷款银行的信贷规模快速扩张,也可以调整债权的期限结构使长期债权得以流动。同时,在基础资产风险锁定的情况下,证券化不仅使借款人的借款成本降低,增加了借款人申请贷款的便利,也因为投资产品增加有助于分散投资者风险。但是,从CMO出现开始,住房按揭证券化债券产品变得越来越复杂及越来越多。后来的CDO产品也就是在此基础上形成了,并由此衍生出一系列的证券化金融衍生工具。

一般来说,无论是CMO还是CDO,其产品创新的重点是让这些产品的总价值高于尚未加以重组证券的市值,这是证券发行商的投资银行获利的空间。因此,投资银行往往会以高薪聘请金融工程师来设计各种不同的证券化衍生产品来满足不同的投资者需要。在设计这些金融衍生产品时，基本上假定金融风险是呈正态分布的，这样证券化产品就能够通过复杂的金融数理模型来分散与管理风险。对于投资银行来说，由于其了解产品特性，也了解交易部门市场的变化，因此其对风险及市况十分敏感，但是对于投资者来说，则是处于严重的信息不对称状态。还有，发行证券商在设计证券化产品时，为了增加利润及提高杠杆率，往往会把这组按揭贷款资产抽离到一个特殊目的的法人主体中（Special – Purpose Entity，SPE），通过 SPE 来运作证券化产品。这样，SPE 就可以利用短期融资购买中长期债券把金融杠杆不断地放大，信用、流动性及利率等风险也就在此过程中无限放大。

由于此类证券化产品设计得十分复杂，由于这些产品存在严重的信息不对称，投资银行为了吸引投资者，希望通过信用内部增级与外部信用增级来增加证券化产品的信用度。比如，请信用评级机构评级与保险公司给这些产品的风险担保。由于这些产品新颖、复杂，以及信用评级机构及保险公司在产品设计时就参与其中，由于相关的利益关系，从而使这些产品在评级时往往会偏离其应该扮演的中立裁判角色，从而让这些严重包装证券化的衍生产品卖给投资者。而 SPE 的证券化产品通过信用内部增级（评级公司评级）和外部信用增级（保险公司担保）之后，在投资银行为中心的场外交易系统卖给各种不同投资者如对冲基金、保险公司、退休基金、银行等。而以这种投资银行为中心的场外交易市场不仅杠杆率高，而且监管松散或无法受到证券交易规则监管，从而使该证券化产品得到飞快发展。"影子银行"就是通过上述的途径与方式，让资本市场上的传统机构债券投资者及对冲基金的钱源源不断地直接流入美国住房消费者手上。

"影子银行"之所以能够在短期内迅速发展，就在于它采取了一系列所谓的金融创新突破了现有的银行监管制度与体系，把金融衍生品的设计建立在不存在的假定之上，并形成一套高杠杆、高风险的运作方式。比方说，"影子银行"中的证券化产品基本上都是通过高度数学化模型计算风险而设计出来的，即这些资产的品质如果能够维持在模型的安全范围内或房价在上升，那么"影子银行"不仅能够有效运作，而且这种证券化按揭产品表面上也能够分散风险，但房价上涨假定不成立或房价下跌时，这种广泛分散的风险则会把其中的风险无限放大。由于"影子银行"大量采取的是以产品创新及批发的模式,即负债方由短期的商业票据来提供流动性资金并通过资产和负债的长短期错配来获得利差收益,和没有谨慎监管的场外交易,因此,这就容易导致这类金融机构追求过高杠杆率而形成巨大的潜在风险。

从上述"影子银行"的内在性质来看,近10多年来,这种融资体系的变革,造就了美国经济及2001年之后楼市的繁荣。在繁荣期间,买房人、贷款银行或贷款中介机构、各大投资银行、对冲基金、评级机构等,全部大赚特赚、皆大欢喜。在这种情况下,"影子银行"的规模迅速扩大,其风险也就越积越多。由于影子银行各种工具及产品都是依靠货币市场的短期票据来购买大量风险高、流动性较低的长期资产,并通过这种方式无限放大的信用扩张,这就使"影子银行"如传统银行挤兑时一样不堪一击。而在这种情况下,传统银行可以通过央行最后贷款人制度及存款保险等机制来降低这种风险,但是影子银行则没有这种保护机制。还有,由于"影子银行"在证券化的过程中每一步都存在较大风险及信用丧失,因此,随着"影子银行"扩张链条的无限延伸,其风险也在无限地放大。当"影子银行"这种无限信用扩张链条某一个环节出现问题或风险暴露出来时,整个"影子银行体系"就立即会土崩瓦解了。正如格罗斯(2009)所指出的那样,"影子银行体系"利用杠杆和金融创新,在25年来给全球经济扩张注入了巨大能量,给全球金融市场给出了无节制的信贷扩张,但正是"影子银行"的运作风险的内在性也摧毁了美国金融体系,给美国及全球经济带来严重的衰退。因此,美国金融监管体系的改革就是要重建美国的金融体系,把美国经济带出"影子银行"的阴影。

8.4 金融监管的目的是什么?

一般来说,金融监管的目的就是要建立起公平公正的市场、保护投资者利益及防范系统性的金融风险。不过,从传统的监管理念来看,这三个目标可归结到一点,就是对单个的金融机构市场准入有最低资本要求。比方说,《巴塞尔协议》的第一支柱就是最低资本充足率的要求。资本要求是银行监管的根基。而监管机构采取资本要求的根本原因就是维护单个被监管的金融机构的偿付能力,保护债权人的利益。也就是说,在传统的监管理论看来,在债权人与债务人的委托代理关系中,要保护债权人的利益,对代理人行为的限制主要是通过资本要求来实现的。因此,资产风险的高低在于资本要求的规模大小。但是,无论是"9·11"事件发生还是电子银行的出现,特别是这次美国金融危机所引起的金融体系的动荡对传统的金融监管理念提出了巨大的挑战,即《巴塞尔协议》所提出的对监管的资本要求根本上无力应对这次美国金融危机。因为,如果以单个金融机构的偿付能力为基础,也就无法确保整个金融体系稳定。

如果金融监管目的是确保金融体系的稳定,那么以风险资本要求为基础的传统金融监管体系则无力实现这个目标(莫里斯等,2009)。因为,从金融市场的基本特性来看,任何一个单个金融机构(特别是大型的金融机构)所采取的行动都会产生巨大的溢出效应或存在经济行为的外在性,这种外在性会影响其他金融机构的利益。在这种情况下,金融体系稳定性便具有公共产品的性质。它与其他公共品一样,当市场失灵时,往往会导致公共产品的供给缺乏效率。在这种情况下,每一个金融机构行为看上去是合理正常的,但实际可能导致整个金融市场的无效率。这就如美国生态学家哈丁所指出的"公地悲剧"的问题(Hardin, 1968)。

哈丁指出,在一个公共产权的牧场放牛,每一个放牛者都会选择过度放牧。因为,在共有产权的牧场,放牧者可将放牧的收益归自己而让放牧的成本由整个放牛者来承担。由于每一个放牧者都会过度放牧,这必然会导致整个牧场的资源很快耗尽而导致"公地悲剧"。金融市场的稳定性同样是一块"公地"。它是无形资产,产权界定非常困难。如果没有一个特定组织来制定游戏规则并保证这些游戏规则有效执行,那么就必然产生金融市场的"公地悲剧"。因为金融市场的每一个当事人都有可能过度地使用这个金融体系的资源,直至这个金融体系的资源耗尽为止。而金融监管的目的则是制止这种"公地悲剧"出现的一种方式。

从这次美国金融危机所发生的事件来看,传统的违约风险管理机制都是针对特定交易对象而设立的。如果金融市场出现问题,就可用所要求的资本来应对。但是,在这次金融危机中华尔街五大投资银行突然倒闭或被接管,并不是这些投资银行的资本没有达到所要求的标准,而是由于它的贷款人不再向它提供贷款，而让这些投资银行陷入流动性困境的。比方说，雷曼兄弟倒闭引起了 AIG 陷入极度风险之中，这并不是因为 AIG 在很多交易上是雷曼兄弟交易对家，而是因为雷曼兄弟倒闭令各种 CDS 价格飙升，作为 CDS 的大庄家的 AIG 立即无能力支付而处于巨大亏损之中。两大金融机构先后出事后，整个金融市场立即认为所有的金融机构都面临问题，最终连货币市场也无人问津，金融市场流动性出现枯竭。资产市场的流动性消失之后，各金融机构套现出现重重困难，从而使整个金融体系立即崩塌。这些是整个金融市场系统性风险突然爆发的结果。

但是，金融市场系统性风险为什么会突然爆发？为什么爆发之后会发展到如此不可收拾的地步？就如第二部分做了详细的分析，就是"影子银行体系"下金融交易过度、金融衍生工具过度盛行、金融杠杆率过高，所谓的金融创新过度、没有受监管的对冲基金过度发展等过度使用金融体系的结果，就如"公地悲剧"一样。因此，如何来减少及避免"公地悲剧"的出现成了这次美国金融监管体系改革最为核心的问题。也就是说，这次美国金融监管体系最为重大的改革就是要改变传统的监管理念，即金融监管的目的不仅是确保单个金融机构的偿付能力，更重要的是要确保金融体系的整体稳定，要加强流动性的监管，减少金融机构特别是特大金融机构对金融体系的过度使用。

因此，从《金融白皮书》的内容来看，美联储将被赋予权力来监管美国规模最大、最具系统关联性的"一类金融控股公司"，而这些可能对整个系统构成威胁的机构本身，也将因此在资本金和流动性方面面临更高的要求。此外，美联储还首次肩负起对美国市场上对冲基金和私募基金实施监管的责任。即美联储对金融市场的监管并非单个金融机构所面临的风险实施监管，而对整个金融体系可能面临的系统性风险进行监管，而这些正好切中这次金融危机的要害。

因为，我们可以看到，这次美国金融危机的根源就在于现有金融机构通过一系列的所谓金融创新从而形成了一个完全与传统金融体系不同的"影子银行体系"[其实，"影子银行"盛行也是与 1988 年《巴塞尔协议》推出后的"监管套利"有关（巴茨等，2008）]。这种"影子银行"的核心就是通过一系列的金融产品、金融工具、金融市场的创新来突破既有金融监管体系，以便在这种无监管的过度金融交易过程中利润最大化，无论几大投资银行还是大量对冲基金涌出都是如此。可以说，无论是 CDO 以及 CDS 等金融产品的出现，还是大量场外交易存在；无论是国际大宗商品的炒作，还是国际原油价格坐过山车，基本上都是与这些金融机构的出现与炒作有关。但是，目前五大投资银行消失了，而大量的对冲基本则死灰复燃。最近，无论是国际油价短期内快速飙升与震荡、国际金融市场汇率巨大的波动，还是大宗商品的价格突然上涨及下跌都是与这些对冲基金疯狂的炒作有关。在美国，对冲基金具有绝对优势，因此，要保证美国及国际金融市场的稳定及减少其风险，就得把对冲基金等金融机构纳入金融监管的范围内。正因为美国对冲基金强势，到当前奥巴马的金融改革仍然阻力重重。

还有，商业银行体系过度地使用金融体系这个公共品也是如此。因为，对于现代银行体系来说，看上去每一家银行都有明确产权界定，它是由确定的股东来组成的，但现代银行体系产权终极意义则是社会公共品。各国央行不仅是现代商业银行的最终贷款人，即当银行出现问题时，最终要由央行来担保，而且现代商业银行的外部性十分严重。当一家银行出现危机时，会影响到其他银行及许多相应当事人。因此，过度地使用现代商业银行体系就成了银行经营者及管理者最为平常的事情。无论是欧美银行还是中国的银行都如此。在美国金融危机之后，欧美各国不少商业银行完全是在政府救助下得以存在下来的。因此，在金融危机之后，美国政府开始重视这个问题，开始通过银行体系重大改革来限制银行经营者过度使用这个体系并让其个人利益最大化。

从改革蓝图可以看到，这次金融监管改革的目的是要改变以风险导向的资本要求为基础的传统监管模式，从整个系统角度来保证金融体系稳定。有针对性地对某种金融机构或组织实施过高杠杆率的限制，用流动性要求来限制资产组合的构成，而不是仅仅约束其规模大小及资本充足率高低。这些都是当前美国金融监管体系改革的核心，也是美国提振其金融市场信心、保证美国金融市场体系稳定的关键所在。可以说，这次美国金融监管制度改革的成败就在于这种监管理念改变，就在于对这些大型对冲基金制定什么样的市场规则，让这些对冲基金在什么样的范围内运作。比方说，对金融机构管理层的薪酬标准的设定、对金融机构杠杆率设置上限的预防性规则的设定等都是这次金融监管制度改革的重要方面。但是，把这些金融机构纳入监管范围或加强对这些金融机构的监管，也引起华尔街等相关利益者以金融市场的竞争力为幌子强烈反对这种改革。看来这种利益博弈的结果如何还得拭目以待。

当然，这里还有一些重大理论问题，就是在美联储获得上述巨大的监管权力成为金融监管体系中的系统风险监管者后，美联储将面临不少问题。比如，美联储获得大量的监管职能后如何来保证货币政策的独立性；谁来监管美联储？如果美联储的权力不能受到有效制衡又可能面临新的问题（赫维茨，2009）。尽管在改革蓝图建议成立以财政部长牵头的金融服务监管委员会形成制衡机制，但学界对"超级监管者"权力过大的反对声仍然很多。所以美国国会在此问题上还没有达成共识。这些都将是美国金融监管体系改革后面临的新问题。

8.5 哪一种金融监管模式最合适？

尽管各国金融监管改革的初始条件、市场发展的程度不同，但各国金融监管基本上都遵循着三种基本模式（科菲等，2009），即功能/机构模式；统一的金融服务监管者；双峰模式。对于这三种金融监管模式，孰优孰劣？由于各国金融市场的发展条件不同、文化制度的差异，目前世界上还没有一种金融监管模式被整个国际金融市场达成共识。不过，从20世纪80年代开始，一个明显的趋势是对银行、证券市场、保险监管职责进行整合。比如，英国、日本、韩国、德国和东北欧等国家纷纷转向单一的监管者模式，而英国的转变最具有代表性。

而"双峰模式"是指金融监管有两个独立的目的（科菲等，2009），一是确保金融体系的稳定，即金融监管部门要承担对相关金融机构审慎监管的职责；二是保护金融市场的消费者或投资者免受不道德的经营者侵害，即监管部门要承担对消费者保护的职责。因为，在实际金融监管中，这两种监管职责往往是相冲突的。如果不能把这两大目标及职责分开并独立出来，那么金融监管部门要实现两大独立的监管目标是不可能的。不过，在美国金融体系改革之前，上述两种监管模式基本上不为美国监管体系所接纳，而更多强调的是功能性的监管。

一般来说，美国传统的金融监管模式是一个复杂结合体（赵静梅，2007）。在纵向结构上，联邦政府与州政府实行分权监管，即所谓双层监管体系。但州政府监管权力主要放在保险银行上，对证券监管权力则较小。在横向结构上，各监管机构实行分业监管，但该分业监管既不是纯粹的机构性监管，也不是纯粹的功能性监管，而是两者混合。不过，从美国金融监管体系演进的历史来看，1999年《金融服务现代化法》确立之前，美国的监管基本上是一种机构型监管。监管制度基本上是随金融机构产生而确立，随金融机构的变化而调整。因此，这种监管很少是深思熟虑设计的产物，而是历史偶然事件逐渐演进的结果（科菲等，2009）。随着1999年《金融服务现代化法》的确立，功能监管理念才逐渐被接受。而所谓的功能监管就是把金融交易中的同一功能交由一个监管者来监管，而不是仅仅根据产品种类或机构法律地位将其分别交给不同的监管者监管。但是，无论是从机构监管还是从功能监管来说，它们都没有超越以风险资本要求为基础的传统金融监管模式，因此，这种监管模式也就无法监管系统性风险，保证金融体系的整体稳定。

因此，奥巴马的金融监管改革蓝图既非强调金融机构监管也非强调金融功能监管，而是将对整个美国金融监管机构进行重组，重新分配金融机构的权力，即金融监管机构的重建。而在金融监管机构的重建中，并没有如英国那样组建一个超级监管机构，而重点是赋予美联储将拥有更大的权力监管金融机构、金融产品以及金融交易，美联储也可能有权对大型金融机构设定资本以及流动性的要求。因为，从美国金融监管体系来看，不仅存在监管权力界限划分不清，金融监管权力结构重叠，而且也存在不少金融监管的权力真空。比如，在银行的监管中，有三个不同的联邦监管者对银行进行监管，货币管理署、美国联邦储备银行、联邦存款保险公司等，不仅监管权力重叠，而且功能监管较为形式化；对于证券市场来说，有证监会、期货监管委员会，而对于金融衍生工具则在监管的权力之外。对保险业也没有一个全国性保险监管机构。因此，在这种七零八落的金融监管的权力结构中，既存在不少金融监管的真空地带，也无法对这种不同的金融监管权力结构进行协调、整合及系统性风险防范。可以说，这次美国金融危机就是，由于没有一种整合各种金融监管权力的特殊机构，从而导致不少金融监管的真空。当这种金融监管真空越来越大时，系统性金融风险也就越积越大，直至最后金融泡沫破灭及金融危机的爆发。

在证券化的过程中，无论是证券化产品创新，还是证券化产品的交易基本上都是在突破现有的各种监管制度与规则。比方说，整个证券化产品交易不是在正式的场内交易进行，而是在投资银行的交易中完成等。正因如此，各种证券化产品在千方百计地突破现有的监管制度与规则，这种证券化产品的金融风险在金融监管的真空中逐渐积累与放大。当这种潜在金融风险越积越大时，最后必然会爆发出来。

因此，可以说，赋予美联储巨大的监管权力，一是要更好地应对系统性风险，减少金融市场监管的真空；二是要提高金融市场的竞争力。赋予美联储较大的监管权力，不仅在于整个金融监管机构的权力，而且在于美联储有权力需求一些足够大的金融机构要求维持较高的资本充足率、限制其高风险投资和过多地提高杠杆率。也就是说，这次金融制度改革并没有对金融机构的功能化重组，而更多的是通过赋予美联储更大权力来实现监管的功能性。同时，也没有采取现有的金融监管模式，而是在现有条件基础上逐渐形成一种新的监管模式。对此，美国的金融监管模式如何发展，它对国际金融市场影响有多大，这些都是引起我们足够关注的大问题。

8.6 金融监管与金融创新的平衡何以可能？

从上面的分析中可以看到，美国金融危机的实质是通过影子银行把一种银行与客户的信任关系转化为完全用数学模式建构起来估值优化系统，而这种数学估值优化系统就是一个又一个的金融创新工具。这种金融创新是通过一系列的金融产品、金融工具、金融市场的创新来突破既有金融监管体系，以便在这种无监管的过度金融交易过程中利润最大化，特别是个人收益最大化。因此，重新评估既有的金融创新理论与工具也是这次美国金融监管制度改革的重要方面。但是，已有的研究表明，严格的金融监管往往会成为金融创新的动力。金融发展史上的金融创新就是为了回避金融管制的结果。比方说，美国20世纪60—70年代的利率管制导致了货币市场大量的金融创新产品出现。而影子银行的产生则是为了规避资本充足率的监管（巴茨，2008）。可以说，严格的金融监管可能导致新的金融创新潮出现，而金融监管不足又可能导致金融机构过度交易、过度使用金融体系而导致系统性风险。因此，如何达到金融监管与金融创新之间的平衡是这次美国金融监管体系改革的重要方面。

在此，我们先得对现代金融学理论进行反思。从1959年马科维兹开始的资产组合理论开始，现代金融理论的发展基本上是沿着一个简化而偏离现实的路径上发展（谢德宗，1997）。这种理论假定风险世界处于一个风险正态分布的状态。因此，只要把一定的数学方程与统计技巧应用到金融市场，就能够建立起金融模型来管理金融市场所面临的风险。特别是，"冷战"末期，当大量的科学家及物理学家入华尔街后，金融工程学也开始成了"显学"。在这样的背景下，大量与次贷有关的金融产品与金融工具开始涌现出来。但是，这些通过数学模型设计出的风险管理金融模式，在大数法则下是可以看到市场的某个片段，但是往往会忽略小概率事件；它能够把复杂经济关系简化为数量关系，或经济生活的数量化，但是这却无法量化经济生活中人所有行为。当经济生活中小概率事件发生时，当复杂的人的经济行为不能够数量化与模型化时，那么通过这种金融模式所设计产品的风险也就无所不在。

还有，这种以数学模型设计出的风险管理的工具或金融创新工具，看上去是科学客观的，但实际上是一套客观依据不足、错误的匿名定价机制。对于前者主要表现为大多数金融创新产品的设计或创立都是以历史数据为主导。这些历史数据不仅连续性不足而且都是过去发生的事情，它们要显示未来不确定性风险是不可能的。对于错误的匿名定价机制是指通过金融产品创新把个人身份与责任感从个人的行为中分离出来，然后给出十分离谱的金融产品定价。在这样的机制中，金融创新不仅是一种卸责机制，即所谓的风险分散就是每一个当事人都希望创新一种金融产品让该产品的风险让他人来承担。比如，在"影子银行体系"中，贷款银行通过证券化把原本长期持有的信贷资产卖出，这样信贷估值责任就推卸到投资银行。而投资银行把这次按揭贷款以证券化产品卖给最终的投资者。这时，由于投资者与这些金融创新产品的基础资产越来越远，他们也就无法识别及承担最终借款人信贷违约风险。这样，不仅贷款银行把信贷违约风险卸责给其他金融机构，而且整个"影子银行体系"内所有的机构的所有人，共同卸责给一个非人匿名运算定价机制。在这种情况下，投资银行的金融创新人员就以标准的金融风险管理模式设计所谓金融创新产品让他人来承担风险。这时，金融创新产品则成了一个人人卸责的工具。当一个市场当事人都在以金融创新的方式卸责风险时，那么金融创新产品不仅不能分散风险；反之成为制造风险的工具。因为，如果金融市场每一个当事人都在卸责时，这不仅会导致金融风险责任的"真空"，也会导致市场潜在的风险越积越多、越来越大，系统性风险最后爆发。

还有，当用金融创新模型把金融市场的生活完全数量化时，它不仅把人的丰富的经济生活变成机械化与科学主义化，而且它容易与拜金主义结盟而彻底摧毁现实社会的核心价值，让人的贪婪本性横流，每一个人都成为逐利工具或马克思所指出的被物所奴役的异化社会。可以说，近年来美国华尔街之所以完全成了一件逐利的工具、成为贪婪人性的展现场所，这同样是与金融市场这种纯粹金融创新模式化理论与思维方式有关的。因此，目前该是全面反思金融创新的理论及方式的时候了，只有出现金融学理论范式上的重大革命，才能让目前金融创新走出其困境。

在这次美国金融监管体系改革的蓝图中，强化对证券化市场的监管，要求所有当事人在相关信贷证券化产品中承担一定风险责任并对金融衍生品市场全面加强监管等。也就是说，要加强对金融创新产品的监管，关键的问题是要对"金融创新"重新理解与反思，并在此基础上认清金融创新的含义及所面临的风险。只有这样才能找到一条金融监管与金融创新互动的平衡点。当然，在改革的蓝图中，还有消费者利益保护、国际监管机制协调等问题，在此就不过多讨论。

8.7 美国金融监管改革对中国的启示

在一场严重的金融危机之后，美国政府推出一幅系统的金融监管制度改革蓝图。这个金融改革是要重新确立美国金融监管体系的基础。而这个新基础的核心就是对上述一些金融监管理念重新认识，以便设计出适应于新的经济形势的金融监管新规则。可以说，无论是监管目的的确立、监管模式的采取，还是金融创新的新理解，都会促使对美国金融监管体系进行较为全面彻底的改革，以便打造出一个全新的美国金融体系。对此，中国的管理层要密切关注其动向与发展，以便重造中国的金融监管体系。

从目前中国的金融监管体系来看，基本上还处于传统监管理念下，由于中国整个金融体系由国家隐性担保，监管目标更注重单个金融机构风险管理，而不是整个金融体系的稳定。当然，一个市场不成熟、开放度较低的金融体系，这种监管体系缺陷与不足还无法暴露出来。但是，这样的金融监管体系既不适应已经发展的市场，也无法适应开放的世界。

而以分业为主导的金融监管体系，并非来适应开始混业经营发展趋势及向功能型转变，而是要重新确立分业监管的新框架，形成有效的分业监管新机制。因为，就目前中国的金融市场来说，它不仅开放度低、市场发展不成熟，而且基本上处于市场初级发展阶段。由于金融监管体系发育得不成熟，如果过早地向成熟金融监管模式转型，欲速则不达。

对于金融创新，当前主流意见是，中国当前并不存在金融创新过度，而是金融创新严重不足。因此，中国不因为美国金融危机的爆发就因噎废食，对各种形式的金融创新心怀排斥甚至恐惧。对此意见，我们应该更多地要研究中国金融市场的基础性制度。如果中国金融市场的基础性制度不足，无论是金融创新的过度或不足，中国对金融创新都得采取谨慎的态度，特别是一些所谓结构性金融工具及衍生工具，其出台更要谨慎。因为，在中国传统的金融工具都无法有效运用的情况下，推出高风险的金融创新工具并非有利于中国金融市场发展。

还有，从2008年下半年美国金融危机发生的情况来看，国内商业银行的经营者及管理层无不都在过度使用这个具有公共品性质的银行体系，因此，在2009年央行的货币政策由从紧到适度宽松后，各商业银行都采取了一系列的过度使用现代银行体系的激励政策。比如，商业银行对信贷人员无限信贷扩张也采取过度激励政策，即凡贷款1亿元，奖励金可获得25万—30万元。在这样的激励政策下，信贷人员的放出贷款只强化贷款的数量而不管其质量。贷款人员为了扩大信贷规模不惜违规操作与经营，并用贷款长期性来掩饰贷款质量低下的不足。2009年国内银行信贷之所以过度增长，就是与这种对信贷人员的激励政策有关。如果说这样的激励政策不改变，商业银行随时都会突破现有的信贷规模的限制，银行体系的信用风险会越积越大。

在这种激励过度的银行奖励政策下，大量的银行信贷资金进入房地产市场，吹大了不少地方的房地产泡沫。而银行之所以愿意把大量的银行信贷资金贷款给购买住房的投资炒作者，就在于商业银行假定房价只涨不跌。也就是说，只要房价只涨不跌，那么贷款房地产市场的钱，无论是房地产开发商还是购买住房投机炒作者，都没有风险。如果房价只涨不跌，房地产贷款规模越大，其银行利润越多，风险就越小。但实际上，这种假定是不成立的，房价既可涨也可跌。当房价下跌时，大量的房地产贷款（特别是审查不严进入的个人住房按揭贷款）就面临着巨大的信用风险。但是，在当前商业银行经营者假定住房的价格只涨不跌的前提下，商业银行向房地产市场无限信贷规模扩张也就不可避免。也就是说，当前商业银行超预期的信贷投放并过度使用现有银行体系时，银行经营者可以把其运作收益归个人或小单位所有而把其运作成本转移给整个社会来承担，而这些都与现行的银行监管体系有关。也就是说，当美国金融危机之后，全球金融监管体系将面临重大的改革，中国金融市场也是这种监管改革的一部分。

9 美国金融业监管制度的演进[①]

9.1 前言

金融监管制度的健全性是金融市场健康发展的关键，而金融体制的健全性又在于金融体制的稳定性、有效性及公平性，在于市场法则的有效运作及政府对金融市场干预的程度低，而这是减少金融危机发生的关键。本文从考察美国金融监管体系的确立与演进的历程中看到，金融监管并非以政府管制金融资源为目的，而是以提升金融市场有效运作为目的，即如何在金融自由化与金融监管之间找到均衡。面对着金融全球化，国家仍然掌握着最大权力，国家如何从管制、松绑及再管制的层次中，找出符合国家利益及经济发展的均衡，是保证金融业发展的关键。因此，中国应该以市场法则为依归，确立多层次的金融监管体系，要放松管制而不是强加管制。

9.2 问题的提出

尽管1997年亚洲金融危机中国逃过了那一大劫，但"入世"后，中国金融市场逐渐地对外开放，其潜在的风险随时可能会引发。特别是由于中国金融业并没有从计划经济的阴影中走出，其市场化程度低、政府对金融市场的参与过多等使中国金融体制改革步履艰难、金融结构调整缓慢、金融业运作的效率低下（易宪容，2001）。如何保证金融业稳定与

[①] 该文章发表在《世界经济》2002年第7期。

发展，确立有效的金融监管体制也就势在必行。如何确立中国金融业有效的监管体制，尽管他国现成的模式并不一定完全适应中国，但"他山之石，可以攻玉"。看看他人所走过的路、所积累的经验或许会有一点启示。本文从制度经济学的视角对美国金融业的监管制度进行梳理和分析，从而研究它是如何确立、演进与发展的。

不少研究表明，金融监管是与金融危机相联系的。从时间的维度来看，无论是哪个时候金融危机一发生，金融监管立刻就会成为人们十分关注的焦点。如1913年以前，美国金融体系的危机层出不穷，从而导致了美国联邦储备制度的建立。1929年的经济大萧条，从而使美国国会痛下决心制定并通过了《1933年格拉斯—斯蒂格尔法》（Gart，1994）。由此可见，人们往往会认为金融监管是市场失灵的结果。因此，市场的外在性、公共品、信息不对称及市场竞争不完全性等都得通过政府规划的方式来解决（Stiglitz & Weiss，1981）。还有人主张，在市场合约不能有效执行时，人们往往会通过法院裁判的方式来解决，而法院执法是被动的，只有在上诉后才可进行。加之上诉成本的存在及信息上的困难，许多案子没有上诉，合约的有效执行也就无法进行，而引入监管就是为了解决合约失灵的问题（Keeler，1984）。

最近，美国经济学家施莱弗等（2001）对监管的必要性提出了新的理论。该理论认为，由于执法搜寻证据的成本存在及法庭的中立性，这就使法庭无法花高的代价来执法，引入监管者可以提供执法中的激励，它的行为不足与过之的结果都可以最后由法庭来裁决。而捷克和波兰的证券市场为什么转轨以来有重大的差异，就在于波兰的证券市场上有监管者在执法，而捷克则是仅依赖法庭来执法。另外，伦敦经济学院许成钢（2001）从哈佛大学哈特的不完备合约引申出了"法律的不完备性"理论。他认为，由于法律的不完备性，这就使要想使法律设计到最优是不可能的。引入监管机构以主动方式执法可以改进法律效果，弥补法律不完备性之不足。

当然，对20世纪60年代的芝加哥学派来说，没有金融监管才是真正的监管。在他们看来，在法院中立的条件下，只要能够设计出好的法律，由法庭来执法是最优的制度，而根本不需要任何其他机构来行使监管的职能（Becker，1968）。后来，施蒂格勒进一步引申了贝克尔的理论（Stigler，1970）。而美国的大法官波斯纳对此走得更远，他认为监管者存在都是利益集团造成的。因为利益集团要到立法者那里去游说，从而建立起了监管者。正是从这个意义上说，由于监管者代表了既得利益集团，有监管者对整个社会比没有监管者效益更差（Posner，1975）。而按照科斯定理，如果没有交易成本，合约的执行只要法院就行，根本不需要任何监管者或政府管制了（易宪容，1998）。

其实，不仅市场运作存在交易费用，而且组织监管的成本也绝不可低估。监管机构的设立、人员经费、制定监管规则、监管信息的收集及实施监管等都是要花成本的，而且还有监管对象为遵守有关监管规定所要承担的成本、监管所导致的"寻租"与"设租"成本及反腐败的成本、过度监管所导致的效率损失等（Miller，1995）。正因为监管成本的存在，监管者的监管行为并非能够找到一个合适的均衡点，金融监管失灵同样存在。例如，监管经常会出现意想不到的结果，甚至于走到制度安排的反面。加上监管效应的滞后，当一项监管措施被证明错误时，监管者已来不及纠正了（易宪容，2001）。

因此，如何在市场失灵与金融监管失灵之间寻找一个合适的均衡点，既是维持金融体系稳定发展的关键，也是保证金融体系有效运作的重点。目前随着金融市场运作格局的变化，金融监管理念也正在发生变化。对于它现行的金融监管体制，人们对它批评也是越来越多。Goodhart（1996）认为金融监管部门事先确定资本充足的具体权重，制定具体的模型是错误的，这样做除了使监管规则越来越复杂、造成高昂的监管成本外，政府并不比金融机构与市场自身更高明。Estrella（1998）也认为，监管规则和模型的过分复杂往往很难适应现实情况的变化，监管当局应转向合理界定自身角色，制定简洁、可预期的监管规则。因此，确立一个多层次的金融监管体系是未来金融监管体制确立的方向（易宪容，2001）。这种多层次的监管体制以金融市场法则为依归，在合理的金融功能分工的基础上以制度化的安排界定监管者、金融机构及市场当事人角色。正是从市场化的角度来说，美国金融监管体制的确立、演进与发展对确立中国多层次的金融监管体制具有一定的借鉴意义。

本文认为，金融监管制度的健全性是金融市场健康发展的关键，而金融体制的健全性又在于金融体制的稳定性、有效性及公平性（威塔斯，2000），在于市场法则的有效运作及政府对金融市场干预的程度低。在这种情况下，其发生金融危机的概率就会小。自20世纪30年代经济大萧条以来，除1987年的银行危机之外，近70年来美国国内从未再出现大规模的金融危机及银行倒闭事件，这是与美国的金融监管体制以市场法则为依归，在政府、金融机构及企业之间有严格行为边界是分不开的（Kufman，1995）。再看看亚洲各国，企业往往以持股的方式介入银行，并以此来融集大量资金，再利用政府的力量影响金融制度的监管。有人认为，这正是导致1997年亚洲金融危机最主要的原因（Kunimune，1999）。"入世"以后，中国金融体制面临着一系列的重大改革，如何才能确立健全的金融监管体制，我们对美国的金融监管体系做一点研究是十分必要的。

本文先从理论上来讨论企业、银行与政府的三者关系，以便从中引申出金融监管的类型与方式；然后以此为分析框架来讨论美国金融监管体制的历史演进过程、运作方式及其特征，讨论《1999年金融服务现代化法》出台对美国及世界金融监管体制的影响与变化，最后再看看美国的经验对确立中国多层次的金融监管体制有什么启示。

9.3 金融监管体制分析的理论框架

在金融市场中，政府、企业及金融机构三者之间的关系如何，不仅决定了其金融体制的稳健性，也决定了金融危机出现时的应对能力。很简单，为何国家之间面对相同的金融危机时，会出现不同的应对方式，所得出的后果也是迥然不同的（Katzenstein，1978）。由此，不少学者试图从政府、企业与金融机构之间的互动关系中来寻找答案。在科斯（1994）看来，由于交易费用的存在，市场、企业及政府都是人们可选择的资源配置的方式。这就是说，政府也是配置社会资源不可或缺的方式之一。不过，由于交易费用的存在，无论是市场，还是企业或政府都可能产生失灵。这些失灵的存在则是导致制度变迁的原因（诺斯，1992）。但新古典经济学只强调市场价格机制的作用，把全部的社会活动都约化为个人的偏好及理性行为，把经济行为完全孤立在政治生活及社会文化活动之外；而传统的计划经济理论则强调政府的万能作用，政府作为一个"道德人"，它具有实现社会公平分配以及在情感上要为人民服务的使命和义务（Haveman & Knoopf，1970）。诺斯（1992）则认为，政府的存在既是社会经济成长的关键，然而政府又是人为经济衰退的根源。这是因为，政府不仅处于界定和执行产权的支配地位，而且拥有这些产权的"最终排他性"，以及使用暴力以控制社会资源的可能性。不过，由于竞争的限制和交易费用的存在，导致经济持续增长的产权很少在历史中居于支配地位，从而使统治者租金最大化的产权结构与降低交易费用和促进经济成长的产权结构总是存在冲突。

Zysman（1983）认为，政府与金融市场的关系分为国家主导（state-led）、公司主导（company-led）、协商为主（negotiated）三种类型，而美国基本上是以公司为主导的，政府在金融市场运作的过程中影响不大。Henning（1994）曾以中央银行地位的高低与银行、企业关系密切程度来分析美国、日本及德国的金融市场运作的情况，他研究发现，美国联储局地位最为独立，而银行与企业的关系最弱；德国联邦银行独立性高，但银行与企业之间的关系密切；日本银行的地位依附于大藏省，但企业与银行的关系密切。

按照现代货币金融理论，现代金融体制的模式有以市场为导向的美国模式及以银行为导向的日韩和欧洲大陆模式（易宪容，2001）。其导向不同，监管的方式也殊异。政府对于金融体制监管方式，前者称为外在防火墙，即严格地约束银行与证券市场之间的关系；后者称为内在防火墙，即严格地管制银行与企业之间的关系。蔡增家（2000）把其关系延伸为，内在防火墙是指所有权的管制，它管制企业介入银行所有权以及业务的方式，例如，企业通常会通过交叉持股与成立控股公司两种方式来取得银行的所有权；而外在防火墙是属于功能性管制，它是管制银行介入及经营证券市场买卖的业务，在各国的管制模式中，可以区分国家允许或禁止银行从事证券股票业务。

因此，在国家、企业与银行三者关系中，蔡增家（2000）把它们分为国家管制、企业管制、国家管理及企业管理四种互动模式。国家管制模式是指企业主要的资金来源为国有银行，并限制企业经营银行的权利，让政府能够掌控企业资金的来源，如20世纪90年代上半期的中国；企业管制模式是指企业主要的资金来源于民营银行机构，同时国家并不限制企业对银行的经营权利，使企业可能通过交叉持股来控制银行的效果，银行也成了企业主要融资方式，如第二次世界大战后的日本；企业管理模式是指政府允许企业经营银行，但企业融资主要来源于资本市场，如英国；政府管理模式，它同样主要是以资本市场为企业融资，但政府是以金融控股公司来管制企业与银行的关系，美国就是这种模式的典型。

把上述模式应用到金融监管的分析中就会看到，在国家管制模式中，政府基本上控制着整个社会的金融资源，并通过中央集权式的金融监管体制来管制金融市场的运作。尽管这种监管体系有利于金融体制的稳定，但由于以集权监管为主导，整个金融体制的运作是低效率或无效率的。在企业监管模式中，尽管这种模式减少了银行与企业之间的不对称信息及交易费用，提高了金融运作的效率，但由于企业与银行之间的业务关系为直接进行，这将降低国家对金融监管体系的控制能力，容易导致金融制度的不稳定。在企业管理模式中，企业与银行虽然可相互介入，但企业的融资方式是以资本市场为主导，因此，对金融体制稳定的影响小。在国家管理模式中，政府以法律的方式把企业与银行之间的关系区隔开来，而企业的融资是以资本市场为主导，金融监管体制的运作基本上是以市场法则为依归。这种以政府、银行及企业各司其职的金融体系最为稳定。不过，这种国家管理模式不利于企业融资及银行竞争力的提高。下一节试图从政府、企业及银行三者的互动关系来看美国金融监管体制是如何确立与演进的。

9.4　美国金融业监管体制的历史演进与特征

美国金融监管体制的确立与其他制度的产生一样，并非一蹴而就，同样是一个演进发展的过程。当然，过去许多文献对于美国金融体制的历史发展有不同的划分方式（Fisher，1968），本文则是以金融监管体制的变化为划分标准，如早期自由银行体制、二重性银行体制、金融管制、金融自由化及金融再监管五个时期。

9.4.1　早期自由银行体制时期

1781—1863 年是美国银行业快速发展并引起人们广泛争论的时期（Chandler，1977）。美国第一家现代银行是 1782 年建立在费城的北美银行。因为根据不成文法任何人有权从事银行业及其他企业，随后由州注册银行纷纷开业。这些州银行除了负责存贷款业务外，还担负着发行货币的责任。1791 年美国联邦政府批准设立美国银行，并规定特许权 20 年，它不但接受存款、发行货币，同时也担任部分中央银行的职能

(Lash，1987）。正因为它行使中央银行权力，特别是限制州银行业务的权力，使该银行一到期，国会拒绝它延期。而摆脱了美国银行的抑制影响，州银行随即迅速发展，同时州银行的种种弊端暴露无遗。迫于此，1816 年美国国会再度特许成立美国第二银行。同美国银行一样，美国第二银行也行使商业银行与中央银行的双重功能，只是规模上要大。这种公司式的中央银行，它由联邦政府核发牌照，但全部或绝大部分为个人投资者所拥有。这与当时美国的价值体系是不相容的（Goodhart，1988）。1836 年杰克逊结束了国家银行制度。之后，美国金融体系进入自由银行制度时期。根据这种制度，任何人只要符合条件规定，就可以成立银行。在这种制度安排下，美国州银行膨胀更是迅速，加上各银行滥发货币，银行风险急增。当时只有纽约少数几州银行较为稳定（Chandler，1977）。当然，州注册银行的迅速发展也为美国二重性金融体制开辟了道路。

9.4.2 二重性银行体制

1863 年美国国会通过《国民银行法》，正式建立了联邦注册银行，并成立了货币监理局对联邦注册银行加以审批和管理。这样，反映了美国政治结构中的制衡与分权特征的二重性银行体制（联邦银行制度与州银行制度）得以形成（Lash，1987）。该法统一了全国货币，并规定只有联邦注册银行可以发行货币，从而克服州银行制度下造成的银行业混乱与无序现象，但却形成了国家银行与州银行并存的二重性银行结构，而后来这种银行结构自然延伸到了其他储备性金融机构，如储蓄与贷款协会等方面。不过，由于这种银行体制缺少灵活性及银行储备方面的缺陷，再加上联邦注册银行与州银行之间的激烈竞争，使美国缺乏一个统一的金融机构来实施国家的货币政策及清算功能，银行危机接连发生，1907 年银行危机更是使信用支付尽失（Chandler，1977）。也正是 1907 年的银行危机成了重新讨论中央银行问题的重要契机。危机过后，国会中设立了国家货币委员会来研讨中央银行制度安排问题，其专题报告就是国会通过的《1913 年联邦储备法》，美国联邦储备体系也依此法而确立。

9.4.3 金融管制时期

美国联邦储备体系的建立，是美国金融监管体制演进中的一个重大里程碑。因为它不仅是美国联邦政府与地方政府博弈下的结果及寻找维持金融稳定及提升金融机构竞争力的均衡，也表明了美国金融监督体系的确立。该法规规定联储的目标就是执行货币政策，担任最后贷款人以及监督管理银行业。对银行业管理主要是制定和执行有关银行业的行为准则,而对银行业监管主要是对每家银行进行跟踪考察,以确保它们遵守银行业的法规,按安全、可靠、谨慎的方式开展业务(Goodhart,1988)。可以说,美国联邦储备体系的确立使美国进入现代金融管制时期。

特别是随着 1929 年爆发的危机并在 20 世纪 30 年代的发展与蔓延,高风险高收益的股票市场的崩溃使当时未实行分业管理的商业银行受到牵连,美国有 11000 多家银行像"多米诺骨牌"一样纷纷破产、倒闭和合并,使银行总数由 25000 家减少到 14000 家,信用体系遭到毁灭性的破坏,整个银行体系一度呈现瘫痪状态(易宪容,2001)。1931 年美国成立专门委员会调查研究大危机的原因,其调查断然得出如格拉斯议员所认为那样的结论:商业银行从事证券业务对联邦储备体系造成损害,使银行有悖于良好经营原则,而且这种行为对股票市场的投机、1929 年的股市暴跌、银行倒闭和经济大萧条都负有责任。为了防止金融灾难再次发生,美国国会和监管当局痛下决心,于 1933 年制定并交国会通过了《格拉斯—斯蒂格尔法》。1927 年《麦克法登—佩珀尔法》为限制银行过度竞争设置了严格的进入障碍。禁止银行跨州设立分行,禁止商业银行从事证券投资业务,确立联邦存款保险制度。这些都是美国金融监管体系的主要内容。其后,美国又相继颁布了《联邦储蓄制度 Q 条例》《1934 年证券交易法》《投资公司法》《1968 年威廉斯法》等一系列法案,强化和完善了金融市场的监管,金融分业经营的制度框架也在此期间逐步形成与完善(易宪容,2001)。

9.4.4 金融自由化时期

尽管银行的分业经营对控制金融风险、加强金融监管、规范金融市场方面起到很大的作用,但它的局限性也随经济环境的变化和高新科学技术的发展显现了出来,加上受到来自证券公司、投资银行等的挑战,银行业出现了打破分业经营限制的要求。自 20 世纪 60 年代起,美国金融业趋向自由竞争,规避管制的市场创新日益增加。而 70 年代中期以来的"脱媒"型[①]信用危机不仅加剧了金融中介之间为争夺资金来源、扩展业务范围和改进经营手段而展开的竞争,而且掀起了一股金融创新的浪潮。

---

① 原来采取活期存款形式的金融资产纷纷离开商业银行这个重要的金融中介,流向非银行金融中介和证券市场。

从 60 年代末开始，美国银行业为了摆脱"脱媒"型信用的空前危机，推出了一系列金融创新工具和确立了不少新金融制度安排（孙杰，1998）。而且美国证券业的创新更是如火如荼。也正是在这样的背景下，美国开始进行金融自由化改革。如 1980 年的《存款机构放松控制与货币控制法》和 1982 年的《加恩—圣—杰曼法》要求逐步取消利率上限的管制，并将联储的权利与义务扩展到所有的存款机构；消除了对储蓄和贷款协会放款限制及可持有资产的范围，实施了普遍准备金要求；规定了对银行控股公司的监督权，也放松了银行控股公司去接受及承受外州银行经营不善银行的限制等（Cargill & Garcia，1982）。

9.4.5 金融再监管时期

尽管自 1960 年以来的金融自由化给美国金融业带来了前所未有的生机与活力，但是给银行业带来的危机也逐年增加。据统计，在 1982—1992 年，美国共有 1442 家银行倒闭（Cole et al.，1995）。人们也开始认识到，在金融自由化的过程中，在考虑金融体系效率的同时，也应该考虑金融体系潜在的风险性。如何实现金融体系的效率与潜在风险性之间的均衡，必须重新反思以往金融监管的理念，必须从以往对金融体系的直接管制走向以市场为基础的间接监管（Norton，1991）。美国财政部题为"金融体制现代化：对更完全、更富有竞争力"的报告明确地提出消除对分支银行地理上的限制和美国银行从事投资银行业务限制等直接管制措施（United States Treasury，1991）。而 1991 年的《联邦存款保险公司法》及 1992 年在联邦储备理事会下成立的金融机构监管体系，则是把上述理念制度化（Cole et al.，1995）。

从以上美国金融监管体制的确立与演进的历程来看，首先，它是一个监管、放松，再监管、再放松——循环往复的过程。在这个过程中，金融危机往往成了金融监管体系不断修正与完善的动力。其次，政府对金融体制的监管是以法律的形式对金融机构进行业务管制、清偿能力管制及流动性管制，从而把金融业机构之间、金融机构与企业之间、不同地方的金融业之间区隔开来，形成了金融业的分业经营模式及二重性金融体制安排。同时，各种金融监管法律都是国会制定而不是监管部门来制定。再次，金融体制的监管方式，表现为直接监管不断地向间接监管发展的趋势。即从以往明确限定金融业所允许从事之业务向没有明确规定金融业的业务选择而是通过创造激励因素来促使金融业选择向社会提供所需的业务。或者说，金融监管以市场法则为依归。最后，金融体制改革与调整总是在集权与分权之间寻求均衡。在 1913 年联邦储备体系没有确立之前，美国的金融监管体制一直在这两极之间大幅度摆动。但是联邦储备体系确立之后，逐渐找到了联邦政府与州政府金融监管均衡点。下一节正是从此基础上来分析美国金融监管体制基本内容以及它是如何运作的。

9.5　美国金融监管体制的框架与内容

通过以上的分析可以看出，尽管美国的金融监管体系在 19 世纪初就初露端倪，但真正的确立是 1913 年美国联邦储备体系建立之后。可以说，美国联邦储备体系的建立是现代金融监管史上的里程碑，它标志着美国或现代金融监管体系的开始。因为联邦储备局从具体的金融业务中走出来，成了以维持金融体系的稳定、提供安全的金融环境及制定金融运作规则为目的的管理者与监管者。而金融监管体系又分为金融监督机构和金融监督法规（Lash，1987）。金融监督机构是要维持金融体系的稳定及提供完全的金融环境，而金融监督法规则是要为金融体系提供运作规则。以下我们从这两个方面来分析美国监管体系的内容及特点。

9.5.1　金融监管机构

美国金融监管机构主要有：联邦储备银行、货币监理局、联邦住宅贷款银行理事会、国家信用合作社管理局、联邦存款保险公司、联邦储蓄贷款保险银行、国家信贷股份保险基金等。而前四个机构的主要任务是进行金融检查与监督，以维持金融体系的稳定；而后三个机构则是以保护存款的利益及提供完全的金融环境为目的（Kaufman，1995）。这些监管机构在监管职能上既有分工也有重叠。但金融监管的大多数措施都是非强制性的。例如，州银行可以申请加入联邦存款保险公司和联邦储备体系。实际上，由于竞争和存款安全的需求，目前美国的州立商业银行基本上都是联邦存款保险公司的成员（Kaufman，1995）。这样，州立银行要接受联邦和各州金融监管机关的共同监管，而且要接受一个以上的金融监管机构的现场检查和管理条例、法规的约束。由此，也可以看到，美国金融监管体系是一个严密的分工合作体系。

美国联邦储备体系是美国的中央银行。它又分为联邦储备理事会和公开市场委员会。前者的职责是制定货币政策，并对成员银行进行监督；后者通过分开市场业务执行联邦储备体系的货币政策。货币监理局是美国财政部下的金融监督机构，它负责监督联邦注册银行、核准新联邦注册银行的设立，审批其兼并或设立分支机构的申请等（Kaufman，1995）。联邦存款保险公司以银行保险基金的方式为所有参加在联邦或州注册的银行提供存款保险。而且它不仅可以保护存户的权益，更重要的是它拥有监督权，一旦发现银行逾期贷款比例过高，它可以中止保险关系。它可以将任何不适任的投保公司之董事及职员免职及管理与清算破产银行的资产（Board of the Federal Reserve System，1994）。联邦住宅贷款银行理事会又为财政部储蓄监督局。它的主要任务是负责联邦储贷协会和联邦储蓄银行的执照发放，制定该类机构运作规则，监督与检查这些机构的运作，保证它们的稳健经营与活力（The Bank Relationship Consultant，1997）。国家信用合作社管理局负责联邦信用社的注册、资格审查和监督工作，并建立国家信贷股份保险基金为所有的联邦和州注册的信用社提供保险（Kaufman，1995）。另外，还有州银行保险管理机构及证券监管委员会等金融监督机构。

9.5.2 金融监管法规

美国金融体系的监管法规有：1913年《联邦储备法》，它确立了美国金融监管体系的基本框架；1927年《麦克法登—佩珀尔法》为限制银行过度竞争禁止跨州设立分行，从而有效地抑制了全国垄断性银行的形成。直到1994年《里格尔—尼尔银行跨州经营设立分支机构效益法》的出台，才彻底地取消了对银行设立分支机构及跨州经营种种限制。1933年的《格拉斯—斯蒂格尔法》最主要内容有：禁止商业银行业从事证券业务与保险业务；规定银行也不能为自己或顾客从事证券业务；银行控股公司也必须受同样的约束等。这些规定使银行、证券及保险公司在机构、人员、业务范围上严格地区分开来，基本上确定了美国金融业为分业化的经营格局。1956年的《银行控股公司法》主要规定有：它将银行控股公司纳入上述两个法的约束中，同时限制银行控股公司的金融业务，以防止金融资源集中在少数银行手中；任何州银行一旦成为银行控股公司，则必须接受联邦储备理事会的管辖；不过，1970年对该法的修改允许银行控股公司业务经营的多元化，可以把银行业与非银行业的业务结合起来，合法地从事一系列的金融业务经营。由此，银行控股公司开始打破

《格拉斯—斯蒂格尔法》的限制，向金融混业经营发展，到 1999 年《金融服务现代化法案》则把金融自由化的成果用法律固化下来。

从以上美国金融监管体系的分析可以看出，自 1913 年以来，美国建立了相当完备的金融监管体系。这个体系不仅层次分明（全国有全国的监管体系，地方有地方的监管体系）、分工明确（金融机构类别不同，其监管的系统不同），而且周延重叠，从而增加了金融监管体系的严密性与完善性。更为重要的是，金融监管以间接为主，政府更多地提供金融运作规则、协调金融运作主体之间的关系。如联邦金融检查评议会就是由各个金融监管机构的主事人组成的机构，目的就是要通过金融监管机构之间的协商来建立统一的检查机制，使美国金融监管体系能够进行横向沟通与联系。不过，1999 年《金融服务现代化法案》的通过，美国金融监管体系又有了新发展。

9.6　1999 年《金融服务现代化法案》的确立及主要内容

自 20 世纪 60 年代金融自由化以来，美国金融业发生了翻天覆地的变化，特别是银行业、证券业、保险业之间的分野也逐渐地消失。为了适应社会经济发展的需要，1998 年，美国国会就制定了一个反映当前市场和经济特征的现代化金融法案进行了激烈的辩论，最后众议院通过了 H. R. 法案。H. R. 法案经过 1999 年美国参众两院反复辩论后最终形成并通过了 1999 年《金融服务现代化法案》。其法案的目的就是要废除金融业的分业经营制度，通过促进金融业的有效竞争，提高金融业的创新能力与经营水平。这次立法除了废除金融分业制度外，还允许设立新型的金融批发机构，建立了更有效的金融监管体系（易宪容，2001）。

1999 年《金融服务现代化法案》允许银行、证券公司和保险公司以控股公司的方式相互渗透，但不允许以子公司的方式进行业务渗透；该法禁止银行通过金融控股子公司从事非金融业务，但允许非金融公司通过购并储蓄性金融机构的非金融控股公司参与金融业务，充分体现了对金融全面开放的重视。该法在加快金融业自由化改革的步伐同时，也调整改善了现有的金融监管体系。首先，改以往分业立法、分业监管的纵向监管体系为统一立法、横向监管体系。规定美联储对金融控股公司进行全面监管，必要时也对银行、证券、保险等子公司拥有仲裁权，同时也规定当各领域监管机构断定美联储的监管制度有不当监管时，可优先执行各领域监管机构的制度，起到相互制约的作用。新监管体系以金融服务功能进行分类管理，当一种新金融商品出现时，不同背景的金融控股公司都有相同的经营权，既适应了金融融合的要求，又能够按不同服务功能进行有效的监管。该法还对以往"列举"式界定新的金融商品滞后性改为以"灵活判断"的方式来定义金融商品。这样，当市场出现了新金融商品时，监管机构随时可根据情况来进行判断，既适应了日新月异的金融市场的变化，又有效地鼓励了金融创新。

可以说，该法通过与实施，对美国乃至国际金融业未来发展将产生难以估量的影响。首先，美国以法律的形式重新确立金融业的利益格局，这必然导致美国金融业乃至国际金融市场整个利益格局的大调整。其次，新法案的实施，必然会促使集各种金融于一体的超级银行的出现。还有，美国既是金融分业制的鼻祖，也是目前世界最大的金融强国，金融分业制在美国退出历史舞台，必将在美国乃至世界范围内引发一场包括金融制度变革、金融机构整合、金融服务创新、经营理念重塑的金融革命，从而对全球金融业未来发展产生全面而深远的影响，特别是对金融监管体系的冲击怎么也不可低估。

9.7　中国应该建立怎样的金融监管体系？

从美国金融监管体系的确立与演进的历程来看，金融监管并非以政府管制金融资源为目的，而是以提升金融市场有效运作为目的。即如何在金融自由化与金融监管之间找到均衡。Frieden（1991）认为，面对着金融全球化，国家仍然掌握着最大权力，国家如何从管制、松绑及再管制的层次中，找出符合国家利益及经济发展的均衡，才是当务之急。

上述讨论已经表明，有效的金融监管体系确立是一个自然扩展的过程。它是随着一个国家要素禀赋结构、法律环境、企业规模、资金需求的不断变化而变化的。市场的发展并非人为设置的结果，更不是由外部力量强加和推动的。因此，如何强化市场运作机制的功能是确立有效的金融监管体系的关键。因为,在激烈的市场竞争中,才能让唯利是图的人的本性得以约束,市场的合约精神及诚信法则得以确立。

因为,在高度管制的情况下,市场当事人的所得,并不仅仅取决于业绩,而往往取决于市场特许权力的远近。这样,追逐市场权力成了人们的目标。而管制意味着竞争者数目减少,竞争激烈的程度降低,市场的优胜劣汰的机制受到抑制。在中国的金融市场,与市场相关的一切金融业务完全为严格的准入制度所管制,市场供给方面的竞争必然受到严重的限制。如金融机构完全为国有公司所主持。这不仅为它们垄断金融业资源创造了条件,也为它们违法行为提供了可乘空间。因为,在市场运作机制遭到扭曲之后,监管者难以界定、发现和处罚严禁操纵金融市场的行为。对金融市场出现的一些问题的根本办法,既不是日益完善的规范,也不是监管人员的增加、素质的提高、技术手段的改造,而是放松对市场供求关系的管制。只有加强全方位、多元化、多层次的市场竞争,才是真正的"监管"。

目前,面对着金融市场一系列问题披露出来,严厉指责政府证监部门诸多工作失误、要求加强监管力度、治乱市用重典的呼声此起彼伏。但是,这些观点无论是从学术上来说,还是从实践经验来看,都是不成立的。已有的实证研究表明,监管的好处可能是人们想象的。因为,从立法上来说,任何完全的法律法规都是不可能的。即使能够制定完全的法律法规,或是当事人都无法遵守,监管者无法执行,法律形同虚设;或是当事人为了满足规定的要求作假造假。如果法律法规是不完全的,那么人们总是有规避它的方式。而且管制总是带有很大随意性和应急性,投资者无法形成合理的预期,市场的风险性增加、信心下降等。因此,现在不是进行监管立法的"大跃进",而是应该检讨清理对现有种种金融法规,对已有或者拟有的每个法规,进行成本收益分析,对金融立法活动严格制定规则及严格监督。美国的经验表明,其金融监管主要法律也仅是几个。

总之,中国要确立多层次的金融监管体系,应该以市场法则为依归,是放松管制而不是加强管制。当然,在放松管制的同时,政府还应该完善事后制约的责任制度体系,特别是个人民事索赔机制,实现从政府审批、执法到当事人自律、法院执法方式的转变,以便减少对监管部门工作的依赖。只有这样,才是通向中国金融市场健康发展之路。

10 当前国际市场油价暴跌的金融分析[①]

10.1 从金融角度来看当前国际油价的暴跌

2014年国际市场的第一只"黑天鹅"要算国际油价暴跌莫属了。国际油价由2014年中的每桶107美元暴跌到12月最低的每桶53美元，下跌幅度达53%以上。单从这一轮油价暴跌幅度来说，可以与2008年美元金融危机爆发后国际油价跳水式暴跌相媲美，当时国际油价从每桶147美元暴跌到每桶33美元，而且2014年国际油价这种暴跌的趋势将会在2015年持续。

国际油价暴跌不仅引发了俄罗斯的卢布危机和不少产油国的经济衰退，也引发了国际市场利益关系格局的重大调整，油元资金流向的逆转等一系列重大的金融市场问题。这些影响严重冲击着国际金融市场，特别是国际油价暴跌趋势在2015年还将继续发酵，它将增加2015年国际市场更多的不确定性。哈佛大学经济学教授Kenneth Rogoff指出："油价将成为2015年的大事，它让一代人受到难得一遇的冲击。"（许昌平，2015）

对于2008年那次国际油价的暴跌，市场上的共识是国际投行等金融机构联手"做空"的结果，既是一次纯粹的金融操作，也是当时国际金融机构之间的一场重大的利益博弈，甚至还可能是这些国际金融机构通过金融操作联手来"坑杀"客户，所以当时国际油价的暴跌及市场剧烈震荡是与金融操作有关而非市场实体供求关系的变化。

与2008年那次相比，这一轮国际油价暴跌，尽管剧烈程度及市场震荡的程度都要小，但它延续的时间更长，因此多数分析认为这次油价暴

[①] 该文章发表在《江海学刊》2015年第3期。

跌所导致的原因不会如 2008 年那样简单。比如，有人认为，这次国际油价暴跌的原因包含了三个层面：一是不同国家政府之间的博弈；二是不同能源类别，如锂电池与页岩油跟传统石油能源之间的博弈；三是石油公司与消费者之间的博弈（颜至宏，2015）。因此，这一轮国际石油价格暴跌，并非只是源于世界石油生产过剩、石油需求下降所导致的价格理性回归，也不仅是国际上的金融机构对市场的操纵，而是一场错综复杂、牵扯面极广，多个大国卷入旋涡之中的多边博弈。所以，不少分析运用不同的模型，包括政治模型和经济模型，全都搬出来试图对这次国际油价暴跌寻找一种解释。

不过，在本文看来，尽管每次国际油价剧烈波动，所导致的原因往往是多重原因合力的结果，但核心问题只有一个。正是从这个角度，我们才能够把握到每一次国际油价剧烈波动原因的实质所在。比如，从国际油价变化的情况来看，我们可以把 1970 年以来分为两个重要的周期。1970—2003 年为前一个周期，2004 年到现在为后一个周期（见图 1）。为何这样区分？主要看国际油价波动是以实体因素为主导，还是以金融因素为主导。这是把握国际油价剧烈波动的核心所在。

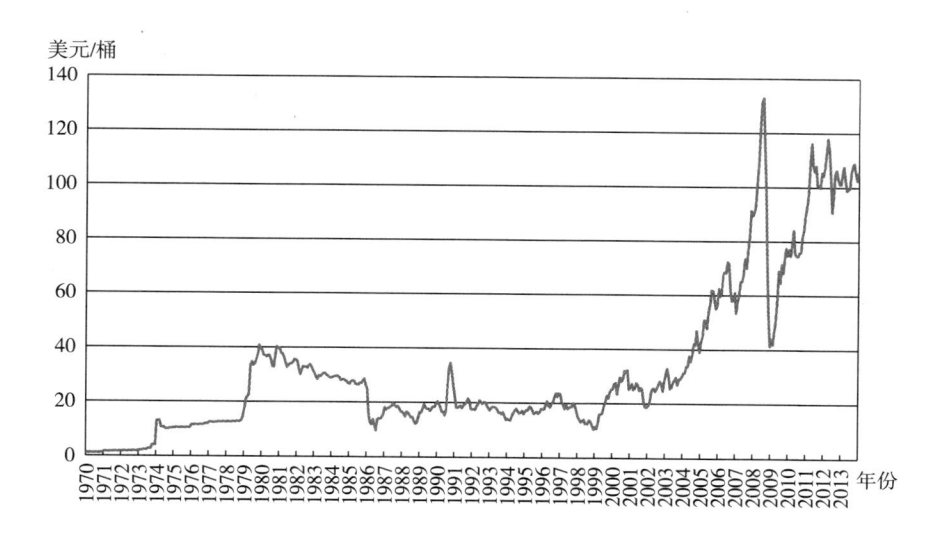

图 1　1970—2013 年国际油价走势

资料来源：世界银行原油均价（Brent、Dubai 和 WTI 三大市场月度数据的均值）。

1970—2003年这一个周期国际油价的波动，尽管有金融因素起作用，但基本上是以实体因素为主导。1970年，沙特原油官方价格为每桶1.8美元；1974年（第一次石油危机）每桶首次突破10美元；1979年（第二次石油危机）每桶突破20美元；1980年，每桶突破30美元；1981年年初，每桶高达39美元；随后，国际油价逐波回落。尽管这一期间的1986年国际油价曾一度跌落至每桶10美元，及1990年国际油价出现过瞬间暴涨至每桶40美元，但有长达20年国际油价基本在20美元上下徘徊。这个时期国际油价的波动基本上是由石油的实体因素的供求关系所决定，所以国际油价很容易被卡特尔式的油组国家以垄断性的方式来操纵，油价上涨幅度达10倍，而期间的两次油价的暴跌暴涨很大程度上主要是以金融工具操作为主导。

2004年之后，国际原油价格再次步入一个全新的快速上升通道。2004年每桶突破50美元；2005年突破70美元；2007年冲到100美元附近；2008年最高达147美元。在这个时期，尽管石油供求的实体因素对油价上升有影响，如期间中国工业产出的增加引起石油价格上涨及石油产出增加（Ratti Vespignani，2013），但金融因素对油价波动的影响起主导作用。无论是卡特尔式垄断性定价，还是地缘政治及自然因素，都可能是形成油价上涨预期的重要因素。比如，2003—2011年，国际投资者对大宗商品相关金融工具的投资需求急剧膨胀，大宗商品相关资产价值从130亿美元增加到4500亿美元，远远超出了这些产品实体性需求（Nishimura，2011），从而使国际油价的变化不是取决于实体供应关系变化，而是取决于市场预期变化。Manera、Nicolini Vignati（2013）的研究发现，投资者的投机性行为对21世纪以来的油价波动有着显著的影响，特别是期货市场上的短期行为影响最为显著。比如，2009年，国际油价从1月低位32.7美元涨至10月高位82美元，全球五大能源交易商，一面大手买入原油，另一面出售期货合约，通过这种套利大赚40亿美元。国际油价也在这个过程中波动及推高（毕老林，2015A）。

近年来这种趋势不仅没有改变，而且愈演愈烈。金融因素成了决定国际波动的最为重要的因素。因此，只有从金融的角度来分析当前国际油价的暴跌，才能把握问题的实质，才能揭示当前国际油价暴跌之谜，及更好地了解国际油价未来之走势。本文就是试图从金融的角度来研究当前国际油价剧烈波动之原因，探讨国际油价未来走势，从而为投资者及企业面对国际油价的剧烈波动时提供可参考的应对方式。

10.2　石油的金融化、期货化改变了油价的定价基础

可以说，2014 年以来的国际油价暴跌，对实体经济造成了十分明显的影响。如国际大宗商品价格下跌，不少国家的整体物价水平下行及通货紧缩的出现，利率降低，一些产油国经济陷入了衰退等，同时也改变了市场对欧美货币政策的看法，引发了大量对石油市场分析的文章与报告。比如，世界银行最近的《全球经济发展》就有专章深入地探讨当前国际油价暴跌之原因（World Bank，2015）。但这些讨论往往多是以现有的数据来分析石油市场的基本供求的实体因素，以及这些实体因素对石油价格变化所带来的影响。

不过，雷鼎鸣（2014）认为，这次国际油价升跌与 20 世纪 80 年代真实商业周期密切相关不同，与实际石油需求没有多少关系，主要是供应增加及可能的价格战所致。颜至宏（2014）同样认为，这次油价暴跌已经不是石油价格回归那样简单，而是要从不同的利益博弈角度来理解，比如国家之间的利益博弈及地缘政治来理解。如从英国和美国与沙特阿拉伯联手制裁俄罗斯，甚至于应付中东新极端组织"伊斯兰国"（IS）为焦点。也有人认为，国际暴跌是为了挤垮美国页岩气产业（陈大为，2014）。不过，无论是从任何一个实体的角度来分析，都无法回答当前国际油价为何会如此剧烈的波动，因为，当今的国际石油早就金融化、期货化了，它们早就成了一种完全的投资产品。

徐家健（2015）认为，如果请教计量经济学家预测油价升跌，肯定是不能够得到满意的答案的，因为，以往对现有的数据进行严谨的统计分析，计量经济学家得到的结论是原油价格走势与资产价格的"随机游走"没有多少差别。香港信报社评（2015）也认为，油价作为一种资产价格，其变化更是捉摸不定。而且，与股市与债市相比，油市又多了地缘政治这个扑朔迷离的因素。产油国与耗油国错综复杂的利益盘算，不同产油国围绕着市场份额的角力与竞争，以致油价高低背后的地缘势力争议，使油价更易剧烈波动，而非供求变化表面上那样简单。也就是说，

国际石油不仅是投资品，其价格的波动与股票价格的变化没有多少差别。如果加上地缘政治及国家与国家之间的博弈，国际油价的随机性更会严重。所以，国际油价暴跌主要是与它的金融属性相关。

现在的问题是，为何实质性产品或消费品的价格可由实际的供求关系来决定，而投资品的价格则是"随机游走"的？实质性产品及投资品各自的定价基础是什么？两者的价格机制又是如何运作的？如果能够把这些问题梳理清楚了，那么国际石油作为一种投资品，当前国际油价暴跌的原因就容易理解了。

在此，我们先研究"什么是金融"。一般来说，金融是指人们在不确定性的情况下通过特定媒介对资源的跨时空的配置，即资金的剩余者通过某种媒介把资金转移到付出一定成本的资金不足者手中使用。而金融学就是要研究这种跨时空资源的金融交易为何会出现、何时会发生，以及这些金融交易发生之后会面临哪些障碍与问题和金融交易行为又是如何演进的等。从金融的定义出发，金融交易与一般商品（或实质性商品）的市场交易有很大的差别。比如，任何一种金融交易都是在不同时空之间跨时空的资源配置的交易，其支付更多地表现为未来性；金融交易的未来性，使其交易成本与收益是无法事先确定的，其表现为不确定性；还有，由于金融交易支付的未来性及不确定性，也就决定了金融交易必须通过一种特定媒介来完成与保证，如交易合约。可以说，任何金融交易都是通过合约来连接，而合约又是一种或企业，或组织，或个人，或国家的承诺或信用。在金融交易过程中，不同的信用所具有的风险是不一样的，因此，金融交易又可定义为对信用的风险定价。国际油价作为一种金融产品，就是对石油期货合约的信用风险定价。它既有市场价格一般性，也与实质性产品的定价有很大不同（投资品与消费品的定价机制有很大的差异性）（卡尔·布鲁纳和艾伦·H. 梅尔茨，2010）。一般来说，价格是现代经济学的核心议题。张五常教授甚至于把现代经济学归结为价格理论（张五常，1984）。尽管市场价格是多重因素决定的（汪丁丁，2008），比如时间、空间、主观、客观、不确定性、风险、交易成本、个人偏好、定价方式、社会心理等，但市场价格机制的三大功能基本上是相同的（如传递市场信息、对分散化决策的当事人的行为激励与约束、促使稀缺资源有效配置）。不过，对于消费品与投资品来说，或对于实质性产品市场及金融产品来说，两者的定价基础、价格形成机制及价格运作机制等方面是有很大差别的。而正是这种差别则成了我们理解金融市场价格机制重要的切入口。

比如，对于消费品或实质性产品来说，其交易的目的是效用或使用价值，购买是为了使用。而对产品的效用无论是客观还是主观，它都是有限的并以当事人的可支付能力为基础。由于交易当事人的效用及可支付能力不同，由于市场信息不对称及不完全竞争市场存在，产品的市场价格永远是交易者买者卖者对价的结果，市场价格歧视情况有时也出现（同一产品在同一市场有很多不同的价格）（张五常，1984），但是通过市场的有效竞争最终可达到均衡价格，即使市场上常见的策略性定价也是如此。

10.3 国际油价暴跌对金融市场的影响

自2014年下半年以来，尽管国际油价暴跌没有导致全球金融市场的崩溃，但它对全球金融市场影响与冲击却是巨大的。首先，从产油国来看，如中东石油输出国、俄罗斯、拉美产油国、加拿大等，油价暴跌让这些国家经济受到重创。而首当其冲的是俄罗斯（颜至宏，2014）。由于油气在俄罗斯出口中占比达75%，并贡献超过一半以上的预期收入，从而使俄罗斯的经济超过一半、上市公司超过70%与石油能源有关。所以，国际油价暴跌，再加上乌克兰危机，美元强势及欧美国家对俄罗斯的制裁，造成了对俄罗斯经济沉重打击，使卢布迅速贬值，外债偿还能力日益加重，国际资金逐渐地撤出，在当时俄罗斯随时都有可能触发金融危机的危险。

为了阻止卢布的下跌，俄罗斯央行不得不在2014年12月的一个星期内两度加息，一下子把基准利率调高至17%。这无疑是让俄罗斯企业及经济服毒医病。还好，在俄罗斯央行的大幅升息及干预汇率下，卢布终于在12月26日止跌回升了37个百分点至3个星期高位。这时，尽管卢布最为危险的时期已经过去，但国际油价暴跌所导致的俄罗斯经济衰退危机并没有结束，而且会持续一个较长时期。因为，油价暴跌对俄罗斯经济打击将是十分严重的，它不仅在于货币严重的贬值，企业债务负担全面上升，资金全面外逃，也会严重冲击俄罗斯的产业结构，而这种冲击的后遗症可能会越来越严重。

同时，新兴市场股市汇市也由于油价暴跌产生一连串的"多米诺骨牌效应"，这些国家的金融市场也受到严重的冲击。比如，2015年3月6日，土耳其里拉与墨西哥比索兑换美元汇价都跌到历史最低水平，分别为2.63里拉与15.4比索。与此同时，巴西货币雷亚尔也跌到1美元兑换3.06雷亚尔的10年半最低水平。还有，当天南非货币兰特也跌到12.06兑换1美元，创2001年以来历史低点。此外，印度尼西亚盾兑换美元汇价也跌到1998年以来最低，哥伦比亚比索则是6年来的谷底等。对于，那些小的产油国尼日利亚和委内瑞拉的货币，其下跌更是惨不忍睹。不过，与1997年金融危机相比，当前新兴国家的债务主要是以发行本币债券融资为主，而不是以外币债券融资为主。在这种情况下，当本币汇率暴跌时，则可降低外币债券融资的汇率风险。

还有，油价暴跌也严重地冲击着加拿大的经济（在2008年国际金融危机时，对加拿大经济的冲击不是太大）。这不仅让加拿大的物价下跌，也让加拿大经济面临着增长下行的严重风险，从而使加拿大央行不得不在2015年2月突然降息，以此来挽救可能会下跌的经济。尤其加拿大的石油城市卡尔加里，早几年由于油价暴涨，从而使这个城市短期内富裕起来，房地产市场由此繁荣及房价飙升。但是2014年下半年油价暴跌以来，立即让这个城市的经济熄火，房地产市场开始出现严重危机。2015年2月房地产的销售下跌39%，面临着房地产泡沫破灭之风险。如果加拿大产油省份房地产市场泡沫破灭，其风险将蔓延到整个加拿大的银行体系，甚至于全球金融市场。

再就是，国际油价的暴跌还将显露出"万亿美元"的利益博弈（香港信报社评，2014）。而这种博弈又可分为产油国与石油进口消费国之间的财富转移问题及产油国之间的利益博弈。可以说，国际油价暴跌，对石油进口国来说，或整个世界经济增长来说是一个重大利好。如有人推算（许昌平，2015），如果国际油价下跌至40美元，印度未来两年经济增长从6%增至6.7%；中国由6.2%升至7.1%。巴西、南非、土耳其、印度尼西亚和菲律宾等新兴经济体同样受益。而美国的消费者则一年可节省1000亿美元。明年美国的经济增长则可以从3.1%上调至3.5%。德国则从0.5%上升1.5%等。也就是说，油价暴跌或通过价格机制的财富转移，它将成为整个全球经济增长与复苏的动力，同时这种财富转移也会影响全球市场资金的流向，增加市场的不确定性。

因为油价暴跌对国际金融市场冲击最大的是流入全球金融市场的油元将枯竭（林行止，2014）。过去10年，石油输出国从上涨的油价中赚取了大量的资金，而这些资金以不同的方式流入国际市场。美国政府数据显示，石油输出组织成员国是美国政府国债的第四大海外持有者，持有规模为2680亿美元，是美国国债的需求支柱。油元的流入既为全球金融市场提供了流动性刺激资产价格上涨，同时也压低了借贷成本。如果国际油价由高位下跌到目前每桶60美元，那么这些趋势将会转变，因为产油国的利润就将可能减少近5000亿美元。这样流入国际市场的油元将会减少甚至枯竭。如果这种情况出现，它将对2015年的国际金融市场产生巨大影响。

最近，油价暴跌对全球市场影响最大的各国央行竞相采取量化宽松货币政策。比如，近2个月以来，先是中国央行降息，接着有澳大利亚、印度、墨西哥、土耳其等20多个国家央行都在降息，或是采取竞争性货币贬值。丹麦把官方存款利率降为负值。即使是最重视稳定的国家也采取了出人意料的动作。除了降低利率，瑞士央行还突然宣布"脱欧"。几天后，新加坡也出人意料地改革汇率制度。随后，欧洲央行采取了规模庞大、相对限制更少的大规模资产购买计划。一句话，全球各国央行都在采取过度扩张的货币政策。因为，目前各国央行都在担心，或是通货膨胀率不能提升到正常水平（通货膨胀率目标2%），或通货紧缩的出现。比如，美国过去12个月的通货膨胀年率为-0.1%；而英国最近消费物价涨幅也只有0.3%；欧元区的消费者物价下降到0.6%；中国1月的消费者物价下降到0.8%等。面对过低的通货膨胀率，各国央行或推迟量化宽松政策退出，或是加大量化宽松的力度。实际上，哈佛大学教授费尔德斯坦（2015）认为，当前全球物价处于低水平，主要原因是油价暴跌。各国央行以低通货膨胀率为借口，实际上担心的是经济实质增长和就业，担心的是政府债务负担过重。但是全球央行货币政策的过度扩张，最后的结果只能是把资产价格全面推高，新一轮的金融危机爆发。

可见，油价暴跌不仅会对全球的利益格局造成重大调整，资金的流向发生变化，也会全面影响与冲击全球金融市场的各个方面，给全球市场带来更多的不确定性及风险。这也是最近中国央行为何要把油价暴跌作为货币政策重要考量的原因所在。

10.4　中国政府如何应对油价暴跌？

自2015年以来,油价暴涨暴跌已经成了一种常态。1月13日,国际油价一度下挫达4%,纽约期油每桶44.2美元,再创近6年低位。正如上面所分析的那样,国际油价一跌再跌,可能成为2015年国际市场最大的风险。因为,对于金融性石油产品来说,它的价格变化并非仅是用石油的供求关系变化可解释的,更不是仅用原油的生产成本及市场竞争性来理解的,而更主要是由油价的市场预期来决定的。

因此,1月纽约期油跌到每桶44美元,是不是已经到底了?这主要看油价的预期是如何变化的。如果预期逆转,市场投资者都预期油价会上涨,那么这个价就是见底了;如果油价的预期没有逆转,那么国际油价有可能会继续下跌。

比如,有分析指出,自1970年以来,油价曾经出现过6次跌幅达50%的大跌市,只有20世纪80年代中的跌市最接近这次,同样主要是受到预期长期供应过多的冲击。在1985—1986年的油价大跌市中,油价在短短4个多月急挫67%。如果这次油价也与上次相似,那么与当前油价见底则还有不少差距,即当前油价可能跌到每桶40美元以下,而这些取决于今后预期。

那么,当前油价预期又是如何决定的?这既与国际原油长期基本供求的预期有关,也与主要计价货币美元强弱有关,因为,作为以美元计价的大宗商品,如果美元走强,那也意味着油价还会下跌。就目前的情况来看,2014年美元强势估计是一种趋势,并不会有多少改变。同时,也与金融市场条件有关,如利率水平、杠杆率等有关。如果中国政府及投资者把握油价变化的这种特性,那么就能够更好地理解当前油价的一跌再跌及未来趋势了。

不过,从现有的资料来看,中国政府在这次处理油价一跌再跌这个问题上,往往只是把石油看作实质性产品在处理,而不是把石油作为一种金融投资品。比如,中国海关资料显示,2014年12月中国原油进口量同比增长13.4%,达到破纪录的每日715万桶。还有中石油下的贸易公司中国联合石油,2014年10月在普氏交易视窗破纪录地采购了47艘船货，相当于2400万桶。同时，中国于2014年11月20日罕见地发布声明，称已经完成战略石油储备第一阶段目标，计划于2020年之前完成第二阶段的战略储备计划，将再额外持有1.7亿桶原油。

我们可以看到，由于中国的石油进口基本上是由国有企业或国家所垄断，而中国又是一个石油进口依赖度达60%的国家，当油价下跌时，这些部门增加对原油的进口，看上去是无可厚非的。因为，在价格下跌后进口原油的价格肯定会比最高价格水平时会低许多。比如，假定中国11月原油进口均价为每桶75美元，那么与2014年6月每桶107美元相比，其降低了成本达30%。但是与当前每桶45美元相比，则每桶又高出了30美元，价差高达66%。如果以每日多进口100万桶计算，那么12月多付出进口成本就高达9000万美元之多。

还有，当国内政府看到油价持续下跌，而不断地加大原油进口量，但这并没有引发国际油价反弹；反之，国际油价还在持续下跌。面对这种情况，中国政府原油进口为何没有做出调整，没看明白原因所在？如果能够这样做，节约进口石油的成本就太容易了。可能最大的问题还在于没有看明白当前石油产品早就金融化及期货化了，它的根本性质是金融投资品。而石油作为金融投资品，根本上是与实体石油的短期供求变化没有多少关系。价格上涨时，只要预期上涨，油价还会上涨；价格下跌时，只要预期下跌，油价还会下跌。如果政府明白了这个道理，那么在进口原油上可以省下巨额的成本。

还有，国际油价的持续下跌，也是一次重大的利益关系调整。通过这种利益关系调整，既可促进国内居民消费，也有利于降低相关企业的运营成本。关键的问题是政府要建立起一套普惠国民的利益机制。因为，汽油作为居民一项重要的生活消费品，油价的下跌实质上是一项税收减免。美国政府就认为，这次油价暴跌，可让美国居民一年节省加油成本达到1200美元，而这也成了2014年美国居民增加消费的主要推动力。但是，对于中国来说，目前这套利益分享机制好像没有建立起来，国内居民实际分享到油价下跌好处远低于国际市场。而这些利益或是进口价格远高于市场成本没有节省那样多，或是国家以税收方式拿走，或是由国内垄断油企获得。

可见，油价暴跌，对中国政府来说，这是一次减缓经济增长下行压力的天赐良机，关键是政府要制定一套好的应对机制。无论是原油进口价格谈判,还是国内利益分配,政府既要对金融品石油价格的预期有更为深入的研究,也得制定一套普惠国民分享机制,并以此来带动国民消费及促进国内经济增长。

第三编　汇率及制度改革

11 人民币汇率的制度选择、运作机理及定位锚[①]

——基于一般性的金融理论分析

11.1 前言

"8·11""新汇改"改变了十年来人民币单边升值态势,让人民币汇率的预期出现大逆转。人民币汇率逆转的主要原因是央行与市场沟通不够、汇率政策不清晰,从而无法让市场对人民币汇率形成一个明确的预期。因此,当前人民币汇率制度选择的核心问题就是要站在国家利益的基础上维持人民币汇率的稳定。这既要确立明确的汇率水平的定位锚,也要给出清晰的汇率政策,并多与市场沟通,做好人民币汇率的预期管理,这是当前中国金融市场走出乱象的关键所在。

为了让人民币能够纳入国际货币基金组织(或简称 IMF)的特别提款权(或简称 SDR)货币篮子,满足 IMF 人民币自由使用的标准,2015年 8 月 11 日中国央行突然宣布主动让人民币贬值 3% 左右,以便校正在岸市场人民币现汇价与中间价的偏差("8·11""新汇改")。但是该消息一宣布,立即掀起了全球金融市场的轩然大波,导致人民币汇率大幅贬值,以及市场预期突然逆转。在这种情况下,中国央行不得不向全球市场说明,这次"新汇改"的人民币贬值是一次性的,当前人民币汇率根本不存在持续贬值的基础,并出手维持人民币汇率的稳定。尽管"新汇改"出现了人民币汇率的一次性贬值,但很快就稳定在 1 美元兑换人民币 6.4 元的区间。

---

① 该文章发表在《社会科学战线》2016 年第 9 期

不过，在2015年12月1日IMF宣布人民币纳入SDR货币篮子之后，人民币又开始贬值，到年底全年贬值达到4.61%。进入2016年1月，这种贬值的趋势不仅没有缓解，反之在加速。到1月8日，短短的几个交易日人民币又贬值1.6%。特别是香港等地的人民币离岸市场，人民币汇率的贬值幅度更大，人民币在岸价（CNY）与离岸价（CNH）的价差扩大到1900点（近3%），离岸市场人民币贬值的预期更是强烈，并由此掀起了一股做空人民币汇率的炒作潮。在这种情况下，中国央行不仅对做空人民币的国际炒作进行了严厉的警示并进行反击，从而使在岸市场及离岸市场的人民币开始企稳，而且在2016年春节之后，与市场沟通并重申了人民币汇率的基本政策，从而使人民币汇率基本稳定在6.5左右。

现在的问题是，为何在人民币纳入SDR货币篮子之后开始持续贬值，及人民币贬值的预期更强？是市场因素使然还是中国央行的原因？因为，中国外汇交易中心12月14日公布的12月11日中国外汇交易系统（China Foreign Exchange Trade System，CFETS）人民币汇率指数。在中国央行看来，对于当时的人民币汇率贬值，只要从不同的角度来看，其意义就不一样。因为，当时如果以美元作为一个定位锚，那么人民币汇率是贬值的；如果从CFETS人民币汇率指数来看，人民币汇率则不仅没有贬值，反而升值了。对此，全球市场认为这是中国央行已经不愿意再维持现有的人民币汇率稳定，人民币汇率真正的贬值可能要从这里开始。

实际上，未来人民币汇率走势如何是相当不确定的，因为这不仅在于中国央行的汇率政策不清晰也有市场外部条件的不确定性，这样全球市场无法对人民币汇率有一个明确的预期；同样，面对中国央行不清晰的汇率政策，全球市场的投资者也只能站在各个的角度做出不同的解读。特别是当把人民币汇率与中国实体经济的增长下行压力还在增加、外汇储备急剧减少、进出口增长放缓、股市暴跌等联系在一起，很容易得出未来人民币汇率还会贬值的预测。本文试图对近期人民币汇率市场已发生的事件做一些分析，澄清一些似是而非的观点，同时也为政府的人民币汇率政策提出一些参考性意见。

本文第二部分讨论"8·11""新汇改"后人民币汇率制度的变化；第三部分重点放在人民币纳入SDR货币篮子后汇率形成机制改革新要求的讨论上；第四部分是对选择CFETS人民币汇率指数的评估；第五部分分析了以信用货币美元为主导的国际货币体系下的汇率定价机制；第六

部分分析了在当前的国际货币体系下的人民币汇率形成机制及定位锚；第七部分是小结。

11.2 "8·11""新汇改"后人民币汇率制度的变化

对于汇率来说，它有汇率水平、汇率形成机制及汇率制度三个层面。一般来说，汇率制度决定了汇率形成机制，并由此决定了汇率水平。因此，对于一种货币的汇率来说，汇率制度又显得特别重要。因此，各国政府往往会根据本国实际情况选择不同的汇率制度，比如固定汇率制度或自由浮动汇率制度及两者之间各种汇率制度。而这些汇率制度可以从汇率篮子、波动区间和爬行速度三种方式来识别（陈奉先，2015）。按照这种识别方式，陈奉先认为，中国在2005年汇率制度改革之前事实上实行单一盯住美元的固定汇率制度，在2005—2008年、2010—2015年实行的是参考"一篮子"货币的浮动汇率制度，而2008—2010年实行的是参考盯住"一篮子"货币的固定汇率制度。

也就是说，2005年7月21日中国启动的汇改，政府宣布的是"以市场供求为基础、参照'一篮子'货币进行调节，有管理的浮动汇率制度"（高海红等，2013），但在不同时期实际实行的汇率制度还是有差别的。不过，这个时期的一致性主要表现为，从2005年7月21日人民币兑美元的汇率升值2.11%起，从此就一发不可收，人民币汇率进入一个10年单边升值周期。到2015年"新汇改"之前人民币的名义有效汇率相对一篮子汇率升值了46%，实际有效汇率升值了55.7%（中国人民银行，2015a）。而十年后，中国央行再次启动"新汇改"与上一次汇改正好相反，是让人民币兑美元的汇率贬值近3%。

中国人民银行《关于完善人民币兑美元汇率中间价报价的声明》指出（中国人民银行，2015b），为了增强人民币兑换美元汇率中间价的市场化程度和基准性，央行决定完善人民币兑换美元汇率中间价的报价。自2015年8月11日起，做市商在每日银行间外汇市场开盘前，参考上日银行间外汇市场收盘汇率，综合考虑外汇供求情况以及国际主要货币汇率变化向中国外汇交易中心提供中间价报价。其核心就是中国央行放弃对汇率中间价的控制，赋予汇率中间价更多的弹性，以期望满足 IMF 的人民币自由使用标准的要求，好让人民币纳入 SDR 货币篮子。央行的声明公布后，立即引起国内外市场强烈反响，人民币兑美元汇率立刻应声下跌。之后的三天里，人民币兑换美元现汇价及中间价，都创 4 年来的新低。人民币汇率中间价贬值达 4.66%，人民币现汇价累计贬值达到了 2.8%。而人民币的主动贬值，立即让全球股市汇率在混乱之中应声倒下（易宪容，2016a）。甚至有人认为，在人民币贬值预期不断强化的情况下，一场由人民币贬值引发的全球货币贬值战一触即发。这些都是中国央行始料不及的。

因此，在人民币汇率连续三天大幅贬值之后，中国央行不得不入市干预，并安抚市场，从 8 月 14 日起人民币汇率才开始企稳在 6.4 左右的水平。对于这次中国央行突然主动地对人民币大幅贬值，央行研究局首席经济学家马骏表示（中国人民银行，2015a），这是一次汇率制度改革，人民币贬值是一次性的调整，并不存在人民币贬值的趋势性。央行行长助理张晓慧也表示（中国人民银行，2015a），当前中国不存在人民币汇率持续贬值的基础，这次人民币汇率中间价与市场汇率的偏离幅度大约 3%，偏离过程已经得到了校正。也就是说，人民币汇率的中间价及现汇价之间的偏离度得到校正之后，也就意味着人民币一次性贬值告一段落。事实上，直到 12 月 1 日 IMF 宣布人民币纳入 SDR 货币篮子，人民币兑美元的汇率基本稳定在 6.4 左右的水平。

不过，对于这次"新汇改"，本来央行的目的是来应对人民币纳入 SDR 货币篮子的可自由交易的标准，为了在 2015 年中国股市大规模试验的失败后重新部署金融改革的突破口，以便在美国加息之前，让中国宏观政策先动起来，以此来测试市场的反映，而非是通过人民币的贬值来刺激出口，即"新汇改"并没有从根本上改变现有汇率制度。

但是，在"新汇改"之后为何立即引发国内外市场激烈的反应？主要在于，在这种政策宣布之前，央行与市场沟通不够，从而使央行一次汇率制度调整，被理解为是中国政府不得不通过人民币贬值来救经济，在这种情况下，不少国家出于自保，也只能采取同样的方式让本国的货币贬值，从而掀起一轮全球金融市场的货币贬值潮及市场震荡。

更为重要的是，自 2005 年人民币汇率制度改革以来，人民币汇率出现了一个持续 10 年的单边升值的过程，即使此期间也有人民币汇率价格些许上下波动，但人民币汇率保持上升的趋势一直没有改变。尤其是近年来，人民币随着美元强势更是成为国际市场最为抢手的强势货币。比如从 2014 年年中开始，人民币实际有效汇率就上升了 14%（中国人民银行，2015a）。在这种情况下，炒作人民币升值的衍生工具十分盛行。比如借日元买人民币和借欧元买人民币的利差交易十分盛行；还有国内不少企业，如通过如"目标可赎回票据"（Target Redemption，TRF）炒卖人民币升值。同时，由于人民币汇率一直在升值，而海外信贷市场利率十分低，从而也吸引了更多的国内企业和地方政府到海外市场发行各种债券和融资（易宪容，2016a）。

所以，人民币突然主动贬值必然会打乱这些投资者及企业的惯性思维及部署，他们必然对人民币的突然贬值做出最为及时的反应并采取对应的措施。在这种情况下，外汇市场、债券市场、汇率衍生工具市场都会出现迅速的甚至于过激的反应。否则，投资者会认为将面临巨大风险。比如，人民币大幅贬值的那几天，就出现了巨大的欧元兑换人民币的套利交易的拆仓潮（易宪容，2016a）。也就是说，"新汇改"基本的汇率制度并没有改变，只是增加了人民币汇率形成机制的市场化程度及基准性，但是"新汇改"为何掀起了国内外市场的轩然大波，根本原因就在于汇率走势的突然逆转，从而使人民币汇率市场的利益关系发生根本性变化，也使国内外投资者对人民币汇率的预期从根本上发生了逆转，由此引发国内外市场的波动在所难免。在 2015 年 8 月 11 日到 12 月 1 日期间，为了人民币能够纳入 SDR 货币篮子，中国央行是把人民币汇率维持在 6.4 水平，但代价不菲，因为人民币贬值的预期一旦形成，市场任何事件都可能成为强化这种人民币贬值预期的理由。

11.3　人民币纳入 SDR 货币篮子后对汇率制度提出了新要求

"新汇改"直接的目的就是促进人民币汇率形成的机制更为市场化，以达到 IMF 让人民币纳入 SDR 货币篮子的可自由使用的标准。那么中国为何要主动地要求让人民币纳入 SDR 货币篮子？其实，中国要让人民币纳入 IMF 的 SDR 货币篮子的意义不仅在于有利于推进人民币国际化的进程，让人民币成为各国央行认可的储备货币，也在于由此来确立中国经济的大国地位，能够帮助展示中国的经济及金融实力，它将有利于全面推动未来中国的金融改革，及为国际金融市场开创新局面，让SDR货币篮子更具有代表性和合法性（易宪容，2016b）。所以，人民币纳入SDR货币篮子对中国及IMF来说都具有里程碑式的意义。

也就是说，人民币纳入SDR货币篮子，就是IMF对人民币作为国际货币的信用背书，这不仅是对中国在全球市场中地位不断上升得到认可，也让更多的国家央行将人民币作为储备货币，让更多的国家把人民币作为结算货币、投资货币及储备货币，从而全面推动人民币国际化的进程。同时，在当前的条件下让人民币纳入SDR货币篮子，也意味着在人民币没有完全自由可兑换、资本项没有完全放开的情况下，扫除了全球各国央行持有人民币作为国际储备货币的技术障碍，增强了人民币在跨境交易和投资结算等方面在国际市场上的地位，有利于降低中国企业在国际市场上的融资成本，推进中国金融市场改革及资本账户开放的进程，及减少要求人民币完全自由可兑换可能受到国际市场冲击所面临的巨大风险（易宪容，2016b）。

但是，人民币纳入SDR货币篮子后，也要求中国开始要承担国际大国的责任，比如需要中国进一步推动金融改革，让汇率制度更具有弹性、让央行的货币政策更具有独立性、资本账户更为开放等，也要求中国政府将在人民币管理、与投资者及世界交流等方面做出更多的改变，即境外市场会对中国的金融改革及人民币管理提出更多的要求。这就要求中国金融市场进一步改革开放，加强人民币的有效管理，以此来提升人民币的内在价值及外在价值。否则，就无法满足国际市场把人民币作为一种国际货币的要求。

还有，在人民币纳入SDR货币篮子之后，有两个问题需要回答（易宪容，2016b）。一是人民币纳入SDR货币篮子后，从长期来说，人民币纳入SDR货币篮子对中国经济及金融改革来说是一项重大利好，这是毫无疑问的。但是，短期来看，其影响及对中国经济冲击则是心理因素大于实质因素。因为SDR只是IMF为保障世界流动性所创立的记账单位，并非真正的货币，使用时必须先兑换成篮子内的国别货币，不能够直接地用于支付结算。所以，人民币纳入SDR货币篮子后，说境外市场对人民币需求的增加，这只是按照人民币在SDR货币篮子中的权重来计算的，但作为储备货币的人民币实际需求有多大是相当不确定的，它取决于中国经济实力及未来各国央行和投资者对人民币趋势的判断。所以，人民币纳入 SDR 货币篮子的短期影响不应该高估。

二是人民币纳入 SDR 篮子货币后，是不是如境外不少分析的那样，随着境外对人民币需求的增加，或突然地快速增长使人民币重新回到单边升值的轨道上。无论是从经验的情况来看，还是从市场的反应来看，实际结果则正好相反。因为，不仅欧元在纳入 SDR 后有一个较长的时间外部资金才流入，而且 12 月 1 日 IMF 宣布人民币纳入 SDR 货币篮子后，离岸市场和在岸市场的人民币汇价都开始转弱，特别是 2016 年 1 月这种趋势更是明显。这也意味着，随着人民币纳入 SDR 货币篮子时间靠近，国内外市场并没有认为人民币会重新进入单边升值而是可能看淡人民币未来走势。

因为，国内外市场十分明确，当前人民币的相对稳定完全是中国央行为了满足人民币纳入 SDR 货币篮子过多干预的结果。在人民币纳入 SDR 货币篮子明朗化之后，中国央行要维持这种人民币的稳定代价会很高，这就使中国央行在今后可能放弃这种过多的干预。同时，人民币纳入 SDR 货币篮子之后，也要求中国政府对人民币的汇率制度更为开放，以市场化的方式来管理人民币汇率。所以，人民币未来走势更多的是要看当时中国经济的基本面，及中国金融改革的进展。如果中国经济增长下行压力仍然很大，中国央行的货币政策进一步宽松，这些都会增加人民币贬值的压力。

可见，"新汇改"的动因是为了完善人民币汇率形成机制而达到 IMF 人民币自由使用的标准，而当人民币纳入 SDR 货币篮子之后，不仅 IMF 给人民币在国际市场上的信用背书，也让人民币向世界更加开放。因此，对人民币的有效管理、人民币可自由兑换，人民币汇率形成机制市场化有更多的要求。对于从不成熟的金融市场走出国门的人民币来说，是否能够得到国际市场认可是相当不确定的。尤其是为了纳入 SDR 货币篮子在政府过多维稳下运行人民币，如果真正让人民币走向国际市场，就可能面临极高的贬值风险。而人民币的贬值预期一旦形成，不仅会减弱人民币在 SDR 体系内的作用，也可能中断人民币国际化的进程，甚至于会引发中国金融市场的危机。这就有了中国央行设计的 CFETS 人民币汇率指数体系的出台。

11.4 选择 CFETS 人民币汇率指数的评估

2015年12月1日人民币纳入 SDR 货币篮子之后，人民币汇率又开始了持续下跌，人民币贬值的预期也在强化。在这种情况下，12月11日，中国外汇交易中心发布了 CFETS 人民币汇率指数，希望市场观察人民币汇率的视角从单一人民币兑换美元转变为参考 "一篮子" 货币。这样，观察角度不同，人民币汇率贬值或升值的水平就不一样，并希望以此实现人民币汇率的稳定。其实质就是让人民币汇率与美元脱钩。在中国央行看来，这不仅有利于人民币汇率增加市场的弹性，也能够体现人民币汇率的稳定性。

比如，2016年1月4日，中国外汇交易中心公布了人民币汇率指数系列的最新数据（中国人民银行，2015c）。该数据显示，2015年12月31日，CFETS 人民币汇率指数为 100.94，较 2014 年年末升值 0.94%；参考国际清算银行（简称 BIS）货币篮子和 SDR 货币篮子的人民币汇率指数分别为 101.71 和 98.84，分别较 2014 年年末升值 1.71% 和贬值 1.16%。三个人民币汇率指数一贬两升，显示 2015 年人民币对 "一篮子" 货币总体保持了基本稳定。而从 2015 年全年的走势看，前 8 个月受美元走强影响，人民币有效汇率总体呈现小幅升值态势，CFETS 人民币汇率指数最高达到 105.65，人民币汇率中间价与市场汇率之间存在一定的偏离。但 "新汇改" 之后，2015 年年末 CFETS 人民币汇率指数和参考 BIS 货币篮子的人民币汇率指数都大致回到了 2014 年年末的水平，即人民币汇率基本上是稳定的。

这是央行对当前人民币汇率是否贬值的解释，认为用一个新人民币汇率权重指数，人民币兑美元是贬值的，但人民币兑非美元货币或一篮子货币则表现为不贬值甚至可能是升值的。在央行看来，这样做既可以减轻维持人民币高估的压力及成本，又能够让国际市场感觉人民币并没有贬值，引导人民币汇率预期。但这只有央行认为是理所当然的，国际市场并不会认为如此。因为，在当前以信用货币美元为主导的国际货币体系中，对于绝大多数国家及经济体来说，人民币汇率是否贬值，当然会以美元作为一个定位锚，而不会以非美元货币作为定位锚。因为，这不仅在于美元在全球贸易融资中占绝对高的比重，即高达85.6%（BIS最近统计数据，戴道华，2015），在国际贸易交往中，与非美国的贸易绝大部分需要以本币兑换美元来支付和结算；而且人民币在全球外汇市场的日均交易量，与美元交易同样占有绝对的比重。

比如，BIS三年一次的全球外汇交易调查显示（戴道华，2015），截至2013年4月的统计，人民币在全球外汇市场日均交易量为1200亿美元，为全球外汇交易量的1%左右。但是从人民币外汇交易的币种来看，在岸市场，人民币外汇日均交易量为335亿美元，但其中人民币兑换美元的日均交易量有308亿美元，占比为92%以上，而人民币兑换欧元的日均成交易量为不到6亿美元。从中国外汇交易中心截至2015年12月的数据来看，该月人民币现汇外汇交易总成交额为5283亿美元，当中人民币兑换美元的交易总额达到5061亿美元，占比达96%，人民币兑换其他货币的成交额只有4%。

从以上的数据来看，无论中国央行设计一种什么样的人民币汇率权重指数来观察人民币汇率的变化，尽管有一定价值，但在当前的情况下国际市场的认可度不会太高（易宪容，2016a）。因为这并非仅是观察的视角不同问题，而是与国际市场实际交易相关性大小的问题。如果一种人民币汇率指数所包括的货币权重与实际贸易及货币流动的关联性不大，那么投资者是不会用这个指数来衡量对人民币汇率升跌的。而美元在国际贸易及资金流动中占绝对的比重，如果人民币兑美元的汇率是贬值的，国际市场还是会认为人民币汇率是贬值的，而不会以非美元货币或"一篮子"货币权重来衡量。因为，对于绝大多数国家及经济体来说，他们基本上都是以美元作为结算货币、投资货币及储备货币。

当美元进入加息周期之后，美元更是全球第一强势货币。美元作为当前全球市场的一种强势货币，美元的汇率指数系数基本上是与全球市场上美元所占的外汇交易货币、支付货币及各国央行的储备货币比重密切相关的。当前全球市场上美元所占的外汇交易货币、支付货币及各国央行的储备货币的比重与美元汇率指数的相关系数分别为0.62、0.72、0.89（易宪容，2016a）。也就是说，美元越是强势，美元在外汇交易货币、支付货币及各国央行的储备货币所占的比重就会越高。一种货币与美元的关联性越强，所面临的风险肯定会更小。

所以在美元进一步强势之后，如果以一种新的人民币汇率指数来替代原有的紧跟美元的人民币汇率指数，并以此来证明人民币汇率是稳定的，此方式是否合适值得考虑。因为，美元的强势必然是非美元的弱势。相对于强势美元来说，以弱势的非美元货币来衡量人民币的汇率，人民币汇率肯定是稳定的，甚至于相对非美元货币来看，人民币汇率还有可能是升值的。但实际上，对美元来说，人民币汇率却是贬值的。在这种情况下，境外市场可能不会认可这种人民币汇率稳定的逻辑（易宪容，2016a）。

还有，美元进一步强势，非美元就会进一步弱势，那么以非美元作为人民币汇率篮子里的主要货币，即使看上去新的人民币汇率指数让人民币汇率基本稳定，但实际上非美元汇率波动可能使人民币汇率更加不稳定。也就是说，通过更科学、更透明的方式来重新确立人民币汇率的新指数，这样做没有什么不可。特别是在全球市场各种货币汇率比较稳定的情况下更是如此。但是，当前的情况是，随着美元强势，非美元货币随之弱势。现在新的人民币汇率指数是希望避开强势货币，而是把弱势货币放在人民币汇率的货币篮子里，而且非美元货币权重又比较高。但这种"一篮子"货币权重与现实市场各种货币在国际市场中所占的比重是不一致的，这就使全球市场投资者能否认可这种新的人民币指数是相当不一定的。如果境外市场不认可这种新的人民币汇率指数，仍然以占全球市场绝对高比重的美元作为衡量基点。这就使人质疑以新的人民币汇率指数来观察人民币汇率的稳定性是否恰当，并由此引发人民币汇率更加不稳定（易宪容，2016a）。

可见，对人民币汇率指数进行修正是十分正常的事情，但是这种修正要尽量与现实市场相一致。特别是篮子里的货币权重更是要与现实市场相一致，否则为"脱钩"而"脱钩"，这样不仅不能够降低人民币贬值下行的风险，甚至还会强化这种风险。国际市场一旦达成这种共识，人民币的贬值预期会更为强烈。从12月1日起人民币汇率的持续快速贬值，国际市场更多地理解为中国央行已经动摇了维持人民币稳定的信心；而中国央行设计一种新的人民币汇率指数，国际市场投资者则理解为人民币表面上的不贬值，却掩盖实质上的贬值（易宪容，2016c）。这就是2016年以来人民币汇率贬值预期不断强化，国际市场掀起一股做空人民币贬值潮四起的重要原因。所以，在春节之后，当中国央行重新强调中国汇率制度并不存在"去美元化"的倾向，美元仍然是货币篮子中主要权重货币之后，人民币汇率也就开始稳定了。

11.5 以信用货币美元为主导的国际货币体系下的汇率定价机制

一般来说，不同汇率制度决定了不同的汇率形成机制及不同的汇率水平。这里就引申出一个问题，汇率是什么？它又是如何形成的？有哪些因素对汇率变动产生较大的影响？为了解释汇率的形成及彼此之间的关系，各种汇率决定理论文献也就应运而生。本部分并非对这些汇率理论的文献综述，而是把重点放在汇率的信用风险定价的机理与实质性商品定价的差异上，这样才能更好地来把握人民币汇率到底是由什么决定，人民币汇率水平应该在哪里，从而为当前的人民币汇率政策提供一点可参考的理论上的依据。

汇率是什么？我们还得从金融的本质入手（易宪容，2014）。在本文看来，金融是指人们在不确定性的情况下通过特定媒介对资源的跨时空的配置，即资金的剩余者通过某种媒介把资金转移到付出一定成本的资金不足者手中使用。从金融的定义出发，金融交易与一般商品（或实质性商品）市场交易有很大的差别。比如，一般商品交易表现为即时性，即一手交钱一手交货，而任何一种金融交易都是跨时空的资源配置的交易，其支付更多地表现为未来性；由于一般市场交易的即时性，交易双方当时就能够根据双方的对价来进行成本与收益分析，但由于金融交易的未来性，其交易的成本与收益是无法事先确定的，其表现为不确定性；还有，由于金融交易支付的未来性及不确定性，也就决定了金融交易必须通过一种特定媒介来完成与保证，如交易合约。正因如此，任何金融交易都必须通过合约方式来进行或完成，而合约就是一种组织、个人、企业或政府的承诺或信用。由于每一个人的生存环境、文化背景、认知水平、知识结构、心理素质、需求偏好等方面具有较大的差异性，每个人信用必然是千差万别的。在金融交易过程中，不同信用所具有风险是不一样的，因此，金融交易又可定义为对信用的风险定价。

汇率作为一种货币与另一种货币的比价关系，它同样是对信用的风险定价。不过，这种信用是以国家主权为基础的。也就是说，汇率对信用的风险定价,其实就是对一个国家的信用风险定价。但国家信用是一个相当广泛的概念,既有市场的因素,如国家之间贸易关系、资金流动的情况、不同国家之间民间及企业的经济往来等,也有国家的综合实力、政治制度及社会文化等各方面的因素。所以,在现有的以信用货币美元为主导的国际货币体系下,汇率定价既有市场价格一般性,也与实质性产品的定价有很大不同(投资品与消费品的定价机制有很大的差异性)(布鲁纳和梅尔茨,2010)。

对于消费品或实质性产品来说,其交易的目的是效用或使用价值。而对产品的效用无论是客观还是主观,它都是有限的并以当事人的可支付能力为基础的。由于交易当事人的效用及可支付能力不同,再加上市场信息不对称及不完全竞争市场存在,产品的市场价格永远是交易者对价的结果,市场价格歧视的情况也时有出现(同一产品在同一市场有很多不同的价格)(布鲁纳和梅尔茨,2010),但是通过市场的有效竞争最终可达到均衡价格,即使市场上常见的策略性定价也是如此。

对于投资品或金融品来说,其定价基础、价格形成机制及价格运作机制与消费品是有很大不同的(易宪容,2015)。一般来说,任何投资品的交易目的都是为了预期收益,买是预期以更高的价卖。而消费品与投资品相反,购买之后想卖出更高的概率极低,因此消费品的购买往往是既定的量或不会多购买。投资品则不然,只要投资品预期升值,投资者对其投资品的购买是多多益善。可见,投资品定价基础是投资者的市场预期,而市场预期又是由投资者心理因素及风险偏好、金融市场条件(比如融资成本的高低、融资获得性容易程度及杠杆率高低等)等因素来决定。而且从投资产品的特性来看,投资品往往是一份标准化的信用合约,投资品就是金融机构对不同信用关系的风险定价(谢德宗,1993)。在这种条件下,投资者对资产价格并不敏感。投资者关注的是投资品未来价格的变化。如果预期价格上涨,投资者会继续买入,甚至放大杠杆率买入。如果预期价格下跌,投资者会纷纷退出这个市场。所以,投资品的需求可以从零到无穷大。由此可见,投资品的定价基础、价格形成机制及价格运作机制与消费品有很大差别。如果有了这样的差别,我们对历史上众多的汇率决定理论及汇率作为信用风险定价的内涵就容易理解了。

我们可以看到,一个多世纪以来,全球货币体系发生了翻天覆地的变革（易宪容，2015）。20世纪初，在黄金本位制下，货币单位的意义由一价机制的贵金属来决定，即一国的货币单位通过法定的方式以固定的黄金含量来表示，不同国家的货币按规定比率自由兑换，黄金是各国家货币汇率的定位锚。也就是说，在黄金本位制下，汇率的定价基础及价格运行机制与实质性商品的交易关系没有多少差别。比如，更注重的有进出口贸易关系、经常账户下的资本流动及贸易的顺差或逆差等。如果实质性贸易关系不平衡就可以通过货币之间汇率调整来改变。

但是到了20世纪70年代布雷顿森林体系崩溃后，特别是90年代起电子货币及电子支付系统的发展，世界上的货币与实质性商品的最后一丝联系也被抛弃了。如今我们生活在纯粹的记账单位货币的世界中，每个记账单位货币的价值唯一地取决于对其负责的中央银行的相应政策及汇率制度（伍德福德，2010）。全球的货币体系完全被以信用货币美元为主导的国际货币所取代。在这种情况下，全球资金的流动也完全分为两条经常项下和资金项下或金融项下资金流动的平行线。

也就是说，现在的国际货币体系是以信用货币美元为主导的体系，这就意味着一种货币汇率与另一种货币汇率的价格根本上与实际经贸活动关联性不是很大。比如，当前全球98%以上的市场汇率交易与实际国际贸易无关，而完全取决于国际投资者金融行为的意愿，那么一种货币汇率的价格水平是无法与实体经济有多少关联的。它完全是一种投资品，完全取决于投资者对这种货币的预期。所以，无论是盯住美元的固定汇率制度，还是参考"一篮子"货币的汇率制度的选择，两者并无实质上的差别，只不过与实质性贸易关系关联度高低而已。也就是说，本质上一国货币与另一国货币的汇率水平在哪里不是取决于国家之间实质性贸易关系顺差与逆差，而是取决于国家与国家之间利益博弈，是一国与另一国之间的信用风险定价。如果以此来看当前人民币汇率的形成机制及汇率水平，许多问题就会迎刃而解。

11.6 人民币的汇率形成机制及定位锚

可以说，一年来中国金融市场乱象丛生，股市暴跌、人民币贬值、互联网金融跑路严重、银行不良贷款飙升等。尤其是股市暴跌与人民币汇率持续贬值的恶性循环，不仅打乱了整个中国金融改革的思路及发展战略，也造成全球金融市场剧烈震荡。特别是 2016 年伊始，中国金融市场的问题更是由此而集中爆发出来。面对中国金融市场的乱象，问题的根源在哪里，如何来化解则成了政府决策者及市场关注的问题。对于当前乱象丛生的中国金融市场，为何近年来会引发如此多的问题，当然要从大的角度来反思。但是从短期来看，或从化解当前这些中国金融市场乱象的短期效应来看，稳定人民币汇率及扭转人民币贬值预期可能是最为重要的切入点。

因为，从 2007 年 10 月之后，中国股市出现过几次暴跌，特别是 2015 年 6—7 月出现了股市"雪崩式"的暴跌，但是以往每次出现这种股市危机，都会认为是当时中国股市的一次调整，都不用担心中国股市会导致更大的金融危机爆发。但在"新汇改"之后，汇市、股市及楼市三者同时下跌，不仅意味着中国金融市场系统性危机的风险正在来临，也意味着人民币汇率的贬值所引发的金融市场问题比预计的要严重。可以看到，无论是大量资金流出中国，还是近年来中国股市的暴跌，及全球金融市场巨大震荡，很大程度上都与人民币的持续贬值有关，而且这种风险还在向国内其他金融市场蔓延。也就是说，人民币汇率的贬值问题不解决，要化解中国的金融乱象就无从谈起。

而当前人民币汇率的问题在哪里？有人分析现在为何政府一直在说当前人民币汇率没有持续贬值的基础，因为，中国自 1994 年以来，每年外贸一直都有顺差，2014 年顺差创造出 3831 亿美元新高；2015 年升势不止，头 11 个月顺差达到 5387 亿美元。特别是从 1995 年至 2015 年这 21 年，中国光是贸易顺差总量就达到 3 万亿美元（雷鼎鸣，2015），再加上中国拥有世界上最多的外汇储备，中国经济增长仍然是全球各国最快的。所以，有了这些条件，人民币汇率根本就不存在持续贬值的基础。

但是，这些仅是从实质性商品的贸易关系来理解的，在当前以信用货币美元为主导的国际货币体系下，一种货币汇率与另一种货币汇率的价格根本上就与这些实质性经济活动关联性不是很大（易宪容，2016a）。试想，当全球 98% 以上的市场汇率交易与实际国际贸易无关时，一种货币汇率的价格水平如何能够与实体经济有多少关联？还有，人民币汇率变化完全是一种金融行为，它的变化完全取决于市场预期。但是，对于中国政府来说，既想以人民币小幅贬值来测试国内外市场的反应，增加人民币汇率的弹性,降低维持人民币稳定的成本和代价,又想通过人民币的高估来持续中国大国的经济地位,来推进人民币国际化的进程,来维持当前中国的几大资产泡沫不破灭。不过,中国政府要实现这种平衡并非容易的事情,因为人民币汇率是一种金融品,它的价格完全是由市场的预期来决定的。人民币贬值的预期是否按照中国央行的意图走,对市场来说应该是相当不确定的(易宪容,2016a)。

还有,人民币纳入 SDR 货币篮子之后,中国央行的意图当然是希望通过这种方式来提升人民币的国际地位及认可度,希望以此来推动人民币汇率形成机制市场化改革及人民币的国际化进程(易宪容,2016b)。但是,如果中国央行要维持人民币汇率的稳定,就得高成本地来干预市场。如果中国央行允许人民币汇率更多地由市场因素起决定作用,这就可能引发人民币大幅贬值,甚至形成人民币趋势性的贬值预期。如果这种情况出现,不仅会打乱人民币的国际化进程,还可能引发大量的资金流出中国,导致当前中国经济生活中的三大资产泡沫破灭。所以,就目前的情况来看,人民币的汇率水平到底在哪里,不在于使用以黄金本位的汇率均衡模型如何计算,而在于中国政府所认知到的国家利益是什么,或就人民币汇率水平而言,中国到底要什么?

可以看出,对于人民币汇率,在"新汇改"之前,中国要的是提升中国经济在国际市场上的大国经济地位,因此一直采取了人民币持续升值的方式;而在"新汇改"之后,中国政府要的是让人民币纳入 SDR 货币篮子,所以就得通过人民币贬值来校正人民币现汇价与中间价偏离;在国际货币基金组织宣布人民币将纳入 SDR 货币篮子之后,中国又觉得维持人民币稳定的代价太高,又希望引导人民币汇率水平向下移,以此来增加人民币汇率变化的弹性,并出台一个 CFETS 人民币汇率指数来告诉市场人民币并没有贬值等。正因为如此,中国政府在人民币汇率水平上的相机抉择,这必然使市场根本不知道中国政府到底要什么。而到今年春节后周小川对人民币汇率政策做出解说,人民币汇率才稳定下来。

所以,在当前的情况下,要化解中国金融市场乱象丛生,稳定人民币汇率,转变人民币贬值预期可能是最为重要的切入点。而解决人民币汇率的问题并非所谓的"三元悖论""三选二"的问题,因为这只是在黄金本位的前提下的一个理论问题;也不是在内外市场对做空人民币汇率的炒作全面出击问题,因为,只要人民币的贬值预期不逆转,离岸市场做空人民币炒作就会没完没了；也不是用一个新人民币汇率权重指数代替旧的人民币汇率指数就意味着人民币不贬值了，因为国际市场根本就不会认可等。而是要把人民币的汇率重新锚定在美元汇率的价格水平上，比如1美元兑换人民币为6.5元或6.8元等。如果人民币汇率锚定在美元某个水平，那么美元升值并不会导致人民币的贬值，并由此增加了人民币在国际市场上的认受性，推进人民币的国际化进程。如果人民币汇率出现明确的企稳，这不仅会让外逃的资金停止流出，更为重要的是会让人民币的贬值预期逆转，做空人民币汇率国际炒作退出。如果人民币有些许升值时，这种效果会更加明显，而这也是稳定当前中国金融市场乱象最为重要的一步。不走出这一步，其他的事情都无从谈起。

而稳定人民币汇率不仅要给出定位锚，更重要的是中国央行要给出清楚明确的人民币汇率政策，特别是在当前这个时期，不要有太多的相机抉择，强调人民币汇率的灵活性却可能失信于市场。当前人民币汇率的贬值预期为何会如此强烈，就在于中国政府的汇率政策可信度不高，国内外市场对中国政府承诺不太相信。但周小川行长出来与市场沟通，这种情况立即得到改变。有了中国政府对人民币汇率清楚明确的汇率政策，市场对人民币汇率也就会有清楚明确的预期。这样即使人民币短期内有些许贬值也不会形成人民币过度贬值的压力，因为从中长期来看，随着中国经济调整及向好，中国大国经济地位的确定，人民币升值概率仍然会大于人民币的贬值。在人民币汇率稳定的情况下，才能看到其他金融问题症结并找到其相应的解决办法。

11.7　小结

"新汇改"本来是一次汇率形成机制小幅改善，但由于这是中国人民银行对人民币汇率主动大幅贬值，从而完全改变了十年来人民币单边升值的态势，人民币汇率的市场预期完全出现了逆转。这不仅引发了在岸市场大量资金外逃，也引发了离岸市场投资者抛售人民币及人民币计价资产，人民币的贬值预期不断在强化。在这种情况下，中国人民银行不得不出来反复重申人民币没有持续贬值的基础，同时不得不重新进入市场来维持人民币汇率的稳定。

但是由于理论上的认知有限,中国人民银行迟迟无法对当前的金融市场形势有一个清楚判断,并由此给出一个清楚明确的汇率政策,给出在人民币汇率问题的明确抉择,以此来引导人民币的市场预期,这就成了2015年12月1日以来人民币持续贬值,中国金融市场问题丛生的主要原因所在。直到周小川行长春节出来与市场沟通,人民币汇率才得以稳定。所以,要走出当前中国金融市场乱象丛生的局面,就得从稳定当前的人民币汇率入手,不仅要给出当前人民币汇率明确的定位锚,也要给出一个清楚明晰的人民币汇率政策,并多与市场沟通,做好当前的人民币汇率的预期管理,这就是当前人民币汇率稳定的关键所在。

12 人民币"8·11""新汇改"的动因、影响及未来走势[①]

12.1 人民币为何会突然主动贬值？

"8·11""新汇改"引发了中国金融市场一系列的问题，引发了全球市场强烈反应。对此，中国人民银行是始料不及的，并不得不重新审视这次"新汇改"，并出台了相应的善后政策。当前人民币汇率的企稳及扭转贬值预期是中国央行善后的政策重心。所以，短期内人民币汇率基本上会稳定在 6.4 这个基点上，然后再增加人民币汇率浮动的弹性空间，这样既可保证人民币纳入 SDR 篮子货币后的内在价值及外在价值的提升，也能保证人民币成为全球各国所认可的货币，及提升人民币在国际市场上的地位。

2005 年中国启动了人民币汇率的第一次重大改革，就是从当年 7 月 21 日起人民币兑美元的汇率升值 2.11%，从此就一发不可收拾，人民币汇率进入一个 10 年单边升值的周期。到新汇改之前人民币的名义有效汇率相对"一篮子"汇率升值了 46%，实际有效汇率升值了 55.7%。[②] 这十年人民币的单边升值，既增加了中国的经济实力，也催生了中国经济的三大泡沫（固定资产投资泡沫、房地产泡沫、信贷泡沫）。

10 年后，中国人民银行再次启动了新一轮的人民币汇率改革或"新汇改"。但是这次"新汇改"与上一次汇率制度改革正好相反，是让人民

[①] 该文章发表在《探索与争鸣》2016 年第 1 期。
[②] 《完善人民币兑美元汇率中间价报价吹风会文字实录》，中国人民银行网站，2015 年 8 月 13 日，http://www.safe.gov.cn/safe/2015/0813/4617.html，2016 年 12 月 30 日最后访问。

币兑美元的汇率贬值近2%。中国人民银行《关于完善人民币兑美元汇率中间价报价的声明》指出①，为了增强人民币兑换美元汇率中间价的市场化程度和基准性，中国人民银行决定完善人民币兑换美元汇率中间价的报价。自2015年8月11日起，做市商在每日银行间外汇市场开盘前，参考上日银行间外汇市场收盘汇率，综合考虑外汇供求情况以及国际主要货币汇率变化向中国外汇交易中心提供中间价报价。其核心就是中国人民银行放弃对汇率中间价的控制，赋予汇率中间价弹性，以期满足国际货币基金组织（简称IMF）的要求，好让人民币纳入特别提款权（简称SDR）货币篮子。该声明公布后，立即引起国内外市场强烈反响，人民币对美元汇率立刻应声下跌。在三天的时间里，人民币兑换美元现汇价及中间价都创了4年来的新低。由于人民币连续下跌，中国人民银行不得不入市干预同时也安抚市场，汇率才逐渐出现企稳。② 当然，人民币经过3天的大幅贬值，中国人民银行认为基本上达到了预期，并宣称人民币贬值一次性调整结束。对此，一般认为，这次"新汇改"不仅结束人民币长期单边升值的态势，也可能是人民币周期性贬值的开始。因为，这次"新汇改"的重点是放在完善中间的报价机制上，放在中间价上更具有弹性。

　　现在的问题是，中国人民银行为何要在"8·11"这个时候主动地让人民币对美元汇率大幅贬值，其原因何在？还有人民币主动贬值后为何会引发全球市场强烈反应？面对人民币的大幅贬值，中国人民银行为何要立即出来重新确立人民币贬值的边界？这次人民币主动贬值风波对国内外市场所造成的影响与冲击到底有多大？等等。这些都是这次"新汇改"所引发的一系列问题，也是值得事后进行深刻反思的问题。

　　首先，这次中国央行对人民币汇率主动调整，引发了人民币现汇价的突然大幅贬值，从而引发全球股市汇市、大宗商品价格剧烈波动和下跌。尽管人民币还没有自由可兑换及中国资本项目没有完全开放，但是人民币主动贬值则成了当时全球资本市场的一只"黑天鹅"，立即引发强烈的"蝴蝶效应"。实际上，这次人民币主动贬值，市场应该早就有准

---

① 张维：《中国人民银行关于完善人民币兑美元汇率中间价报价的声明》，中国人民银行网站，2015年8月11日，http://www.gov.cn/xinwen/2015-08/11/content_2911081.htm，2016年12月30日最后访问。

② 同上。

备，因为在之前国务院关于人民币汇率改革的文件中，就明确提出了要扩大人民币汇率弹性空间，以此来加快人民币汇率形成机制市场化的改革。从中国央行解释来看，更多的是通过人民币兑美元中间价小幅贬值来调整现货价与中间价的偏离性，确立中间价的市场化程度与基准性，以此来完善人民币汇率形成的机制。

当时，国际市场比较纳闷的是，为何中国政府会在人民币争取纳入SDR的关键时刻，人民币突然主动大幅贬值。因为，在市场看来，如果人民币要晋身SDR，中国政府就得在这个时间段内保持人民币汇率的稳定性，这样才能令国际社会看到人民币纳入SDR有助于维持国际市场的汇率稳定，各国更有意愿持有人民币作为储备货币。但实际上，这次调整人民币现汇价与中间价的偏离度，就是要能符合IMF所提出的人民币汇率制度改革的基本要求，就是为了人民币能够纳入SDR货币篮子。所以，尽管这次人民币汇率调整对全球市场造成较大的震荡与波动，但IMF当天就发表了声明对中国这次"新汇改"基本上是肯定的。[①]

还有，中国央行在这个时候让人民币主动贬值重要的考量是基于当时国内外经济形势的变化。一是在2015年中国股市大规模试验的失败后，中央政府正在调整金融市场改革的战略部署，汇率制度改革自然成了当时国内金融改革新的突破口。但是这个突破口有多大，又会走向哪里，中国政府同样在试错，在通过人民币主动贬值来看对国内外市场的影响，来看整个市场对人民币汇率贬值的承受度。不会仅满足于调整现汇价与中间价的偏离度，而要通过扩大人民币汇率的弹性空间，为人民币汇率形成机制的市场化创造更多的条件。如果人民币汇率改革遇到千难万险，那么这种改革就会立即停止。

二是2015年下半年美联储加息不仅是大概率的事件，而且从当时的形势来看，这种趋势基本上不会改变的。2015年上半年，IMF的年度《全球金融稳定》报告（2015）指出，下半年美国加息在望。而美国加息肯定会与当时其他大国的央行的货币政策背道而驰，同时对其他国家会产生严重的溢出效应风险，对此，即使是发达国家也难以幸免。新兴市场所面临的风险可能会更高。

---

① 刘劢、江宇娟：《国际货币基金组织欢迎中国汇改新措施》，新华网，2015年8月12日，http://news.hexun.com/2015-08-12/178275567.html，2016年12月30日最后访问。

在中国经济持续放缓的情况下已经疲态尽显,美国加息无疑会对新兴市场国家的金融市场构成双重夹击,并对全球市场造成严重的负面影响。2015年7—8月,国际市场的大宗商品价格暴跌,就是对美国加息的提前反映。无论是油价及黄金的暴跌,还是其他大宗商品价格下跌都是如此。所以,面对这种情况可能对中国的影响,中国政府也在调整宏观经济政策,以便为2015年下半年可能出现的情况做应对准备。所以,在美国加息前,中国的政策先动起来,不仅表明中国对此有所准备,而且也可先测试市场的反应。

三是不少分析认为,这次人民币贬值是为了刺激企业的出口贸易,因为,从上半年的中国出口情况来看,不仅远差于市场预期,更觉得中国出口贸易下降与人民币过于强势有关。比如在一年的时间里,人民币实际有效汇率升幅高达14%以上。由于人民币兑非美元货币的过度升值,从而导致了中国对这些国家的出口快速下降。所以不少分析认为,中国政府希望通过人民币的贬值来刺激出口。

但这更多的是认识上的一个严重误区。因为,就全球的经济形势来看,出口衰退是2015年一个全球性的现象,不仅只有中国的出口下降。已有数据显示,2015年1—5月,出口衰退最为严重的地区是欧洲,法国衰退16.8%、意大利衰退15.7%、德国衰退14.2%。这很可能是受希腊金融风暴对欧洲严重的冲击,再加上石油价格及全球大宗商品价格下跌导致下游产品价格走低所致。而这也连带严重打击大量出口欧洲的各国,比如,1—6月印度出口衰退16.0%、巴西衰退14.7%、马来西亚衰退13.7%、新加坡衰退13.1%、印度尼西亚衰退11.9%。连美国前5月的出口也衰退了5.1%,日本更是衰退7.8%。只有中国的出口尽管增长有所下降,但从全球来说,中国出口下降的幅度最小。因此,中国的出口下降并非是人民币强势所导致的问题,而是一个全球性普遍的现象。对此,中国央行副行长易纲也给出否定答案(IMF,2015)。因此,这次人民币突然大幅贬值并非刺激出口,而更多的是人民币汇率形成机制市场化的改革及面对外在环境变化所进行的一场金融改革试验。

不过,中国央行决策者没有预料到的是,在人民币主动贬值之后,立即引发国内外市场激烈的反应。这主要在于,这次人民币贬值是一次主动贬值。按照中国人民银行的说法,人民币贬值是改善中间价为主导的汇率形成机制,确立人民币汇率中间价的基准性及权威性。但国内外市场分析不是这样认为的，更多的人认为，是中国政府通过人民币贬值来救经济，是当前中国经济增长下行的压力大。在国际市场看来，既然中国政府要通过人民币贬值来救经济，其他国家同样可以采取货币贬值的方式来对冲人民币贬值对本国经济的影响。在这种情况下，一定会导致国际市场的连锁反应。

还有，近年来，随着人民币兑美元强势而单边升值，再加上中国经济持续增长，这就使中国经济在全球市场中所占的比重越来越高，中国经济在全球市场的影响力也就越来越大。而汇率作为国家之间利益的零和博弈，一个国家的汇率政策变化必然会对另外一个国家造成巨大影响。因此，中国作为全球第二大经济体，其汇率政策的变化就可能造成国与国之间的利益关系此消彼长。所以，人民币的主动贬值，各国家出招自保及境外投资者采取不同的方式应对，这必然会引发国内外市场的激烈反应。

所以，人民币突然主动贬值必然会打乱这些投资者的惯性思维及部署，他们必然对人民币的突然贬值做最为及时的反应并采取应对的措施。在这种情况下，外汇市场、债券市场、汇率衍生工具市场都会出现激烈的反应甚至于过激的反应。否则，投资者会认为将面临巨大风险。比如，人民币大幅贬值的那几天，就出现了巨大的欧元兑换人民币的套利交易的拆仓潮，从而使那几天欧元汇率快速上升，直到人民币汇率企稳，欧元兑换美元才重新回到下跌的区间。对于中国企业及投资者来说也是如此。

更为重要的是，当人民币主动贬值引发全球市场反应始料不及和市场的风险大增时，中国人民银行不得不出来解围并重新划定人民币汇率边界。在中国人民银行官员看来，这次人民币主动贬值是一次性而不是趋势性。人民币贬值是为了校正现行汇价与中间价的偏离性，是为了人民币汇率增加浮动的弹性空间创造条件。而且中国人民银行还表示，在完善汇率中间价报价的机制，提高中间价市场化程度的同时，也将推动人民币汇率形成机制全面的市场化，比如推动外汇市场对外开放程度、延长外汇交易时间、引入合格境外主体、促进形成境内外一致人民币的汇率。不过，更为重要的是，在人民币汇率突然贬值对国内外市场产生巨大的影响之后，要重新确立人民币汇率的边界。

从一般经济角度来分析，目前人民币存在严重高估，从而使人民币随时都有贬值的风险。但是，这些分析基本上是以金本位下的国际货币体系为前提的，如果以现行的信用货币美元为主导的国际货币体系分析来看，人民币汇率的水平在哪里是相当不确定的。因为，在现有的国际货币体系下，是无法用国际贸易中的实质性产品的价格关系来衡量一国货币与另一国货币的汇率关系的。而当前国与国之间货币的汇率关系更多的是国与国之间的利益博弈。在这个前提条件下，政治因素及其他非经济的因素就可能成为中国央行考量人民币汇率边界最为重要的选择。

首先，中国政府十分清楚，中国近10年来的经济快速增长及国家实力快速增强，很大程度上是与国内信用过度扩张有关（近5年的信用扩张总和大于前64年的信贷总和①），与催生一个"房地产化"经济有关，与人民币对内严重贬值和人民币对外快速升值有关。在这种情况下，国内以信用过度扩张及房地产价格快速飙升来增加GDP，对外以人民币汇率快速升值来计价中国经济在国际上所占的比重。在这样的情况下，中国经济在国际上的名义实力岂能不快速上升？而中国经济实力在国际上快速上升，也就决定了中国在国际上的政治地位。

因此，未来人民币汇率如何变化，政府最大的考量应该是人民币纳入SDR篮子货币之后如何提升人民币的国际地位，如何推动人民币国际化的进程，这就是中国政府对人民币汇率的政治考量。也就是说，即使人民币汇率市场化改革会增加人民币汇率弹性区间，但这种弹性空间的扩大及人民币汇率的变化应该是以中国政府政治考量为前提，如果脱离了这个前提，那么人民币汇率变化空间又会回归到这个政治考量的前提上来，即人民币强势对中国更有利。

其次，预计美元强势在短期内不会改变，而美元强势对人民币汇率变化将造成重大影响。因为，如果美元强势，而人民币随着非美元也会弱势，那么这不仅会使人民币在国际市场上的地位下降，不利于人民币国际化进程，更为严重的可能会让早期流入中国的国际热钱迅速地撤出中国，甚至于让中国居民持有的资产也流出中国。比如，中国人民银行官方网站（2015）统计显示中国11月外汇储备降到三年来最低水平为

---

① 参见历年来的《中国统计年鉴》，并由相关的数据加总得到。

3.4万亿美元。① 如果这种情况出现，中国就面临着几大泡沫破灭的巨大风险。而这些泡沫破灭必将引发中国金融市场的系统性风险及实体经济面临的衰退危机，这些都是中国政府不愿意看到的。因此，这些都是人民币汇率变化需要考虑的因素。

也就是说，出于上述两个方面的考量，中国政府在短期内会维持人民币的稳定，甚至于会促使人民币随美元强势，并借助人民币的强势，以吸引更多的外国投资者愿意持有和使用人民币，同时吸引更多的外国政府把人民币纳入其国家外汇储备组合，以此来真正地实现人民币的国际化，推进IMF人民币纳入SDR货币篮子，就是要让人民币成为如美元、欧元一样的国际主流货币。这样，中国在国际上的政治及经济地位都能够提升。所以，当前人民币主动贬值面临巨大风险时，中国人民银行只能重新确立人民币汇率边界，让人民币汇率企稳在上述考量的基准之内。这些就是"8·11"人民币主动贬值一些问题的来龙去脉。

12.2 人民币主动贬值企稳后的善后政策

这次"新汇改"连续三个交易日人民币汇率中间价贬值达4.66%，并由此引发了人民币现汇价也大幅贬值，那个星期人民币现汇价累计贬值达到了2.8%。由于人民币突然主动大幅贬值，仿佛给全球金融市场丢出一颗震撼弹，立即让那几天的全球股市汇率在混乱之中应声倒下，及引发美国政界不少质疑等。甚至于有人认为，在人民币贬值预期强化的情况下，一场由人民币贬值引发的全球货币贬值战一触即发，这些都是中国人民银行始料不及的。

这次中国人民银行对人民币主动大幅贬值企稳之后，由于该事件对全球市场造成了巨大的冲击，其影响在短期内消失是根本不可能的。这自然会给人民币汇率的未来走势增加一系列的不确定性，市场的任何风吹草动，都可能把人民币贬值的风险暴露出来。

---

① 《黄金和外汇储备报表》，中国人民银行网站，http://www.pbc.gov.cn/diaochatongjisi/116219/116319/2161324/2161340/index.html，2016年12月30日最后访问。

12 人民币"8·11""新汇改"的动因、影响及未来走势

首先，这次人民币贬值是一次突然性的主动贬值。按照中国人民银行的说法，这次人民币主动贬值是为了改善中间价为主导的汇率形成机制，确立人民币汇率中间价的基准性及提高其市场化程度，因此这种调整也是一次性的。但国内外市场的看法则不是这样，更多人认为，是中国政府通过货币贬值来救经济。既然中国政府是希望通过人民币贬值来救经济，那么未来这种情况随时可能发生。如果未来中国经济增长与政府目标有差距，中国政府会不会再通过人民币贬值来救经济呢？这当然是相当不确定的。从人民币一次性贬值之后，多家国际投行都认为，如瑞信（Credit Suisse）、摩根士丹利（Morgan Stanley）、巴克莱（Barclays）等，人民币将会进一步贬值。人民币加入SDR后，外国投行对人民币贬值预测更是在强化。所以，11月中国外汇储备减少872亿美元，人民币贬值趋势又出现。

其次，尽管央行官员说2015年7月中国贸易顺差仍然有2000多亿美元，中国贸易条件处于良好的状态，中国经济增长速度仍然是全球最高的，而且中国的外汇储备充足。也就是说，从基本面上来看，中国不存在人民币大幅贬值的基础。但是同样2015年7月外汇占款减少也达到3080亿元，创有纪录以来历史最高水平。这说明流入中国的资金越来越少。同时，不仅到2015年6月末，中国外汇储备出现了连续4个季度减少，而且"新汇改"之后，8月到11月，中国外汇储备减少2000多亿美元，达到3.4万亿美元，为三年来最低。[①] 也就是说，尽管中国外汇储备减少可能有多方面的原因，但资金外逃已经是一个不可忽视的因素。这可能是因为投资者开始不愿意持有人民币及人民币计价资产。如果是这样，这自然会增加人民币贬值的不确定性。

再次，中国人民银行官员说这次人民币主动贬值是一次人民币汇率形成机制的市场化改革，人民币贬值是一次性而不是趋势性的。人民币的主动贬值是为了校正现货价与中间价的偏离性，是为了人民币汇率增加浮动空间创造条件。之后，中国的外汇市场会更为开放、透明、自由，汇率价格更会趋于均衡价格。但是，全球市场对人民币汇率市场化所带来的新形势更是捉摸不透，亚洲一些国家及地区贬值性货币战的忧虑更是挥之不去。那个星期人民币主动贬值后，亚洲货币出现全线贬值，马

---

① 数据来自中国人民银行网站。

来西亚林吉特和印度尼西亚盾的汇价更是跌到了接近1997年亚洲金融风暴时的水平，国际资金抛售这些货币及相应的资产，大量的资金正在流出这些新兴市场，让整个全球市场充满着更多的变数。

最后，对于人民币大幅贬值企稳后，未来人民币是升值还是贬值，每一个人都能够从不同的角度找一大堆的不同理由。比如主张人民币会升值的，认为当前中国贸易还是处于顺差状态，特别是随着国际上的大宗商品价格下跌，更是有利于改善中国贸易条件，中国也不需要通过人民币的贬值来促进出口，尽管中国的经济增长有所放缓，但仍然是世界上增长最快的国家等。

而且从历史的经验来看，这次人民币大幅贬值更主要的目的是让人民币汇率机制市场化的改革加快，是朝向一个好的市场化方向。而这样做能够为未来人民币升值创造更好的制度基础。高海红（2013）认为，1972年德国马克切断了与美元挂钩，从而也就为德国马克后来持续升值及成为欧洲货币之锚奠定了基础。还有1979年英国全面取消第二次世界大战以来的外汇管制，当时英国的撒切尔政府对此外在压力很大，但英镑在下跌了两天之后，出现了持续两年的上升时期。[①]

但现实的情况是，这次人民币主动大幅贬值之后，不仅在于整个全球市场对人民币兑换美元是否能够企稳在6.4元左右存在极大的质疑，而且还在于对中国香港及台湾等人民币离岸市场的人民币存款造成极大的冲击。因为，人民币突然贬值3%基本上把其一年的利息收益全部吃掉，也让这些离岸市场的人民币持有者对人民币未来走势丧失信心。在这次人民币突然大幅贬值后，这些离岸市场人民币持有的投资者都在纷纷减持人民币及人民币计价的资产。因此，到2015年11月底，中国香港地区的人民币存款减少到1万亿元以下，为3年来最低水平。[②] 如果这种趋势形成预期，不仅人民币离岸市场会逐渐萎缩，而且也可能会让一些把人民币作为外汇储备的国家减持人民币。即使人民币纳入SDR货币篮子也会如此。如果这种情况出现，显然是与中国政府这些年来致力于人民币纳入SDR货币篮子及推行人民币国际化的努力方向是南辕北辙的。人民

---

① 《92英镑危机》：360百科，https://baike.so.com/doc/5152249-5382327.html，2016年12月30日最后访问。

② 数据来自香港金融管理局网站。

币的国际化可能由此中断。同时，对未来人民币汇率会增加更多的不稳定性。

还有，根据李秋华（2015）报道，在2015年6—7月中国股市大跌之后小幅回升之前，跻身全球400富豪榜的中国富翁在7月损失接近1000亿美元，如今人民币贬值又使他们再次遭受沉重打击。这次人民币突然大幅贬值导致人民币汇率出现20多年来最大幅度下跌，全球400富豪榜中的27名中国人在8月10日至12日总计损失达120亿美元。受到这次人民币贬值的打击，对于许多中国富人来说，他们都后悔没有尽早将资金转移到海外。所以，这次人民币贬值事件之后，现在很多中国富人在迅速地将资金转移出境，他们担心这次人民币贬值并非一次性的而可能成为人民币长期贬值的开始。而这正是8月以来外汇储备减少的一个重要原因。中国不少富人已经不看好人民币及人民币资产。同样，在中国香港及台湾，投资者也正在找机会减持人民币及人民币资产。

还有，这次人民币突然大幅贬值，也对海外负债比较高的中国企业带来巨大的冲击及影响。因为自美国金融危机以来，随着美国量化宽松政策，利率低到历史最低水平，从而使大量的新兴市场经济国家的企业大量向海外举债或向海外银行借入美元。国际清算银行的数据显示，2009—2014年新兴市场经济国家的非金融企业负债占GDP的比重由67%上升到83%。而在以美元为主导的外币市场借贷最为活跃的是中国企业（尹满华，2015）。中国企业海外负债占GDP的比重由2009年的7%上升到2014年的44%，总额在11000亿美元以上。这次人民币突然大幅贬值对这些海外债务比较高的企业来说，已经造成了巨大的冲击及其债务成本大幅上升。更为严重的是，在人民币企稳之后，对人民币未来走向同样存在较大质疑，多会认为未来人民币还会继续贬值，因此，他们也正在做好可能继续贬值的准备。如果这样对国内金融市场的冲击肯定会不小。

其实，在这次人民币突然贬值之后，尽管中国人民银行明确地表示人民币汇率的调整已经告一段落，未来人民币汇率会企稳在6.4元左右的水平，但是，整个市场对此仍然十分存疑。因为，在以信用货币美元为主导的国际货币体系下，一国与另一国之间货币的汇率在哪里基本上是国家利益博弈的结果，是多边因素考量的结果。也就是说，人民币的汇率边界到底在哪里？目前应该是相当不确定的。因为在完全开放的汇率自由浮动的市场，国与国货币之间的汇率都存在巨大的操纵。那么中国这种半开放半管制的市场，汇率价格到底在哪里更是不清楚。

所以，尽管"新汇改"之后，人民币汇率形成更为市场化，但人民币汇率水平在哪里更多的是中国人民银行的衡量而非完全市场因素使然。因为，就目前人民币的情况来看，人民币对许多货币是明显高估了。国际投资银行巴克莱的研究就认为目前人民币汇率被高估18%。他们的模型包含了购买力平价、历史估值以及相对劳动生产率、贸易条件、政府支出占GDP比重等基本面变化，还考量了国外净资产头寸等。他们的分析师将年底人民币兑换美元汇率目标价从6.35元上调至6.8元。在这种情况下，严重高估的人民币随时都面临着贬值的风险，问题是什么时候发生而已。

可见，这次央行对人民币主动大幅贬值之后，由之前的十年来人民币单边升值预期已经转变为人民币的单边贬值预期。因为，尽管人民币主动贬值企稳后，在短期内央行仍然会让人民币在一定程度上企稳，但不仅现行的中间价汇率形成机制很容易导致人民币的贬值预期，再加上近年来人民币随着美元的强势而强势，从而使人民币在一定程度上是高估的，及经过这次人民币主动贬值的风波，政府维持人民币企稳的信用度已经减弱，投资者开始担心人民币随时可能出现主动贬值的风险。在这种情况下，人民币单边贬值的预期已经形成。

在这种情况下，对于中国人民银行来说，2016年人民币正式纳入SDR篮子货币之前，一定会维持人民币汇率绝对稳定甚至于少许升值，否则就可能强化当前人民币汇率的贬值预期，也不利于各国央行及投资者增持人民币及人民币资产，更可能引发全球市场的震荡。但是，在2016年人民币纳入SDR货币篮子之后，中国央行是否能够再维持人民币稳定或高位，则是相当不确定的，估计还得看未来经济形势会变化到哪里。因为，汇率仍然是政府宏观调控政策的重要工具。

12.3 当前人民币汇率所面临的难题与挑战

8月11日开始的"新汇改"已经有几个月了，它引发了国内外金融市场前所未有的惊人变化。因为，这次"新汇改"，按照中国央行目的是对人民币汇率中间价报价机制进行改革,以此来加大市场决定汇率的力度,同时尽量地满足IMF让人民币纳入SDR货币篮子的一般性要求等。但对于中国人民银行启动的这次"新汇改",全球市场投资者的理解则完全不同,并由此引发了欧美国家及新兴国家的金融市场一连串的"多米诺骨牌效应"。即使在12月1日人民币纳入SDR的前几个月人民币汇率已经企稳,但这种全球市场的"多米诺骨牌效应"还在发酵,再加上IMF同意人民币纳入SDR货币篮子,从而使当前人民币的管理面临着新的要求、难题及挑战。

首先,尽管中国政府及领导人一直在强调"新汇改"后中国经济的基本面没有发生实质性变化,人民币并不存在长期贬值的基础,甚至中国人民银行不得不进入市场干预,以保证近几个月人民币汇率企稳和些许上升,但是在全球市场,人民币的贬值预期不仅没有扭转反而仍然十分强烈。人民币汇率能否企稳则成了当前中国人民银行的主要难题。

在"新汇改"之后,要保证人民币的企稳,就是如何才能真正扭转人民币的贬值预期。人民币的贬值预期不扭转,要让人民币企稳是不可能的。而这个问题的关键就要看中国人民银行能不能把人民币汇率锚定在一个区间,并以此向国际市场发出一个明确强烈的信号。因为,在当前以信用货币美元为主导的国际货币体系下,一国对另一国货币的汇率多少,并非如金本位制下可以锚定在贵金属黄金的价格上,而更多的是国与国之间利益博弈及利益权衡。在这种情况下,以此为基点就可确定一种货币与另一种货币之间汇率的底线或定位锚。对于汇率的锚定既有汇率制度安排的问题,也有汇率锚定水平在哪里的问题。

从目前人民币汇率的情况来看,有分析认为,这次"新汇改"目的就是要改变以往更多盯住美元汇率变化的汇率制度安排,增加人民币汇率对美元的弹性空间,甚至于逐渐地由盯住美元的汇率制度向参考"一篮子"货币的汇率制度过渡。

其实,从当前国际货币体系的现实基础及国际外汇市场波动变化的情况来看,并非"一篮子"货币汇率制度一定会比盯住美元汇率制度更优化、更市场化,因为,在以美元为主导的国际货币体系下,不仅在全球市场作为结算货币、投资货币及储备货币的美元占有绝对高的比重,而且美元作为国际市场上的强势货币,在一个较长的时间内是无法改变的事实。因此,在当前的市场条件下,人民币汇率制度有限地锚定盯住美元可能会更有利于人民币汇率的稳定，更有利于降低人民币的交易成本及人民币汇率的风险。而参考"一篮子"货币的汇率制度，如果篮子里的货币波动较大，这并不能增加人民币的汇率市场化程度，而是会增加人民币汇率的不稳定性。所以，那种为了"脱钩"而"脱钩"的汇率形成机制是不可取的。这次"新汇改"突然让人民币汇率贬值很大程度上就是与这种思路有关。

对于人民币汇率的锚定水平在哪里？是6.2元还是6.5元？或更多的其他水平。在当前的情况下，这应该是相当不确定的。因为，当前各种汇率理论模型所得出的人民币汇率是高估还是低估，基本上是不成立的，因为这些理论模型都是以金本位为前提的，即使汇率的购买力平价理论也是如此。当这种前提条件不成立时，其得出的结论当然是可质疑了。

那么，当前人民币的锚定水平应该在哪里？又是如何决定的？它完全取决于国家与国家之间的利益博弈与利益平衡。而这种利益博弈又是由以下各方面的因素决定的。比如，一个国家现实经济状况、经济实力、经济发展战略、国家信用、要素的综合价格水平及国内外投资者的预期等。而这些因素中有些根本上是无法用量化的方式来获得的。在这种情况下，不少汇率计价模型也无法计算出人民币汇率估值高低了。

比如这次"新汇改"，人民币贬值的幅度是那样小，而且中国人民银行也一再承诺这次人民币贬值是一次性的，但是为何会造成强烈的市场反应，及强烈的人民币贬值预期呢？市场最为关注的是中国人民银行对人民币贬值是为了救中国经济，是因为中国经济陷入了严重困境。而中国经济这种困境又会对全球市场造成严重"多米诺骨牌效应"，及人民币进一步大幅地贬值等。

也就是说，人民币的汇率水平在哪里，并非取决于人民币外汇市场的供求关系，也不取决于要素的综合价格水平，而是取决于市场当事人的预期，而这种市场预期是由多重因素决定的。特别是当前全球的外汇市场，其98%以上的交易量与实质性国际贸易没有多少关系，这些外汇交易同样主要是由投资者预期来决定的。

所以，在不同的时期，人民币汇率的锚定水平应该是一个十分灵活的量而不是一个固定值。就目前的情况来看，人民币锚定水平应该先企稳在6.4元左右水平并些许升值，这样才能保证人民币真正企稳。只要中国央行向国际市场发出这样一个明确的信号，并通过有管理的浮动汇率制度让人民币汇率坚守在这个水平上,那么才能从根本上扭转由于"新汇改"所造成人民币的贬值预期。然后才有可能在此基础上,在人民币绝对企稳、贬值预期扭转之后,让人民币汇率锚定水平的弹性扩大,比如先在6.4元左右的3%范围内上下浮动,以此来让市场有一个人民币汇率的上下浮动的区间与适应期。如果没有这样的一个适应期,任何人民币汇率波动都很容易造成对市场的巨大震荡。如果有了这样一个适应期,人民币汇率波动对市场造成的影响与冲击就会减弱。

还有,在当前国际货币体系下,中国央行不要追求人民币汇率为市场化而市场化,有管理的浮动汇率制度仍然是当前中国汇率形成机制的重心。在这个重心下,政府要以国家利益最大化来权衡人民币汇率的锚定水平,这样既可以打击对人民币汇率的过度套利,也可以保证人民币汇率稳定及国家利益的最大化。否则,人民币汇率没有企稳,要确立新的汇率形成机制是不可能的。

可见,在"新汇改"或人民币纳入SDR货币篮子之后,如何让人民币汇率在当前的情况下得以稳定,成了中国人民银行所面临的最大难题。因为,只有中国央行坚决让人民币汇率企稳,让人民币汇率有些许的升值,并让这种情况持续一段较长的时间,这样才能坚决地扭转人民币汇率的贬值预期;否则,人民币贬值的预期趋势一旦形成,再来让人民币汇率企稳是不可能的。

其次,要使人民币汇率稳定,还有重建人民币汇率的信用问题。因为,无论是货币还是货币的汇率问题,都是主权国家的信用问题。比如,这次"新汇改",尽管中国央行及中国政府一直在对这次汇改的人民币汇率稳定性背书,反复重申这次人民币汇率的贬值主要是校正现行汇价与中间价的偏离,而且是一次性的,但全球市场对中国央行背书就是不相信,就是认为中国央行对人民币的突然贬值的目的在于要救脆弱的中国经济及出口严重的下降,并由此引发全球市场的"多米诺骨牌效应"。这当然是人民币的信用出了问题。

因为,在这次"新汇改"之前,中国人民银行及中国政府一直在重申中国不会通过人民币汇率贬值来鼓励出口,但实际上是中国人民银行偏偏在2015年上半年出口严重下降的时候对人民币大幅贬值,这对中国人民银行的承诺及人民币汇率的信用问题大打折扣,或很容易弱化人民币的信用。所以,这次"新汇改"中国央行一再强调人民币贬值是一次性的，贬值的幅度只要3%就到位，但全球市场就是对中国央行的承诺表示十分质疑，并认为这是新一轮人民币贬值的开始，再加上不少国家的经济增长对中国长期的严重依赖性，如果人民币突然贬值是为了救中国经济，那么人民币突然贬值岂能不引发全球市场轩然大波。所以，人民币的汇率能否企稳，可能最为重要的还在于重建人民币的信用问题。也就是说，人民币有没有"品牌价值"的问题。

而人民币的"品牌价值"就如商品的"品牌价值"一样，甚至更为严格，这是市场自然选择的结果，而不是仅靠广告或政治劝说就能够做到的。比如，为何早几年离岸市场的人民币存款及人民币计价的资产在不断地快速增长，就在于离岸市场的投资者及企业认为人民币这种货币会较为稳定及不会贬值，这样才能让离岸市场的投资者及企业持有人民币有利可图及风险更低。投资者通过这种反复体验，在这个过程中人民币才赢得了市场的认可。但是，当人民币在没有任何预警的情况突然贬值，自然让人民币的品牌效应或信用荡然无存。这就迫使离岸市场的投资者及企业不得不纷纷抛售人民币，人民币的信用也就在人民币突然贬值的瞬间消失。这时人民币的贬值预期只能越来越强烈。因此，要让人民币企稳并国际化，就得重建人民币的信用或品牌效应，否则要让人民币汇率企稳是不可能的。这同样是当前中国央行所要面对的难题。

第三，对于人民币的企稳，中国人民银行还会有其他的政策选择，以此来减轻人民币贬值压力，比如通过宏观审慎政策来提高货币投机的成本，比如对外汇远期交易征收风险准备金，向境外投资者开放国内金融市场，加强资本控制执行力度，保证实体经济增长。比如，中国人民银行最近发布了《关于加强远期售汇宏观审慎管理的通知》[①]，规定开展代客远期售汇业务的金融机构，从10月15日起应交存外汇风险准备金，准备金率为20%，冻结期为1年，利率为0，中国人民银行并按月对银行进行考核。缴存无利息的外汇风险准备金，实际上就是托宾税，以此起到抑制远期汇率交易的投机作用。所谓托宾税，就是美国经济学家托宾最先提出的一种为了抑制外汇交易投机的税种，他建议对现代外汇交易

[①]《中国人民银行关于加强远期售汇宏观审慎管理的通知》（银发〔2015〕273号），中国人民银行网站，2015年8月31日，http://www.pbc.gov.cn/tiaofasi/144941/3581332/3588240/index.html，2016年12月30日最后访问。

征收全球统一的交易税,以此能够起到减少纯粹的投机性交易的作用。

可以说,中国人民银行出台这个通知,目的就是要借此来管理市场预期,降低人民币贬值压力,稳定人民币汇率。因为,从目前外汇远期交易的资料来看,2015年7月,银行代客远期售汇签约1951亿元人民币,远期净售汇975亿元。2015年前7个月,远期售汇率签约11748亿元,远期净售汇5182亿元。如果按照通知的规定要缴外汇风险准备金,那么仅2015年前7个月的远期外汇交易量来计算就得缴2350亿元外汇风险保证金,这将对过度的外汇投机交易起到一定的遏制作用。可见,中国人民银行正在积极采取各种不同的政策及方式来保证人民币汇率的稳定,以便造就人民币汇率形成机制更为市场化的良好环境与条件。

但是"新汇改"以来,面对全球对人民币汇改的强烈反应,中国央行也不得不通过干预市场的方式来稳定人民币汇率。而中国人民银行这样做一定会弱化现有的汇率形成机制的市场化程度,因此,在人民币汇率企稳之后,如何退出这种人民币汇率干预的问题及如何选择哪种适应中国的新汇率机制问题,也将成为中国人民银行要面临的最大挑战,而这些挑战都是当前中国人民银行就人民币汇率问题所面临的主要难题。

第四,对人民币汇率管理提出了更多的要求。因为,人民币纳入SDR篮子货币,也意味着在人民币没有完全自由可兑换、资本项没有完全放开的情况下,扫除了全球各国央行持有人民币作为国际储备货币的技术障碍,也增强了人民币在跨境交易和投资结算等方面在国际市场上的地位,有利于降低中国企业在国际市场上融资成本,推进中国金融市场改革及资本账户开放进程,及减少要求人民币完全自由可兑换可能受到国际市场冲击所面临的巨大风险。同时,人民币纳入SDR货币篮子,也意味着人民币开始要承担国际市场大国的责任,比如需要进一步推动中国金融改革,让汇率制度更具有弹性、让中国人民银行的货币政策更具有独立性、资本账户更为开放等。在这种情况下,中国政府将在人民币管理、与投资者及世界交流等方面做出更多的改变,即境外市场会对中国的金融改革及人民币管理提出更多的要求。也就是说,中国的金融市场要进一步改革开放,加强人民币的有效管理,以此来提升人民币的内在价值及外在价值。这样才能真正维持人民币的企稳,推进人民币的国际化进程,让人民币成为国际市场所认可的货币。

12.4　小结

"新汇改"后,由此引发中国金融市场一系列的问题,中国人民银行的目的是校正人民币现汇价与中间价的偏离,人民币贬值也是一次性的,但是全球市场则认为是中国人民银行通过人民币贬值来拯救经济和促进出口,从而引发了全球市场严重的"多米诺骨牌效应"或全球市场强烈反应。对于这种反应,中国人民银行是始料不及的,不得不重新审视这次"新汇改",并出台相应的善后政策。当前人民币汇率的企稳及扭转人民币汇率的贬值预期将是中国央行善后的政策重心。所以,短期内人民币汇率基本上会稳定在6.4元这个基点上,然后再增加人民币汇率浮动的弹性空间,这样才能保证人民币纳入SDR货币篮子后的内在价值及外在价值的提升,保证人民币成为全球各国所认可的货币及人民币在国际市场的地位。

13 人民币纳入 SDR 对中国经济的影响与冲击[①]

——基于一般性的金融理论分析

13.1 前言

本文讨论了 SDR 货币篮子的基本含义和纳入的技术标准及人民币纳入时所满足条件的情况。人民币纳入 SDR 货币篮子具有里程碑的意义。这不仅是国际社会对中国改革开放以来成果的确认，也确立了中国大国经济的地位，加快了人民币国际化的进程，增加了国际市场对人民币的认可程度。同时也意味着中国要承担更多的国际责任与义务，意味着国际市场对人民币会有更多的要求。这就要求中国政府以国际视角对人民币进行有效的管理，增加国际市场交流与对话。否则人民币纳入 SDR 货币篮子之后，中国金融市场将可能受到大的冲击。对此中国政府要做好准备。因此，人民币纳入 SDR 货币篮子是一把"双刃剑"，短期内我们不要高估它的意义与影响。

国际货币基金组织（以下简称 IMF）执行委员会在 2015 年 12 月 1 日（北京时间）决定，人民币符合 IMF 的"自由使用"标准，因此，可将人民币纳入特别提款权（Special Drawing Rights，SDR）货币篮子。因此，IMF 总裁拉加德当时宣布，人民币正式纳入 SDR 货币篮子，2016 年 10 月 1 日生效。人民币在 SDR 货币篮子中的比重为 10.92%，美元占比为 41.73%（括号中为旧有的比重 41.9%，下同），欧元占比为 30.93%（37.4%），日元占比为 8.33%（9.4%），英镑占比为 8.09%（11.3%）。

IMF 每 5 年一次检讨 SDR 货币篮子，上次为 2010 年，当时检讨认为

[①] 该文章发表在《江海学刊》2016 年第 2 期。

人民币没有达到 IMF 货币"自由使用"的入篮标准，因此当年没有让人民币入篮。但经过中国 5 年的努力，人民币不仅成为国际贸易结算中的全球第二大货币，也在国际市场上成为重要的投资货币、储备货币，特别是经过人民币汇率形成机制市场化等一系列的改革，人民币在国际市场上的影响力更是扩大。比如，2015 年 8 月 11 日"新汇改"本来只是校正人民币现行汇价与中间价的偏离①，却对国际市场产生巨大的影响，可见当前人民币对国际市场影响的巨大，因此，现在 IMF 宣布将人民币纳入 SDR 货币篮子是实至名归。

现在的问题是，人民币纳入 SDR 货币篮子为何会引起如此大的反响？人民币为何要纳入 SDR 货币篮子？人民币纳入 SDR 货币篮子重要吗？还有，人民币纳入 SDR 货币篮子对中国经济与金融市场带来多少影响？为何有分析认为人民币纳入 SDR 货币篮子象征意义大于实质意义？有分析认为人民币纳入 SDR 货币篮子后由于对人民币需求增加而会导致人民币更为强势，但又有分析得出反向的意见，认为人民币纳入 SDR 货币篮子后人民币将面临第二轮贬值的风险？所以，人民币要维持强势货币的内在价值和外在价值的挑战会越来越大（林苍祥，2015）？同时，更多的分析认为，人民币纳入 SDR 货币篮子不仅能够推进人民币国际化的进程，也能够让"国际标准"倒逼中国金融市场改革等。也就是说，人民币纳入 SDR 货币篮子后可能引发一系列的问题，这就需要我们从理论上来厘清与解释。本文就是试图从一般性的金融分析角度来对人民币纳入 SDR 货币篮子后可能面临的问题进行梳理与解释。

本文第一部分是前言；第二部分简要讨论了 SDR 货币篮子的基本含义与纳入 SDR 货币篮子的技术标准，以便对它有一个清楚的了解；第三部分主要讨论人民币纳入 SDR 货币篮子的技术问题及内在障碍，以便了解 SDR 的性质及人民币国际化进程中的困难；第四部分全面分析了人民币纳入 SDR 货币篮子后对中国经济及金融市场的冲击与影响；第五部分讨论了人民币纳入 SDR 货币篮子后所面对的问题及中国政府应对方式和最后的小结。

---

① 张维：《中国人民银行关于完善人民币兑美元汇率中间价报价的声明》，中国人民银行网站，2015 年 8 月 11 日，http：//www.gov.cn/xinwen/2015-08/11/content_ 2911081.htm，2016 年 12 月 30 日最后访问。

13.2 SDR的基本含义及纳入SDR货币篮子的技术标准

在布雷顿森林体系下，传统的国际储备资产只限于黄金和几个主要国家货币，及IMF基金储备部分，但为了解决国际流动性或国际储备不足问题，IMF在1967年的里约热内卢会议决定创设新的国际储备资产（SDR），并于1969年通过《国际货币基金协定条款第一修正案》（First Amendment to the Articles of the IMF），而于1970年开始将SDR分配给参与SDR账户的国家（欧阳勋、黄仁德，2000）。

SDR创设时由五种货币组成（美元、德国马克、日元、法国法郎、英镑），后欧元区设立，德国马克和法国法郎消失而被欧元替代。在纳入人民币为SDR货币篮子之前则由美元、欧元、日元和英镑四种货币组成，篮子中四种货币的权重分别为41.9%、37.4%、9.4%、11.3%。SDR的设立增加了IMF成员国的国际储备，只要IMF认为需要且获得成员国的同意，即可创造任何数量的SDR，并根据成员国的基金配额，分配给成员国，国际储备的数量因此不再受限于黄金与关联货币数量的多少。当一个国家发生国际收支逆差时，就可以动用其所拥有的SDR向IMF成员国兑换外汇，以偿付国际收入逆差或归还IMF贷款。当IMF成员国所拥有的SDR余额少于其分配到的总额时，即需要对差额支付利息给IMF；反之，则IMF将支付利息给成员国。但是，SDR仅是国际达成协议的一种信用记账单位（Unit of Account），也可以把SDR看作一种国际的共同货币单位，但目前SDR只限于各国政府间清算之用，而不是一种真正的货币。因此，SDR在使用时要先兑换成国别货币，才可以在国际贸易及金融活动中使用。

高海红（2013）研究认为，相对于国别货币充当全球储备资产，SDR充当全球储备货币有以下优点：一是SDR定价基础是"一篮子"货币，因此SDR汇率与国别货币相比更稳定；二是SDR的发行是IMF根据世界经济的增长需求来自主制定的，与任何国家的经常账户赤字无关，因此它可以克服储备货币发行国的国内政策与全球市场对储备货币需求之间的冲突；三是IMF发行SDR而征收的铸币税可以用于增加全球公共产品的供给等。这也就是周小川行长（2009）认为，SDR 具有超主权储备货币的特征与潜力的关键所在①。不过，SDR 要成为一种真正的全球储备货币还存在不少缺陷。一是货币篮子代表性不足；二是适用范围及功能不够；三是 SDR 总体规模小；四是 SDR 的管理机构 IMF 代表性及合法性差等。所以，SDR 要成为一种真正的国际储备货币还有很长的路要走。人民币纳入 SDR 货币篮子既可成为这些改革的重要方面，也不要高估人民币纳入 SDR 货币篮子的作用与意义。

最初，SDR 的价值是以黄金表示，一单位 SDR 等于 1/35 盎司黄金或 1 美元。1974 年改为"标准篮"（standard basket）办法，由 16 种主要国别货币的加权平均值表示。1981 年 1 月起 SDR 的价值主要由世界五大出口国的国别货币加权平均来计算，并以此 5 年一次评估检讨 SDR 的权重（欧阳勋、黄仁德，2000）。1999 年欧元区确立，SDR 的篮子货币剩下四种货币。

2010 年 IMF 在检讨 SDR 货币篮子时花了不少篇幅对人民币是否符合加入 SDR 货币篮子的条件进行研究和分析，而且人民币是其报告中唯一被慎重考虑的候选货币。戴道华（2015）研究提到当时 IMF 检讨的标准，一种货币纳入 SDR 货币篮子，要满足两大要件。第一大要件是在截至检讨结果生效前 12 个月的 5 年期间其商品和服务出口值是全球最大之一。也就是说，在此期间，该国商品和服务出口额至少不低于 SDR 货币篮子中的国家。对第一大要件，中国在 2010 年已经满足，当前中国是全球第三大商品和服务出口国。第二大要件是一种货币要符合 IMF 在 Article ×××（f）规定下的自由使用（Freely Usable, FU）标准。2010 年 IMF 评估认为人民币没有满足这个要件，所以维持 SDR 货币篮子原来的组合不变，人民币没有被纳入 SDR 货币篮子。

2015 年 5 月，IMF 又启动了五年一次检讨 SDR 货币篮子的非正式程序。也就是从这个时候开始，人民币能否纳入 SDR 货币篮子又成为国际社会关注的焦点。2015 年年初 IMF 总裁拉吉德访问中国就表示，过去几年人民币国际化取得的进展基本上达到 IMF 可自由使用的标准，人民币加入 SDR 货币篮子只是时间而不是是否的问题。2015 年 5 月，七国集团

---

① 周小川：《关于改革国际货币体系的思考》，中国人民银行网站，2009 年 3 月 23 日，http://www.gov.cn/gzdt/2009 - 03/23/content_ 1266412. htm，2016 年 12 月 30 日最后访问。

（G7）财经首脑达成一致，愿意接受将人民币纳入 SDR 货币篮子。9 月习近平主席访问美国时，美国政府也表态支持人民币加入 SDR 货币篮子，但必须先完成 IMF 的技术审查。所以，从当时的情况来看，人民币能否纳入 SDR 货币篮子就得看 10 月 IMF 技术审查报告的结果了。

13.3 人民币纳入 SDR 货币篮子的技术障碍及内在问题

经过 5 年的努力，人民币满足纳入 SDR 货币篮子的条件有了很大变化。对于第一大要件，即在截至检讨结果生效前的 5 年间商品和服务出口是全球最大之一，中国的对外贸易总额持续攀升（鄂志寰，2015）。2012 年达 25.42 万亿元人民币，列为世界第二位；2013 年为 25.83 万亿元人民币，超过美国位于全球第一；2014 年为 26.43 万亿元人民币，仍然是全球第一；近 5 年平均中国对外贸易额是名列前茅的。也就是说，如果再加上中国实体经济的支撑，对于这一大要件，到 2015 年中国完全满足了 IMF 的审查标准。

对于第二大要件，就是人民币要符合 IMF 在 Article×××（f）规定项下货币可自由使用标准，即广泛运用国际支付及在主要外汇市场上广泛的交易程度。请注意这里人民币"可自由使用"与人民币"可自由兑换"不是一样的概念。如果两者是一样的，那么这将成为人民币纳入 SDR 货币篮子的技术障碍。而"可自由使用"一词是 1978 年 IMF 为了让英镑和法郎留在 SDR 货币篮子而设想出的权宜之计，因为当时英国和法国都对跨境资本流动设限（毕老林，2015B）。有了这个先例，对还没有可自由兑换的人民币大开方便之门。所以，尽管人民币还没有实现可自由兑换，中国仍然进行资本管制，及人民币汇率形成机制市场化还很远，但这些都没有成为人民币纳入 SDR 货币篮子的直接障碍，只有满足 IMF 关于可自由使用的标准才是关键所在。

按照 IMF 的要求，对于一种货币是否被广泛用作国际支付，以及是否在主要外汇市场上被广泛交易，可具体分为四个指标：指标一是 IMF 自身编制的全球官方外汇储备币种构成统计，该统计显示四种 SDR 货币在 2010 年前占全球已经披露币种构成的官方外汇储备 96.1% 的比重，而人民币没有作为单独统计，只归占比为 3.8% 的其他币种中（戴道华，2015）。指标二是国际清算银行（简称 BIS）所编制的国际银行业负债即跨境存款统计，四种 SDR 中货币在 5 年统计内占比 91.7%，同样人民币没有列出单独统计，只是归占为 7.3% 其他货币里。指标三是 BIS 所编制的国际债券市场统计，四种 SDR 中货币在 5 年统计内占比 94.6% 的比重，人民币国际债券市场的占比只有 0.06%，低于占比超过 1% 的瑞士法郎、澳大利亚元和加元。指标四是 BIS 所编制的全球外汇市场交易统计，四种 SDR 中货币在 2007 年至 2010 年内占比 77.6%，而人民币所占外汇交易比重则只有 0.1%，低于占比超过 1% 的瑞士法郎、澳大利亚元、加元、港元和瑞典克朗。所以，在 2010 年 IMF 技术审查时，由于人民币在第一项及第四项指标较弱而无法通过技术审查。

但经过 5 年的努力，这些情况已经有了不少改进。比如人民币强项是跨境存款和外汇市场的交易，2014 年年底离岸人民币存款约为 2.8 万亿元人民币，仅次为 4 只 SDR 中货币的跨境存款数额；截至 2014 年年底，人民币在外汇交易货币中排名第六位，成绩也不差，与实际要求相差不大。

人民币弱项仍然是作为外汇储备的持有量及人民币国际债券市场的规模。根据 IMF 第一项指标在 2013 年开始对加元和澳大利亚元单独进行统计时其在全球已披露币种构成的官方外汇储备中占比各为 1.5% 判断，目前全球央行持有人民币作为其外汇储备的比重可能会低于这一水平，但考虑到目前全球有超过 40 家央行或货币当局已经或准备把人民币纳入其外汇储备，并能够通过离岸市场等途径购买人民币资产，估计人民币可能很快就会达到 1.5% 水平。至于第四项指标，2014 年年底离岸人民币债券市场余额约为 4800 亿元人民币，仅占国际债券市场的 0.4%，比重偏低（鄂志寰，2015）。

不过，这两项指标很大程度上与人民币没有纳入 SDR 货币篮子有关。如果人民币能够纳入 SDR 货币篮子，也意味着 IMF 给人民币作为国际货币背书担保，这样就有可能让更多的国家央行把人民币作为外汇储备，从而使人民币这两项指标可能会发生较大变化，达到 IMF 技术标准也就较为容易了。从这个意义上说，当前人民币通过 IMF 纳入 SDR 货币篮子的技术审查，有鼓励人民币国际化的意义。

还有，美国政府为何会表态支持人民币加入 SDR 篮子货币，但必须先完成 IMF 的技术审查。戴道华（2015）研究认为，因为人民币纳入 SDR 货币篮子，如果过了 IMF 技术审查关，还得过美国是否行使否决权这一关。因为，按照 IMF 的最高决策层次，如涉及基金管治架构如修改基金章程、改变执行董事数目、加入新成员、增加配额、重新分配 SDR 等需要 85% 以上的票数支持。目前，美国拥有 16.75% 的投票权，也就拥有对 IMF 最重大决策的否决权。而人民币加入 SDR 货币篮子涉及 SDR 货币篮子的改变，会触及不少相关条例的修订，所以需要 85% 以上票数支持才能通过重大决策。

所以，在人民币满足 IMF 现有的 SDR 评估标准的前提下，美国政府同意支持人民币加入 SDR 货币篮子特别重要。2015 年 9 月习近平主席到美国访问，对美国政府支持人民币纳入 SDR 货币篮子具有十分重要的意义。这与美国先前强硬立场已经做出很大修正。事实上，IMF 董事会 12 月 1 日就人民币纳入 SDR 货币篮子议题做出决定与这次美国政策的承诺有关。由于美国在 IMF 拥有 16.75% 的投票权，如果美国不同意，人民币要纳入 SDR 货币篮子是非常困难的，因为美国在这个问题的 IMF 投票权上拥有一票否决的权力。因此，习近平主席 9 月访问美国让美国态度转向，对于人民币加入 SDR 货币篮子具有重要的意义。

13.4　人民币纳入 SDR 货币篮子对中国经济及金融市场的影响与冲击

毫无疑问，人民币纳入 SDR 货币篮子最重要的意义就是完全确立了中国经济在全球市场上的大国地位，这对中国经济来说具有里程碑式的意义。这不仅能够帮助中国在全世界展示国家的经济实力及金融实力，有利于提高各国央行和投资者持有人民币资产的需求，也是全球各国对中国这几十年市场经济改革成绩的肯定，是未来中国金融改革的催化剂，它将有利于全面推动未来中国的金融改革。同时，人民币纳入 SDR 货币篮子不仅使人民币国际化具有里程碑式的意义，也给国际金融市场开创了新局面，让 SDR 货币篮子更具有代表性和合法性。

也就是说，人民币纳入 SDR 货币篮子就是 IMF 对人民币作为国际货币的信用背书，这不仅是对中国在全球经济和金融市场中地位不断上升得到认可，也让更多的国家将人民币作为储备货币，让更多的国家把人民币作为贸易交易中的结算货币、投资货币及储备货币，从而全面推动人民币国际化的进程。这些都具有十分重要的象征意义及实质意义。

更为重要的是，在当前的条件下人民币纳入 SDR 货币篮子，也是意味着在人民币没有完全自由可兑换、资本项没有完全放开的情况下，扫除了全球各国央行持有人民币作为国际储备货币的技术障碍，也增强了人民币在跨境交易和投资结算等方面在国际市场上的地位，有利于降低中国企业在国际市场上的融资成本，推进中国金融市场改革及资本账户开放的进程，及减少要求人民币完全自由可兑换受到国际市场冲击所面临的巨大风险。

同时，人民币纳入 SDR 货币篮子，也意味着人民币开始要承担国际市场大国的责任，比如需要进一步推动中国金融改革，让汇率制度更为公开透明，更具有弹性、让中国央行的货币政策更具有独立性、资本账户更为开放等。中国政府将在人民币管理、与投资者及世界交流等方面做出更多的改变，即境外市场会对中国的金融改革及人民币管理提出更多的要求。也就是说，人民币纳入 SDR 货币篮子有利于加强人民币的有效管理，以此来提升人民币的内在价值及外在价值，从而真正地推进人民币的国际化进程，让人民币成为国际市场所认可的货币。

还有，人民币纳入 SDR 货币篮子后，各国央行及投资者对人民币的储备货币需求有多大？鄂志寰（2015）分析指出，管理 6 万亿美元美国外汇储备的 72 个国家央行或货币当局已经表态将会增持人民币资产，其配置人民币资产可能选择离岸市场、QFII、RQFII 和中国银行间的债券市场四个渠道。根据公布资料进行的不完全统计，目前各国银行投资人民币资产的额度合计约为 1400 亿元。而人民币纳入 SDR 货币篮子之后，离岸市场将出现更大的对人民币资产配置需求。

不过，中国人民银行发布《2015 年人民币国际化报告》指出，截至 2015 年 4 月底，境外央行或货币当局在境外持有债券、股票及存款等人民币资产达 6667 亿元。如果按照人民币在 SDR 货币篮子中的比重，人民币在 SDR 货币篮子中的应该是 300 亿元左右（当前 SDR 总量为 2850 亿元）。这个数量与目前境外个人及机构投资者持有的人民币及人民币资产相比应该是一个不大的量，市场不用过高地估计各国央行及境外投资者对人民币需求增加。因此，人民币纳入 SDR 货币篮子后的需求也不会在短期内快速增加。因为，从欧元 1999 年纳入货币篮子的经验来看，当时欧元纳入 SDR 货币篮子后，并非各国央行及投资者立即买入欧元及欧元资产，而过了 4 年之后，货币基金经理才开始持有欧元并购买欧元资产。估计人民币纳入 SDR 货币篮子后的情况也会是一样的，市场投资者同样会有一个相当长的市场观察期。

但是，国际市场对人民币纳入 SDR 货币篮子后的潜在需求则是我们应该关注的一个重点。鄂志寰（2015）研究认为，根据 IMF 的统计，截至 2014 年 12 月，全球外汇储备总额为 11.6 万亿美元，扣除未披露币种构成的 5.52 万亿美元，有 6.09 万亿美元分别配置了美元、欧元、日元、英镑、瑞士法郎、加元和澳大利亚元以及其他货币的储备资产。如果以人民币纳入 SDR 货币篮子权重 10.92% 来计算，那么各国央行或货币当局对人民币储备资产的潜在需求能达到 6600 亿美元左右。但是，这些人民币所具有的潜在需求不一定会全部转化为境外所持有的外汇储备。

林苍祥（2015）分析认为，目前日元及英镑的情况就是这样。2015 年第一季度末，美元占全球外汇储备比重为 64.12%、欧元为 20.72%、日元为 4.15% 与英镑为 3.91%，但当时这四种 SDR 篮子货币估值比重分为 41.9%、37.4%、9.4% 和 11.3%，即全球外汇储备中国别货币所占的比重与 SDR 货币篮子中国别货币所占的比重关联性不大。IMF 报告显示，2015 年第一季度，虽然人民币全球贸易融资与外汇交易所占的比重分别是 7.9% 和 2.8%，分别为全球第二大国与第六大国，但 IMF 同时认为人民币国际市场自由使用依旧偏低，例如人民币计价的离岸国际债券余额只占全球国际债券市场的 0.6%，外资持有在岸人民币债券部分 4900 亿元人民币，占在岸人民币债券市场 36 万亿元人民币的 1.4%，而且主要集中在国债及政策性银行债券，至于目前市场发展较为繁荣的公司企业债、地方政府债、信贷证券化资产等几乎看不到外资的踪影。也就是说，人民币纳入 SDR 货币篮子之后，境外市场对人民币具有较大的潜在需求，但是这种潜在的需求要转化为现实的需求则需要中国政府各方面的努力。

13.5 人民币纳入 SDR 货币篮子是一把"双刃剑"

人民币纳入 SDR 货币篮子后，现在国内外最为关心的问题可能是，会不会催生境外对人民币的巨大需求而导致人民币再次出现如前十年那样的长期单边升值？如果对于未来中国经济乐观，再加上人民币的外部需求突然快速增加，当然是人民币单边升值的重要条件。但是，现实情况是，未来几年美元汇率变化如何？如果美国进入加息周期，美元强势将是大概率事件。如果美元持续强势，而人民币也跟随美元强势，特别是对非美元单边强势，这对中国经济是相当不利的因素，特别是中国出口将会受到严重打击。更为重要的是，从短期来看，中国经济转型及调整已经是一种趋势，在这种情况下，人民币根本就没有再次单边升值的实力。

这也就告诉我们，人民币纳入 SDR 货币篮子之后，有两个最为现实的问题需要回答。一是人民币纳入 SDR 货币篮子后，对中国的金融市场来说是利好消息还是不利消息？因为，从长期来看，人民币纳入 SDR 货币篮子对中国经济及中国金融改革来说是一项重大利好，这是毫无疑问的。但是，从短期来看，其影响及对中国经济冲击则是心理因素大于实质因素。因为从 SDR 只是 IMF 为保障世界流动性所创立的记账单位，并非真正的货币，使用时必须先兑换成篮子内的别国货币，不能够直接用于支付结算。所以，人民币纳入 SDR 货币篮子后，说境外市场对人民币需求增加，只是按照人民币在 SDR 货币篮子中的权重来计算，但作为储备货币的人民币实际需求有多大是相当不确定的，它取决于未来各国央行和投资对人民币未来趋势的判断。还有，人民币纳入 SDR 货币篮子已经发酵了一段时间了，所以当前人民币纳入 SDR 货币篮子的影响早就已经消化，更何况这种影响要 2016 年 10 月 1 日才能够真正地显现。所以，人民币纳入 SDR 货币篮子的短期影响不应该高估。反之，冲击会很大。因为人民币汇率弹性增加，有可能导致人民币汇率贬值并由此全面冲击中国金融市场及经济。

二是人民币纳入 SDR 货币篮子后，是不是如境外不少分析的那样，随着境外对人民币需求的增加，甚至是突然地快速增长，从而让人民币重新又回到单边升值的轨道上。不过，从现实的市场情况来看，市场的反应正好相反。因为，从 2015 年 12 月以来，人民币离岸（CNH）和在岸（CNY）汇价都开始转向弱势。特别是 2016 年开始人民币持续贬值趋势更是明显。这也意味着，随着人民币纳入 SDR 货币篮子时间靠近，如果人民币汇率弹性增加，国内外市场不会认为人民币重新进入单边升值轨道；反之会看淡人民币未来走势。

因为，国内外市场十分明确，当前人民币的相对稳定完全是中国人民银行为了满足人民币纳入 SDR 货币篮子过多干预的结果。在人民币纳入 SDR 货币篮子明朗化之后，中国人民银行要维持这种人民币的稳定一定会代价很高，这就使中国人民银行在今后可能放弃这种过多的干预。所以，人民币未来走势更多地要看中国经济基本面、中国经济转型、中国金融改革进展等。如果中国经济增长下行压力不改变、中国人民银行货币政策更为宽松、美联储加息持续，这些都增加了人民币贬值的概率。

还有，从这次人民币纳入 SDR 货币篮子的权重调整来看，未来人民币的走势还在于人民币的内在价值与外在价值支撑力量。可以看出，这次人民币纳入 SDR 货币篮子，应该是 SDR 货币篮子创立以来最大的一次权重调整。而这种权重调整不仅体现了中国经济大国地位正在确立，也对一些 SDR 货币权重具有明显的挤出效应。这次 SDR 货币篮子权重缩减最大的是欧元，其次是英镑及日元，美元的权重基本上没有多少变化。而人民币在 SDR 货币篮子的权重尽管只有 10.92%，但仍然排到了第三位。这样的排列自然与当前中国经济的实力有关。也就是说，在 SDR 货币篮子的权重完全取决于国别货币的经济实力。

我们可以看出，欧元在 SDR 货币篮子中的权重是下跌的。从理论上说，世界各国央行对该种货币信用就可能下降，对该货币作为储备货币持有就可能减少等，当然对这种货币在国际市场上的流通也就不利。不过，这是理论上的一种计算，但是现实的情况会有很大差距。人民币纳入 SDR 货币篮子是否立即会让各国央行及投资者买入人民币而卖出欧元及欧元资产，这应该是相当不确定的，这些还有待于市场的检验。

为何仅是欧元在 SDR 货币篮子里的权重会下降较大，而其他三种货币的权重下降则较少，甚至没有下降？看来这不是人民币纳入 SDR 货币篮子的问题，而是欧元本身及欧元经济体实力的支撑问题。因为，任何一种信用货币都应该是与国家的政治能力、经济实力等因素连接在一起的。一种信用货币为市场认可度完全取决于该种信用货币背后的经济支撑力。如果这种信用货币背后的经济实力不够，那么这种货币市场认可度就会减弱。而这次人民币纳入 SDR 货币篮子后让欧元在 SDR 货币篮子中的权重大幅下降，就在于近几年来欧元区的经济越来越脆弱，好像永远难有复苏的尽头。欧元区的实体经济不好，欧元的内在价值及外在价值的弱势是必然。所以，人民币纳入 SDR 货币篮子，SDR 权重的挤出效应当然首当其冲的是欧元。欧元成了人民币纳入 SDR 货币篮子最大的输家。

这种现象对人民币纳入 SDR 货币篮子也是同样的道理，人民币纳入 SDR 货币篮子之后，并非 IMF 给人民币国际化背书与担保，各国央行及国际市场投资者就会按照人民币在 SDR 货币篮子中权重的比例来持有人民币，而关键的是还得看中国经济未来走势、看中国经济实力增长，及中国金融改革的进程等。特别是人民币纳入 SDR 货币篮子还有一定的准备期，未来的情况如何还存在很多的不确定。因此，人民币纳入 SDR 货币篮子是一把"双刃剑"，政府要有更多的应对准备。

中国政府的应对准备一方面要全面提升人民币的内在价值，如全面深化中国经济体制改革，以此来促进中国经济增长方式全面转型，以此来提升和维持中国大国经济地位；另一方面要提升人民币的外在价值，如在进一步改革开放的基础上，全面深化人民币汇率形成机制的市场化改革，给出清晰明确、公开透明的汇率政策，有效地做好人民币汇率的预期管理，加强对国际市场的交流与对话，保证人民币汇率的稳定等。否则，人民币纳入 SDR 货币篮子后随时都可能受到外部市场的冲击。

13.6　小结

人民币纳入 SDR 货币篮子对中国经济生活来说是一件大事，它具有里程碑式的意义。它不仅是对中国改革开放几十年来成果的确认，也有利于确立中国经济在国际市场上的大国地位及有利于提升人民币作为国际货币的地位。既有利于推进人民币国际化的进程，也有利于中国的跨境贸易和投资，更有利于中国企业向海外扩张及降低企业海外融资的成本等。同时也意味着中国要承担更多的国际责任，增加中国金融改革及人民币所要承担的外部压力，如人民币汇率稳定更加复杂、更加弹性的汇率制度、独立的中央银行、允许资金更为自由流动、资本账户更为开放等。对此中国政府要有更多的准备。所以说，人民币纳入 SDR 货币篮子是一把"双刃剑"，我们不要高估它的意义与影响，特别对短期来说更是如此。

14 资本账户开放的理论与运作[①]

14.1 前言

在现代经济中，金融体系是社会经济发展中最为重要的一环，从而营造一个稳定的金融市场来追求经济快速成长成为一个国家最为重要的目标，但是自20世纪五六十年代以来，随着经济国际化、金融全球化，一国经济时常会受到国际经济波动的影响，国家间经济往来越来越密切，国际资本对一国经济的影响也越来越大。特别是20世纪70年代布雷顿森林体系瓦解后，一些发达国家开始解除对资本的管制，随后许多发展中国家也开始开放其资本账户及相应的资本市场。资本管制的解除或金融自由化，国际资本流动立即呈现出不断加速和扩大的趋势。国际资本对一国经济的影响更是无可复加。因此，如何管理好国际资本就成为国家经济政策中最重要的课题（Sylvia Maxfield，1990），同时，国际资本对一国经济的冲击及造成区域性的经济危机也成为国际亟待解决的议题（Robert O. Keohanc Helen V. Miliner，1996）。John Zysman（1983）研究认为，一般来说，发展中国家为了管理好国际资本以达成经济成长的目标，通常会采取以下政策：一是第二次世界大战后到20世纪80年代东南亚国家所采取的控制国际资本流动的经济政策，其结果是，这些国家在严格控制资本流动的政策下，国内的金融制度及资本市场被扭曲，以求出口贸易快速成长，从而导致了1997年的亚洲金融危机（Stephan Haggard & Andrew Macintyre，1998）。二是20世纪六七十年代拉丁美洲国家采取开放市场，让国际资本自由流动的经济政策，使政府控制物价及汇率能力

---

① 该文章发表在《国际金融研究》2002年第3期。

下降，从而导致了 1982 年拉丁美洲的外债危机（Sebstian Edwards，1995）。不过，拉丁美洲国家在吸取以往教训的基础上，开始采取较为谨慎渐进的方式。R. Barry Johnston、Salin M. Darbar 和 Claudia Echeverria（1997）研究发现在 1985—1996 年，智利等国对国际资本流动采取了综合性的谨慎政策，从而使资本账户自由化取得十分可喜的成绩。现在我们要问的是，智利等国的经验是否具有一般性，政府要如何在资本控制、金融自由化及经济成长与稳定之间找出均衡点？换言之，资本账户开放的条件、顺序及时间是什么？中国从中能够获得多少启示。这些就是本文研究的目的所在。

本文先讨论资本管制与金融自由化的一般意蕴及两者的内在关系，然后讨论资本管制与金融自由化历史演进过程，并从中引申出资本账户开放的基本内容及含义、前提条件、开放顺序与速度、国际模式及经验；最后用这些理论来解释中国的资本账户开放改革的问题。

14.2　资本管制与金融自由化

资本管制与金融自由化是两种截然不同的经济政策，其对国内经济也有不同的影响，但无论资本管制还是金融自由化，其主要目的都是要维持国家经济的成长与稳定，保证经济生活中实现效率与公平。Alan Gart（1994）研究提出，所谓的资本管制最主要是指国际资金的移动或外汇的进出加以管制，因此又称为金融管制（financial controls）或外汇管制（foreign exchange controls）。一国国际收支的逆差，则可对资金的流出加以限制以减少国际收支的逆差扩大。反之，一国国际收支如果发生顺差，则可借对资金的流入加以限制以减少国际收支顺差的扩大。1963 年，美国为了阻止国际收支逆差的恶化便限制对资本的外流。例如，对美国居民购买外国证券课征利息平衡税，限制本国银行贷款给海外直接的投资等（康信鸿，1997）。反之，法国、比利时及意大利于 1960 年末期及 1970 年初期，建立所谓的二层的外汇市场，即对资本账户交易给予较低的汇率以阻止资金的大量流入，而对经常账户交易则给予较高的汇率以促进进出口贸易的进行（康信鸿，1997）。但是，根据 Robert A. Mundell（1962）模型的观点，这种资本管制的政策在固定汇率下尚能起到一定的作用，但在浮动汇率制度下常常会造成财政政策的无效率及高通货膨胀率。①

　　金融自由化实质上是政府放开原有的金融体制各种限制，让市场机制发挥更好的作用，在此我们可以从不同的意义上来理解。Ronald I. Mckinnon（1993）研究发现，从国别上来看，发展中国家的金融自由化就是以金融深化或金融发展为主要内容的金融体制改革；发达国家金融自由化就是陆续地放松金融管制（Alan Gart, 1994）。就国际市场而言，金融自由化又是指一国政府开放国内市场及引进国际资本促进经济发展。在国际层面上来说，金融自由化是指国际资本及国内资本的自由流动；在国内层面上来说，金融自由化是指国内金融制度各种不利于市场运作的限制解除。当然，本文注重的是前者而不是后者，尽管后者的金融自由化也是前者的必不可少条件。资本账户开放正是国际层面上的金融自由化的重要内容。

　　不过，已有的经验表明，在金融全球化的时代，没有任何一个国家能把自己置身于世界金融市场的运作之外，各国的金融自由化是不可避免的事情。但同时也应该看到，金融资本的自由流动是把"双刃剑"。Thomas D. Willett等（1995）研究指出，金融自由化既有助于该国经济的成长，也可能给该国经济造成巨大的波动。从1982年拉丁美洲外债危机、1982年欧洲联盟的货币危机、1992年墨西哥的比索危机、1997年亚洲金融危机，一直到1998年俄罗斯金融危机及1999年巴西的货币危机，都表明了各国融入世界金融自由化的过程中是不可避免的，即各国在融入国际经济的过程中，金融危机随时都可能爆发，只不过不同的国家如何寻找出对自身有利的政策。

　　也就是说，国家如何在资本控制与金融自由化之间寻找一个合适的均衡点？或者说，金融自由化的步伐如何，应该是快还是慢？是先放开国内的资本管制，还是先金融自由化，让国际资本自由流动？或者两者同时进行？从这个意义上说，资本管制与金融自由化的问题也可以细化为资本账户开放的顺序问题。在Ronald I. McKinnon（1993）看来，政府

---

　　① 这就是弗莱明—蒙代尔模型中的"三元悖论"，即在资本完全流动的条件下，一国将面临货币政策独立性和汇率稳定两者之间的明显冲突。一国政府最多只能同时实现下列三项目标中的两项：完全的资本流动性、货币政策独立性和固定汇率制。

最先应该解除各种进口贸易的非关税障碍及降低关税保护,让贸易交易的价格机制能有效地发挥,减少进出口贸易的扭曲与失衡。然后从事金融改革,对国外金融机构实行开放,并促进国内资本市场的自由化,让储蓄者与投资者有良好的中介管道与资金运用途径。推动利率市场化,让利率根据市场的供需变化自由调整,促使资金的供给与需要趋向平衡,储蓄与投资不存在缺口。在这种情况下,进出口贸易自然会接近平衡,外汇供需不均衡的压力就会减轻,也不会导致本币单方向的升值或贬值及由此而引起的投机性热钱大规模地流动,这样,资本账户也会稳定下来。紧接着,政府就可以把外汇管理大幅度放宽,汇率基本上由外汇市场的供需来决定。否则,资本账户开放不按照一定的顺序及步骤,就可能导致整个经济无序发展。

James A. Hason(1995)则认为,如果要开放经常账户必须先让国内货币贬值,以避免关税保护降低对国际收支平衡的影响;反之,如果要开放资本账户则必须同时将货币升值,以避免过多短期流动资本的进入,因此为了避免资本开放后因货币升值对出口贸易及经济成长的影响,如果要维持经济的稳定应该先开放经常账户。当然更为重要的是,稳定的宏观经济和国内资本管制的取消是国际金融自由化的前提。

Michael Michaely(1986)则认为,金融自由化应该要同时开放经常账户与资本账户,因为当国家要降低关税时必须要有充足的资金作后盾,而在开放外国直接投资时更须维持国内产品高度的竞争力,这两者之间是互有关联而且是相辅相成的。R. Barry Johnston(1997)等则认为,经常账户或资本账户孰先孰后,这是一种公式化的概念,以这样一种思路是容易使人误入歧途的。放开资本管制和金融自由化与其他方面的经济和金融改革是一项十分复杂的工作,它与整个国内外,特别是国内经济环境形成了一种互动的关系。在每一个国家中,资本账户的不同部分和方面是在不同的阶段实现自由化的,是与经常项和国内金融改革同时进行的,而且也是与该国总的宏观经济目标相一致的。在某种情况下,金融自由化或放松资本管制是为了应付当时的不利经济形势或环境所做的一种选择。

由上述的讨论可以看到,放松资本管制和金融自由化并非孰先孰后的关系,而是一体两面的问题,如果不能促使两者的互动,其负面影响更多。例如,如果在经济政策上对内进行金融控制,对外又进行资本管制,则会形成封闭式的计划经济体制,其经济自然不能发展(1978年中国改革开放之前情况就是如此)。① 如果国家在经济政策上对内进行完全开放金融管制，对外又允许国际资本自由进入，则会出现过度负债综合征及通货膨胀。例如，智利于 20 世纪 70 年代实行贸易自由化的政策，在关税降低的情况下国外资金大量流入，但智利政府在经济稳定的考量下以外债来加以融通，使智利在 80 年代出现过度负债综合征（Gerard Caprio, Jr. Izak Atiyaa & James A. Hanson，1994）。20 世纪 80 年代拉丁美洲国家外债沉重，就是这种政策所导致的结果。如果政府在经济政策上是先对内进行金融机构的自由化，对外实施资本管制，则容易产生泡沫经济。例如，20 世纪 80 年代日本在推动金融自由化的过程中，它先对国内债券和股票市场进行开放，但却控制外来资本流入，结果使大企业将资金投入到非生产性项目上，引发了 80 年代末以来的泡沫经济。目前中国的情况也有点像日本，资本市场的潜在风险越来越大，经济泡沫也越积越多（易宪容，1998）。如果说，政府在经济政策上先开放外来资本的进入，但却对内进行金融管制，则会引发 1997 年的金融危机，例如，Harold Crouch（1996）认为，东南亚国家在 20 世纪 80 年代大量地引进外来资本以促进国内经济发展，但对国内的金融机构进行不同程度的资本管制，结果引起了流动性的短期投机资本大量的进入，使国内金融市场秩序一片混乱，最后引发了 1997 年的金融危机。

总之，资本管制和金融自由化是政府在对外开放过程中所采取的两种截然不同的经济政策，其对经济的作用与影响也迥然相异。不过，任何国家并非要把其推向极端，如果这样做，一定会把该国的经济带入歧途；反之，应根据自己国家的约束条件寻找资本管制和金融自由化的均衡点。资本账户开放的时间及顺序，就是如何把资本管制和金融自由化均衡点的具体化。从历史的经验来看，资本管制和金融自由化均衡点的具体化并不是一蹴而就的，它是一个缓慢演进的过程。

14.3 从资本管制到资本账户开放

14.3.1 资本管制的发生背景与作用

资本管制作为一种经济政策，它肇端于布雷顿森林体系协议。第二

---

① 1978 年中国改革开放之前情况就是如此。

次世界大战刚结束后的1944年7月，以美英为首的44个国家的代表在美国的新罕布什尔州的布雷顿森林召开联合国货币金融会议，商讨战后的经济金融问题及如何重建战后的国际货币制度。会议决定在布雷顿森林体系下设立国际货币基金会（IMF）。而国际货币基金会条约的第一条，即布雷顿森林体系的核心，反映了这样一个信念，即促进和保持高水平的就业和实际收入，把所有成员国生产性资源的开发利用作为经济政策的基本目标，因此，战后国际金融秩序的目的就是要确保国内的经济目标不从属于全球金融原则，而是优于全球金融原则（戴维·赫尔德，2001）。

在这样的框架下，国际货币基金组织监督着体制的运作，监控着国家的经济运行，并随时准备来拯救将出现国际收支平衡困难的国家。为了防止两次世界大战之间毁灭性货币贬值竞争，面临着长期收支赤字的国家可自动获得 IMF 的贷款，但必须随之调整国内的经济政策。这就使政府有更多的理由加强对经济生活的干预。正因为政府对经济生活过多地干预，价格管制、信贷配给、外汇管制及贸易管制在不少国家很快就十分盛行，从而资本管制也成了20世纪五六十年代政府的经济政策最为重要的一部分。在资本管制下，私人国际资本流动程度低，除一些外国直接投资外，资本基本上限定在国家的边界之内。Marston R.（1993）的研究表明，布雷顿森林体系下为何各国间的利率存在巨大的差别，关键受国内资本管制的影响（Darby M. & Lothian J.，1983）。资本管制将外汇交易市场从国内货币市场分离出来，使国家货币当局能够干预外汇市场以支持其自身货币的价值，从而减少国际资本流动对国内经济的发展和稳定产生不利影响。国际货币基金组织（IMF，1950—1960）历年提供的《汇率安排与汇兑限制年报》表明，在20世纪五六十年代，几乎所有国家都选择对资本账户严格管制的政策。

对于这个时期的资本账户管制，尽管各国所采取的措施会有所不同，但以下几方面具有一般性：一是对资本输出实行数量限制；二是实行双重或多重汇率安排；三是涉外金融交易直接或间接征税。Argy V.（1987）的研究表明，也正是资本管制的制度安排，对当时各国的经济发展起到了重要的作用。

首先，资本管制限制了投机性的短期资本流动，从而稳定了外汇市场。因为，在浮动汇率制度下，管制资本流动的情况取决于金融部门与实质部门不同的调整速度。当名义汇率对出清的资本市场即刻反应时，实际经济部门则要经过缓慢的调整，例如实际工资的黏性、投资决策的不可撤销性。托宾（1978）和多恩布什（1986）认为，这种调整速度具有不一致性，加上金融市场内在过度投机性，可能会导致过度的汇率投机，对实质经济会造成负面的影响。托宾提出了车轮子底下撒沙子的"托宾税"，以减缓国际资本的流动速度。Obstfeld M.（1986）则认为，在钉住汇率制度下，没有限制的短期资本大量的流动可以引起外汇储备急骤增加，从而导致钉住汇率制度失败或国内利率的攀升。可见，通过对短期资本流动的管制，在一定程度上可以缓解投机性短期资本的大规模的流入或流出，减少了外汇储备和国际收支的异常波动，从而减少了国际资本对国内经济造成的负面影响。

其次，资本管制可以维持国内税基的稳定。有文献研究表明，有效的资本管制可以使政府得以根据自己的意愿实行货币政策，对持有国内货币工具的人们征收"通货膨胀税"。Guidotti P. E. 和 C. A. Vegh（1992）认为，通货膨胀税既可以减少国内债务的实际成本，也可以增加政府铸币税收益。Giovannini. A. 和 J. W. Park（1992）的研究表明，不少金融业发达的国家，与金融业的税收通常是政府收入最为重要的方面，在有效的资本管制下，既可以在一定程度上避免金融交易转移到国外进行，也可以减少资本的外逃，从而保证政府取得稳定的税收来源。而且这种资本管制可能造成金融行为扭曲的成本要小于通过资本管制稳定税基所获得的收益。

再次，资本管制可以保持国内储蓄。一般来说，资本流动基本上取决于收益率的高低，如果国外的资本预期收益率高于国内的资本预期收益率，而且资本能够自由流动时，那么国内民众一般会倾向于持有国外的资产，以便寻求更高的收益。对于发展中国家来说，这种情况时有发生，如果对资本不进行管制，大量金融资产转移到国外就不可避免。因此，正如 Jappelli. T. 和 M. Pagano（1992）的观点一样，对金融资产十分短缺的发展中国家来说，政府往往会采取资本管制的措施防止资本外流，保持国内储蓄的增加，从而保证国内投资的需要。

最后，资本管制能够帮助保持国内经济稳定及推动国内经济结构的调整。当一个国家进行某种经济结构改革计划时，资本的自由流动可能是一种不稳定的因素。例如，如果改革计划缺乏可信时，就会引起资本外逃和国际支付危机，从而使其计划实施失败。反之，如果这个计划是可信的，一般与稳定计划相关的较高的实际利率可能会导致大量外国资本流入和实际汇率升值，从而影响该国的出口贸易。因此，在这种情况下，政府一般倾向于实行资本管制（Leiderman L. & Assaf Razin，1994）。还有，通过对外国直接投资的严格管制，可以限制外国资本对国内自然资源、不动产的拥有及某些敏感行业的介入，从而防止国内资源过度消耗，维护国家经济的长远利益。

总之，资本管制在20世纪五六十年代盛行，有它特殊的背景，在当时也起到了一定的作用，但它所产生的负面影响也不可低估，随着整个经济环境的变化，放松资本管制成了各国金融改革的主要内容。

14.3.2 放松资本管制，逐步开放资本账户

Quirk、Peter J. 和 Owen Evans（1995）认为，随着20世纪60年代以来私人国际金融资本迅速增长，支撑布雷顿森林体系的各种条件变得越来越不稳固，各国资本管制的有效性也明显下降，逃避资本管制也成了一件容易的事情。随着资本管制的放松，各国资本账户的自由化改革也纷至沓来。而导致资本管制放松最主要因素就是以下三个方面：欧洲美元市场的出现、布雷顿森林体系的崩溃及第二次世界石油危机的冲击（黄仁德和蔡文雅，1999）。

从1950年开始，东西方贸易渐增，东欧集团开始拥有和使用美元，但此时由于美国与苏联冷战升高，为了避免美国的监管，苏联及东欧集团不愿把所拥有的美元资金存于美国银行，而转存于欧洲各国银行。接受美元存款的欧洲银行认识到不必将这些存款变成本国货币就能借贷出去。还有世界大战后美国对欧洲的大量援助、在欧洲驻军的支出、欧洲各国对美贸易产生的顺差使美元大量地流入欧洲各国银行，再加上美国的资本管制而促使美国的个人及企业将大量的资金转存于欧洲银行，以求更高的利息收益。再就是，两次能源危机，油价高涨，进口石油消费国转向欧洲通贷市场借入资金以应付大幅增加的石油开支；石油输出国家则将石油的收入投入欧洲通贷市场赚取较高的利息，欧洲货币市场有效扮演油元回流中介的角色。欧洲美元市场就是在这样的背景下迅速地发展起来。

欧洲美元市场的迅速发展形成了对布雷顿森林体系巨大的冲击，再加上美国国际收支的持续与巨额的逆差，美国持有的黄金准备大幅度下

降，布雷顿森林体系所建立的基础——美元价值的稳定及黄金的固定兑换关系，也开始令人产生怀疑。1970年，美国曾试图说服国际收支的顺差国家，尤其是西德与日本将其通货升值，但没有成功，而国际上已弥漫美国政府迟早会将美元贬值的心理。再加上欧洲通货市场的存在使国际资本市场结合为一，抛售美元以购买马克等强势通货使国际对美元信心尽失。在这种情况下，1971年8月15日，美国总统尼克松宣布美元不再兑换黄金，相应地也就意味着固定汇率的终止和布雷顿森林体系寿终正寝。由此，各国的资本管制也纷纷放开。

欧洲美元市场的发展不仅成为整合世界经济的重要力量，而且也成了各国个人与企业追求利润、规避风险、冲破国内资本管制、开放资本账户的主要工具。例如，新加坡于1968年允许美国商业银行从事境外金融中心业务，对于非本国居民对外币存款利息免税，并分10年放宽外汇管制，至1978年6月1日起，所有外汇管制全部撤销，本国居民也可自由买卖各种外币（黄仁德和蔡文雅，1999）。还有，如日本，第二次世界大战后政府动用资本管制以确保金融部门适应工业发展。然而，1973年石油危机后出现的经常账户赤字导致了短期资本自由化。Hanson. J. （1992）研究认为，国外要求进入日本金融市场的压力和国内强大利益集团游说以求资本账户开放。随着布雷顿森林体系的解体，美国也放开资本管制，特别是从1981年12月3日起，美国联邦储备局允许美国的商业银行成立国际银行机构（IBFs），免除存款准备及存款保险的规定。从此，IBFs不仅对外国居民进行美元或其他通货的存贷款业务，也成了美国境内的欧洲通货市场（黄仁德和蔡文雅，1999）。

在发达国家放松资本管制、金融自由化的热潮中，不少发展中国家也随之跟进。Hanson. J. （1992）认为，在20世纪七八十年代，拉丁美洲和亚洲一些国家不同程度地进行了资本账户开放的改革。这些发展中国家（地区）实施的金融自由化改革的措施主要有（见表1）：国有银行实行民营化、放松或取消利率管制、放松金融部门的市场准入及种种业务限制等。随着金融自由化的发展，资本账户开放也逐步地在进行。例如，1977—1979年，阿根廷取消了投资收益汇出、居民购买外汇及外国贷款期限等限制。同一时期，智利资本账户迈出的步子更大，打开了银行及资本市场对外开放的大门。亚洲，马来西亚在20世纪60年代就进行了一系列放松资本管制的改革，以便使资本市场保持更高的开放性。不过，对大多数亚洲国家来说，资本账户开放要到20世纪80年代中后期才真正开始。

表1　1970—1980年部分拉美和亚洲国家及地区金融自由化的范围和速度

国家	国内金融改革			资本管制自由化			银行危机	
（地区）	年份	范围	速度	年份	范围	速度	年份	程度
阿根廷	1977	a）彻底	短期	1977—1980	c）相当自由	短期	1980—1982	严重
	1977—1981	b）广泛			d）相当自由			
智利	1975	a）彻底	短期	1979—1981	c）无限制	短期	1980—1983	严重
	1973—1981	b）广泛			d）相当自由			
乌拉圭	1974—1979	a）彻底	激进	1974—1975	c）无限制	激进	1982—1987	不良贷款
		b）广泛		1977	d）相当自由			
印度	1983—1985	a）有限	3年	1971	c）相当自由	渐进	1986	不良贷款
尼西亚		b）有限			d）相当自由			
马来西亚	1982	a）广泛	4年	60年代	c）相当自由	渐进	1985—1986	不良贷款
	1971—1981	b）有限		1973	d）相当自由			
韩国（e）	1982—1988	a）有限	渐进		c）相当自由	渐进	1986—1987	不良贷款
	1982—1984	b）有限			d）有限			
中国	1987	a）彻底	渐进		c）相当自由	渐进	（无金融危机）	
台湾（e）		b）有限			d）有限			
泰国（e）	1990	a）有限	渐进		c）相当自由	渐进	1983—1984	严重
		b）有限			d）有限			

注：a）利率自由化；b）其他国内非管制措施；c）外国贷款；d）外国银行和资本市场投资者的准入；e）自考察期以来金融自由化和非管制化的现况。

资料来源：参见张礼卿《发展中国家的资本账户开放：理论、政策与经验》，经济科学出版社2000年版。

　　在这个时期，大多数发达国家放松了资本管制，资本账户开放进展顺利（Edwards S. et al., 1995）。但对一些发展中国家来说，由于受国内经济环境的限制或国内经济条件准备不足，资本账户开放后随之发生了国际支付危机，从而使这些过早开放资本账户的国家经济陷入了困境。这些国家为了阻止资本的大规模外逃、缓解其支付危机，种种资本管制措施又恢复到原点。不过，危机过后，这些国家对资本管制又重新放松，但有以往的经验为借鉴，资本账户开放有了明显的选择性。同时，这个时期拉丁美洲国家资本账户开放的经验教训也成为世界的一笔宝贵财富。20世纪90年代以后，尽管世界各国的资本账户开放的步伐加快了，但在时序上更具有选择性。

14.3.3 20世纪90年代各国资本账户开放逐渐走向成熟

20世纪90年代以来,国际私人资本大规模地向发展中国家流动(见表2)。1990—1996年向新兴市场的私人资本流动净值总计高达10550亿美元,比1973—1981年增长了7倍。而且1990—1996年的私人资本流动净值是从国外官方借款额的9倍多。1990—1996年,外国直接投资占私人净资本流动总额的比重达到40%,证券投资占39%(大卫·福克兹—兰道等,1998)。

表2 1960—1996年流向发展中国家的资金(占世界总量的百分比)

年份	官方发展援助	其他官方融资	外国直接投资	银行融资	债券融资	总额(1983年价格,亿美元)
1960—1961	55.9	18.9	18.8	6.3		34.8
1970	41.8	19.5	18.2	14.8	1.5	53.1
1975	37.3	18.5	20.0	21.1	0.7	84.6
1980	30.5	19.4	8.4	38.9	1.1	118.3
1985	44.2	13.8	7.8	18.0	6.4	99.3
1990	41.9	13.4	20.9	11.9	0.7	83.5
1994	28.1	5.2	22.6	19.8	13.5	127.0
1996	19.0	2.7	19.8	23.1	28.4	251.9

资料来源:OECD,《各年发展报告》,Paris: Organization for Economic Cooperation and Development。

国际私人资本大规模地向发展中国家流动一方面说明了国际资本投资的多样化,私人资本希望在新兴市场中寻求更高的收益;另一方面也表明了发展中国家的金融市场和资本账户交易越来越开放。世界银行(1997)的研究表明,尽管多数发展中国家的国内金融体系国际化还处于初步阶段[①],但Dooley等(1996)研究认为,随着金融全球化的深入发展,国内金融体系已经无法与国际金融市场分离开了;反之,国内与国

---

① 1997年世界银行指数以国家风险评级为基础,将对国家吸引各种形式私人资本流动的能力的衡量和国家融资来源多样化的衡量结合起来。根据这个指数,被划为高度一体化的发展中国家数从1985—1987年的2个增加到1992—1994年的13个,而划为高度或中等一体化的国家数从26个增加到39个。

际金融市场一体化的程度越来越高。

据 IFM 的统计，自 1991—1993 年，有 12 个国家放松了对长期证券投资流入的限制，3 个国家放松了对短期证券投资流入的限制（张礼卿，2000）。5 个国家对居民到国外购买长期或短期证券所实行的汇兑取消了管制。事实上，几乎所有的发展中国家都放松了对国外进行证券投资或直接投资的限制。有 25 个发展中国家取消了居民外币业务的管制等。世界银行（1999）在这个时期，实施资本账户自由化的发展中国家已经从 1975 年的 20 个增加到 1995 年的 31 个。

不过，这个时期发展中国家的资本账户开放尽管加快了步伐，但却一改以往那种大胆冒进的做法，而是采取了既开放又管制的有序渐进的办法。例如，智利在放开资本账户的同时，又对短期资本的流动进行了管制的措施，从而改变资本流入的结构，降低资本账户开放所带来的风险（世界银行，2000）。这些措施要求对所有不是用于增大物质资本投资的外国资本流量，如外国贷款、债券和股票投资，都要缴纳一年期无收益的准备金。所有这类流入的资本都必须将其一定的比率存入指定的不付息账户达一定时间。对这类资本流动征收的无偿准备金的比率，最开始确定为 30%，到 1998 年 6 月下调 10%，随后逐步到 0。还有韩国等国在资本账户的开放过程都采取了稳健有序的方式。[①]

总之，在 20 世纪 90 年代，尽管发展中国家资本账户开放面临着一系列的陷阱及风险，但这并没有减缓发展中国家资本账户开放的进程，而且出现了明显加快的势头。1997 年 IMF 的研究报告完全证明了这一点（大卫•福克兹—兰道等，1998）。

图 1 是关于发展中国家市场的资本管制的指数图。这个指数以 IMF 历年出版的《汇率安排与汇兑限制（年度报告）》中提供的 163 个国家的有关信息为基础，并根据 Bartolini 和 Drazen（1997 年）的方法来建构的。在计算这一指数时，他们主要考虑一国是否限制资本账户交易、是否运

[①] 毫无疑问，由于资本账户开放是一个十分复杂的过程，而发展中国家的法律制度、公司治理结构、银行监管体系、资本市场发展和宏观经济环境等方面都存在很大的差异。因此，在发展中国家资本账户的过程中要找一个适应于各个国家一般性的方案是不可能的。这就是说，尽管不少国家在资本账户开放的过程中采取了一些稳健的政策，但发展中国家在开放的过程中随时都面临着一系列的陷阱及风险。这就是墨西哥在 1995 年，泰国在 1997 年，印度尼西亚在 1998 年，巴西在 1999 年不可避免地爆发金融危机重要原因之一，而这些正是中国如何开放资本账户十分有益的经验教训。

用多重汇率、是否对出口收益实行强制结汇，并设立了三个虚拟变量。每个国家每年的指数将通过三个变量求和再除以三得到。指数的变化范围是0—1，0表示完全没有管制，1表示上述三种管制都存在。从图1可以看出，20世纪80年代以来，发展中国家的资本管制指数逐年下降。也就是说，资本管制不断地在放松。同时，图1也表明，随着对资本账户限制的减少，也促进了国际资本向发展中国家流动。在此期间，该指数与资本流入额的相关系数为－0.3。从图1也可以看到，资本账户开放的自由化是吸引外国资本的基础。

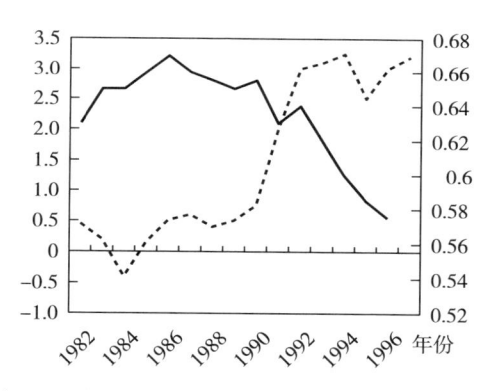

----- 资本流动/GDP（占GDP的百分比，左坐标） —— 资本控制指数（右坐标）

图1　新兴市场的资本管制与资本流动

资料来源：大卫·福克兹—兰道等主编：《国际资本市场：发展、前景和主要政策问题》（中译本），中国金融出版社1998年版。

不过，尽管20世纪90年代各国资本账户开放迈开了很大步伐，特别是发展中国家更是成绩骄人，但是由于资本账户开放复杂性及所面临的风险，不少国家始终对资本账户开放持有谨慎的态度。截至1997年，绝大多数发达国家及发展中国家仍存在某种形式的资本管制（见表3）。这些资本管制较为集中的有直接投资（有143个国家）、房地产交易（有128个国家）、资本市场证券交易（有127个国家）等领域。

特别是从1990年早期开始，发展中国家的政策一直受华盛顿共识的影响（Williamson J.，1998），即依赖金融自由化实现经济繁荣。1997年4月，国际货币基金会临时委员会提出支持修改国际货币基金组织条款以

表3　　1997年年末对资本账户交易管制的国家数目

	总计	发展中国家	发达国家
IMF成员国数量	184	157	27
控制			
资本市场证券	127	112	15
货币市场工具	111	102	9
集体投资证券	102	97	5
衍生工具和其他工具	82	77	5
商业贷款	110	107	3
金融贷款	114	112	3
抵押贷款额度	88	86	2
直接投资	143	126	17
直接投资兑现	54	54	0
不动产交易	128	115	13
私人资本流动	64	61	3
有关专项准备			
对商业银行和其他信贷机构	152	137	15
对机构投资者	68	54	14

资料来源：世界银行：《全球经济展望与发展中国家1998/1999：写在经济危机之后》，中国财经出版社1999年版。

实现资本账户自由化，使之成为基金组织"目标"之一。但是，20世纪90年代的金融危机表明，大量投机性资本流入是其导火线，不少国家为此付出了沉重的代价（米勒和张雷，2000）。面对这种现实，世界银行（1999）在年报中指出："考虑到在发展中国家出现金融危机的高风险，尤其是国际资本市场存在缺陷这一问题更加严重，所以资本账户自由化必须谨慎、循序渐进地进行，必须权衡相关的收益和成本。显然，外国直接投资和长期资本流入的收益超过了可能出现金融危机的相关成本，发展中国家必须实行开放的政策。但是，对于债务投资组合的波动和银行间短期债务的流动以及资本账户完全兑换的政策，存在金融危机的高风险和收益的不确定性。在国内管理和保障比较脆弱的情况下，更谨慎的银行监管，以及限制变化无常的短期资本内流，使不正当动机最小化，尽可能的市场化都可能会减少金融危机的风险。"（黄仁德和蔡文雄，1999）这些都向我们表明了，资本账户开放并非一蹴而就的，而是一个漫长的过程。同时，中国资本账户开放的过程也许时间会更长。

14.4 资本账户开放的含义及内容

为了对资本账户开放有更好的理解，在此我们得界定什么是资本账户，它包括了哪些内容？只有在此基础上才能揭开资本账户开放的真正意蕴。一般来说，资本账户是国际收支账（也称国际收支平衡表）中的一个项目，因此，要了解资本账户，就必须放在国际收支账中来理解。

国际收支账（balance of payments account）是指一个国家或经济社会，以货币形式有系统地记载在一段时间之内，本国居民与世界其他各国居民之间的所有经济交易活动。它反映了一个国家对外经济活动的绩效。它既是政府施行宏观经济政策如财政、货币、外汇、贸易等经济政策的主要依据，也是本国人民或外国人民对一国进行实物投资或金融投资决策的重要参考。根据国际货币基金组织于1993年公布的国际收支账标准项目（见表4），国际收支账分为五大类：经常账户（current account）、资本账户（capital account）、金融账户（financial account）、净误差与遗漏（neterror and omissions）及准备资产（reserve assets）。经常账户包括商品与劳务、所得、经常转移；资本账户包括资本移转、非生产、非金融性资产，如专利权、商誉等无形资产的取得与处分；金融账户包括金融资产与金融负债，根据投资种类或功能分为直接投资、证券投资及其他投资。

表4经常账户商品项中的非货币黄金，是指准备资产以外的黄金视为商品，在资料许可的情况下，可依用途再分为价值储藏或其他用途。货币当局持有充作准备的货币性黄金则仍属于金融账户的准备资产。经常账户劳务项中的保险劳务包括运输保险、直接保险、与再保险；而金融劳务包括金融中介劳务和辅助性劳务。金融中介劳务包括信用状、银行承兑、贷款、金融租赁与外汇交易所产生的费用或佣金及证券交易（如证券经纪、发行、承受及赎回）与选择权、期货与互换等的佣金或费用。

表 4　　　　　　国际收支账或国际收支平衡表（IMF，1993）[①]

项目	贷方	借方
一、经常账户		
（一）商品与劳务		
1. 商品		
非货币性黄金		
2. 劳务		
保险劳务		
金融劳务		
（二）所得		
1. 薪资		
2. 投资所得		
（1）直接投资		
（2）证券投资		
（3）其他投资		
（三）经常转移		
1. 一般政府		
2. 其他部门		
（1）工作者的汇款		
（2）其他转移		
二、资本账户		
（一）资本转移		
1. 一般政府		
2. 其他部门		
（二）非生产性、非金融性资产的取得与处理		
三、金融账户		
（一）直接投资		
1. 对外投资		

---

① 此表可参考 IMF（1993），International Financial Statistics Yearbook；Balance of Payments Manual，国家外汇管理局称此表为国际收支平衡表，这是仅从字义上来译的，但按一般的会计准则，译为国际收支账更合适。在表 4 中的经常账户项目除了与资本账户相关的项目外，基本上省略。

续表

项目	贷方	借方
（1）股本投资		
（2）盈余转增资		
（3）其他资本		
2. 外国投资		
（1）股本投资		
（2）盈余转增资		
（3）其他资本		
（二）证券投资（分为资产与负债）		
1. 股权证券		
2. 债权证券		
（1）债券与票券		
（2）货币市场工具		
（3）金融衍生商品		
（三）其他投资（分为资产与负债）		
1. 贸易信用		
2. 借款		
3. 现金与存款		
4. 其他资产		
四、净误差与遗漏		
五、准备资产		
1. 货币性黄金		
2. 特别提款权		
3. 在基金的准备部位		
4. 外汇存底		
（1）现金与存款		
（2）证券		

资料来源：IMF（1993）：International Financial Statistics Yearbook；Balance of Payments Manual。

经常账户下的投资所得是指拥有国外金融资产固定期间的收益或使用国外金融资产固定期间的支出。非固定期间的所得，而是买卖所发生的损益不属于投资所得，而归属金融账户交易。投资所得按投资种类分为直接投资所得、证券投资所得、其他投资所得三大项。直接投资所得与证券投资所得项下又分为股权所得和债权所得。

以前国际收支账的资本账户已扩大为金融账户与资本账户①，并把大部分资本交易划归为金融账户，只有资本转移与非生产性、非金融性资产交易属于资本账户。因此，金融账户项是本课题研究的重点。

金融账户记载经济体对外的金融资产与金融负债，根据投资种类或功能分为直接投资、证券投资、其他投资、准备资产。直接投资按投资的方向分为外向投资或本国对外国的投资，内向投资或外国对本国的投资。

证券投资与以往的国际收支账比较有较大的变化。一是证券投资不再分为长、短期投资。由于金融创新与资产证券化，新的金融工具与交易日益增多，各种各样真实的与或有的金融工具或组合，使长、短期资本的到期日变得模糊不确定；加上为了包含所有新的金融商品、市场的快速变化、转让相当频繁，原始到期日不具有实质意义，证券投资因此不再分为长、短期。

二是证券投资的范围扩大。它包括有价证券的交易、金融衍生品与货币市场工具。它有股权证券与债权证券。股权证券有股份、股票、认购凭证、存托凭证、共同基金、投资信托等；债权证券有债券与票券、货币市场工具、金融衍生商品等。

凡不属于直接投资、证券投资及准备资产的交易，都归类于其他投资。它包括贸易信用、借款、现金与存款及其他资产。

准备资产是指货币当局所掌控的国外资产，可以随时动用以直接融资对外收支失衡或在外汇市场干预本国通货的汇率，以间接调整对外失衡。当然，它也可维持民众对本国货币的信心，充作国内通货的发行准备或提供自外国借款的担保。准备资产分为货币性黄金、特别提款权、国际货币基金的准备部分、外汇存底及其他债权。其中，外汇存底项目下再分为现金、存款、证券（包括股权、债券与票券、货币市场工具、

---

① 以前中国国际收支账也只有资本账户，近几年也把资本账户分为资本账户与金融账户，基本上接近国际分类标准。但本文所指的金融账，除非有特别说明，基本上是指以前国际收支账中的资本账户。

金融衍生性商品）。

根据《中华人民共和国外汇管理条例》，资本账户是指"国际收支中因资本输出和输入而产生的资产负债的增减项目，包括直接投资、证券投资、各类贷款等"（张礼卿，2001）。除了在某些细节方面有所区别外，基本上与国际通行的惯例相一致。

在上述完全列举项目的情况下，资本账户开放就是解除资本账户下的资本流动的管制。而这些资本管制的方式可细化为禁止资本流动，需要事先批准、授权和通知；多重货币政策；歧视性税收；准备金要求或管制当局征收的罚息；有关签订以外币计值合约的限制等。IMF（1999）认为其目的就是影响资本的交易和资本的转移，影响资本的流入、流出以及居民在国内或居民在国外持有的资产。

可见，资本账户开放就是对以上资本账户项目下的资本流动的限制放开，即解除资本账户项目下的资本流动的管制。而从资本流动的载体来说，解除资本流动的管制又可以分为两个层面：一是指取消跨境资本交易本身的管制；二是取消与资本交易相关的外汇（包括资金跨境转移及本外币兑换）的管制。因此，资本账户开放既可以是资本交易的放开，也可以是资本账户下的汇兑自由；而且既可以是两者同时放开，也可以是先后进行。但资本账户下的汇兑自由则是最后一步的事情了。这也说明了，资本账户开放并不是一蹴而就的，它是逐步发展的过程。

从资本账户的范围来看，它包括了 48 个子项目，而各个国家所遇到的内外经济环境是不同的，资本账户开放的每一个国家总是会根据各自的约束条件与环境对不同的资本账户开放采取不同的政策与方式。这就说明了资本账户开放的复杂性与具体性，并无一般性的经验可借鉴。因此，一国的资本账户开放并非仅是随大势所趋，而是要根据本国的内外经济环境来审视是否具备了一系列有利于本国资本账户开放的前提条件。这就是下一节要讨论的问题。

14.5　资本账户开放的前提条件

IMF（1999）认为，过去十年来的经济表明，资本账户开放不仅可以使有关国家获得更多的资本、降低资金成本、提高生产效率、分散投资风险及刺激消费需求，而且会使该国发生金融危机的风险急剧增加。事实上，在信息不对称条件下，国际资本流动的利益与风险这把"双刃剑"的效应不可避免。因此，如何评估资本账户开放和增加资本流动带来的收益与风险之间利弊，特别是波动较大的短期资本自由流动带来的利弊已成为近年来国际金融学界与业界关注的焦点。

对于收益方面，各国取消资本管制，开放资本账户，将为国际资本自由流动提供一个有利的制度环境，从而促进全球资源的合理配置。对一国经济来说，它既可以利用资本账户开放获得更多的资本，也可以为投资者分散投资风险，投资者可以将有限的资源投入风险较低的项目上，获得更高的预期收益，从而增加资本积累和提高劳动生产率。据世界银行（1997）的资料表明，20世纪90年代发展中国家的外国直接投资占其总投资的5%—6%，而每增加1美元的外国直接投资就伴随着0.50—1.30美元的国内追加投资。因此，外国直接投资每增长1个百分点就伴随着人均国内生产总值增长近0.4个百分点。对于短期流动资本等波动性较大的外国非直接投资流动资本其收益不确定。但据对20世纪80年代末和90年代初私人资本流入较多的18个国家实证研究，其每增加1美元的外国非直接投资资本流入同样要伴随0.60美元的追加投资，它对国民经济增长的作用也不可小觑。哈佛大学经济学家Rodric（1998）研究以近100年工业化和发展中国家1975—1989年的数据为样本，以资本账户开放为考察指标，通过建立人均国内生产总值增长公式发现，若考虑到其他因素的作用，资本账户的变化对经济增长并无显著作用。但其中表明，资本账户开放的作用大小与该国的政策与制度环境相关。

资本账户开放的收益也可来自风险分散和资产多样化。据Obstefeld和Alan（1999）研究预测表明，资本项目开放所带来的风险分散和资产多样化的收益会很可观。这表现为该国的居民有机会在国际范围内对其证券资产进行分散组合，从而减轻种种来自国内金融或实际部门的冲击与影响，并尽量保证其收入和财富的稳定性。

资本账户开放使福利增加一个潜在途径是在收入大幅度波动的条件下有利于刺激消费。因为，在实行资本管制的国家里，通常会通过改变国内消费和投资来消化外部冲击。反之，在资本账户开放的国家里，国内金融市场是与世界金融市场互动的，在该国收入水平不断波动的情况下，也可以通过国际借贷将国内消费和投资保持在一个适当的水平上。

发展中国家的收入波动较大，其金融开放获得的消费增加效益也应更多。当然，世界银行（1999）观点也表明，发展中国家资本流动具有顺周期特性，这意味着资本流动刺激消费的效应并不显著。

总之，资本账户开放对一国的经济增长和社会福利提高有明显的益处。R. Barry Johnson、Sain M. Darbar 和 Claudia Echeverria（1997）研究认为，资本账户开放能提高一国吸引全球资金的能力；可为一国的经济单位融资或交换资产提供多种选择的方式或多个选择的地方；可以通过市场竞争，改善金融资源的配置效率；还可以为鼓励投资、为贸易及其他行业融集资金增加资源的可利用性；更为重要的是，它能促进该国金融体系的改革与发展，激励该国金融业的创新，增强该国金融业的国际竞争力。

不过，世界银行（1999）的研究表明，如果决策机构、金融部门及企业部门不能很好地应对，那么资本账户的开放一定会对国内经济带来巨大的冲击与风险。有研究认为，如果资本流动的变化独立于一国的政策和经济活动，那么资本账户开放将增加该国发生货币危机的风险；也有研究认为，国际资本市场的失误会加剧国内金融市场体系的不完善并具有传染性；最为普遍的观点有，最近几年来发展中国家所发生的一系列金融危机产生的根源当然是国内因素所导致的结果，如脆弱的金融体系和不适当的宏观经济政策，而且有间接证据表明，资本账户开放或资本自由流动对金融危机的作用怎么也不可低估（见表5）。

表5　　　　　　　　私人净资本流入高峰与金融危机的联系

国家	资本流入	资本流出占GDP年均比	FDI占非FDI平均比率	伴随资本流入而产生的危机
阿根廷	1991—1994年	2.5	1.0	1994—1995年墨西哥比索贬值银行危机
巴西	1992—1996年	3.1	0.2	1995年银行危机
智利	1978—1981年	11.1	0.1	1982—1983年货币危机
智利	1989—1996年	5.1	0.7	无危机
哥伦比亚	1992—1996年	4.4	1.2	无危机
哥斯达黎加	1986—1995年	5.5	1.0	无危机
捷克共和国	1993—1996年	8.3	0.6	1997年货币危机

续表

国家	资本流入	资本流出占GDP年均比	FDI占非FDI平均比率	伴随资本流入而产生的危机
爱沙尼亚	1993—1996年	5.4	3.4	1997年准危机
匈牙利	1993—1995年	11.8	1.1	1995年危机
印度	1994—1996年	2.5	0.3	无危机
印度尼西亚	1994—1996年	3.7	1.1	1997年危机
韩国	1991—1996年	2.5	−0.1	1997年危机
马来西亚	1982—1986年	3.1	A	1985—1988年银行危机
马来西亚	1991—1996年	9.8	2.5	1997年危机
墨西哥	1979—1981年	2.5	0.7	1982年危机
墨西哥	1989—1994年	4.5	0.6	1994—1995年危机
摩洛哥	1990—1996年	3.2	0.6	无危机
巴基斯坦	1992—1996年	3.5	0.4	无危机
秘鲁	1988—1996年	6.9	0.4	无危机
菲律宾	1989—1996年	4.5	0.5	1997年危机
菲律宾	1978—1982年	3.0	0.0	1981年银行危机/1984年货币危机
斯里兰卡	1991—1995年	5.3	0.3	无危机
泰国	1978—1984年	3.0	0.3	1983年银行危机/1984年货币危机
泰国	1988—1996年	9.4	0.2	1997年危机
突尼斯	1992—1996年	3.6	2.5	无危机
委内瑞拉	1992—1993年	2.2	0.0	1993—1994年银行危机/1995年货币危机
委内瑞拉	1976—1979年	3.9	−0.1	1980年银行危机

注：该平均比率分母为很小的负数，因而其比值为较高的负数。

资料来源：世界银行：《全球经济展望与发展中国家1998/1999：写在经济危机之后》，中国财政经济出版社1999年版。

既然资本账户开放是利益与风险的共存，那么如何在两者之间寻找到合适的均衡点？Tinnbergen J.（1959）认为，一国政府若想达到一个经济目标，至少须采用一种有效的政策工具，而有效的政策工具被采用的数目须与想达成的独立的政策目标一样多。Meade J. E.（1951—1955）

则认为，在开放的经济中，应该用财政政策稳定国内经济，用货币政策稳定对外经济。因此，一国政府若单独使用开支改变政策来追求内外平衡，其结果将导致该国内部平衡与外部平衡之间的冲突。以上述思想为背景，1960 年 Mundell. R. A.（1962）提出"有效市场分类原则"或"孟德尔搭配法"。Mundell. R. A.（1962）认为，由于每一种政策工具将同时影响一国的内部平衡与外部平衡，因此每一种政策工具应被搭配及用来达成其最能有效达成的政策目标。假如一国政府不遵循以上的原则，则该国将同时脱离内部平衡与外部平衡越来越远；如果一国政府能够适当地搭配采取财政政策与货币政策，则将可以同时达成内部平衡与外部平衡的经济目标。也就是说，在资本账户开放及资本管制之间如何实现平衡，政府政策是有所作为的，问题是如何在政策的采用上搭配。这种政策搭配也正是资本账户开放的条件。

因为，资本账户开放是涉及经济内外各方面的一个十分复杂的问题，如果一个国家不具备相应的条件，仓促而行，不仅无法实现资本账户开放的目标，而且还会引来灾难性后果。这可能就是中国为什么曾计划在放开经常性账户 5 年后放开资本账户而停止的重要原因。那么，资本账户放开的前提条件是什么？这该如何协调才能减少资本账户开放对该国经济的影响与冲击？

一般来说，世界银行（1999）研究指出，资本账户开放要具备以下几方面的条件：健康的宏观经济条件、相当的国力水平、充足的外汇储备、有效的金融运作体系及健全的公司治理结构及金融监管体系等。不过，尽管资本账户开放必须具备这些条件，但各个国家差异性很大，从而不可能找到一个适应于所有发展中国家的资本账户开放的统一模式。各国资本账户如何开放，完全取决于各国本身所具有的条件。

首先，健康的宏观经济政策是任何一国资本账户开放成功的条件。因为在一国资本账户开放的过程中，价格、利率、汇率和收入等经济杠杆将逐渐取得对经济生活的主导性调节和支配地位，而健康的宏观经济政策有助于这些经济杠杆作用的发挥。从表 6 可以看到，在资本流动不同的情况下，财政政策和货币政策对汇率的影响是不同的。而在金融一体化的时代，每天国际资本都在大规模快速地流动，各国的金融、外汇市场完全连为一体，因此，任何微小的利率变动或偶然事件发生，都可能导致国际资本大规模快速地流动。而在资本账户开放的情况下，这种国际资本大规模快速的流动一定对一国经济造成较大的影响与冲击。

表 6　　　　　扩张性财政政策与货币政策对汇率的影响

	财政政策	货币政策
不完全资本流动	本币升值（或贬值）	本币贬值
完全资本流动	本币升值	本币贬值
资本流动完全缺乏利率弹性	本币升值	本币贬值

注：紧缩性财政政策与货币政策对汇率的影响则正相反。

　　资本账户开放的经验表明，当资本管制措施逐步减少甚至完全解除时，如果一国采取扩张性财政政策，那么短时间内必然会出现大规模的资本流入或流出，从而对汇率和宏观经济稳定造成压力。还有，如果采取过度扩张的货币政策可能会导致严重的通货膨胀，进而引起短期内的资本大量外逃，从而引起货币的严重贬值及严重的汇率危机。当然，这里的讨论是建立在国际短期资金流动对利率具有弹性及汇率固定等一系列假定的基础之上，要确定稳健的宏观经济政策是一个相当复杂的问题。

　　例如，在资本账户开放的情况下，一国的政府或货币当局并无法确切地知道到底财政政策与货币政策对经济的影响有多大，如果不知道这个影响有多大的话，一国的政府与货币当局将无法确定财政政策的扩张强度及货币供给变动多少。还有，国际短期资金流动可能受到投机、预期心理及其他非经济因素的影响，而对利率的变动相当不敏感，在这种情况下，货币政策对资本账户及国际收支的影响可能会很小。总之，由于资本账户开放是一个相当复杂的问题及过程，如何寻找最合适的宏观经济政策也是一个十分不容易的事情。

　　其次，姜波克（1999）认为，充足的外汇储备对资本账户开放有足够的意义。① 因为，随着资本流动规模的扩大，一国经济的开放程度将日

---

① 此观点是 IMF 的看法，姜波克则认为，对"充足的外汇储备"这一条件提出了批评，认为"充足的外汇储备"是一个模糊不清的概念，而用"外汇短缺的消除和可维持的国际收支结构"来代替更为合适。

益提高，从而不确定性也会明显增加。相对充足的外汇储备可以较好地应付各种冲击，减轻国际收支调节的压力。同时，资本账户开放很可能在短期内引起大规模的资本流入，并导致实际汇率的升值。这时，当局可以利用外汇储备来化解资本账户开放过程导致的震荡。充足的外汇储备增加市场人士的信心，从而在一定程度上抵制短期资本的投机。当然并非外汇储备越多越好，因为过多的外汇储备的机会成本太高。而且外汇资产猛增所引起的金融危机也不可小觑（蒋硕杰，1973）。在通常的情况下，为了应付资本账户开放后资本流动性所带来的不稳定，更明智的选择是较高弹性的汇率安排，适当的外汇储备只是作为辅助性稳定手段。

最后，国内金融体系的市场化及金融监管体系的建立是资本账户开放不可或缺的条件。因此，资本账户开放之后，资本的流入与流出将主要依靠利率（也包括汇率）进行调节。如果利率没有市场化，那么很可能造成资金价格的失真。当受到人为管制的利率水平明显低于国际利率水平时，资本账户开放的结果将是资本大规模的外逃；反之，则可能引起短期资本过度流入进行套利。无论哪种情况发生，都不利于国际收支和宏观经济稳定。因为，利率管制所伴随的是信贷配给制度，从而使资金不能流向效益好的企业，导致资金配置的无效率。资本账户开放后，当外国资金大量流入时，国内的资本存量将大幅度提高。如果国内金融体系没有市场化，必将导致资金大量浪费，并可能最终导致对外债清偿的困难。国内金融体系市场化还表现在一国的货币控制必须依靠公开市场操作、贴现率调整和存款准备制度等间接控制手段进行。在资本账户开放的情况下，资本的大量流入和流出，将通过外汇储备的增减和汇率变动直接影响国内的货币供求，而有效的货币调控要通过公开市场操作等间接调控手段来完成。

还有，资本账户开放之后，外国资本可能会大规模地流入，银行体系的可贷资金将相应地增加，中国这种银行主导性的国家情况更会如此。他国的经验表明，面对资本大量流入而引起的银行体系可贷资金迅速膨胀，如果没有有效的金融监管体系，那么结果是灾难性的（IMF，1998）。1997年东南亚金融危机爆发就是如此。因为在这种情况下，银行很可能会放松风险约束，大举涉足高风险部门或行业，如将贷款直接投向房地产和有价证券等具有高回报率的领域，或是通过参股、控股房地产公司和证券公司变相将资金投入进去，并使这些部门的资产价格迅速膨胀。

那么这一切，将不可避免地把整个社会经济推向泡沫化，并以累积大量的不良资产而告终。因此，为了防范银行系统的风险，在资本账户开放之前，应该建立起健全的银行监管体系。

对证券市场来说，资本账户开放对其影响与冲击更是无与伦比。当资本账户开放后，外国证券资本将会大量地流入，特别是那些短期逐利者闻风而动。如何防止过度投机，将成为发展中国家所面临的艰难课题。如果不能有效地控制过度投机，那么不仅无法实现利用证券市场来进行长期融资的目的，而且将面临灾难性的金融动荡。因此，只有在金融基础结构比较完善，如有效的信息披露机制、公正的市场中介机构等，金融监管体系比较健全的情况下，资本账户才能放开，否则不仅整个金融市场的资源不能有效配置，而且还会造成整个金融市场的激烈震荡。

另外，资本账户开放一个明显的益处是，可以利用外国金融资源来弥补本国投资—储蓄缺口，促进该国经济的长期增长。但这一好处的实现必须要有有效的市场运作机制，必须利率市场化。否则，首先本国投资—储蓄缺口并没有反映本国资金稀缺情况，其缺口可能是国内有限的金融资源没有有效地利用而造成的。国外金融资源的引入实际是挤出了国内储蓄。而且，引入的国外金融资源同样也得不到有效的利用，不能成为经济长期增长的新动力，最终还可能引发外债的偿还危机。可见，在利率管制的情况下，资本账户开放并不能为国内经济发展增加动力。换句话说，如果利率不能市场化，资本账户开放带给该国的不是利益，而是动荡不安的风险。

因为，在利率管制的条件下，金融市场的广度与深度要受到很大限制。在发达的市场体系中，金融资源都是通过市场体系、市场运作来进行的，通过市场的供求关系来协调。但是，市场的主体是公平的竞争者，在市场中人们只能获得平均利润，不可能获得超额利润。人们为了在竞争中取胜，就会促使种种金融创新出现。新的金融工具、品种、市场也会应运而生。但是在利率管制情况下，金融机构必然倾向于通过非市场的竞争方式来获取利益，这必然会阻碍金融服务和金融工具的创新和多样化，抑制金融市场的深入发展。而在金融压抑的情况下，资本账户开放必然不利于现行的市场经济发展。

总而言之，资本账户开放就是取消对资本流动的限制，这不仅涉及实际经济部门，而且涉及金融业各方面。因此，资本账户开放的成功应该具备起码的工具、制度与市场。如现代企业制度、适当的宏观经济政策、相应的金融市场体系（包括利率市场化、发展间接货币控制方法、完善银行及资本市场的功能、严格的金融监督管理体系、健全的金融基础结构等），这样才能在开放资本账户的同时有效地管理货币和汇率，实现开放资本账户促进社会经济增长的目标。姜波克（1999）对此有一个很好的概括，资本账户开放的条件为：稳定的宏观经济状况、一定的经济发展水平（经济规模与竞争力）、国内金融体系的深化、微观主体的塑造、高效稳健的金融监管体系、合适的汇率制度与汇率水平、外汇短缺的消除和可维持的国际收支结构及合适的货币可兑换顺序。真可以说是面面俱到，然而要达到这些条件可不是件容易的事情。

14.6 资本账户开放顺序与速度

从上一节可以看到，资本账户开放是利益与风险共存的，那么在什么时候、以什么样的方式使资本账户开放的过程中获得利益最大，并把风险控制在尽可能小的范围内，这不仅要研究资本账户开放的前提条件，也要讨论资本账户开放的顺序与速度。至于资本账户开放的顺序，它又分为两个层面，一是国际收支账内的经常账户与资本账户开放的孰先孰后；二是资本账户本身各子项目开放的先后顺序。

14.6.1 经常账户与资本账户开放孰先孰后的问题

对于经常账户与资本账户开放孰先孰后，不仅在经验上各国的做法不同，而且在理论分析上也观点殊异。日本是先放开资本账户，然后再放开经常账户；而大多数国家是先放开经常账户，然后放开资本账户，如智利等国。

在理论分析上，著名的美国金融学家麦金农前期与后期的观点正好相反。在 20 世纪 80 年代，麦金农（1986）主张，金融自由化应该先开放资本账户再进行经常账户的自由化，因为，随着资本账户的自由化可以引进大量国外资金来国内投资，当国内产品竞争力提高之后再降低关税障碍，就可把资本自由化的冲击降到最低。后来，麦金农（1993）对自己的观点来了一个 180 度的转变。麦金农认为，在金融自由化的改革中，经常账户的可兑换应大大地早于资本账户的可兑换。首先，必须统一所有经常账户下的汇率,避免多重汇率使全部进出口贸易都能以相同的有效汇价进行,以提高对外贸易的效率。其次,应恰当地制定贸易政策,逐步取消扭曲性配置和其他的直接行政控制,解除各种进口贸易的非关税障碍及降低关税保护,让贸易交易的价格机制能有效地发挥。资本账户的可兑换是金融自由化的最后阶段。只有在国内借贷能按均衡利率进行,通货膨胀受到明显抑制以致无须贬低汇率时,资本账户可兑换的条件才算是成熟了,而过早地取消对外资本流入的汇率控制会导致未经批准的资本逃出或无偿还保证的外债堆积。

Lal D. (1987) 和 Bhandari J. S. (1989) 认为,资本账户开放应当先于或同时于经常账户的开放。因为,无论什么时候开放资本账户,都会引起资本流入和实际汇率的升值。而廉价的外资流入可以减小经济调整的总成本。拉尔认为,在贸易自由化之前应使货币完全可兑换,即先开放资本账户,因为这会使在最优水平上确定名义汇率所需的信息最小,从而避免名义汇率偏离预定的目标区和变动方向。班达瑞则认为,在资本管制的情况下,削减关税会造成实际汇率的上浮和价格紧缩等不良后果。如果政策目标与该国的国际竞争力和汇率有关,那么资本账户应该先开放。

James A. Hason (1995) 则认为,无论是开放经常账户还是开放资本账户都不是无条件的,而是在某种约束条件下进行,因此,经常账户和资本账户开放都必须先调整国内的经济环境,以免减少这些开放给国内经济造成的冲击。在哈森看来,如果要开放经常账户必须先让国内货币贬值,以避免关税保护降低对国际收支平衡的影响;反之,如果要开放资本账户则必须同时将货币升值,以避免过多短期流动资本的进入,因此为了避免资本账户开放后因货币升值对出口贸易及经济成长的影响,在经常账户开放或资本账户开放的孰先孰后上,哈森更强调先开放经常账户,这样更有利于维持经济的稳定。当然,哈森更强调,稳定的宏观经济是资本账户开放的条件,也是金融自由化的前提。如果国内经济条件不好,金融自由化只能是无源之水。

Michaely (1986) 认为,经常账户与资本账户开放孰先孰后,其实没有绝对之分,因为,无论是经常账户开放,还是资本账户开放都是以对方为前提的。因为当国家要降低关税时必须要有充足的资金作后盾,而要开放外来直接投资时更要维持国内产品高度的竞争力,因此,经常账户开放与资本账户开放之间是互相联系、互动互为。而只在经常账户开放与资本账户开放互动中才能减少国际对国内经济的影响与冲击。

R. Barry Johnston、Salin M. Darbar 和 Claudia Echeverria（1998）在对 20 世纪 90 年代以来发展中国家资本账户开放经验的广泛研究中，超出了以往二元分立的思维模式，认为以往的经常账户开放或资本账户开放孰先孰优的主张，只是一种公式化的概念，而这种公式化的思路只会让人误入歧途，对实际工作并不会有多少启发意义。因为，资本账户开放是一个十分复杂的问题，它涉及整个社会经济生活的方方面面。如果把一个活生生的经济运作，简约为几条孤立的概念，那对整个资本账户开放的运作是没有裨益的。特别是每一个国家都有自己特殊的经济环境与各种各样的约束条件，而且放开资本账户与其他方面的经济和金融改革是相互联系的，因此，不同的国家，资本账户的不同部分或方面是在不同的阶段实现放开的，当然，资本账户的放开又是与经常项目、国内金融改革同时进行的，而且也是与该国总的宏观经济目标相一致的。可以说，在某种情况下，资本账户的放开是为了应付当时具体的经济形势或环境所做的一种选择。

14.6.2 资本账户本身开放的顺序

从资本账户本身开放的顺序来说，自从爆发了 1995 年的墨西哥和 1997 年亚洲金融危机之后，面对国际资本流动的波动与易变性，为了减少发展中国家在资本账户开放的过程中避开可能面临的陷阱，以最大限度地降低爆发金融危机的风险，如何设计一套谨慎的、有次序推进资本账户开放的方案引起了国际经济学家广泛的兴趣（世界银行，1999；Eichengreen B．，1999）。但由于发展中国家在其法律制度、公司治理结构、银行监管体系、资本市场发展及宏观经济条件等方面的差异性，研究最后的结论是，要找到一个适用于所有的发展中国家有序开放资本账户方案是不可能的（Harwood A．，1997）。不同的国家其资本账户开放的方案会各不相同，而方案的差异性取决于国家能够以多快的速度调整宏观经济失衡及有效的金融监管体系的推行。

以往大多数国家的经验表明，资本账户开放顺序可以细化为，先开放直接投资，然后再开放证券投资；而证券投资开放又先开放股权证券，再开放债权证券，最后才开放衍生品工具；先开放资本流入，然后开放资本流出。因为直接投资往往是以实际经济活动为背景的资本交易，由于直接投资更多的是影响可贸易产品的供求关系而对实际汇率升值影响相对小,以及直接投资的逆转性远远低于证券投资,因此,引起金融动荡的可能性就小。而证券投资是以价格易变的金融性资本交易为背景,如果没有完善的金融监管制度,金融交易的信息不对称性、投机性、泡沫性容易引发金融危机。不过,实际情况并非如此简单,因此,在资本账户开放的过程中,并非哪项先后,应该注意一些最基本的问题。有研究认为,资本账户开放顺序的设计方案应该注意以下几个方面。

首先,应该采取相应的政策措施来控制对于短期外债的需求。因为,短期外债这种外国资本最先可以撤走,并导致银行部门及整个经济的危机。1995年墨西哥和1997年亚洲金融危机都是由于大量的短期外债撤走所导致的结果。Helleiner G. K.(1998)研究表明,限制短期对外借款积极有效的办法是直接控制资本流入。因为已有的事实表明,对资本流出的控制基本上是无效的,跨国公司总是会采取种种方式逃避资本流出的管制。Quirk、Peter J. 和 Owen Evans(1995)的研究发现,1982年的国际债务危机中,尽管阿根廷、智利、墨西哥和委内瑞拉等国的政府加强了资本流出的管制,但资本外逃仍然呈直线上升之势,其金额从数亿美元到上百亿美元不等。因此,在资本账户开放的顺序上,控制资本流入是重要的措施。

例如,1991年以来,智利采取了抑制资本流动的措施。这些措施要求对所有不是用增大物质资本投资的外国资本流量,如外国贷款、债券和股票投资,都要缴纳一年期无收益的准备金。所有这类流入的资本都必须将其一定的比率存入指定的不付息账户达一年时间。而征收无息准备金的比率可以及时做出调整,以便使资本流入的水平保持稳定。Dooley、Michael(1996)的研究表明,无息准备金这种特定的税收方式,改变了资本流入的结构,流动性和不稳定性更低的外国直接投资的比重上升。当然也有经验表明,征收无息准备金对于外国资本流入水平的总体的影响是不确定的。

如何调控国内金融体系中的外币存款也是调整资本账户开放顺序的重要工具。这类外币存款常常占到发展中国家广义货币供应量的相当高的比率。1995年,在18个国家中,这一比率达30%(Balino Tomas J.,Adam Bennett & Eduardo Borensztein,1999)。外币存款迅速地增加会加大国内银行体系的风险,即提高了国内银行贷款组合中的负债水平,但发展中国家也可通过维持高水平的外币储备来降低资本外流导致金融和经济危机的风险。因为，较高的外汇储备向外国投资者传递了一个信号，使投资者了解到他们能够以通行的汇率水平将其资产转换为外币。这也就降低了投资者因担心货币崩溃而同时撤资的风险。

汇率制度的选择也是影响资本账户开放次序的重要因素。Eichengreen B.（1998）的研究认为，不同类型的汇率制度对于潜在的外国短期资本的借款者有不同的激励。固定汇率制度实际上对借款者提供了一种潜在担保，即投资者无须考虑汇率波动的风险。而这种潜在担保既促进了资本的流入，也加剧了一国经济对短期外债的依赖。投资者一旦对这种担保产生怀疑时，就可能出现大规模的资本外流。而浮动汇率下，投资者必须考虑汇率波动的风险。汇率的波动增加了资本的流动性。

总之，资本账户开放是一个十分复杂的课题，它既牵一发而动全身，也藕断丝连，许多关系无法简约化。因此，在考虑资本账户开放的顺序问题上，并非孰先孰后，而是如何根据该国的具体情况采取一种综合性的方式。既把资本账户开放顺序放在整个经济体制改革、整个金融体制改革中来考虑，也把资本账户开放顺序看作金融体制改革重要的有机部分。只有这样，才能找到资本账户开放合适的切入点。

目前，中国人民银行货币政策委员会副秘书长易纲指出[①]，人民币资本项目可兑换可从有条件的可兑换开始，逐步过渡到完全可兑换。具体来说，可采取"积极稳妥先易后难宽入严出"的方针，如先放宽长期资本流出流入的管制，再放宽短期资本流出流入的管制；先放开直接投资的管制，再放开对间接投资的管制；先放开对境外筹资的管制，再放开对非居民境内筹资的管制；先放开对金融机构的管制，再放开对非金融机构及居民个人的管制等。但其实并非如此简单，这种方式也并不一定是中国资本账户开放较好的选择。政府要做的应该是根据不同的经济环境做不同的选择。如果资本账户开放的顺序原则，实际上对经济发展有百害而无一利。

至于资本账户开放的速度，其实也没有什么"渐进"与"激进"之分，关键是要看当时国内外的经济环境、背景及条件。经济环境和条件合适开放的项目可以多一些，不合适开放的项目则可以收紧，可能不会

[①] 参见国务院发展研究中心的国研网。

有一个固定的模式。

14.7　资本账户开放的国际经验与模式

资本账户开放最早发生在德国，而到20世纪60年代，发达国家普遍开始了资本账户开放的金融化进程（戴维·赫尔德等，2001）。但作为一个整体，发达国家的资本账户开放过程整整花了30年时间才基本完成。发展中国家的资本账户开放除个别国家之外，基本上是从20世纪80年代开始的，90年代较为普遍，但不仅其进展十分缓慢，也问题多多，反复无常（世界银行，1999）。而且由于各国的经济环境与条件不同，各国资本账户开放的顺序、步骤和相关政策等都是十分不同的，因此，希望找到一种各国都认可的一般模式是不可能的。我们对国际经验的了解，只不过希望从这些经验中能够获得多少对本国资本账户开放的启示。从以往的经验来看，日本、拉丁美洲国家及其亚洲一些国家经验有点特别，对此作些分析，或许对我们有不少启示。

14.7.1　日本资本账户开放的过程及措施

日本从1971年起陆续开始进行金融自由化，而其主要措施就是有限度地开放资本账户、开放证券及债券市场、开放非银行金融机构从事金融业务。Edwards S. 等（1995）研究认为，这其中可以分成三个阶段，第一个阶段是从1970年4月至1977年6月，是开放国内金融投资时期；第二个阶段是从1980年12月至1989年5月，是鼓励国人直接投资时期；第三个阶段是从1993年至今是金融自由化时期。在每一个时期，日本政府首先开放本国银行及居民在一定的比例中可以自由进行对外直接投资，之后更放宽20%比例的邮政储金可以进行国外投资；到1993年开始解除各项外汇的管制，1998年日本金融改革的方案中便规定法人可以自由买卖外汇，不再需要经大藏省的核准，并简化居民进行海外直接投资的手续（易宪容，1999）。

从表7可以看到，日本资本账户开放是一个有限度的渐进过程，而且每开放一个资本项，之后一定会在程序及比例上进行限制，例如1973年规定放宽外国及本国居民进行间接投资，但在1974年1月大藏省又规定间接投资只限于短期投资，长期投资仍然需要经过大藏省审议等。这与拉丁美洲国家在 20 世纪 60—70 年代全面开放资本账户方式是有很大差别的（Edwards S. et al.，1995）。

表7　　　　　　　　　　日本资本账户开放的过程

时间	资本账户开放的措施
1970 年 4 月—1972 年 4 月	开放信托公司、证券
1972 年 5 月—1974 年 1 月	开放本国居民购买外国股票及外国居民购买本国股票
1974 年 8 月—1977 年 6 月	开放外国居民购买本国债券及本国居民购买外国债券
1974 年 1 月	只限于短期债券，如果是中长期债券则必须由大藏省审核
1975 年	大量发行国债，长期信用市场形成
1980 年 12 月—1982 年 4 月	修改外汇及外贸投资法，在一定比例下日本公司及个人可以直接投资国外股市而不必通过银行的中介，外国居民也可以直接买卖本地股票而不必经过政府审查
1983 年 5 月—1984 年 7 月	开放邮政储金购买外国股票，但不得超过总资产的 10%
1983 年 10 月	大藏省核准银行办理中长期国债交易业务
1986 年 4 月—1986 年 6 月	放宽寿险公司投资外国股市，但不得超过总资产的 30%
1987 年 6 月—1989 年 5 月	继续放宽邮政储金比例 20% 上限购买国外股票
1988 年 4 月	核准保险公司及邮局及邮局卖国债
1983 年 11 月	一定比例的对外直接投资仍需由大藏省审核
1993 年 4 月	实施放宽措施管制五年计划
1997 年 4 月	法人自由买卖外汇，简化对外直接投资的程序

资料来源：Edwards S. et al.，*Capital Controls*，*Exchange Rates*，*and Monetary Policy in the World Economy*，Cambridge University Press，1995.

而且日本的资本账户开放有如下特征，有限度地开放资本账户引进国际资本，开放证券及债券市场以筹措更多资金，开放非银行金融机构从事金融业务，为企业类创造更多的财源，及以银行为主要金融监督体系，以掌控企业营运状况。首先，1970 年，日本面临着经济衰退的问题，政府希望在不影响出口贸易的情况下来促进经济的成长，因此日本所使用的经济政策便是先开放资本账户，所以日本鼓励开放债券及证券市场即是希望能够引进国际资本来推动经济的成长，但对于贸易关税障碍日本仍然是采取积极的保护，一直到 20 世纪 80 年代末日本才逐渐开放经常账户（Cargill T. F.，1986）。

其次，开放证券及债券市场以筹措更多资金。日本资本账户开放之后，日本主要金融的中介机构从银行机构转移至股票市场，日本政府为了要积极引进国际资金，在资本账户开放的过程中便以开放东京股票市场来吸引国外资金的流入，因此从1975年至1991年日本在股票市场融资的比例从2.9%提升至16.3%，到了1996年日本前首相桥本龙太郎所进行的金融改革（Big Bang）更是以开放国内证券市场为主要目标。这样做对日本经济的益处不多，因为在日本金融政治的特殊结构下，反而让银行累积许多不良的债权，更让企业通过证券市场来从事交叉持股及高杠杆的财务分配（Royama S.，1998）。

再次，开放非银行金融机构改革使金融业务为企业创造更多财源。日本在资本账户开放的过程中，除了开放国际资本的进入之外，也积极打破以银行为主要中介机构的概念，规定非银行的金融机构包括信托公司及证券公司也可以从事金融业务，这些非银行的金融机构大多与企业之间拥有深厚的关系，其融资的标准也较一般银行低，因此，这些非银行金融机构从1980年后逐渐取代银行成为企业最重要的融资渠道。

最后，以银行为主要金融监督体系以掌控企业的营运情况。日本这种以银行为主体的金融体系，企业与银行之间的关系相当密切，在这种情况下银行自然担负起金融监督的任务，日本在资本账户开放的过程中并非一味地进行开放政策，而是其开放与限制并进。这便是Kent Calder（1993）所说的"策略性的资本主义"（strategic capitalism）。在这种策略性资本主义的架构下，日本的经济政策常常会因既得集团的政治压力而有所改变，由此来观察日本金融政策的开放与限制，其特征就更为清楚了。

在资本账户开放的过程中，日本政府的策略是：只对国内金融机构进行松绑，而仍对国际资本流动进行限制；先有限度开放资本账户，而不愿意开放经常账户，并对资本账户设下许多限制。这正如铃木义夫所说的：日本在1980年所做的资本账户开放只是单纯地要将全球化的影响降至最低，以维持国内经济的稳定及成长，但是却弄巧成拙，反而使短期资本大量拥入致使经济陷入困境（Yoshio Suzuki，1994）。例如，日本鼓励国人到国外进行投资，但是在贸易方面，日本却设下许多关税及非关税的贸易保护及障碍，这种措施导致资本账户开放目标的扭曲。例如，日本政府在金融自由化的过程中金融政策仍不愿意松绑，再加上日本政府先开放资本账户,并实施高关税壁垒的政策,长期性投资资本进入日本相当有限,大多是短期性流动资本,这些资本也多投注在非生产性工具上,从而影响日本经济的健全性与金融的稳定性(Teruhiko Mano,1998)。还有,为了排除外来资本对国内影响,而形成的企业交叉持股、银行及非银行等金融机构的坏账大量增加等问题,都是日本资本账户开放政策不协调的结果,而这些也正是日本经济难以摆脱困境的原因(易宪容,1999)。

14.7.2 智利资本账户开放的经验与启示

20世纪七八十年代,与其他发展中国家相比,拉丁美洲国家的金融自由化有自己的特色,其中的经验也不少。总结他国所走过的路,或许对自己的发展会有一定的借鉴意义。而智利的前期金融自由化尽管麦金农称为开放过早,但也不失为一种经验(Ronald I. McKinnon,1993)。在发展中国家,智利的资本项开放最早,并经历了一个反复漫长的过程。在20世纪70年代中期,随着国内金融自由化,智利在很短的时间内推出了许多实质性的经常账户和资本账户开放的措施。但是,由于所生成条件的不成熟,由于国际经济环境的巨大变化,这一时期的金融自由化进程很快地就被1982年发生的金融危机所中断,并不得不进行为期3年的调整。但从1984年起,智利吸取了前期的经验与教训,在资本账户开放的次序与具体措施上采取了谨慎和稳健的方式,使其资本账户开放进展十分顺利,使其经济发展保持了良好的增长势头。后来不少著名的国际经济学家都认为,智利这一时期的资本账户开放是一个十分成功的典范(R. Barry Johnson,Salin M. Darbar & Claudia Echeverria,1997)。在此我们不得不对它做一点研究与分析。

资本账户开放不成功的尝试(1974—1984年)。20世纪30年代大危机之前,拉丁美洲国家的资本账户是相对开放的,但在大危机发生之后,由于这些国家面临着出口商品价格的大幅下跌和外国投资的大幅下降,迫使拉丁美洲国家开始实行外汇管制。在这样的背景下,整个20世纪60年代,智利一直趋向于实行严格的资本管制和处于深程度的金融压制中。在阿连德统治期间(1971—1973年),由于实行全面的国有化,不仅把银行收归国有,而且控制着利率与信贷,资本管制进一步加强,从而使黑市猖獗,资本外逃十分严重。1973年,军人政府上台后,开始积极地推行一系列的市场化改革,而资本账户开放则是其经济自由化的主要内容。

自 1974 年起，智利开始了资本账户开放的尝试性改革（姜波克，1999）。在 1974—1976 年政府开始对个人开放资本账户，但对金融机构的资本账户开放则受到限制。1974 年，按照市场化原则放松了《外汇管理法》的一些管制。经过修改后的《外汇管理法》第 14 条需要外资（包括到股票市场投资的外资）须到智利中央银行登记，并授权中央银行管理外资和利润的汇回，但该条款不允许外资通过银行为中介自由地流入和流出。1975 年，建立了一个独立分开的外汇购买窗口，无须说明来源的外汇可以在其中出售。

智利在这个时期放开资本项的另一个重大措施是 1974 年颁布的 600 法案，该法案规定外国投资者与政府签订相关合约，允许资金 3 年到位后外商可以从官方的外汇市场上购买外汇将所获得的利润汇回国内。至此，除了金融机构仍然受到限制外，资本项对个人和企业基本上放开了。也正因为资本项开放对金融机构仍有严格的管制，1974—1976 年资本项交易年平均只有 3 亿美元，即智利资本项开放后，外资流入的规模并没有多少变化。也就是说，这一时期资本项开放政策对外资流入影响十分有限。

1975 年智利迅速地从经济衰退中恢复了，1977—1981 年平均 GDP 增长率高达 8%，从 1976 年开始，国际收支连续 6 年出现盈余。在此期间通胀率下降了一半。1979 年政府公布包括实现确定的汇率日贬值的"汇率表"，到 1979 年 6 月将汇率固定了下来。也正是在这样的背景下，智利加快了资本项开放的步伐。

在 1977—1981 年，智利的资本项开放进展十分迅速。这是因为，智利政府希望通过资本项的开放引入外国投资以降低国内利率。如采取的措施有：一是允许外国银行在智利开设分行，让外资在智利市场的份额迅速扩大。1978 年，有 5 家外国银行，其提供的贷款占国内贷款的总额 2.4%，到了 1980 年，有 14 家外国银行，其提供的贷款占国内信贷总额的 5%。二是从 1977 年修改第 14 条款，允许通过银行引入外资，但对银行引入外资在国内停留的最低期限和银行外资头寸实行一定的限制。对银行外资头寸实行的限制在 1979 年有所放宽，并于 1980 年取消。但仍然对银行的外币存款实行准备金制度。对于 2—3 年的贷款要缴纳 2.5% 的准备金，而期限在 24 个月以下的贷款要缴纳 100% 的准备金，从而有效地防止了短期外资的流入。1981 年第 14 条款允许进入外资的平均期限为

60 个月。三是 1979 年智利中央银行开设了一个外汇窗口，以方便资本流出，但最多可以出售 1 万美元的数额。

此后，外资逐渐地流入了智利的金融体系，特别是 1980 年智利取消了对银行外资头寸后，外国资本流入的数量更是急剧地放大。但是大量的外国资本流入也引起了一系列问题，并最终使智利陷入资本账户开放以来的第二次金融危机。[①] 由于大量的外国资本流入，使比索实际汇率升值，从而造成了贸易条件恶化，抑制了出口，加上当时发生的石油危机，智利的经常账户迅速恶化。1981 年经常账户逆差高达 GDP 的 14.5%，从而导致对总需求迅速紧缩，GDP 增长骤然下降。1982 年 GDP 下降了 14.5%，失业率超过了 25%，同时外汇储备也流失了 14 亿美元。这就迫使智利政府在 1982 年放弃固定汇率，并对比索贬值 43%。为了国际市场对智利的信心及比索的实际汇率，1982 年 9 月，智利又开始实行爬行盯住汇率制度，并重新加强了对资本项的管制，关闭了出售窗口。

对于智利早期资本账户开放的经验教训，国际经济学家们对此讨论很多，众说纷纭。Corbo V. 和 Jaime de Melo 等（1985）认为，由于过早放开资本账户，使大量的资本流入智利，从而造成了比索迅速升值，经常账户赤字，贸易条件恶化，严重影响到智利企业的盈利能力。Ronald I. Mc Kinnon（1993）认为，智利比索贷款利率在短期内迅速攀升，很大程度上是智利银行系统缺乏正当监管的结果。由于缺乏监管，使银行体系的坏账激增，所创造出的虚假贷款需求，与实际需求加在一起，这就使实际利率上升到不可思议的水平。而马西森等（1995）认为，危机的发生，主要原因是智利在资本账户开放的过程中，政府的政策配合不协调，即汇率表与其他宏观经济、收入和金融政策的不一致。其实，智利早期的资本账户开放失败，并不是哪种因素所导致的结果，而是内外因素互动的使然，只有把这事件放在当时的整个背景中才能有一个好的理解。

自 1985 年起，智利开始走出金融危机的阴影，国家经济状况也开始好转。在这种情况下，智利又进行了新一轮的资本账户开放改革。在经历了早期迅速放开资本账户而出现金融危机后，这次的资本账户开放改革采取了逐渐谨慎的方式（R. Barry Johnson，Salin M. Darbar & Claudia

---

[①] 不过，真正的原因是什么，还是一个争论的问题，后面会给出一些研究的结果。

Echeverria, 1997)。

在1985—1989年，智利集中完成了银行体系的重组，建立间接货币控制方式，扩大银行的业务范围，确立了智利中央银行的自主权，有选择性取消了对直接投资和证券资本流入的限制等。之后，对智利的金融市场体系、银行监管体系及存款保险制度等做出了许多新规定与安排。自1985年起，智利逐步下调关税，放弃了贸易保护主义的政策，推行了贸易自由化。利率和汇率也开始市场化和更具有灵活性。也正是在国内金融体系和贸易自由化改革的同时，智利的资本账户开放改革也逐渐地在展开（见表8）。

1985年修改了中央银行外汇管理规定第16章，允许外国资本通过债权/股权互换的方式来进行直接投资；但是这类投资的本金在10年内不得撤回；利息4年内不得汇回。1987年《外国投资基金法》进一步扩大了这种互换业务。对中央银行外汇管理规定第18章也进行了修改，允许非居民购买部分债务工具，但是外汇来源和兑换不得通过官方外汇市场办理。在1986年和1987年进一步扩大允许交易的金额，非居民可以投资公共部门的债券，原始本金5年后可以汇回，对利润的汇回不实行限制。根据所得税法，1989年对外国投资利润汇回的附加税从40%降到35%。

表8　智利资本账户开放与国内金融自由化的次序（1985—1996年）

年份	1985	1986	1987	1988	1989	1990	1991	1992	1993	1994	1995	1996
货币管制和金融体系												
资本市场发展	B					B	B	B	B	B	B	B
货币市场与工具	B		B				A	B	B		A	B
金融监管与规制	A	A	B		A						B	
汇率体系、贸易与资本流动												
汇率机制	B1	B2		B3	B4		B5	A6		B7		A8
外汇市场体系	B	B		B		A9	B	B	B	B	A	B
贸易改革	B		A	B		B	B	B				
证券投资自由化												
流入	A	B	A			B	B	B	B		B	B
流出						B	A	B	A	A	A	A
直接投资自由化												
流入	A				B			A				

续表

年份	1985	1986	1987	1988	1989	1990	1991	1992	1993	1994	1995	1996
流出									A			
资本流动管制												
流入						B	A	B		B	A	B
流出						B			B			

注：A 表示重大的改革措施，B 表示相对较小的改革措施。

1. 比索贬值了两次，汇率波动范围从上下 0.5% 扩大到 2%，在 1985 年 8 月以前，比索汇率每月调整 1.7%。8 月以后，比索汇率每天根据上月国内外通货膨胀率之差进行调整。

2. 比索汇率每天继续根据上月国内外通货膨胀率之差进行调整，当年比索贬值 10.5%。

3. 汇率波动范围在 2% 到 3% 上下浮动。

4. 放弃了使实际汇率贬值的汇率政策，汇率波动范围从上下 3% 扩大到 5%。此外，调整汇率时使用的国外预计通货膨胀率从 0.4% 下降到 0.3%。

5. 当年汇率贬值了 3 次，幅度达到 3.4%；比索的参考汇率升值了 2%。

6. 比索的汇率安排由盯住美元改为盯住一篮子货币，比索的参考汇率做了 5% 的调整，汇率波动范围由上下 5% 扩大到 10%。

7. 汇率调整了 10%，并调整了篮子中货币的权重。

8. 调整了篮子中货币的权重，汇率波动范围从上下 10% 扩大到 12%。

9. 平行外汇市场成为一个非正式的合法市场，市场上的汇率自由决定。

资料来源：R. Barry Johnston, Salin M. Darbar, and Claudia Echeverria, "Sequencing Capital Account Liberalization: Lessons from the Experiences in Chile, Indonesia, Korea, and Thailand", *IMF Working Paper*, 1997.

1989 年国际收支中的资本项状况明显改善并出现盈余，这反映了外国直接投资的流入量增大。货币政策于 1989 年开始紧缩以抑制日益增长的通货膨胀，证券资本的流入量因此大幅度增加。在这种情况下，智利当局放弃了以前奉行的实际汇率升值的政策，并加大了利率波动的范围。

从 1990 年开始，智利政府注重发展国内金融市场和工具。采取了几项措施来提高和增加股票交易所及国内证券市场的效率和竞争。1990 年开始引入期货合约，交易允许养老基金将更大比例的资金投资于股市。1993 年开始使用电子屏幕式交易。在 1995 年至 1996 年进一步取消了养老基金在证券市场的投资限制，同时还用于货币和外汇市场。在公开市场操作中，通过增加工具种类和期限，中央银行增强了实施货币管理的能力。根据新的外汇管理规定，除了中央银行特定的限制之外，允许办理各种外汇交易，平行外汇市场变成了一个非正式的合法市场，这一市场的汇率是由市场自由确定的。

1990年为了应付大规模资本流入，政府开始取消对资本流出的限制。1991年首次允许居民使用从非官方的市场上获得的外汇投资于海外，非居民投资的本金可以汇回的期限缩短到了3年。1992年允许养老基金有限地到国外投资。外国投资的利润和本金在某些条件下可以汇回而不受以前规定的时间限制。通过允许发行"美国存托凭证"，取消了对外国资本流入的限制，而且在1991年扩大了通过发行"美国存托凭证"而获得的资金购买股票和进行交易的范围，对红利收入的税率也降低了。同时，对某些类型的资本流动也实行了一些新的限制。1991年中央银行对新的国外借款——贸易融资除外——开始实行20%的准备金规定，其目的是限制短期资本的流入。随后，上述准备金规定又扩大到大多数未清偿的国外借款，并且将比例提高到了30%。对国内贷款征收的印花税也扩大到国外贷款。

随着利率的下降，资本的净流入在1991年出现了短时间的下降，1992年又大幅度回升。为了应付持续的大规模资本流入和其对汇率升值的压力，重新确定了比索的参考汇率，并将盯住美元的汇率为盯住一篮子货币。对中心汇率的浮动范围，由上下5%扩大到10%。由于财政收支状况的持续改善和实际汇率的升值以及对外汇市场的中和性干预，通货膨胀得了抑制。

表9　　　　智利的宏观经济指标、金融部门及国际收支账指标

年份	1985	1986	1987	1988	1989	1990	1991	1992	1993	1994	1995	1996
有关经济指标（%）												
GDP实际增长率	2.5	5.6	6.6	7.3	9.9	3.3	7.3	10.7	6.6	4.2	8.5	7.2
年通胀率	30.7	19.5	19.9	14.7	17.0	26.0	21.8	15.4	12.7	11.4	8.2	7.4
M2与GDP比率	40.0	38.9	39.5	38.5	39.7	39.9	39.4	37.7	39.1	36.6	37.8	40.7
货币与存款比率	11.4	12.2	10.8	11.0	10.0	10.1	9.2	9.5	9.2	9.44	8.5	7.7
财政余额与GDP比率	-2.3	-0.9	0.4	-0.2	1.8	0.8	1.6	2.2	1.9	1.7	2.5	—

续表

年份	1985	1986	1987	1988	1989	1990	1991	1992	1993	1994	1995	1996
私人贷款与GDP比率	68.1	61.7	57.0	52.7	48.1	45.9	44.0	45.4	49.3	48.5	51.1	55.0
商品进出口与GDP比率	41.7	43.0	46.5	51.1	54.0	52.8	49.5	47.1	44.5	44.9	47.6	46.1
经常账与GDP比率	−8.6	−6.7	−3.6	−1.0	−2.5	−1.8	0.3	−1.6	−4.6	−1.2	0.2	−4.1
金融账与GDP比率	−8.5	−12.5	−3.6	−3.8	4.8	9.9	2.5	6.9	5.7	.7	2.1	8.8
利率与汇率（年%）												
名义存款利率	32.0	19.0	25.2	15.1	27.7	40.3	22.3	18.3	18.2	15.1	13.7	13.5
实际存款利率	1.3	−0.5	5.3	0.4	10.7	14.2	0.5	2.8	5.5	3.6	5.5	6.1
利息差	23.6	12.1	18.0	7.1	18.4	32.0	6.3	14.4	15.0	10.3	7.7	8.0
存贷利息差	8.8	7.3	7.6	6.1	8.2	8.6	6.2	5.7	6.1	5.2	4.4	3.9
对美元的官方汇率	183.9	204.7	238.1	247.2	297.4	336.9	374.9	382.3	431.0	404.1	407.1	425.0
实际有效汇率（1990=100）	136.6	115.6	107.1	100.8	103.2	100.0	96.4	93.2	95.7	94.6	86.4	86.8
国际收支账（百万美元）												
经常账	−1414	−1192	−735	−231	−705	−540	113	−700	−2072	−644	142	−2921
金融账	−1395	−2221	−742	−905	1340	3014	843	2931	2579	4534	1387	6342
国外直接投资	−2	−3	−6	−16	−10	−8	−123	−378	−433	−926	−697	−1080
经济体中的直接投资	144	316	891	968	1289	590	523	699	808	1773	1668	4091
直接投资净额	142	313	885	952	1279	582	400	321	375	847	971	3011
证券投资资产	—	—	—	—	—	—	—	—	−90	−351	−14	−137
证券投资负债	—	−78	8	−8	80	353	186	452	820	1259	49	1240

续表

年份	1985	1986	1987	1988	1989	1990	1991	1992	1993	1994	1995	1996
证券投资净额	—	-78	-8	-8	80	353	186	452	730	908	35	1103
其他投资资产	434	576	257	370	297	553	1298	-273	460	-163	-49	-141
其他投资负债	-1971	-3032	-1876	-2219	-316	1526	-1041	2431	1014	2942	430	2369
其他投资净额	-1543	-2456	-1619	-1849	-19	2079	257	2158	1474	2779	381	2228
其中：官方资本	1322	378	380	-104	-602	-335	-6	131	-895	-405	-2151	-2094
错误与遗漏净额	-67	225	-144	-121	-119	-140	300	316	-80	-741	-391	-917
总余额	-2876	-3188	-1621	-1257	516	2334	1256	2547	427	3149	1138	2504
私人资本净额	-3115	-2034	-814	-434	1756	3229	1583	4477	3782	5143	4824	7605

资料来源：R. Barry Johnston, Salin M. Darbar, and Claudia Echeverria, "Sequencing Capital Account Liberalization: Lessons from the Experiences in Chile, Indonesia, Korea, and Thailand", *IMF Working Paper*, 1997.

在1993—1996年，智利加快了资本项自由化的进程，重点改革了对资本流出的管理。对资本流入的某些限制并得到了强化。自1993年起，投资的本金在智利国内规定的停留最短时间由3年降为1年，并取消了利润汇回的时间限制。1994年开始允许人寿保险公司、养老基金、银行和互助基金通过官方外汇市场将更大比例的资金投资于海外，允许国内银行投资于国外的金融机构，允许个人通过官方外汇市场办理有限的投资性交易。这些措施鼓励了国外证券投资的流出。在1995—1996年间进一步取消了对资本流出的管制，方法是扩大允许投资的比例和增大对国外投资的限额。还通过降低发行"美国存托凭证"的最低限额，降低公司在国际市场上发行债权的等级标准和修改从国外借款要缴纳30%准备金规定等方式来鼓励资本的流入。1994年，只对美元外汇借款实行法定准备金规定，1995年又降低了以美元为抵押的智利比索贷款的上限，以防止逃避对国外借款准备金的管理。对外币债务征收准备金的规定扩大到二级市场上"美国存托凭证"的交易，然后又扩大到所有未增加银行资本存量的流入资本。

由于上述措施,智利总的资本项目收支状况得到改善,而且资本流动的数量巨大(见表8和表9)。1996年向海外的直接投资增加到11亿美元,而国外直接投资的流入量增加到41亿美元。资本项目净流入额增加到63亿美元(占GDP的9%)。政府偿还了外债,使国际收支总盈余有所减少。政府通过修改篮子中货币的权重和扩大浮动范围继续调整汇率,实际汇率继续升值,通货膨胀的状况有所改善。

总之,智利1985年以后的资本账户开放智利的资本项自由化是按照一种明确渐进的方式进行的。同时资本项的自由化还与宏观经济政策的调整、间接货币控制工具的发展和修改汇率制度使汇率在浮动范围内具有更大的灵活性等相结合。随着国际收支状况的改善,逐步取消了对资本流出的管制。在取消对长期资本流出和流入的管制的同时,智利还对资本流入实行选择性的管制,这些措施又进一步推动了资本账户改革的发展。

1985年后,智利资本项开放改革除了前期的各种制度安排准备较多外,有人认为最重要原因是它通过无偿准备金制度保持着对短期资本的排斥。研究发现,智利的无偿准备金虽然对外资流入的数量没有(在统计意义上)显著的影响,但对资本流入的期限结构却有明显的影响。Sachs J.、Tormell 和 Velasco(1995)在对20个发展中国家在墨西哥金融危机后的表现进行研究后发现,外资流入的数量与一国金融脆弱性和货币的稳定没有系统的关系,而与短期资本比例密切相关。这就说明智利的无偿准备金制度尽管不能有效地减少外资的流入,但能够改变外资的期限结构,从而在保持金融稳定和防止货币危机方面取得一定的成效。

14.8 人民币资本账户可兑换的困难与问题

从以上研究的基础上,我们来看看中国资本账户开放的情况。近期,一连串事件表明,人民币资本账户可兑换的问题是引起中国政府最为关注的问题。如中国加入WTO已经指日可待,中国B股市场对国内投资者的开放,香港的H股红筹股等上市公司希望以CDR(中国存托凭证)的方式进入中国A股,内地资金悄然入香港,炒得H股红筹股热火朝天,香港特区政府也趁此机会希望允许国内居民的资金进入香港股市等。这些事件都涉及人民币资本账户可兑换的问题。但面对这种势不可当的经济形势，中国政府仍然坚持，人民币的资本项目下的可兑换是10年后甚至是20年后的事情。中国人民银行货币政策委员会副秘书长易纲最近指出，因为中国提前实现经常账户可兑换，人民币资本账户可兑换可能要在2015年才能实现。① 经济学家汤姆在《远东经济评论》上撰文指出："中国想在进入WTO后最早的五年内开放资本项目，其中包括人民币的充分可兑换。"而另一学者齐罗在《中国商务评论》中这样分析："在今后的十年内整理银行业的恐慌将是一个漫长的过程，人民币的充分可兑换将是十年后的事。"（丁剑平，2001）

这就是说，无论是中国政府，还是国外分析家对中国政府在这个问题上的评估，都认为人民币资本账户可兑换是遥遥无期的。即在短期内是无法解决的难题。为什么？这是人民币资本账户开放政策较好的选择吗？现在人民币资本账户可兑换的现状如何？人民币资本账户可兑换难以进行所面临的困难与问题在哪里？如何来化解这些问题？

实际上，在中国的金融体系改革中，外汇体制改革应该说是进展最为顺利的。1994年中国外汇体制进行了一系列的重大改革。如人民币官方汇率与市场汇率并轨；实行银行结售汇制，实现了人民币经常账户有条件可兑换（李扬等，1999）。在此改革的基础上，自1996年12月1日起接受国际货币基金组织协定第8条第2、3、4款的义务，实现了经常项目下的完全可兑换，这是人民币实现完全可兑换的第一步。国际货币基金组织协定第8条规定的经常项目下可兑换的含义是：只要一国不对经常性支付或转移进行限制，不实行歧视性的货币措施或多种汇率措施，只要要求兑换的国家能证明其外汇结存是由经常性交易所得或这种兑换是为了支付经常性交易所需，货币发行国均有义务兑付本国货币（张礼卿，2000）。在此基础上，并计划在5年后实现人民币资本账户下完全可兑换。但是，1997年亚洲金融危机爆发，这个计划戛然而止，1999年6月10日，正式施行停办非贸易项目的境外人民币结算业务。

因为，1997年亚洲金融危机爆发之后，国际上不少知名学者，如哈佛大学Radelet S. Sachs（1998）认为，这次亚洲金融风暴在于这些国家资

---

① 参见国研网，2001年11月2日。

本账户开放过早的结果，国内不少学者的研究也表明，资本账户开放是促使亚洲金融风暴的一个因素，因此，在目前的情况下，中国还不具备资本账户开放的条件，政府对人民币资本账户开放要持更谨慎的态度（齐文，1998）。也正是1997年的亚洲金融危机，既为中国在改革开放过程中的金融监管敲响了警钟，也使中国政府对外汇体制改革保持慎重的态度。这就是1996年的外汇体制改革戛然而止的原因。"一朝被蛇咬，十年怕井绳。"难道说，中国外汇体制的改革就因为亚洲金融出现了问题而不敢作为了吗？还有现行的外汇管理体制合理吗？它能够促使社会资源有效配置吗？面对着紧迫的经济形势，资本账户不开放对中国经济的持续稳定发展是利还是弊？

按照上面的界定，中国人民币资本账户可兑换的现状如下（见表10）。目前，中国对资本账户管制的特征为：对风险大的子项目管得较严（如证券投资），对风险小的子项目管得较松（如直接投资）；对资本流出管得较严，对资本流入管得较松；对短期投资（如短期借贷、证券投资）较严，对长期投资（如借款、直接投资）较松。在国际收支资本账户的30个子项目中，管制较严的5项，管制较松的11项，基本没有管制的12项（IMF，1998）。不过，国际金融市场最为活跃的几项管制严格，对外直接投资项下流出、居民对外股票证券投资、居民对外发行债券、居民在境外购买债券和居民借用外债等都采取严格管制。

表10　　　　　　　　中国资本账户可兑换的状况

制度	特色	内容
汇率管制	有管理浮动制	中央银行每天宣布美元、港元及日元的参考价。美元日浮动不超过0.3%；港元、日元日浮动不超过1%
外汇流出入管制	直接投资	外商向境内投资基本无限制；居民向境外投资要审批
	贸易信贷	居民向境内外银行取得贸易信贷须事先得到批准；对外提供及偿还贸易信贷没有管制
	股本证券投资	居民在境外出售或发行股票须批准，除批准外，居民不得在境外买卖证券；外国投资者不可在境内发行股票，但购买B股，不得进入A股

续表

制度	特色	内容
外汇流出入管制	债务证券投资	居民对外发债或购买债券须批准；禁止外国投资者在境内购买债券
	衍生产品及其他金融工具	居民在海外买卖衍生产品及其他金融工具须批准
	对外借贷款	外商企业可对外借款，但须审核；非居民对境内居民还贷无限制。批准后，境内金融机构可对外贷款，但境内企业不行
	货币与存款	居民、非居民携带外币现钞出入境须审报，并有限额。存款流入无限制，流出须批准
	其他（包括租赁等其他形式的投资）	有管制

资料来源：IMF：《各国汇兑安排与汇兑限制》，中国金融出版社1998年版。本表据此报告资料编制。

可以说，这些严格的资本管制存在严重的弊端。而这种弊端是通过中国现行外汇管理体制表现出来的。首先，外汇的效用需求被严重压制。因为，现行的外汇管理体制是建立在以下两个基础之上的：一是强制结售汇仍适用于大多数企业；二是中央银行对各商业银行实行限额管理。由于外汇的供求完全操纵在国家手中，国家既是外汇的供给者，又是外汇的需求者，外汇汇率的形成不是由市场决定，而是由非市场的国家决定，从而使企业与外汇银行失去了对外汇的投机性或预防性需求，而仅仅满足于交易性需求，造成了外汇需求被人为地压制。由于受到外汇管制，资本的进出更不能随心所欲，因此，对外汇的个人评价与国际市场信息是毫无价值可言的。在此基础上形成的汇率也是偏离市场轨道的。无论是政府还是企业都无法进行国内外价格的正确折算与比较，也无法真正了解实际比较成本与比较利益，同时也阻隔了国际市场信息的传递，导致了不计实际盈利和不计真实成本的盲目进出口，冲击了国内市场，导致了国内市场价格的扭曲。

而且在资本账户实行严格管制的条件下，还会使人民币经常项目下的"可兑换"大打折扣。因为这种汇率制度取消了国内企业的所有现汇账户，并规定出口企业的外汇收入必须全部结售给外汇指定银行，企业进口购汇也须持经严格审批的进口许可证等有效凭证，并且须按外汇指定银行的当日牌价交易，这实际上等于在时间、价格及数量等方面对企业的外汇买卖施加了严格限制，表现为过去那种对外汇进行价格管制和数量管制的行政干预痕迹。这也意味着中国对人民币在经常项目下的"自由"兑换实际上使人民币无法成为可兑换货币。

而且在这种资本账户严格管制下，不仅不利于吸引更多的外资流入，也不利于从根本上解决人民币汇率的不合理问题，而且使人民币汇率脱离于国际市场之外，从而为制定汇率的主观随意性提供了条件与空间。更重要的是，从国际以往的经验来看，一国在实现经常账户可兑换的同时而对资本账户进行管制，必然导致利用制度上的漏洞进行资本外逃。如在进出口贸易活动中高报进口或低报出口，通过对外投资的资本外逃，借助境外融资实现资本外逃等。还有在现行"经常项目可兑换，严格区分经常项目和资本项目"的体制下，市场参与者趋利避害的本性必然会导致大量资本项目交易混入经常项目交易的情况。如当进出口货物为货到付款时，货物的进出口为经常项目交易，资金的往来可以通过核销以及真实性审核判断其背景，因此，货物贸易的顺差就会完全进入外汇储备。但是当出现出口未收款或进口提前付款时，虽然有真实贸易背景，但实质上已经是资本项目交易了。因此，客观上便利了资本外逃。可以说，正是这种制度安排上的缺陷，使中国的资本外逃十分严重。

还有在严格的外汇管制下，非自愿或非自由的结售汇使企业无法真正地自主经营；无法面向国际市场；使企业认为创汇再多也是国家的，自己从中获得收益不多，挫伤企业出口创汇的积极性；使企业外汇需求的能力受到严重压抑，从而失去了规避外汇风险的动机等。还有由于决定人民币汇率的外汇供求关系主要反映在经常项目，资本项目不包括在内，这就必然扭曲了人民币汇率的合理性，使国内价格体系无法与国际价格体系相对接，并通过合理的汇率水平向国内的生产企业提供正确的信息。

另外，在资本账户严格的管制下，国家的外汇储备、居民的金融资产都处于低效或无效的运作。因为，国家对金融体系的严格控制，居民可选择的投资机会甚少，其资产除了纳入政府管制的轨道上，别无他途。这样不仅容易把整个经济的风险都累积在国内的金融市场上，也会导致国内资本市场的泡沫越吹越大。上述的种种困境，不仅不能改善中国资本账户开放的条件；反之，还会使其条件进一步恶化。

另外，资本账户开放并非仅是风险的，更重要的是会带来收益。近些年来，在中国与周边国家和地区的边境贸易中，人民币已经被普遍用作支付和结算的硬通货，人民币与这些国家和地区的货币可以自由地兑换，在越南、缅甸等国家，人民币可以全境通用，一些国家甚至官方正式承认和公开宣布人民币为可兑换货币。正是在这个意义上，中国人民银行研究所名誉所长赵海宽曾指出："随着我国经济实力的迅速增长和加入世界贸易组织，以及更深入地参与经济全球化，人民币也应该成为世界货币之一，最少应该能够发挥一部分世界货币的作用。"因此，人民币资本账户可兑换再一次成为各界关注的焦点。

如果人民币资本账户可兑换，不仅会推动人民币国际化的进程，人民币成为世界货币之一，而且对中国的经济发展利大于弊。因为，铸币税（Seigniorage）可以带来最直接的收益。据统计，截至1992年年底，美国输出美元纸币的毛额已经超过了7009亿美元，这些钱成为其维持自身在世界政治、军事领域霸主地位的重要来源。而中国一旦实现了人民币可兑换及国际化，不仅可以减少因使用外币引起的财富流失，而且将为中国利用资金开辟一条新的渠道。人民币可兑换也会大大提高中国的国际地位，增强中国对全球经济活动的影响力和发言权。还有，人民币可兑换还可以促进中国对外经贸活动和国际交流的开展，尤其将推动中国对周边国家地区的经济贸易和境外投资，并将有力地推动中国金融体系的现代化、全球化建设步伐。同时，它还可以减少国内企业和金融机构在对外贸易和金融活动中由于使用外币带来的汇价风险，而要达到这些目的，人民币资本账户可兑换是必要条件。

总之，一方面，国内外形势迫切需要人民币资本账户可兑换加快步伐；另一方面，目前中国外汇体制的资本管制使人民币资本账户可兑换面临着一系列的困难与问题，而且这些困难与问题越来越恶化了人民币资本账户可兑换进一步开放的条件。而政府则根据这些条件来确定人民币资本账户开放的政策，从而走上难以摆脱恶性循环之路。笔者认为，人民币资本账户可兑换的条件应该是在大力的改革过程中生成，而不是出现了这些条件后才改革。否则，不仅会加大资本管制的成本，不利于人民币资本账户可兑换条件的改善，而且也不利于中国经济的成长。

14.9 人民币资本账户可兑换对香港的影响

从以上的分析可以看出，资本账户开放一直是金融自由化中最为重要的内容，或金融自由化的最后一个堡垒。而资本账户开放必然会对本国经济及周边国家的经济形成巨大的影响与冲击。那么，随着中国加入WTO，中国资本账户开放的步骤如何，内地资本账户开放后对香港未来经济的冲击与影响如何。这应该是目前香港最为关注的问题。可以说，尽管香港1997年回归后闯过亚洲金融风暴的那一关，2000年经济增长达到了10%，经济局面也出现了全面复苏的态势，但是香港经济的未来发展如何，关键在于中国加入WTO后，特别是在于中国金融市场的资本账户对外完全开放之后。如果内地金融市场一旦完全放开，与香港之间的经济利益结构将会发生巨大的调整与重组，金融体系将会发生翻天覆地的变化。面对这种即将到来的巨大冲击，业界都应该引起足够的注意，特别是香港更应该未雨绸缪。

20世纪90年代，全球出现了一个共同性的趋势，就是汇率制度更为灵活，资本项目交易自由化。资本项目交易自由化涉及对不同类型的私人资本流动的政策变化。这些私人资本流动包括外国直接投资、外国债券与股票投资、短期对外借款等。可以说，从以往不少国家资本账户开放的经验与教训来看，内地的资本项账户开放并非一蹴而就，它一定有一个较长的过程。而且也正如中国官方多次表示的一样，到目前为止，中国的资本项目开放还没有一个具体时间表。但无论内地资本账户开放有没有一个具体的时间表，中国加入WTO后，其开放已是大势所趋，是必然要发生的事情。不过，我们也应该看到，内地的资本项账户开放并不是一个笼统的概念，而是一项项具体的政策与法规。根据现有的文件及法规，在世界银行所列举的已有的资本项账户40个项目中，除了外国投资者在中国直接进行证券发行与出售、国内居民的人民币不可兑换外，不少项目早已放开或有管制地放开，如对外直接投资、对内直接投资等。也就是说，资本项账户开放已经迈出了不小步伐，最后几步的放开已是迟早的事情。可以说，如果资本项账户完全开放或人民币可兑换，这对香港经济带来的影响与冲击一定会是巨大的，从以下几个方面来看：

第一，在中国，由于严格的资本管制，资本外逃已不可避免，而且资本外逃数额剧增，资本外逃的规模与增长速度大多出乎人们意料。据有关资料表明，中国1987—1997年的11年中，资本外逃数额累计达2457.62亿美元，平均每年外逃223.42亿美元。在1995年和1997年两个资本外逃的高峰年份里，中国的资本外逃数额高达434.37亿美元和434.14亿美元，分别相当于当年来华直接投资额（358.49亿美元、442.36亿美元）的121.2%和98.1%。资本外逃如此巨大的规模，无怪乎有学者要感叹"中国资本外逃的形势要比墨西哥和韩国严峻得多"了。而且这种情况近年来并没有缓解的迹象。有人初步预算，2000年中国资本外逃有480亿美元左右。还有，从1994年汇率并轨到1997年，人民币汇率稳定，利率较高，国际资本想方设法流入中国，中国的外汇储备在此期间也迅速增长，而且这些活动基本上是经过香港进行的。

而人民币资本项可兑换，这些资本进出的隐性活动自然会显性化，再加上强劲的中国经济及中国经济环境的不确定性，外国投资者一方面希望进入中国市场分得一杯羹，另一方面又担心制度不确定性带来的经济风险，因此他们多会把香港作为进入中国的桥头堡，这样，香港金融体系必然会形成大规模的、巨大的资本流动。这既可以繁荣香港的金融体系、增加香港的就业及财政收入，也会给香港经济带来巨大的潜在风险。

第二，如果人民币资本项可兑换，这就为国内居民投资提供了可选择的渠道。目前，国内居民手中的存款巨大、不少金融及非金融机构手中的资金多。人民币资本账户可兑换，这些资金就可能进入香港市场。特别是目前两地股市市盈率、监管制度相差很远的情况，这些资金更是迫不及待地希望进入香港股市。如果国内的资金大规模地流入香港股市，一定会促进香港股市的繁荣，但同时也会催生香港股市的泡沫。再加上投资者把国内股市的陋习带到香港，从而可能导致H股红筹股"A股化"。如果这种情况出现，必然会打击国际投资者对香港的信心，从而影响香港经济的长期发展。

第三，如果人民币资本账户可兑换，那么国内企业是在香港上市融集资金，还是在国内市场融集资金已经没有多大的区别，关键问题在于其融集资金的成本。就目前的情况而言，除了制度的不确定性外，香港金融市场融集资金的成本一定会高于内地，而且随着内地加大金融改革的力度，随着内地金融基础设施的完善，其制度不确定性的因素还会逐渐减少，这自然会削弱香港金融市场的竞争力。可以说，在这种情况下，如果人民币可兑换，内地企业在香港融资的兴趣可能转回到国内市场（目前 H 股企业早已在这方面蠢蠢欲动）。如果这种情况一旦成真，它对香港金融业的打击将是灾难性的。

第四，如果人民币资本账户可兑换，那么香港的联系汇率可能要有新的抉择，是继续与美元挂钩还是改为与人民币挂钩。从现有的情况来看，人民币放开后坚挺的情况可能继续。因为，中国内地在今后的一段时间内经济持续稳定增长的态势，除了国家动乱那种非常情况出现外，并不会有多少改变，这为人民币坚挺提供了坚强的后盾。正因为中国经济的发展态势，在东南亚各国、在东欧各国，人民币早已为人们持有的硬通货，而且港澳人民币的流通也为数不少。如果人民币放开后能够同样坚挺，那么交往十分密切的各种经济活动的结算就可能通过人民币进行，而不是通过美元来进行。一旦这种情况出现，港元与美元挂钩的联系汇率制就会受到巨大冲击，香港汇率制度新的抉择不可避免。

第五，我们还可以从目前香港的产业结构的情况来看，早有不少人曾指出，20 世纪 80 年代以后，香港产业早已"空洞化"。也就是说，从中国改革开放后，随着香港实体面的产业北移，金融服务业成了香港最大的产业支柱（占比 87% 以上）。那么以往的几十年里香港金融服务业是靠什么来支撑的，随着中国加入 WTO 后支撑这些产业的基本条件与经济环境会发生什么样的变化？可以说，中国加入 WTO 后，香港贸易中转及融资中介或桥梁的角色一定会弱化，甚至于过去曾红火一时的业务也将凋零。例如，B 股市场对内地具有合法资格的投资者开放后，内地企业对香港 H 股的兴趣立即减弱，有消息表明，目前一些国内企业已经打消了到香港 H 股上市的计划，正准备到 B 股上市。这就给香港金融市场发出了一个明确的信号，香港并非国内企业的最佳选择，一旦有其便利，香港的生意来源将受到国内资本市场的严重冲击。如果这种情况出现，同样会对香港经济未来发展带来更多的不确定性。

第六，人民币对香港经济未来发展的冲击不仅在其可兑换之后，在于资本账户部分已经开放，而且已经悄悄地开始。在"广信事件"发生之前，香港银行对国内企业贷款或在内地的香港企业贷款是其业务最为重要的一部分。但从目前情况来看，这种局面已经发生了逆转。香港银行界最近发现，港元贷款需求一直在下降，特别是在内地投资的港商，纷纷转借人民币。尽管人们对其原因说法不一，有人认为，是由于不少港商预期人民币将有限度贬值。现在借入人民币，到人民币贬值时归还，自然是有利可图。有人认为，是由于人民币贷款利息低等，不一而足。但有一点是毫无疑问的，由于港元的联系汇率而导致的人民币与港元之间息差存在巨大差距，这应该是港商倾向于借人民币的最大诱因。因为，在目前内地的银行资金十分充裕，但好客户难求。香港商人如果在内地有正常的业务，出口兴旺，一定是内地银行寻求贷款的对象。还有港商的业务多是以人民币来结算，借贷人民币自然会降低货币汇率的风险。加上人民币贷款利率则比港元要低4—5厘，其贷款成本要低1倍。人民币贷款自然为内地的港商所青睐。还有，以往是大量的资金通过香港的银行体系流入内地，现在则反之，内地不少资金通过不同的方式流入香港，从而导致香港银行的"水浸之患"。如果这样的情况不改变，对香港金融业的稳定发展是一个十分不利的因素。

还有，如果人民币可兑换，港元与美元挂钩脱开，那么整个交易业务国际结算可能会转向以人民币来结算，这一定会增加香港银行业及金融中介服务体系与内地相关的行业的竞争，而内地金融业一定会利用自己的便利性分享更多的香港金融市场的份额，弱化香港金融业的竞争力。一旦这样的情况出现，将会对以服务业占绝对比重的香港整个经济体系带来巨大的影响与冲击。

总之，随着中国加入WTO，随着内地人民币资本项完全开放，内地与香港之间的经济利益、经济结构、经济发展趋势将会出现重大的调整与变化。而这种变化一定会给香港经济的未来发展带来巨大的挑战与机会，香港如何能够把握其机会、迎接其挑战，走出其困境，重振雄风，并非仅是顺势而为，还要未雨绸缪，早有准备，特别是应该主动地迎难而上，既要主动地利用好香港现有的制度优势，也要主动地利用好香港的示范效应。我们可以看到，为什么不少国际公司仍然云集香港，就在于国内仍然存在较大制度的不确定性，一旦这种不确定性减弱，它们就可能涌向内地，因此，目前该是香港寻求更为积极对策的时候了。

15 现代养老金的理论与运作[①]

15.1 问题提出

诺贝尔经济学奖得主贝克尔（2000）曾在美国《商业周刊》撰文指出，20世纪，对普通人来说，没有什么东西比延年益寿贡献更大了。美国出版商布诺曼在向全世界包括诺贝尔得主在内的100多位著名的科学家和思想家征询"过去二千年人类最重要的发明是什么？"时，推荐避孕药的人为最多。因为，由于有了避孕药，人类的探索从控制外在世界到控制自身，进而控制自己的命运（周光直，2000）。也正因为可以把握自身的命运，人的健康水平得到了迅速的提高。20世纪初，在西方出生的人其平均寿命仅有45岁，到21世纪初人的平均寿命已经增到75岁以上，而且随着医疗保健发展，在未来几十年里老年人的寿命以及生活质量将会继续快速地改善。另外，人的延年益寿也使世界人口迅速地老化。James测算，1998年以后35年间，世界上超过60岁的比例将会成倍增加，即从原来的9%增加到16%（见表1）（徐滇庆等，1999）。

表1　　　　OECD国家60岁以上人口占总人口的比例　　　单位:%

年份 国家	1990	2000	2010	2020	2030	2050	2075	2100	2125	2150
澳大利亚	15.0	15.3	18.1	22.8	27.7	30.4	30.0	30.4	30.8	30.9
奥地利	20.2	21.5	24.9	28.9	34.5	33.9	30.6	30.4	30.7	31.0
比利时	20.7	22.5	24.8	28.7	32.2	31.2	30.1	30.4	30.8	31.0
加拿大	15.6	16.8	20.4	25.9	30.2	30.6	30.2	30.5	30.8	31.0

[①] 该文章发表在《信报月刊》2001年第3期。

续表

年份 国家	1990	2000	2010	2020	2030	2050	2075	2100	2125	2150
丹麦	20.2	20.4	24.8	28.4	32.1	30.9	29.9	30.2	30.7	30.9
芬兰	18.4	19.8	24.4	28.7	30.9	29.9	29.8	30.3	30.7	30.9
法国	18.9	20.2	23.1	26.8	30.1	31.2	30.3	30.5	30.8	31.0
德国	20.3	23.7	26.5	30.3	35.3	32.5	30.4	30.5	30.8	31.0
希腊	20.2	24.2	26.5	29.1	32.5	34.4	30.7	30.5	30.8	31.0
冰岛	14.5	14.9	17.3	21.4	26.0	29.0	29.9	30.2	30.6	30.7
爱尔兰	15.2	15.7	17.8	20.1	22.9	28.2	29.4	30.1	30.6	30.9
意大利	20.6	24.2	27.4	30.6	35.9	36.5	30.9	30.5	30.8	31.0
日本	17.3	22.7	29.0	31.4	33.0	34.4	31.0	30.7	30.9	31.0
卢森堡	19.3	21.2	25.3	29.5	33.0	30.1	30.2	30.1	30.4	30.5
荷兰	17.8	19.0	23.4	28.4	33.4	31.7	30.2	30.4	30.8	31.0
新西兰	15.2	15.9	18.9	22.7	26.8	29.0	29.6	30.3	30.7	30.9
挪威	21.2	20.2	22.4	26.0	29.6	30.2	30.1	30.4	30.8	30.9
葡萄牙	18.0	19.8	21.4	24.6	29.7	33.0	30.3	30.3	30.7	30.9
西班牙	18.5	20.6	22.4	25.6	30.9	34.2	30.3	30.3	30.7	30.9
瑞典	22.9	21.9	25.4	27.8	30.0	28.7	29.9	30.5	30.8	31.0
瑞士	19.9	21.9	26.6	30.5	34.0	31.6	30.4	30.6	30.9	31.0
英国	20.8	20.7	23.0	25.5	29.6	29.5	29.7	30.3	30.7	30.9
美国	16.6	16.5	19.2	24.5	28.2	28.9	29.7	30.3	30.7	30.9
简单平均	18.6	20.2	23.2	26.9	30.8	31.3	30.2	30.4	30.7	30.9
加权平均	18.2	19.9	23.1	27.0	30.7	31.2	30.1	30.4	30.8	31.0

资料来源：世界银行：《防止老龄化危机》，中国财政经济出版社1997年版。

从表1的测算来看，随着人们收入水平的提高、现代医疗技术的进步及人们的生活质量进一步改善，家庭中孩子人数越来越少，人们的寿命也越来越长。这就意味着人口的老龄化程度越来越高。"人口老龄化"意味着较少的在职人口要负担越来越多的老年人口。它的社会问题也就越来越突出。通过什么样的方式来融集资金以保证老年人安度晚年，靠传统的思路、方式及途径已是行不通了。面对着已经出现或即将出现的养老金支付危机，各国必须对原有的养老保障制度进行全面的改革，以便迎接人口老龄化到来的巨大挑战。

据世界银行（1997）调查，到 2030 年，世界上超过 60 岁的人口，在中国，此比例将会从 9% 上升到 22%。也就是说，在 21 世纪，人口老龄化的问题中国同样也会相当严重（见表 2）。据预测，自 2020 年以来，在 20 世纪 60—70 年代人口生育高峰时期出生的人口将进入退休年龄。这之后 60 岁及以上的老年人口的比重急剧上升，而且年轻的人口迅速下降，中国将出现人口结构严重的老龄化。因此，人口老龄化的问题不仅成为世界发达国家最为热点、最为棘手的经济问题，而且发展中国家比发达国家的人口老龄化问题会更为突出，特别是中国，人口老龄化问题将使中国经济面临挑战。它不仅成了中国经济改革所遇到的一个严重障碍，也是中国经济未来持续稳定发展重要的障碍。

表 2　　　　　中国未来人口发展预测（1991—2050 年）

年份	各年龄组人口数（亿人）				各年龄组人口占总人口的比重（%）			
	总人口	0—14 岁	15—59 岁	60—64 岁	65 岁以上	0—14 岁	15—59 岁	60—64 岁	65 岁以上
1991	11.61	3.20	7.40	1.02	0.66	27.55	63.70	8.75	5.69
1995	12.31	3.42	7.74	1.15	0.75	27.78	62.92	9.30	6.11
2000	13.04	3.53	8.22	1.28	0.87	27.08	63.08	9.84	6.71
2005	13.57	3.33	8.83	1.41	0.98	24.51	65.07	10.42	7.21
2015	14.00	3.00	9.35	1.65	1.08	21.40	66.32	11.77	7.71
2010	14.42	2.81	9.57	2.04	1.28	19.51	66.37	14.12	8.84
2020	14.83	2.82	9.70	2.31	1.61	19.04	65.41	15.55	10.85
2025	15.13	2.85	9.49	2.80	1.82	18.83	62.70	18.47	12.06
2030	15.29	2.76	9.18	3.35	2.24	18.04	60.03	21.93	14.64
2035	15.32	2.58	9.01	3.73	2.70	16.84	58.79	24.37	17.63
2040	15.28	2.46	8.99	3.84	2.90	16.07	58.81	25.11	19.57
2045	15.19	2.42	8.84	3.93	3.03	15.94	58.19	25.87	19.97
2050	15.02	2.04	8.49	4.12	3.07	16.01	56.56	27.43	20.43

资料来源：国家统计局人口与就业司：《1990 年人口普查数据专题分析论文集》，中国统计出版社 1995 年版。

从经济的整体上来说，人口老化的一个主要问题是老年人在退休后生活如何保障？在传统经济中，这个保障来自个人工作时的储蓄和子女或其他人的照顾。家庭制度是上一代和下一代之间跨代时间资源配置的主要方式。但是，由于有些人会受在职时能力的限制，或对未来生活的错误估计，以致不能有足够的储蓄来养老，加上现代社会家庭观念日益淡化，使这种制度对老人退休后的生活保障越来越不可靠。建立养老保障制度也就成了社会经济政策的重要一环。

在世界各国，这些年已经积累了不少各种有关老年社会保障制度的经验。从资金融集方式来看，大体上有现收现付制、完全养老金制及部分养老金制，其制度安排不同，其收入再分配效应和经济增长效应殊异；从资金运作管理来看，又可以由政府经营或由私人经营，同样，其运作方式不同，所导致的结果及效益也迥然相异。这些不同制度的利弊何在？哪一种制度更适合中国的实际情况？在目前的情况下，世界养老保障制度总体发展趋势如何？中国应该建立怎样的社会保障制度来适应这种世界发展之趋势来满足国内老龄化社会的需要？还有，在现代金融市场越来越活跃、对经济生活越来越重要的态势下，养老金制度如何来借助现代金融市场、如何参与现代金融市场？在现代金融市场中养老金如何有效、安全地运作？还有，在资本项开放的情况下，养老金是如何运作等一系列的问题，都需要我们进行严密的疏解与分析，在理论上得到论证，在经验上得到证实，这样才有可能为现实的经济决策提供一种可参考的选择。

在我国，将面临世界人口史上最大规模的老年人口增长，从表1可以看到，目前中国预计60岁以上的人口有1.3亿，占总人口10%以上。按国际标准，中国已经进入老年化社会①，而且人口还会迅速老化（见表2或表3）。从表3可以看到，在不到50年内，我国的抚养率（support ratio）将会由目前的10.6下降到3.3。不仅目前中国的社会保障制度面临着重重的困难，而且这种情况会进一步恶化。据世界银行专家估计（World Bank，1996），如果中国到2033年仍未能改变目前的现收现付的社会保障制度，税率要高达39%才能支撑这种制度。在这种情况下，这样的制度要维持是根本不可能的。

---

① 按照国际上通行的惯例，一个地区60岁以上的人口超过这个地区总人口的10%，这个地区便进入了老年化。

表3　　　　　　　　　　中国人口年龄结构的变化

年份	1994	2000	2005	2010	2020	2030	2040
15—64 岁（%）	66.6	66.6	68.6	70.9	70.2	67.6	64.3
65 岁以上（%）	6.3	6.3	7.3	7.8	10.9	14.5	19.5
抚养率	10.6	10.6	9.4	9.1	6.4	4.7	3.3

资料来源：1994 年的数据来自《中国统计年鉴（1995）》；1994 年后的预测取自林富德和路磊（1994）。扶养率定义为人口中 15—64 岁的人数除以年满 65 岁以上人数的商。

面对这种严峻的形势，许多经济学家在中国社会保障问题上做了不少有益的研究。特别是世界银行的专家在总结了中国社会保障改革的经验之后提出了具体的改革方案。正如世界银行报告中所指出的那样，在中国的条件下，最好的办法是"像其他国家那样，建立一个能够提供基本的贫困线水平的最低收入的固定津贴制度，同时再建立一个符合老年人根据其社会和职业地位需要的规定缴费制度"（World Bank，1996）。根据世界银行的建议，中国政府1997年颁布了关于建立中国新的养老金制度的26号文件。新的养老金制度包含三个重要支柱：一是定义养老金支付方法的社会支柱，这部分用于进行再分配；二是定义缴费方法的个人养老金账户，这部分每个职工都必须参加；三是由各个企业或私营保险公司经营的自愿的补充养老保险（劳动和社会保障部，1998）。不过，正如世界其他国家所走过的路一样，中国养老金制度的改革受到了历史负担和政治现实的阻碍，其改革的进程并非如改革方案的设计者所构想的那样顺利发展，反之却困难重重。特别是目前中国经济增长放缓、许多国有企业无法支付养老金缴费，导致一些城市的养老基金陷入赤字，中国的养老金制度改革更是迫在眉睫。

不过，从国际经验来看，面对人口老龄化过程所带来的养老金支付困难，世界各国的养老保险体制开始从现收现付制向部分基金制或完全基金制转变，开始把养老金的成本与收益归结到个人的身上。而养老金在各国资本市场机构投资者中所占比重越来越大，则是这种转变的重要结果（劳动和社会保障部，1998）。那么，完全基金制或部分基金制是如何运作的？在资本项开放的情况下，它有什么限制与变化？何种机制保证养老金有效运作？等等问题，这就是本文讨论问题的关键。

本文的分析研究重点放在养老金是如何运作问题的处理上，研究不同的情况下养老金运作的基本条件。本文的结构安排如下：第一部分提出问题，从而指出了研究和分析养老金制度的重要性与迫切性；第二部分讨论了现代以来各国养老金制度发展与演进；第三部分讨论了现收现付制为什么会向养老基金制转化，它的历史背景、内在缺陷、未来发展及养老基金制发展对金融市场之影响；第四部分对养老金运作进行一般的理论分析，探讨它的特点、运作方式及未来走向。

15.2 现代社会保障制度的产生、演进与发展

一般来说，现代意义上的社会保障制度直到第二次世界大战后才真正地确立。在第二次世界大战之前，人们的退休还应该是一个十分边缘的观念（Graebner. W，1980）。因为，在那个时代，无论是公共政策或是私人选择，都没有假定在某一个确实的特定年龄时，一个人在正常的情况下，必须退出其现行的工作生涯，从此开始享受老年的休闲生活。当时尽管也有人以不同的方式储蓄一些以防年老之用，但他们从来就没有以这种方式来取代工资或储蓄。而现代社会保障制度则以制度化的方式确保大部分老年人退出工作后生活有所保障，保障他们对抗依赖、贫穷或迫于再工作。

当然，有人认为养老保障制度起源于英国中世纪时产生的"济贫法"（Poor Law）和友谊社（Friendly Societies）（Hills J. et al.，1994），前者在于通过有限的转移支付和再分配来满足贫民对最低生活的需要及改善他们的生活状况，后者在于把养老保障的风险及功能从家庭走向社会。世界上第一个强制性的养老金制度则是由俾斯麦 1889 年在德国建立。1908 年英国颁布了世界上第一个《老年人养老金法案》（Old Age Pension Act）（Hills J. et al.，1994），法案规定了要建立一个不缴费的、在财富审查的基础上按统一受益率收益养老金制度。随后，欧美各国以德国和英国的模式为蓝本，相继发展了各自的公共养老金制度。不过，具有现代意义的现收现付制则要从著名的《贝弗里奇报告》开始。

在 20 世纪 30 年代，尽管英国的社会保障制度不断在完善，但是政府仍然为老龄化问题所困扰。于是，在 1941 年英国政府不得不任命一个以贝弗里奇（Beveridge W.）为首的委员会，为系统地解决社会保障的问题

而设计方案。其结果就是著名的《贝弗里奇报告》（Hills J. et al.，1994），报告提出了社会保障的六项原则①，而这些原则就是现收现付制的基础。《贝弗里奇报告》发表后，在欧美各国引起强烈的反响，随后各国根据自己的情况陆续建立现收现付的社会保障制度，从此现收现付制开始在世界各国盛行。

世界各国的社会保障制度发展是从三个方面演进的：第一种是社会保险，以德国1889年的强制性的养老制度为基础，其养老金的收益额度经常与以往的所得水平相关联。第二种是需要资产调查的社会津贴，以丹麦于1891年设立的Danish Law为开端，主要为取代早为社会所诟病的社会救助，他们将老年人从原来的体系中独立出来，放松养老金的收益资格，这一运作形式其实还是社会救助，只是相较于过去的收益条件较为宽松（Davidson Alexander，1989）。第三种为普及型养老金制度，以公民权及年龄为收益条件，没有资产调查，无论以往的缴费多少，主要在瑞典、英国等国实行。普及型养老金制度实行的原因之一，就是希望避免影响储蓄及过早移转财产给子女，因为许多人如果没有养老金收益，就只好在年轻时耗尽自己的储蓄来获得社会救助的资格。第一个采行普及型养老金制度的国家为新西兰，于1938年实施，提供65岁以上的公民基本的老年收益，并开征社会保障指定用途税，配合一般税收为财源（Gordon Margaret，1988）。

第二次世界大战以后，各国的养老金制度纷纷往双层制（two tiered system）发展，所得相关养老金保险制的国家认识到必须对从未进入就业市场或未能符合收益资格者，提供最低收益水准的保障；而以老年资产调查体系为开端的国家已逐渐往普及式养老金制度靠拢，并进一步设立所得相关养老金制度。第二次世界大战后第一个实施普及型养老金制度的国家为瑞典，于1946年实施。瑞典受英国《贝弗里奇报告》（Beveridge Report）的影响很大，但瑞典修正了英国的做法，公开征2.5%的指定用途税，课税的目的只是为了在心理上确定收益资格，大部分费用由中央与地方政府负担（Heclo Hugh，1974）。第二个实施普及式养老金制度的国家为加拿大（1951年），它们曾考虑采行美国1935年的社会保障

---

① 即统一的收益替代率、统一的缴费率、统一管理、受益的适当性、综合性及分门别类等。

制度的内容，但顾虑即将退休者获得的收益过低，仍需以社会救助补充而放弃。20世纪60年代左右，五个实施普及式养老金收益的国家，即瑞典、加拿大、英国、芬兰与挪威，分别发展所得相关收益养老金保险制度，日本于1985年在所得相关收益养老金之外，再实施普及式的国民养老金保险。1995年时，实施老年、残障与遗属收益的国家有158个，其中133个国家有缴费式的所得相关养老金，18个国家有缴费式的均等养老金，绝大部分为欧洲国家，5个国家有非缴费式的普及均等养老金，25个国家有非缴费式的所得调查养老金（SSA，1995）。

刚开始普及式养老金的财源多来自一般税收，而社会保险方式则多沿用私人保险的做法，成立收益准备金；但战前的通货膨胀使准备金被侵蚀一空，只好转为代与代之间移转的现收现付方式（pay as you go），将收取的保费立刻拿来收益。除了通货膨胀的影响之外，第二次世界大战后的"婴儿潮"使欧洲与北美各国人口年龄为年轻化，使现收现付的养老金制度前景好，这就使收益条件放松与收益额度升高。目前，各国盛行的公共养老金体系多为规定收益（defined-benefit）的现收现付制度，有些国家再辅以强制性的私人养老金系统，例如丹麦、法国、荷兰与英国等。规定收益的现收现付养老金制度本质上易受人口老化影响，在第二次世界大战后"婴儿潮"人口即将逐步迈入退休年龄之际，不得不开始检讨养老金制度的未来。20世纪80年代中期以来，各国纷纷针对养老金制度进行改革，改革的方向主要有三个方面：首先是收益条件的门槛提高，如退休年龄的延后（如德国、希腊、意大利、葡萄牙、日本、英国、美国与瑞典）以及延长最低合格年资（如德国、希腊与英国）。其次是收益指数调整（benefit indexation）趋势严格（如奥地利、芬兰、法国、德国、希腊、意大利与荷兰），或以较长的服务年限来平均一生的薪资，以降低所得替代率（如奥地利、芬兰、法国、意大利、荷兰、葡萄牙与英国）。最后则是取消部分公务人员的特殊养老金收益（如芬兰、希腊、意大利与葡萄牙）（Kopits George，1997）。上述改革都是在既有制度下的小幅度变动，80年代最瞩目的养老金制度改革无疑是智利养老金的私有化，其10年来平均13%的投资报酬率更使世界各国刮目相看。第三部分就是来分析现收现付制如何向养老基金制转型的。

15.3 现收现付制向养老基金制转轨的国际趋势

目前，世界上的养老保障制度尽管五花八门，但最为常见的是现收现付制（Pay–As–You–Go），无论是发达的英美等工业国家，还是不发达的中国及东欧各国都采用这种制度，只不过在细节方面不同而已。现在我们要问的是，这种制度为什么会如此盛行？它在理论上有什么后果？它的利弊影响是什么？在近几十年来，现收现付制为什么会被养老基金制不断地取代？在此我们先从演化经济学的角度来分析现收现付制产生、成熟，然后再分析它的利弊得失，并从中研究探讨现收现付制向养老基金制转轨的根本所在。

一般来说，现收现付制就是政府以税收的方式向所有的劳动人口征收社会保障税，分发时将考虑个人资产的多少，将收得的现款不再储蓄，而是相对平均地分发给现时退休者。从表面上看，现收现付制相当具有吸引力，尤其是政治家更是趋之若鹜，但实际结果如何，不仅要分析它背后的隐蔽成本，即权衡其成本与收益，还必须厘清新条件下所面临的困难与问题。

首先，现收现付制资源配置的效率如何？在 Aaron H. J.（1966）看来，在萨缪尔森的"生物回报率"（人口增长率加上实际工资增长率）大于市场利率的前提下，现收现付制能够在代际进行帕累托有效配置，因此，长期内现收现付制资金不足并不是个严重问题，可以在原有体制上加以改进，并无须改革原有体制的基本框架，无须提高工资税，只需要将原体制稍加调整而不是弃之不用（Friedman B. M.，1999），而基金制将会带来一个各代的生命期效用都在减少的跨时配置（Fabel O.，1994）。艾伦的这个结论其实是把实际工资增长率和市场利率都作为外生的给定变量来对待，因此，他所讨论的经济被称为一个小型的开放经济，而现收现付制则是以这个外生变量作为达到帕累托效率的前提，但是，艾伦并没有解决一种特定的融资方式在什么样的约束条件下才能达到帕累托有效配置。后来，萨缪尔森（1975）把工资增长率和市场利率都看作封闭经济中的内生变量，从而证明了现收现付制在福利效应上能够进行代际帕累托改进的可能性。斯普里曼利用一个无限的世代交叠模型证明了，如果时间是无限的，在自由变化的缴费率下（设定一个上限），除非人口增长率和实际工资增长率之和永远小于利率（在他的模型中是外生的）；否则，现收现付制度就总是能够在代际进行帕累托有效配置（李绍光，1998）。

上述模型为现收现付制从理论上提供了其存在的理想，但其理论分析基础是假设社会的人口增长率、实际工资增长率高于社会扶养率，假设没有资本积累。在这种情况下，无论是人口增长使社会保障税缴交人数增加，还是平均工资增长使税收总额增长，都会使社会保障金收益增长快于其支出的增长，现收现付制也就继以进行。但现在世界各国的普遍情况是人口增长缓慢、人口老龄化越来越严重，加上人均工资增长速度趋缓，因此，"艾伦条件"难以成立。再加上现实的经济中存在资本积累，资本的边际产出大于总工资增长率。这就意味着现行所采取的现收现付制的长期成本要高于养老基金制，现收现付制没有达到资源帕累托有效配置。

其次，现收现付制的弊端。不少实证研究已经表明，现收现付制是一种激励不兼容的制度安排。费尔德斯坦（1974）认为，现收现付制会降低经济体系的储蓄率。因为政府收到的税款不用来储蓄投资，而纳税人则预料将来可以领取退休金，较少为了退休而储蓄，社会上总的储蓄会下降。费尔德斯坦利用他的这个理论估计到，在1929—1971年（不包括1941—1946年），美国的社会保障制度大约减少了50%的个人储蓄。但Barro和Robert J.（1974）及其追随者对这个看法不以为然。在他们看来，父母爱子之心无微不至，因此都明白，他们今天领取的退休金，终将会由子女通过交税来支付。在这种体制的最终的均衡点上，退休福利及税收的折现值必定相等。因此，父母并不觉得自己一家占现收现付制的便宜。既然收取不比付出的多，人们的储蓄行为也就不会改变。不过，费尔德斯坦的储蓄挤出效应已有大量的经验上的证明。

有学者研究表明，现收现付制会降低长远的经济增长率。卢卡斯（Lucas，1988）的研究表明，现收现付制可能会使长远的经济成长率有所下降，从而造成退休金支付的巨大亏损。Ehrlich和Lui（1998）也证明，现收现付制可能会使发达国家的成长率下降。因为在现收现付制下，老年人的收益取决于政府收到多少税款，与个人有多少个子女以及与子女的收入无关。这就为了一些人"搭便车"(free ride)提供了诱因。反正老了有政府养活,年轻时也就不那么重视在子女身上投资。上述假设曾以不少国家在1960—1985年的数据进行检验,结果证实了这种假设,特别证实了社会保障税在国民生产总额中的比例,对发达国家的长期经济增长率有显著的负面影响(Entwictle & Winegarden,1984)。Corsetti 和 Schmidt - Hebbl(1997)以内生增长模型探讨了以基金制取代现收现付制的影响,他们以智利的实例进行模拟测试,发现现收现付制会令经济增长率下降。我国香港学者雷鼎鸣(1998)利用 Ehrlich 和 Lui 的估计参数对香港的情况进行了测算,结果是,如果采取现收现付制,香港本地生产总值长期的实质增长率可能会减少0.36%,40年内的累计损失,在扣除通胀后,可达110000亿港元,超过香港8年的GDP总值。可见,现收现付制对长期经济增长的负面影响是十分巨大的。

现收现付制不仅把所有各种社会保障风险完全集中在政府身上,而且这种制度安排本身就存在不少风险。一向以来,人们都认为现收现付制是最安全的退休制度。如果个人依靠自己储蓄为主要的退休保障,则会面对着投资诈骗和市场波动的风险,而现收现付制既可以避免这些风险,又减少退休后生活上无保障的风险。但世界银行(1994)的研究表明,认为只有政府才能为群体风险作担保的看法纯粹是一种错觉。事实上,现收现付制在政治、国民收入和人口分布各方面都存在不少风险。例如,在大多数国家都不把现收现付制的退休金与通胀挂钩,以免在制定预算时造成困难。还有,退休人员也无法知道,政府在什么情况下会出于政治或财政考虑,重新调整退休金。更为严重的是,政府预算如果陷入危机,甚至于取消整个制度,其造成的风险是巨大的。因为在实际生活中,政府这样做是司空见惯。

总之,将收入劳动者(储蓄者)手中转移到退休者(纯消费者)手中会影响储蓄和资本积累,会对长期的经济增长产生负面影响;优厚的退休待遇会诱使劳动者提前退休,从而使劳动力供给减少;将整个社会风险集中到政府,容易导致更大的社会风险;若将养老金投向国债,回报率会较低;人口老龄化最终会造成社会保障账户赤字,在财政上潜伏着巨大的财政危机等。可以说,现收现付制尽管在政治上甚是诱人,但从理论上的检讨和实际上的验证来看,其弊大于利。

随着人口老龄化社会的到来,现收现付制的弊端更是暴露无遗。政府为了维持这种制度运作只好或是不断提高社会保障税,或是削减退休金支付。如美国社会保障税在1937年占个人收入的2%,至1990年已上升到15.3%(见表4),而且上升的速度越来越快。但是,社会保障税率不断地提高使人难以接受,政府财政困难也没有得到缓解(见表5)①。有些国家为了扭转趋势,设法削减退休金或是缩短领取退休金的年限。例如,1992年以前,意大利男性和女性的退休年龄分别是60岁和55岁,但男女的退休年龄将会分别在2005年和2012年推迟到65岁(C)(Campbell G. Ricardo,1992)。瑞典在1993年将退休金降低至原有水平的98%,同时在4年内,逐步把退休年龄由60岁延迟到65岁(Kitzer Barbara,1993)。

表4　　　　　　　　1937—1997年美国的现收现付税率　　　　　单位:%

年份	雇主与雇员各自供款的税率	
	各自供款的税率	老年保障保险部分
1937	1.0	1.0
1954	2.0	2.0
1960	3.0	2.75
1966	4.2	3.5
1971	5.2	4.04
1978	6.05	4.275
1984	7.0	5.2
1990	7.65	5.6
1997	7.65	5.6

资料来源:美国历年 Social Security Bulletin, Annual Statistical Supplement。

表5　　　　各国公共养老金债务现值占1990年GDP的比例

国家	总自然增值	未来应付值	总债务	现有资产	未来缴费	净债务
美国	113	196	309	23	242	43

---

① 据悉,政府的退休负债,即这种权利的现值在国民生产总值中的比例,由美国的90%到意大利的将近240%不等。欧洲经济合作组织成员国(OECD)的国债加上净退休负债后,往往相当于原来的3倍。据估计,在1990年,日本累积的净退休负债折合该年GDP的137%。

续表

国家	总自然增值	未来应付值	总债务	现有资产	未来缴费	净债务
英国	156	381	537	0	350	186
德国	157	310	467	0	306	160
日本	162	334	496	18	278	200
加拿大	121	361	482	0	231	250
法国	216	513	729	0	513	216
意大利	242	367	609	0	508	101

资料来源：OECD（1993）。

据报道，在现行的现收现付制下，欧洲各国面临着巨大的财政危机（信报财经新闻，2000），据预测到了2025年，欧洲每3人就有一个领退休金，共约1.13亿万人，而且几乎所有人都只靠政府一份退休金。欧洲委员会主席普洛迪呼吁各欧洲成员国改革这种养老金制度。否则，第二次世界大战后出生的大批老人将成为政府和他们子孙空前的负担，迫使政府减税或削减开支，对欧盟构成严重的威胁。美林和国际货币基金组织估计，欧盟只有7%劳动人口参与私人基金制，更只有不到1%人有私人储蓄。大家都在"吃"政府。到2030年，德、意劳动人口与退休人口的比例将达到1∶1，纳税人负担会十分沉重，可能爆发老龄化问题的经济危机。由于欧盟十一个成员国的经济因为单一货币挂钩，一旦出现这种危机，欧盟可能会解体。历史学家弗格逊和经济学家柯特里科夫在最新一期美国《外交季刊》写道："欧盟地区世代之间失衡，严重威胁到单一货币中期的可行性。"因此，欧洲的现收现付制改革势在必行。

美国要求改革现行的社会保障制度的呼声也很高。美国已经对1935年法案虽进行过15次改革，但还需要大改。据1997年1月5日CNN新闻报道，美国的社会保障制度如不继续大改，则2010年会出现赤字，2029年要破产。由于上述预测，以及担心第二次世界大战后一代步入老年后，会造成财政危机，促使大批美国经济学家联署由经济学家Kotlikoff和Sachs（1997）草拟的改革方案，主张设置以个人为本的全资基金制以代替现收现付制。Diamond（1999）则对美国的社会保障制度提出了两种改革的方式。一种方式是规定收益制，但必须建立一个巨大的信托基金，并让其基金投资于股市及公司债；另一种方式是建立个人退休金账户，并让其基金部分投资于股票市场。在美国，用个人账户的基金制代替现收现付制已成了改革现有社会保障制度的共识。

总之，自20世纪80年代末期以来，现收现付制的弊端已暴露无遗，无论是发达国家，还是转轨经济国家及发展中国家，许多国家都对原来的现收现付制进行了重大的改革。这些改革的基本特点是：政府开始设法从负担越来越重的现收现付制抽身，尽可能地尝试缩小直接由财政收入偿付的公共养老金计划，力图减少政府对此的投入，同时设立新制度安排鼓励私人养老金计划的发展。即使是政府直接管理的公共养老金计划，也普遍开始从现收现付制转向基金制，希望基金制的积累解决退休金的长期融资问题。可见，现收现付制向基金制转轨是一种必然的国际趋势。

15.4 养老基金运作机理及资本市场

第三部分的讨论表明，自20世纪80年代起，由现收现付制向基金制转轨是世界社会保障体制改革的一种国际趋势，由此必然带来全球养老金的高速成长。目前，养老基金作为全球金融市场最主要的机构投资者，它对全球金融市场的影响与重要性[①]早已令人刮目相看。由表6可以看到，机构投资者所管理的金融资产数量早已超过了有关工业国家的GDP，而其中养老基金占的比重在1995年就已过了1/3。怪不得美国管理学家彼得·德鲁克称美国目前进入了"养老基金社会主义"。更为令人诧异的是，从1994年到1999年的5年时间，全球养老基金增加了近1倍，1999年达到了13万亿美元。

表6　　　　　　1995年机构投资者在全球的投资[②]　　　　　单位：%

类型	养老金		保险基金			投资基金	
		总额	寿险	非寿险	总额	开放型	封闭型
美国	62	35	33	44	57	63	57

---

① 这些影响主要表现在对全球金融的市场交易量、证券发行量、国际资本流动、市场稳定、产业组织等方面。

② 金融资产占全球总额的百分比。

续表

类型	养老金		保险基金			投资基金	
		总额	寿险	非寿险	总额	开放型	封闭型
日本	9	24	27	16	8	—	—
德国	1	8	7	12	6	7	—
意大利	1	1	1	2	1	1	—
英国	11	10	11	6	4	3	29
加拿大	3	2	2	2	2	2	—
澳大利亚	1	2	1	2	1	1	2
荷兰	5	3	3	1	1	—	—
瑞士	3	2	2	3	1	1	—
瑞典	1	2	1	2	1	1	10
北美	66	37	35	45	59	65	57
欧洲	24	37	36	37	33	34	41
合计总额①	6710	8088	6276	1702	6152	5340	238
合计②	32	39	30	8	29	25	1

资料来源：国际清算银行第 68 期年报。

同时，我们也可以看到，养老基金的发展不仅与各国社会保障制度改革相关，因为，养老基金的增长速度在各国表现不一，增长快的国家往往是那些近年来促使基金养老体系发展的国家，如美国、英国和加拿大，而那些仍然强调实行现收现付制社会保障体系的国家，养老金资产的增长率最低，如多数欧洲大陆国家（见表 7）；而且养老基金的发展规模、发展速度与资本市场的发达程度成正比。养老基金由小到大，由强到弱，在资本市场中不断积累与扩展，成为世界主要发达国家资本市场中的主要组成部分（见表 7 和表 8），促进了金融市场之间的融合与多元化，加强了国际资本市场的联系，导致各种新型金融工具的创新。由此可见，养老基金不仅成为社会保障体系的工具，还成为推动全球金融化的主要力量。

---

① 这里单位是 10 亿美元。
② 这里指占整个全球金融资产的百分比。

表7　　　　　　　主要发达国家养老金的资产增长（一）　　　　　单位:%

国家	1975年	1975年	1980年	1985年	1990年	1996年
美国	17	20	24	37	43	62
日本	0	1	2	3	3	10
德国	2	2	2	3	3	3
意大利	—	—	—	—	—	2
英国	17	15	23	47	55	77
加拿大	13	13	17	2	28	40
澳大利亚	10	8	9	14	19	29
荷兰	29	36	46	38	77	92
瑞士	38	41	51	59	69	73
瑞典	22	29	30	29	28	38

资料来源：Davis（1995）和国际清算银行第68期年报。

表8　　　　　　主要发达国家养老金的资产增长（二）单位：10亿美元、%

国家	1980年	1985年	1990年	1993年	1996年	占居民财富的比重
美国	701	1606	2492	3449	4752	20
日本	—	—	343	460	442	4
德国	15	22	52	47	65	2
意大利	—	—	39	34	43	2
英国	116	224	537	682	897	25
加拿大	42	75	165	187	241	20
澳大利亚	—	45	45	78	100	22
荷兰	77	105	230	262	363	—
瑞士	—	107	138	148	189	—
瑞典	—	—	79	71	93	39

资料来源：国际清算银行第68期年报。

更引人注目的是，在发达国家养老基金积累了大量的资产，成为资本市场上举足轻重的机构投资者的同时，拉美、东欧等发展中国家也纷纷改革既有现收现付制，并向养老基金制转型。由于养老基金制的收入不再是来源于下一代的缴费，而是自己个人账户积累，这就使养老金的资产规模迅速膨胀，占GDP的比重越来越高（见表9）。由此也促进了该国资本市场的发展与成熟。

表9　　　　　　　　拉美国家的私营养老基金　　　　单位：百万美元、%

国家	总资产			占GDP的比重		
	1998年	2005*年	2015*年	1998年	2005*年	2015*年
阿根廷	11526	57638	181942	3.5	12.8	26.1
玻利维亚	367	4215	8538	4.1	32.0	41.8
巴西	78308	104583	279541	9.5	15.3	26.4
智利	31366	60127	126345	39.7	49.0	54.8
哥伦比亚	1950	13961	58080	2.1	11.2	30.0
墨西哥	9256	53106	165001	2.7	12.4	28.6
秘鲁	1723	8005	25302	2.5	8.9	18.9
乌拉圭	361	1646	4200	1.3	4.5	7.8
总数/平均数	135471	303172	848949	7.6	15.5	28.6

注：*表示估计值。

资料来源：王信：《基金制养老保险和建立与资本市场的发展》，《国际经济评论》2001年第11—12期。

在现代社会，既然养老基金对社会经济的增长、对金融市场影响如此之大、如此重要，我们就必须对养老基金的基本特征、理论前提、运作机理及运作条件有一个深入的研究与了解。

养老基金制或称基金积累制（pay as you in）的主要特征是把退休金的来源由现收现付制下的征收社会保障税转变为由社会成员本身及其雇主缴纳进行储蓄积累，建立个人账户，并把人们工作期间逐年积累的款项，放入养老基金账户，委托基金经理在资本市场进行以中长期为主的投资，最终以退休金的形式向其委托人支付投资回报金。由于养老基金制以参加者本人为核心，建立个人账户，产权分明，故能避免退休金分配上的"搭便车"，以效率为主导，激励性强，可以鼓励人们努力工作，为年老退休多储蓄。

基金积累制按自愿与否又可分为"强制性基金积累制"和"自愿性基金积累制"。强制性基金积累制的主要目的是保障人们退休后的基本生活，以防备一些人有依赖和侥幸心理，故意把钱花光，迫使政府或社会在他们年老时给予救济。因此，政府强制雇主和雇员共同缴纳雇员工资一定百分比储蓄供退休用。自愿性基金积累制取决于个人的消费偏好，假定人们对长远的储蓄免税的激励方式，让人们自愿储蓄，供自己退休养老用。强制性基金积累制以新加坡、智利为代表，它们在预筹积累基金方面是共同的，但是在基金管理的方法上，新加坡是中央政府公积金局统一管理，智利是私人基金公司管理。美国的401（K）计划基本上是自愿性基金积累制。

那么，养老基金的理论基础是什么？它又是如何运作的？一般而言，养老基金制的理论基础是新古典消费理论。弗里德曼在20世纪50年代提出的持久收入理论和莫迪利亚尼提出的生命周期理论为当代消费理论奠定了基础。生命周期假说认为（莫迪利亚尼论文选，1993），一个理性的消费者，追求的是其生命周期内一生效用的最大化，而其预算约束为生命内的收入与消费支出的持平。可见，消费者在其任何年龄上的消费支出与收入不相关联，而是要依赖于其一生的全部收入。因此，个人的消费支出在其生命期的各个年龄上，都要选择一个稳定的、接近于他所预期的平均消费率进行消费。消费者将把他的收入在其生命期间按均匀的速度进行消费，这就是消费的平滑（consumption smoothing）。如果消费者在老年期间没有收入，那么其生命期间的平滑消费就必须依靠工作期的储蓄来实现。这样，生命周期理论为养老基金制奠定了一个微观的理论基础。

许多经济学家通过储蓄生命周期模型研究，认为现收现付的社会保障制度影响了人们对未来财富的预期，从而减少就业期间为养老而进行储蓄的数量。美国经济学家Feldstein、Martin S.（1974）曾计算过，如果没有现收现付制的社会保障制度，个人储蓄总量将增加至少50%—100%。而如果一国由于各种原因造成先期储蓄率未达到最优效果，那么储蓄的增加和国民生产总值的增长，是整个社会福利的增加。因此，由于现收现付制向部分基金制或完全基金制转变就是一个帕累托改进过程。

已有的模拟研究表明，在信贷紧缩的情况下，将一个以现收现付制转变为一个完全基金积累制，可增加产出22%，增加福利16%（Corsetti, Giancarlo Klaus Schmidt - Hebbl, 1997）。而从智利的经验表明，智利国民储蓄率由养老制度改革前（1976—1980年）的16.7%增长到改革后的（1990—1994年）的 26.6%，其中，养老储蓄的增长占总储蓄增长的 2/3。Corsetti 和 Schmidt – hebbel（1997）通过回归分析认为，智利在 1971—1992 年出现私人消费率下降 21% 现象一半原因在于积累式养老金方案的扩展和智利资本市场深化。

Davids. E. P（1995）根据生命周期学说从理论上讨论了养老基金对个人储蓄的影响。如图 1 所示，Y 是个人生命周期收入曲线，为有流动性约束的收入和无流动性约束的收入之和。在年轻时收入较低，在不存在流动性约束（用下标 u 表示）的条件下，他可以借债消费，这时他的消费支出 C_u 就会大于他的收入，因而其净资产 A_u 为负。当随着收入的增加，他将达到一个 C_u 等于 Y 的点，从这点开始还债，净资产开始增加，一直持续到退休时的 R 点。如果存在流动性约束（用下标 c），那么在一定的收入水平下，他只能消费 C_c，直到他的收入超过经过调整后的最优消费水平为止。在这一点，他的净资本 A_c 在超出最优消费水平之前为零。超出消费水平之后则会大大高于无流动性约束时的净资产 A_u。如果他在工作期间再参加一个强制性的储蓄计划，为退休后积累更多的净资产，那么他在工作期间的消费水平 C_{cp} 还会进一步下降，相应的净资产积累 A_{cp} 也会进一步增加。

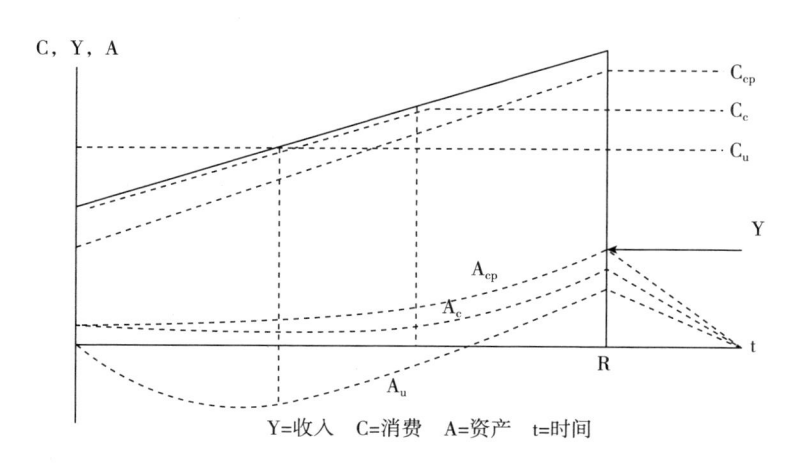

Y=收入　C=消费　A=资产　t=时间

图 1　生命周期、流动性约束和养老金

Davis E. P.（1995）认为，这个分析至少包括以下几个方面养老基金对人们的储蓄行为的影响。首先，由于养老基金所承诺债务的非流动性、未来收益的不确定性,特别是假定通货膨胀,这就意味着个人储蓄不会随着养老基金收益的增加而一一对应地减少。其次,流动性约束的存在限制了个人自由借债的能力,这也意味着个人在其一生中需要借债较多的那个时期,并不能够按照整个生命期的消费计划进行消费。这样,强制储蓄(如养老金的缴费)并不会因为借债(事前假定)也不会因为减少个人自愿储蓄而减少。再次,在经济增长的情况下,养老基金和退休行为的相互作用会使个人增加储蓄,因为个人借此希望提前退休。再次,如果从当前消费转向未来消费的替代效应超过了可以减少储蓄的收入效应,那么税收方面的优惠政策有益于鼓励个人的储蓄积累。最后,戴维斯还指出,通过养老基金的强制储蓄可以提高个人的储蓄率,但并非所有的强制储蓄计划都能产生这样的效应。如果养老基金的信用太低或是比其他储蓄计划的风险更大,则个人也会设法逃避缴费。

上述戴维斯的讨论尽管赖以立论的是几个新古典的基本假定,即消费者个人是充分理性的,能够预见到自己的一生,因而不存在只顾眼前利益的问题;消费者个人追求个人一生效用的最大化,因而没有利他主义的遗赠动机;存在一个完善的资本市场,因而不会有流动性约束,而且这些假定在现实的经济生活中并不能完全满足,但仍不失其一般性。

世界银行(1997)的研究报告表明,现收现付制在许多国家过去曾有的成本优势是人口原因造成的,现在这些条件已经不复存在了。将来如果利率和收入增长保持其相对状况,特别是如果养老基金能从产权资本投资、资本流动性和国际分散经营中获益,那么达到同样的养老待遇,完全积累制所要求的缴费率将比现收现付制低得多(见表10)。

表10　　支付相当于最末一年工资40%的养老金所需的缴费率

	现收现付制(赡养率)		完全积累制(替代率)					
	1/2	1/3	1/2			1/3		
实际工资增长	—	—	0	2	5	0	2	5
实际利率								
0	20	13	20	35	77	13	23	49
2	20	13	11	20	46	7	13	30

续表

	现收现付制（赡养率）		完全积累制（替代率）					
	1/2	1/3	1/2			1/3		
5	20	13	4	8	20	3	5	13
去世时养老金率	—	—	40	60	106	40	54	83
去世时相对养老金率	40	40	40	40	40	40	40	40

注：假设各人群的实际工资增长率相同，退休人员平均工资也与全社会平均工资相等。现收现付制下的成员适用于领取平均工资工人的情况，其退休时得到养老金相当于最末一年工资的40%，完全积累制下每个工人退休时最初的养老金相当于最末一年工资的40%。管理费、伤残和遗属津贴没有计算在内。在一个成熟的制度下，这会使缴费率提高3—5个百分点。失业和逃税的代价也未计算在内。1/2 的替代率假设由工人在职工作的 40 年和退休后存活 20 年，以此类推。

资料来源：世界银行：《防止老龄化危机》，中国财政经济出版社1997年版。

而完全积累制的优势就在于，养老基金制基本上是把个人的退休保障成本与收益归结在个人自己的身上，它产权明确，个人有激励为自身储蓄积累；而且即使是强制储蓄，只要其储蓄率不超过个人自愿储蓄率，它就不会影响社会总体储蓄水平，导致私人投资的挤出效应，造成社会投资不足，减缓社会的经济增长。但是，这里也表明了实行养老基金制必须建立起健全的基金管理体制及发达的资本市场，需要有健全的信用体系。这些正是我们下面要讨论的养老基金运作的条件。

养老基金的基本特征表明，任何一种养老金都必须依靠在资本市场中所获得投资回报来支付退休金。也就是说，养老基金制与资本市场有天然的联系，离开了资本市场养老基金无以生存，而养老基金的发展与成熟又会对资本市场产生深远的影响，如强化资本市场中的长期性投资，引导促使资本市场的金融创新[1]和市场结构的现代化等。因此，一般而言，养老基金的运作基本与其他类型的基金运作不会有多少差别，但它有自己的特殊性。

首先，养老基金作为一种劳动补偿的延迟支付，它要求选择长期稳

---

[1] 从 20 世纪 70 年代以来，资本市场中各种各样的创新产品，如不附息债券（zero coupon bonds）、附属抵押债务（collateralized mortgage obligations）、担保投资合约（guaranteed investment contracts）的出现和成功，在很大程度上要归于养老金的投资。

定的回报率当作首要目标，强调投资选择的安全性，因此，它不应选择风险较高的投资工具。但是，在不同的养老基金中，风险分布往往是不同的，而这种差别也会反映到它们在资本市场的投资行为中。如规定受益的养老基金和规定缴费的养老基金在投资中风险分布和行为是不同的（Davis E. P., 1995）。这就会促使它对资本市场中各种金融工具的风险分布以及回报分布产生了重新整理的内在要求，从而推动金融创新，如美国的不附息债券、附属抵押债务、担保投资合约等各种金融工具的创新，在很大程度上都与养老金这种需要有关。

其次，在既有的资本市场中，如何选择一个适当的资产组合，以便在既有的条件下实现一个最有效率的风险投资回报的配置，这是养老基金运作的一个基本问题。从以往的数据可以看到（见表11），在发达国家中，养老基金的投资呈多元化的趋势，这也有利于基金在分散风险的同时保证较为合理的收益。但是，从这些数据中也可以看到，各国养老基金在各自的资产组合上是迥然不同的，其中无法找到可供借鉴的一般性的经验。这也说明了一个国家养老基金的资产组合都是根据所处资本市场的约束条件而做的选择。

表11　部分发达国家养老金的资产组合（1970—1990年）　　　单位：%

资产类别	短期证券			股票地产			资本风险资产			长期固定资产		
年份	1970	1980	1990	1970	1980	1990	1970	1980	1990	1970	1980	1990
美国	90	86	85	45	41	46	90	82	82	51	43	38
日本	21	64	74	37	16	29	51	70	76	14	54	47
德国	23	34	43	17	18	24	36	42	49	69	76	70
丹麦	72	66	74	0	3	7	72	66	74	76	70	74
英国	85	79	78	61	70	72	93	94	96	32	24	14
加拿大	82	78	90	28	25	36	81	75	83	65	64	51
澳大利亚	66	48	57	17	28	29	68	61	49	51	33	20
荷兰	28	15	44	28	19	31	42	29	54	61	72	66
瑞士	31	41	55	19	27	33	44	55	62	58	55	43

续表

资产类别	短期证券			股票地产			资本风险资产			长期固定资产		
年份	1970	1980	1990	1970	1980	1990	1970	1980	1990	1970	1980	1990
瑞典	76	74	88	0	0	2	76	74	86	98	100	94

注：短期证券包括股票权益、债券和市场票据。股票地产包括股票权益、房地产。资本风险资产包括投票权益债券与房地产。长期固定资产包括债券、住房抵押贷款以及其他贷款。

资料来源：Davis E. P., *Pension Founds, Retirement - Income Security, and Capital Market: An International Perspective*, Oxford: Clarendon Press, 1995.

不过，有几点值得注意（李绍光，1998）。第一，在养老基金的资产组合中，流动性资产的比例一般不会太大，因为养老基金一般都会持有更大比例的长期回报率较高的资产。第二，为了保证养老基金的安全性，政府一般希望养老基金更多地持有债券而不是短期证券，因为前者的风险比后者小。但是在20世纪90年代以来，养老基金持有的短期证券的比例有所增加。第三，20世纪70年代以前，住房抵押贷款曾是养老基金主要的投资项目，但在20世纪90年代后它在养老基金投资组合中的比例开始下降。第四，由于贷款的风险比债券更大，所以它在各个养老基金资产组合中所占的比例又有不同。这个比例的大小取决于不同的资本市场对于贷款风险的防范措施完善程度以及贷款的信用。第五，20世纪90年代以来各国养老基金的资产组合中所持的外国资产的比例迅速增加，这说明各国养老基金的资产组合开始寻求国际多样化（见表12）。

表12　1996年主要发达国家养老金资产组合的国际多样化　　单位：%

国别	美国	日本	德国	英国	加拿大	澳大利亚	荷兰	瑞典	瑞士
总额	11	23	4	28	17	20	30	6	16
股票	16	35	21	28	37	27	58	27	33

注：总额是指养老金中外国股票、债券占全部股票、债券的百分比。股票是指养老金中外国股票占全部股票的百分比。

资料来源：国际清算银行第68期年报。

再次，养老基金运作还包括基金负债和基金投资的管理，它是整个运作的核心，那么应该采取怎样的激励约束机制，如何促使养老基金经理在实现自己将效用最大化的同时实现委托人的收益最大化？这其实是一个十分普遍的委托代理问题（易宪容，1997）。不过，养老基金的委托代理问题也有其不同的方面。因为养老基金负债和投资管理，既可以是内部的，即公司的雇员进行管理；也可以是外部的，委托银行或保险公司等金融机构进行管理。无论是内部管理还是外部管理，在规定受益制下，由于基金运作的风险最后要由基金来承担，因此它有动机更加努力地对基金经理进行监督，以提高基金运作的绩效。但在规定缴费制下，基金经理更容易出现道德风险等机会主义行为，损害养老基金运作的安全性，因此，这不仅需要一种有效竞争的资本市场和经理市场，而且必须加强政府对养老基金运作的管制。

最后，一般来说，政府管制是市场失灵的结果。李绍光（1998）认为，政府对养老基金的管制包括：对养老金负债的管制、对基金投资的管制及管制本身的结构。管制负债的目的是保证养老基金能够兑现它的收益承诺，管制投资是为了防止由于资本市场失灵而给养老基金带来的回报不确定性。其实，这些并不十分重要，政府对养老基金的管制并非要求政府参与养老基金的运作，而是制定养老基金如何有效运作的规则，并保证它能有效地实行。

目前，国内学者认为，在中国社会保障体系模式的选择上过分地高估了基金积累制的作用，因此应该打破"凡是基金积累制就是好的"神话（王延中，2001）。毫无疑问，正如上面分析表明的那样，养老基金制的有效运作是需要相应条件的。如果条件不成熟，养老基金制的运作同样会困难重重。特别是在由现收现付制向养老基金制的转轨，其转轨成本的存在，养老基金制激励机制也是无法充分地显示出来的。因此，对养老基金制的有效运作持怀疑者所指出的几个关键理由（如不增加国民储蓄率、资本市场作用高估、养老基金管理成本过高及转制成本过高等）基本上是不充分的。无论如何，经济上一个最简单的常识是，经济运作的效率完全取决于其运作成本与收益能否归结到当事人身上。其答案是现收现付制不能，而养老基金制能。

总之，实行养老基金制是目前国际上试图解决各国社会保障体系中困难的必由之路，尽管在其转轨的过程中会遇到种种困难与问题，但它已是人们不可抗拒的国际趋势。国外与国内的经验已经表明，按照现收现付制的传统要解决该国的社会保障问题已经是一条不通的死胡同，我们要做的是，如何来顺应其趋势，如何从他国的经验中得到一些可借鉴的东西。

第四编　融资及香港金融市场

16 中国机构海外债券融资研究[①]

16.1 导言

本文对中国境内机构海外债券融资的情况进行了分析,包括国际债券的利率结构、币种结构、期限结构几个重要因素。另外,我们还对中国境内机构海外发行国际债券成本的决定因素进行了实证研究,考察了发行期限、发行金额、票面币种汇率、发行地基准利率等因素对国际债券发行利率的影响。通过上述研究,我们发现中国机构海外债券发行中最重要的问题是对市场因素重视不够,而政策性因素影响过多。

对海外发行债券是指一国政府、企业、银行等金融机构或国际性的金融机构,在国际债券市场上以外国货币或境外货币为面值发行债券融资。对中国来说,它是顺应国际金融市场一体化、证券化及国际资本市场融资债券化趋势的利用外资的渠道。发行国际债券融资的好处是期限长、筹资金额大、发行和筹集资金的运用比较自由,但也有发行环境和发行程序复杂、利率和汇率风险高等缺点。自1982年中国国际信托投资公司在日本发行第一笔100亿日元私募国际债券以来,国际债券融资在中国利用外资中所占比重越来越大。而中国机构海外发行国际债券规模的扩大,也对中国金融市场开放和外汇管理体制改革提出了更高的要求。本文将对中国境内机构海外债券融资的结构进行分析,并指出国际债券利率、币种、期限结构的稳定对于稳定国家外汇管理和国际资本流动机制的重要意义。另外,我们还将对国际债券利率的决定因素进行实证研究,以便为中国境内机构今后海外债券发行提供可参考的依据。

[①] 该文章发表在《管理世界》2005年第8期。

16.2 文献综述与研究背景

毫无疑问，金融体系的全球化和一体化能给各个国家的经济发展带来好处，这是因为资本的自由流动可以最大限度地促进全球资金资源的合理配置，从而促进投资和经济增长。尤其对于新兴经济体而言，这些国家金融体系不健全，投资缺口和储蓄缺口较大，参与金融全球化能给它们带来更多的益处。Fischer（1998）和 Mishkin（2003）认为，积极参与金融全球化，发行国际债券，可以使新兴国家的企业充分利用国际成熟的金融市场，获得大量流动性较好的长期融资，而且这个过程有助于这些国家发展国内的金融体系，国内资金紧张的压力也能够得到缓解。De la Torre 和 Schmukler（2005）指出，在海外金融市场上发行债券，审查体系和信息披露制度比较健全，债券合约履行职责的监察制度较为严格，这样既降低了购买债券者的投资风险，也可以获得长期资金。但是从信息不对称和公司财务的研究看，当公司面临较快的成长机会和较高的风险时，股东会加快投资，加大由债券持有者承担投资失败的风险，而短期债券可以在一定程度上避免这种结果。新兴国家的公司在经济自由化过程中面临巨大的投资机会和风险，为加速在国际债券市场上融资，一些新兴经济体发行的国际债券期限越来越短。终于在20世纪最后10年里墨西哥、东南亚、俄罗斯、巴西相继发生大规模金融危机，一些经济学家认为新兴经济体过快地放开金融体系是这一系列金融危机的根源，海外发行短期债券的利率风险、汇率风险、期限结构风险也越来越多地受到了重视。他们认为，新兴国家经济体滚动发行短期债券的成本是非常高的，国际金融市场的突发因素很可能引发这些国家的金融危机。

在新兴国家海外发行债券的条件及其影响方面，Borner、Lorenzoni 和 Schmukler（2004）研究了国际投资者风险厌恶程度对海外债券发行的影响，他们通常认为新兴经济国家发行的债券是高风险的，因此对这些国家发行的债券要求更短的期限和更高的溢价。Krugman（1999）认为，国际债券发行者的素质在海外债券发行中是非常重要的，一些海外发债公司糟糕的业绩表现是东南亚金融危机的重要驱动力量。Kaj Areskoug（1980）研究了汇率对海外发行债券的影响，由于国际债券记账货币不同于债券发行者或投资者的本币，他认为稳定的汇率表明货币价值在未来的可预测性更高，债券发行人的真实成本和债券购买者的真实收益更容易确认，对汇率的预期影响国际债券的发行量和市场流动性。而有金融学家还研究了利率的对比效应和基准利率变化在国际债券发行中的作用，De Almeida 等（1998）研究发现，新兴经济体海外债券的期限结构是在美国政府债券期限结构的基础上加一定的信用息差。有实证研究证明，美元债券的资产和利率因素对新兴国家国际债券的息差有着显著影响。Batten、Retherston 和 Hoontrakul（2004）研究了新兴经济体发行主权债券的情况，在菲律宾发行的国际债券样本模型中，发现息差与当地股票市场指数负相关，而与汇率变化正相关。Schmukler 和 Vesperoni（2004）研究发现，刚刚进入国际金融市场的新兴国家公司通常能在国际市场上借到期限较短的债券，而随着金融自由化的推进，这些国家公司发行债券的期限会变得越来越长，而国内金融体系越不发达的国家，这个结果越显著，他们认为金融全球化对那些真正能融入全球金融市场获得融资的公司是有益的，而不利于那些仅依赖于国内不发达金融体系的公司。但是，这些研究大多集中在新兴国家横向比较方面，而仅关注于中国境内机构国际债券发行的研究相对较少，因此从其他新兴国家数据检验得出的结论是否适用于中国，还需进行进一步的检验。

在参与金融全球化和利用外资方面，中国吸取了俄罗斯以及东南亚的经验教训，举借外债和对外发行债券都比较谨慎，国际收支的资本账户依然存在相当的管制。但随着中国经济的发展和中国机构海外上市企业的增多，中国政府、金融机构和企业越来越多地借助对外发行债券的融资方式。从当前国际资本流动的趋势看，资本在发达国家之间的流动远高于资本在发达国家与发展中国家之间的流动。随着中国连续几年保持经济的快速增长，必将越来越快地融入国际资本市场，面对更多的国际资本进出。在中国加入 WTO 后，也面临更多资本市场开放和中国经济进一步融入世界的问题。在国内机构的外资利用方面，国际银团贷款和国际资本市场融资的方式开始被采用。

与银团贷款和股权融资方式相比，国际债券融资运用比较灵活（不受贷款协议限制），而且不稀释控制权。但是我们看到，国内企业发行国际债券融资的方式受到国家政策比较多的限制，这可能是在东南亚金融危机的教训中，资质较低的机构大量发行短期债券成为金融风险积累的重要原因之一，这助长了国际资本在一国金融市场上的短期流动。中国的外汇与资本项目管制也成为国内企业发行国际债券融资不畅的重要因素。但这种管制是逐渐放开的，包括在海外股权融资并上市的中国企业的增多，大力地促进了国际债券融资（包括可转债）方式的采用。在这种经济背景下，我们需要加强对中国境内机构海外债券融资的结构和国际债券利率决定因素进行分析。国际债券利率、币种、期限结构的稳定对于稳定国家外汇管理机制有着重要的意义，而国际债券利率的决定因素的研究为中国境内机构今后海外债券发行提供了参考依据。

16.3　中国境内机构境外发行外币债券的融资结构

1982年1月，中国国际信托投资公司在日本债券市场发行了100亿日元私募债券。这是中国国内机构首次在境外发行外币债券。而1984年11月，中国银行在东京公开发行200亿日元债券，标志着中国正式进入国际债券市场。1993年9月，财政部首次在日本发行了300亿日元主权外债。截至2003年年底，包括财政部在内，中国境内机构在境外发行未到期的外币债券111亿美元，发行覆盖了欧洲、美国、日本、中国香港、新加坡等市场。

16.3.1　中国国际债券融资在外债融资中的地位

截至2004年年末，中国的外债余额为2286亿美元，比上年末增长18.1%。其中，短期外债1043亿美元，占全部外债的45.6%，比上年末提高5.8个百分点，大大高于国际警戒线25%的水平。尽管中国国际贸易长期保持顺差，外汇储备余额也接近外债余额的3倍，但短期外债过高还是给中国外汇的资本流动带来一定的威胁。从2003年年底中国外债构成情况看（见图1和表1），国外政府贷款和国际金融组织贷款由于期限长、利息优惠，一直是中国争取外债的首选。而由于中国进出口规模较大，与之相关的贸易融资类短期外债所占比重较大。中国经济发展中大型建设投资对国际银团贷款的依赖程度上升，使向国外银行和其他金融机构借款余额也上升较快。而对外发行债券仅占国家外债的6%。国际债券在外债结构中所占比重较小，这主要是由于中国实行外汇与资本流动的严格管理。从期限结构的角度来看，如果国际债券比重的上升会加大短期外债的比重，从而给贸易融资类短期外债的偿还造成压力；而国际债券的发行也会带来国际资本流动的增加，增加人民币汇率变动的压力。另外，发行过国际债券的一些机构（主要是个别地方国际信托公司）曾经在历史上出现过大规模金融风险的爆发。正是出于这些原因，中国在国际债券融资方面比较谨慎，主要表现在对国内机构的国际债券发行计划的口径管理和严格审批上。

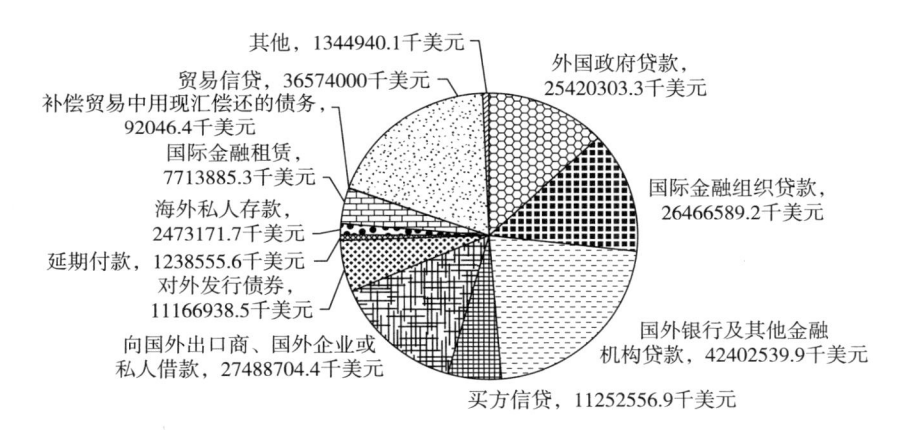

图 1　2003 年年底中国对外债务构成情况

其他，1344940.1 千美元
贸易信贷，36574000 千美元
补偿贸易中用现汇偿还的债务，92046.4 千美元
国际金融租赁，7713885.3 千美元
海外私人存款，2473171.7 千美元
延期付款，1238555.6 千美元
对外发行债券，11166938.5 千美元
向国外出口商、国外企业或私人借款，27488704.4 千美元
买方信贷，11252556.9 千美元
国外银行及其他金融机构贷款，42402539.9 千美元
国际金融组织贷款，26466589.2 千美元
外国政府贷款，25420303.3 千美元

表 1　2003 年年底中国对外债务构成情况　　　　单位：千美元

债务人/债务类型	外国政府贷款	国际金融组织贷款	国外银行及其他金融机构贷款	买方信贷
金额	25420303.3	26466589.2	42402539.9	11252556.9
债务人/债务类型	向国外出口商、国外企业或私人借款	对外发行债券	延期付款	海外私人存款
金额	27488704.4	11166938.5	1238555.6	2473171.7
债务人/债务类型	国际金融租赁	补偿贸易中用现汇偿还的债务	贸易信贷	其他
金额	7713885.3	92046.4	36574000	1344940.1

资料来源：国家外汇管理局。

16.3.2 中国国际债券融资主体结构

从对外发行债券的机构来看（见图2和表2），以财政部、国有商业银行及政策性银行，以及信托等非银行金融机构为主要的发债主体。出于中国政府对金融和资本市场国际化的控制，由国内企业直接在海外发行外币公司债券受到较多限制。事实上，由财政部和金融机构对外发行国际债券后，大多转贷给企业。尽管对外债务人是财政部或金融机构，但真正的承债和归还借款的主体还是企业，而一旦企业出现偿债困难，将不可避免地转嫁给银行和财政。这样做的好处：一是可以充分利用政府和金融机构的信用等级；二是便于国家对外债宏观调控的需要。但这样做的缺点也是显而易见的。一是风险大量积累在金融机构，而金融机构资信状况的恶化更容易放大金融风险，影响了金融机构的资信评级；二是企业在利用外债资金时并不权衡考虑币种选择、外汇汇率、国际资本市场利率波动等风险，而是将涉外风险转嫁给银行，也弱化了企业参与国际市场的抗风险能力。在这种情况下，中国正在逐渐鼓励一些资信较好的国有大中型企业直接进入国际债券市场，中国国际债券融资和外债的结构也在逐渐发生变化。

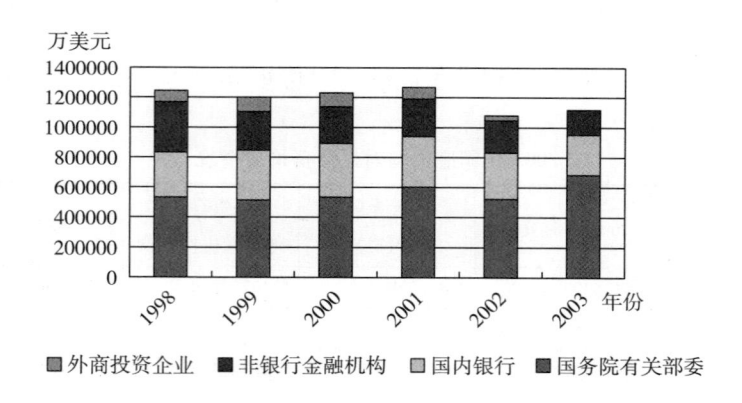

图2　1998—2003年对外发行债券

表2　1998—2003年中国对外发行债券　　　单位：万美元

年份	1998年	1999年	2000年	2001年	2002年	2003年
国务院有关部委	531810	513105	533717	603038.5	522361	683840
国内银行	300582.6	333612.97	359588.6	336999.2	309309.45	267768.2

单位

年份	1998 年	1999 年	2000 年	2001 年	2002 年	2003 年
非银行金融机构	335661.28	256594	243798.1	249899.6	216125.2	165085.6
外商投资企业	74974.7	96952.3	92261.9	76997.9	31641.15	0

资料来源：中国国家外汇管理局。

16.3.3 中国国际债券融资货币结构

我们统计了1982—2004年年底中国境内机构境外发行的137笔债券（见表3），早期主要在日本发行日元债券及发行亚洲美元债券，后来逐渐转向欧美等国际债券市场，发行地点也越来越多地采用全球发行的方式。从币种来看，以美元债券和日元债券为主。美元作为主要的国际结算货币在国际债券融资中所占比例较大，而日元国际债券大多属于早期发行。对于发行国际债券而言，币种结构最好与企业出口创汇的币种结构保持一致。而中国发行在外的国际债券显然没有很好地体现多元化原则。大量美元国际债券的发行，很容易给中国造成人民币升值的压力，很容易降低中国的对外支付能力，加大外汇支出。因此，利用国际债券融资不仅要考虑具体项目的利益，还要考虑国家整体的利益，对国际债券货币慎重选择，努力优化货币结构，防范汇率风险。在过去两年多的时间里，欧元兑其他主要货币的汇率保持了强劲上升势头，欧元适用范围日益广泛，目前欧元区债券市场已超过美国债券市场，成为世界最大的债券市场，未来欧元债券比重将不断上升。

表3　1982—2004年年底中国境内机构境外发行国际债券的货币结构

币种	发行金额	发行笔数	债券平均年限
美元债券	162.57 亿	67	8.91 年
日元债券	10920 亿	57	7.66 年
欧元债券	22.75 亿	4	6.375 年
德国马克债券	16 亿	6	5.5 年
港元债券	19 亿	3	6.33 年

资料来源：据历年《中国金融统计年鉴》整理。

16.3.4 中国国际债券融资利率结构

国际债券的利率结构包括发行国际债券总额中浮动利率债券与固定利率债券的构成比例。根据国际对比，一个合理的利率结构应该是固定利率计算的债券额占 70%—80%，浮动利率债券比重占 20%—30%。浮动利率债券比重较小，有利于回避国际利率风险。我们统计了 1982—2004 年年底中国境内机构境外发行的 137 笔债券的利率结构（见表 4），从发行最多的美元债券和日元债券来看，固定利率美元债券发行额占全部美元债券发行额比例为 68.7%，固定利率日元债券发行额占全部日元债券发行额比例为 89.56%。随着中国债券发行的国际化，美元、欧元债券的比重显著增加，而且将更多地采用浮息债券的发行方式，而美元债券普遍期限较长，但利率也较高。

表 4 1982—2004 年年底中国境内机构境外发行国际债券的利率结构

币种	固定利率债券 发行情况	平均年限	平均利率	浮动利率债券 发行情况	平均年限	平均利率
美元债券	35 笔 111.676 亿	9.265 年（去除一次 100 期样本）	6.9%	32 笔 50.894 亿	5.71 年	L+0.578
日元债券	50 笔 9780 亿	7.935 年	5.315%	7 笔 1140 亿	5.714 年	L+0.60
欧元债券	4 笔 22.75 亿	6.375 年	4.28%	0	0	0
德国马克债券	5 笔 14 亿	5.6 年	6.35%	1 笔 2 亿	5 年	L+0.0625
港元债券	2 笔 7 亿	6 年	8.625%	1 笔 12 亿	7 年	L+0.75

资料来源：根据历年《中国金融统计年鉴》整理。

外债利率结构的变化将直接影响外资的成本，而由于金融工具和金融技术的欠缺，中国发行的国际债券也较少使用掉期、利率期货等方法对冲风险，浮息债券发行额的上升对中国外债的利率风险管理提出了更高的要求。

16.3.5 中国国际债券融资期限构成

债券的期限构成主要包括中国境内机构发行的不同期限国际债券的

结构比重以及相应的利率情况。短期债券越多资本流动的压力越大，国家偿债的压力也会越大。我们统计了1982—2004年中国境内机构境外发行的137笔债券的期限构成（见表5），从发行最多的美元债券和日元债券来看，美元和日元固定利息债券都是以5年期和10年期为主，而美元和日元浮息债券都是以5年期为主。由于发行日元债券的机构包括一些资质略差的地方性信托投资公司，因此日元短期债券的比重更大些。而发行美元债券的机构以国有大型企业为主，这些机构普遍资质较高，发行国际债券时也经过了国内比较严格的审查，因此美元国际债券的期限要更长一些。但是，我们看到美元债券的利率要高于同期限的日元债券，这是因为中国境内机构发行日元债券的评级普遍较高，而美元债券的评级略严格一些。

表5　　中国发行国际债券的期限构成

币种	期限	固定利率债券 发行情况	固定利率债券 平均利率	浮动利率债券 发行情况	浮动利率债券 平均利率
美元债券	5年以下	0	0	3笔，2.4亿	L+0.91
美元债券	5—5.5年	10笔，24.38亿	6.47%	22笔，36.34亿	L+0.58
美元债券	7—7.5年	3笔，7.3亿	3.79%	4笔，7.15亿	L+0.59
美元债券	10年	17笔，72.85亿	7.04%	2笔，4亿	L+0.0625
美元债券	10年以上	5笔，7.15亿	9.15%	1笔，1亿	L+0.5
日元债券	5年以下	4笔，700亿	4.428%	0	0
日元债券	5—5.5年	17笔，3400亿	4.97%	6笔，840亿	L+0.6
日元债券	7—7.5年	5笔，840亿	4.07%	0	0
日元债券	10年	20笔，4040亿	5.98%	1笔，300亿	L+0.6
日元债券	10年以上	4笔，800亿	5.9%	0	0

资料来源：根据历年《中国金融统计年鉴》整理。

16.3.6　中国海外发行主权国际债券情况

从中国机构海外发行主权债券的情况看，至2004年年底中国财政部发行美元债券12笔，金额67亿美元；日元债券6笔，金额1600亿日元；欧元债券（含原德国马克）4笔，金额24.5亿欧元。无论是发行额还是余额，美元所占比重皆为最高，而且美元债券期限也普遍较长，但通过对比，我们可以看到美元债券发行利率也相对较高（见图3和表6）。中国主权债的发行通常是由国际知名的投资银行承担主承销商和簿记人，负责债券的发行推销，债券定价一般首先确定与市场基准利率的收益点差，然后根据定价当日的市场基准利率水平确定债券到期收益率。通常中国每年在国内银行间市场发行大量人民币债券，而长期的贸易顺差决定了中国外汇需求并不大，因此，中国发行的主权债的目的，一是让国际投资者了解中国严谨的外汇管理政策、审慎的外债政策，及中国偿还外债的意愿和能力；二是为国内企业及金融机构未来参与海外债券市场时提供一个合理的参照标准，了解国际债券市场的发行成本，以及活跃周边国际债券市场。尽管中国目前还远没有成为国际债市的主要角色，但随着时间推移，政府、银行和企业必然会在国际债券市场越来越活跃。因此，保持主权国际债券的连续发行是非常有必要的。

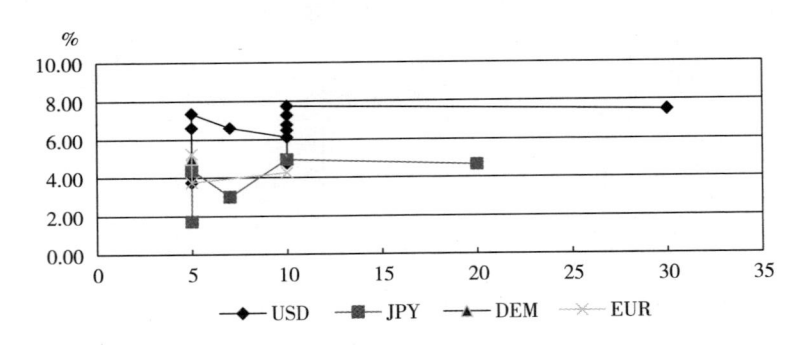

图3　中国海外发行主权债券期限与利率（不同币种）

表6　中国海外发行主权债券情况

发行机构	发行时间	发行地点	发行币种	发行金额（亿）	期限（年）	票面利率（年息%）
财政部	1987年10月	法兰克福	马克	3	5	6
财政部	1993年9月	日本	日元	300	5	4.375
财政部	1993年11月	日本	美元	3.0	10	6.125
财政部	1994年2月	新加坡	美元	10	10	6.375
财政部	1994年7月	日本	日元	300	5	4.375
财政部	1994年7月	日本	日元	300	10	5.375

续表

发行机构	发行时间	发行地点	发行币种	发行金额（亿）	期限（年）	票面利率（年息%）
财政部	1995年12月	日本	日元	300	7	3.0
财政部	1995年12月	日本	日元	100	20	4.65
财政部	1996年1月	美国	美元	1	100	9
财政部	1996年1月	美国	美元	3	7	6.625
财政部	1996年7月	美国	美元	7	5	7.607
财政部	1996年7月	美国	美元	3	10	7.907
财政部	1997年6月	欧洲	德国马克	5	5	5
财政部	1997年10月	全球	美元	4	5	6.625
财政部	1997年10月	全球	美元	1	30	7.5
财政部	1998年	全球	美元	10	10	7.35
财政部	2000年7月	日本武士债	日元	300	5	1.72
财政部	2001年5月	全球	欧元	5.5	5	5.25
财政部	2001年5月	全球	美元	10	10	6.8
财政部	2003年10月	全球	美元	10	10	4.75
财政部	2003年10月	全球	欧元	4	5	3.75
财政部	2004年10月	全球	欧元	10	10	4.25
财政部	2004年10月	欧洲美元	美元	5	5	3.75

资料来源：据历年《中国金融统计年鉴》整理。

16.3.7 中国国际债券评级状况

对外发行债券的利率也取决于债券信用评级情况，国家主权评级是国际上通行的反映一国债券信用等级的标准。中国境内机构早期在日本发行的债券普遍取得了 AAA 评级，但在国际资本市场上中国国家主权评级并不高。随着中国经济的快速发展，中国境内机构发行的外币债券受到越来越多的国际机构投资者的认可。2004 年第一季度，中国主权债在穆迪的评级为 A2，在标准普尔的评级为 BBB+，在惠誉的评级为（A-，积极）。评级是发行长期债券、降低融资成本的前提，中国加入世界贸易组织后，依然被经济合作组织（OECD）视为非市场经济国家，尤其是美国至今未给予中国市场经济国家待遇。国际一些评级机构对中国带有歧视性的主权评级偏离了评级的客观性、公正性，使中国机构海外融资成本与其信用级别产生了背离，信用评级并未发挥资本定价的功能。面对这种情况，中国不仅要努力发展经济，提升本国资信评级，还要努力建设本国的信用评级体系，并积极参与国际评级。2003年12月，上海远东资信评估有限公司作为中国唯一的评级机构受邀加入亚洲资信评级协会，中国评级业开始在国际市场上发出自己的声音，这也有助于提高中国在即将大力发展的亚洲债券市场的地位。

16.4 中国境内机构海外发行债券的发行和偿还情况分析

在这一部分中我们将对中国境内机构海外发行国际债券的流动性结构进行分析，包括发行金额在各年之间的波动性，以及这种波动与国际汇率、利率走势的结合研究。由于国际债券在中国外债中所占比例较小，中国外汇储备上升迅速，而且获准发行国际债券的大多为资质较好的大型国企，因此我们对债券流动性考察的重点不在于研究中国境内机构对国际债券的还款能力，而在于研究债券发行和归还对国际资本流动的影响。另外，结合国际汇率、利率走势研究，可以考察中国国际债券发行中是否能很好地利用国际市场走势，这对于今后国际债券发行时机选择非常重要。

从日元债券的流动性情况看（见图4），日元债券发行的高峰期集中在1985—1988年和1992—1996年两个时间段，而还款期在1995年、1996年、1998年达到顶峰，这期间日元债券还款额度大幅超过了日元债券的发行金额。这种还款期的集中安排，使资本流动的压力增大，容易给国家外汇管理和资本账户管理造成困难。1997年以后日元债券发行金额逐渐缩小，而日元债券的偿还依然在继续，但已经没有偿还高峰出现。从利率走势情况看（见图5），中国第一次日元债券发行的高峰期是日元债券利率的高点，第二次日元债券发行的高峰为日元债券利率相对高点，这说明中国在发行日元债券时利率选择能力有限。但我们认为这可能是政治原因而非经济原因导致的，因为日元债券发行第一次高峰期是中国改革开放初期阶段，对外汇资金需求比较迫切，而国际债券发行也处于尝试阶段；而日元债券发行的第二次高峰是"89"事件后国际资本市场对中国采取的封锁政策刚刚解冻。从汇率走势看（见图5），中国日元债券还款高峰期恰好为日元汇率的高点。由于中国发行日元债券没有采取汇率套期保值手段，汇率波动带来的损失是惨重的。

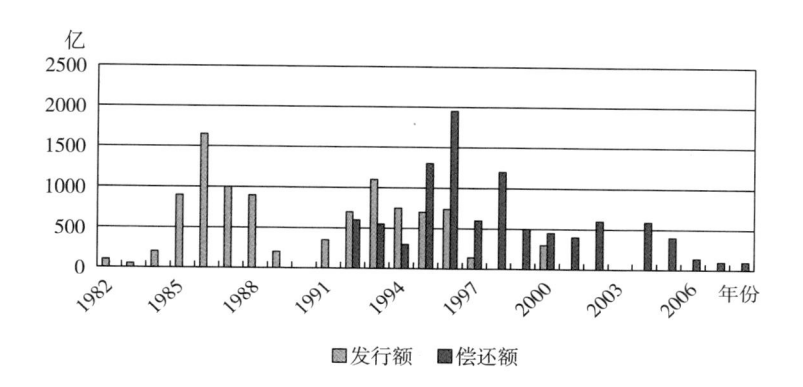

图4 中国机构日元固定利息债券发行和偿还情况

资料来源：根据历年《中国金融统计年鉴》整理。

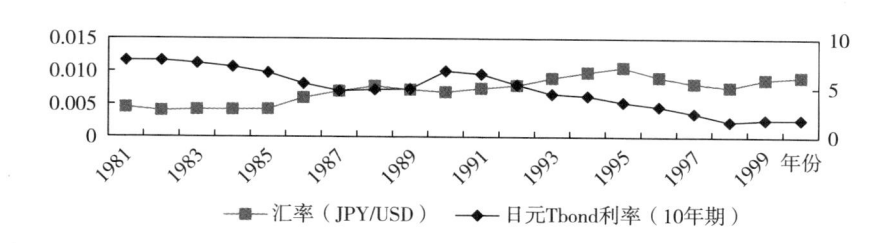

图5 日元汇率与日元债券基准利率

资料来源：日本银行（Bank of Japan）。

与日元债券发行不同的是，中国机构海外发行美元债券在发行额和偿还额的匹配尚要好一些（见图6），尽管某些年限也出现了偿还额严重超出发行额，给外汇管理和资本流动带来较大的压力，但在偿还期集中的一些年份里，新发行债券都比较好地抚平了债券偿还带来的资本流动。另外从美元债券和日元债券相对比看，中国近年减少了对日元债券的依赖程度，而更多地发行美元债券，这使未来美元债券会继续出现偿还高峰，可能会给当年资本账户的管理带来压力。另外，由于人民币汇率实行钉住美元窄幅波动的策略，因此，从目前看美元债券汇率波动的风险较日元债券要小得多。但随着美元债券的增加，必然会给未来人民币汇率带来更大的压力。

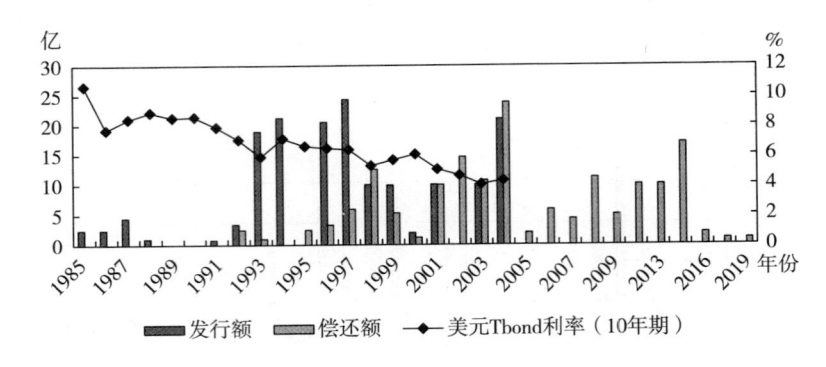

图 6　中国机构美元债券发行和偿还情况

资料来源：美联储，根据历年《中国金融统计年鉴》整理。

16.5　中国企业对外发行外币公司债的情况

16.5.1　中国企业海外发行债券的审批情况

在严格的审核条件下，中国早期国际债券的发行主要以政府机构主权债券，以及金融和信托投资机构发行的金融债券为主，真正意义上的企业海外发行国际债券的案例很少。但是，随着中国经济的发展以及中国资本市场的逐渐开放，国内企业海外发行债券的要求也在逐渐增加。1993 年以后国内企业海外股权融资取得突破，中国企业通过在海外上市的公司作为窗口，同时发行了大量企业债券和可转换债券，使国内企业境外发行国际债券取得较大突破。另外经国务院批准，从 1994 年起国家计委会同中国证监会及国家外汇管理局，开始进行发行境外可转换债券的试点工作。而国家相关机构也逐渐放宽了企业海外发行债券，主要是大型国有企业海外发行国际债券的审批条件。如 2003 年国家外汇管理局发布了《关于取消部分资本项目外汇管理行政审批后过渡政策措施的通知》，宣布根据国务院的有关规定，取消境内中资机构中长期外债融资条件的审批。相应审批取消后，中资机构对外发行中长期外币债券，不再要求到外汇局办理有关融资条件的审批手续，只需在签订借款合同后办理外债逐笔登记手续。该文件规定，中资机构办理外债登记手续时，各外汇分支局应根据新修订的发行外币债券借款资格审核操作规程，对借款人的借款资格进行审核。

尽管中国相关部门对境内机构发行国际债券实行审核制，但审核依然是比较严格的。审核的法律依据包括1997年公布的《境内机构发行外币债券管理办法》，1997年公布的《境内机构借用国际商业贷款管理办法》，2000年公布的《国务院办公厅转发国家计委、人民银行关于进一步加强对外发债管理意见的通知》，2003年公布的《外债管理暂行办法》。审核需要材料包括关于办理外债登记的申请报告，包括主承销商、主受托行和其他承销商的情况；有关债券发行市场、发行方式的情况，债券发行金额、币别、期限、利率及发行费用情况，评级机构的评级结果；与债务有关的汇率、利率风险管理措施；国家主管部门关于融资项目可行性研究报告的批复文件；以及外汇管理局认为必要的其他文件，如发行可转换债券的，需提供主管部门关于转股的批复文件。审核原则包括境内机构（财政部除外）对外发行中长期债券由国家计委审核并会签外汇管理局后报国务院审批；境内机构发行短期债券由国家外汇管理局审批，并占用该机构的短贷指标；发行前设定滚动连续发行的，由国家外汇管理局会签国家计委后审批；以及地方政府不得对外举债。审核要素包括对外发债实行资格审核批准制；境内机构（财政部除外）对外发债资格，由原国家计委会同中国人民银行和有关主管部门，借鉴国际评级方法，对拟发债的机构进行资格评审后报国务院批准；发债资格每两年评审一次。审核授权范围为符合资格和登记审核条件的，由债务人到所在地外汇局直接办理外债登记手续；不符合条件的，由分局初审后报总局批复。另外，借款资格审核为中资机构外债登记程序的一部分。中资机构办理外债登记手续时应先进行借款资格审核。

16.5.2 中国企业海外发行债券的情况

经过对中国境内机构海外发行债券金额的统计，我们发现境内企业海外发行公司债券的案例很少。但随着中国企业海外股权融资的增多，海外上市的中国企业发行的外币债券或可转债，成为中国企业海外发行外币公司债的主体。从表7的统计可以看到，在国际债券发行量居前的企业中，中海油、中移动、上海实业、招商局集团均是海外上市公司，甚至是香港注册的"红筹"公司。另外，通过与境内市场的对比我们发现，这些机构同样在境内人民币债券市场上占有相当大的份额，大型机构在债券市场上的优势非常明显。但更明显的是，中国国内实力与中海油、中移动、上海实业、招商局集团相近的企业还有很多，甚至很多企业的实力要超过这些公司，但是它们在国际债券市场上并无多大作为，尽管其中很多企业也实现了海外上市，但它们对于国内债券市场和国际股权市场的关注比对国际债券市场的兴趣大得多。随着这些企业的发展，将产生出更多的融资需求，在国内金融市场尚不成熟的情况下，这些融资需求必将有很大一部分转向海外融资方式，包括海外股权融资和国际债券融资。与股权融资相比，中国企业对国际债券市场的利用尚待开发。

表7　截至2003年年底中国境内机构海外发行债券金额排名

（包括境内机构和海外上市企业）

海外发行债券金额排名	发债主体	债券评级穆迪/标准普尔	发行量（百万美元）	发行宗数
1	财政部	A2/BBB	14403.0	21
2	中国银行	A2/BB+	4188.50	15
3	中国国际信托投资公司	Baa2/BB	3683.57	16
4	中国建设银行	Baa1/BB+	2313.73	8
5	中海油	Baa1/BBB	1500.00	3
6	中国农业银行	Baa1/-	1252.70	10
7	国家开发银行	Baa1/BBB	1116.04	3
8	中国移动	Baa2/BBB	600.00	1
9	上海实业	-/-	575.00	3
10	招商局集团	Ba2/-	549.30	5

资料来源：根据香港资本市场公会整理。

图7和图8展示了中国企业与政府在国内、国外发行债券的利率与期限的比较，我们看到国内债券市场的期限结构是比较合理的，相对比而言，国际债券的情况要复杂得多。中国企业海外发行的国际债券资信差别比较大，主权国际债券的发行数量和连续性也并非十分充足，这造成

了主权国际债券对于公司国际债券的定价基准作用并不明显。这表现在图 7 中国内企业海外发行公司债券的利率和期限结构散点分布非常广，远不如国内人民币债券的分布均匀。对比前面总结的中国境内机构国际债券发行的期限结构，可以发现中国机构海外发行国际债券的期限以 5 年期和 10 年期为主，其他期限的债券发行数量非常少，而且债券滚动发行时没有连续性，难以画出中国境内机构国际债券的期限结构。在缺乏标准的情况下，必将造成中国机构海外发行国际债券定价的失真。

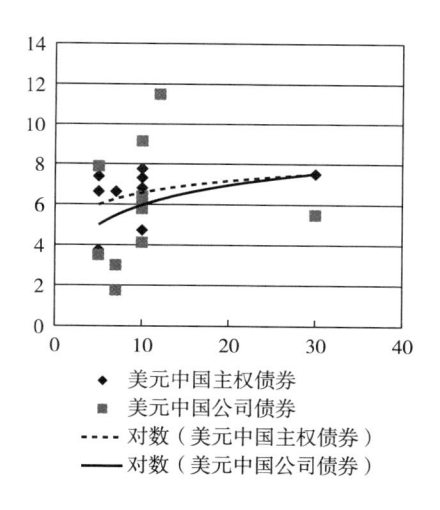

图 7 中国机构发行美元债券利率与期限

资料来源：据历年《中国金融年鉴》、Chinabond 数据整理。

为了寻找一个连续的标准来判断中国境内机构海外发行债券的期限结构，我们使用一个替代的方法。由于中国发行的国际债券大多选择在香港上市交易，我们使用香港金管局外汇基金票据的期限结构作为基准，从图 9 中我们可以看出，中国一些机构在海外发行债券的情况，从拟合来看，由于在香港上市交易的公司债数据太少，难以做出判断；但值得注意的是，中国主权债的发行条件，尤其是 7 年以上的长期债券的发行条件尚不如金管局票据。这对中国机构海外发行债券提出了更高的要求。

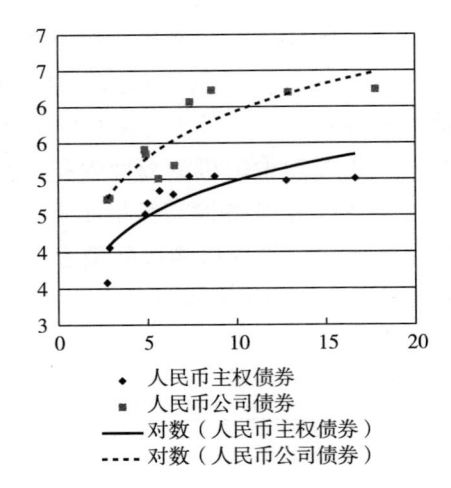

328 / 第四编 融资及香港金融市场

图8 中国机构人民币债券期限结构

资料来源：根据历年《中国金融年鉴》、Chinabond 数据整理。

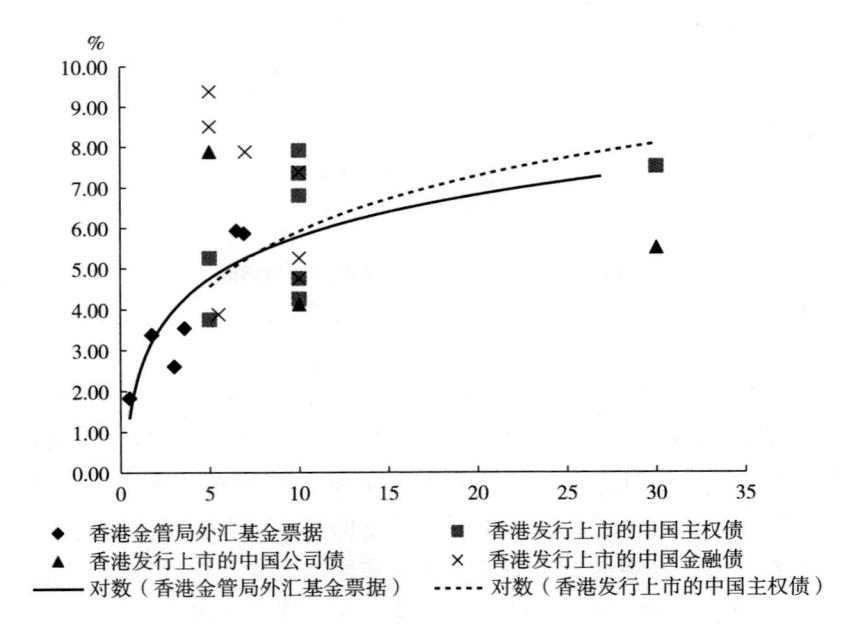

图9 香港债券市场发行的中国机构债券期限、利率比较

资料来源：根据香港联交所数据整理。

16.6 中国机构海外发行债券筹资的成本分析

经过对海外发行债券的必要收益率构成的分析，我们认为对于海外发行固定利率债券，必要收益包括基准利率基础上，加上同债券相联系的信贷风险所需要的收益升水，再加上汇率风险所需要的收益升水，加上承担变现风险所需要的收益升水，减去同债券联系的税款优惠而放弃的收益，如果债券中包括了浮息、可转换为股权的期权安排，则还应加上债券持有者让与发行者的期权所需要的收益升水，再减去发行者让与债券持有者的期权放弃的收益。通过分析，我们将对海外债券发行利率的影响因素所采用的经济指标和变量形势归纳如下。

（1）基准利率及基准利率变化趋势。我们使用国际债券发行当年各发行地相同期限国库券利率作为基准利率；另外，将相同期限国库券利率的变化率也作为解释变量，而且在对浮息债券发行条件的研究中，由于浮动利率期权的计算过于复杂，发行地相同期限国库券利率的变化率也可作为工具变量。为削弱自相关影响，我们使用变化率的对数。由于一般国际债券利率在基准利率基础上加一个溢价，因此基准利率与国际债券利率应为正相关关系。

（2）中国机构海外发行国际债券的发行期限和发行金额，以及发行机构的信用评级。由于信用级别对债券发行收益率的影响递减，因此我们使用自然数的对数作为海外债券发行主体信用级别的代表。一般资信越高的机构发行债券的利率越低；反之也是一样的。而债券期限越长，面对的利率风险越大，因此债券利率与期限通常为正相关关系。

（3）汇率的变化率。在资本国际自由流动的情况下，汇率的变化会抵补不同国家之间利率的差异，从而使不同国家资本的收益率趋于一致。而汇率对国际债券发行利率的影响主要是反映在对汇率变化的预期上，因此我们使用汇率变化率作为解释变量。

（4）由于税收影响较小，且难以计算，我们暂时忽略税收的影响。另外，我们的数据样本不包括可转债，因此转债期权不在我们考虑范围之内。而对于浮动利率债券，我们将专门对其进行计量研究。

我们的研究样本包括 1982—2004 年年底中国境内机构境外发行的共

137笔债券。这些国际债券的发行资料来自《中国金融年鉴》的统计，样本的具体币种、期限、利率等结构方面的特征，我们在前文中做了比较详细的归纳。由于境外上市的中国企业在国际债券市场发行企业债的情况与境内机构不同，我们的样本没有包括这些公司的数据，而且因为我们的研究不涉及可转债，所以数据中也未包含此类样本。美国和日本国债利率的数据分别来自美国联邦储备局和日本中央银行；各国货币汇率数据来自中国国家外汇管理局。

首先我们估算中国机构海外发行的固定利息美元债券，以发行利率为被解释变量，回归公式为：

$$r = c + b_1 m + b_2 \frac{T}{10} + b_3 \ln(I_{credit}) + b_4 r^* + b_5 \ln\left(\frac{r^*}{r^*_{t-1}}\right) \tag{1}$$

其中，r表示中国机构海外发行固定利息美元债券利率；m表示国际债券面值；T表示国际债券期限；I_{credit}表示国际债券信用等级；r^*表示国际债券发行当年美国T期国债利率；r^*_{t-1}表示国际债券发行上一年美国T期国债利率。

由于人民币基本采用盯住美元的汇率窄幅浮动，因此在模型中没有加入汇率变化的影响。回归结果如表8所示。

表8　　　　　　　　　　回归结果

Variable	Coefficient	Std. Error	t – Statistic	Prob.
C	2.008732	1.885443	1.065390	0.2955
b_1	0.083828	0.145893	0.574583	0.5700
b_2	0.337485	0.203659	1.657111	0.1083
b_3	-0.704158	1.032947	-0.681698	0.5008
b_4	0.786755	0.233418	3.370590	0.0021
b_5	-2.414770	2.391663	-1.009662	0.3210

R^2为0.398，F统计量为3.839，DW统计量为0.9730，无法拒绝残差的序列相关性，通过对残差图10的检验，我们发现5个样本的拟合出现异常值。

通过对这5个样本的检查，我们发现这几次发行全部为公司债。这是一个比较有趣的现象，因为在我们的中国机构海外发行的固定利息美元债券样本中，公司债样本是非常少的，大多数样本均为金融债和政府债券。这说明，公司债券在海外发行中的影响因素与其他机构债券的影响因素有所不同，比如资信状况对公司债券发行利率的影响非常大，但由于中国公司在海外发行公司债券案例较少，因此难以进行相关的检验。

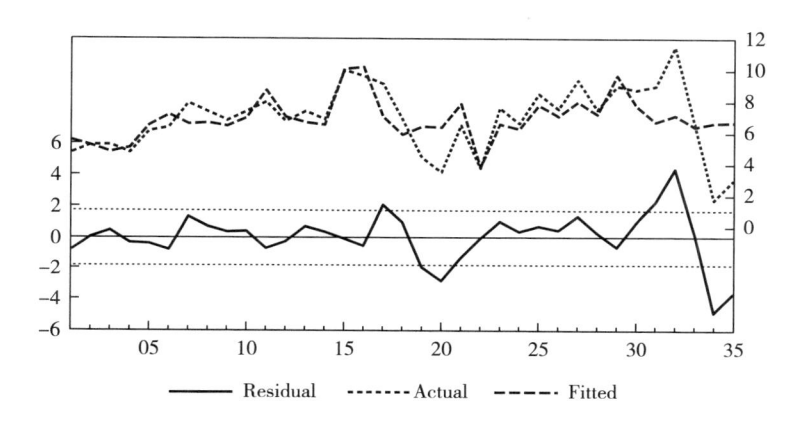

图10　固息美元债券利率检验残差图

剔除公司债券5个样本后，我们对中国机构海外发行的固定利息美元债券回归结果如表9所示。

表9　　　　　　　　　剔除5个样本后回归结果

Variable	Coefficient	Std. Error	t – Statistic	Prob.
C	1.891731	1.018260	1.857808	0.0755
b_1	－0.003724	0.075322	－0.049445	0.9610
b_2	0.208799	0.104515	1.997794	0.0572
b_3	0.130207	0.552241	0.235780	0.8156
b_4	0.738094	0.119424	6.180437	0.0000
b_5	－2.011057	1.218454	－1.650500	0.1119

R^2为0.7299，F统计量为12.9735，DW统计量为1.4084，各项指标有了明显的改善，在各项指标中，我们发现融资金额、债券发行机构的资信情况对债券利率的影响都并不显著。融资金额的影响系数不显著可

能是由于相对国际债券市场，中国国际债券的发行量相对较小；而资信情况影响系数不显著，既可能是由于中国机构海外发行国际债券的信用评级普遍差别较小，也可能是由于我们量化评级的方式不太完善。而债券发行的期限、美元同期限国债基准利率的影响系数为正，且影响显著，这符合经济学的普遍意义，固定债券利率会随着期限加长以及基准利率提高而上升。另外，我们发现利率变化趋势的影响为负，但并不显著，这个符号似乎不大符合预期。图11我们给出了1982年到2004年5年期、7年期、10年期美国国债利率的走势，整体呈中长期下跌走势。这个统计结果表明，中国机构海外发行的国际债券并没有从利率下降的趋势中获得好处，这可能是由于中国机构海外发行国际债券评级情况较低，海外投资者对中国固定债券的接受程度不高。

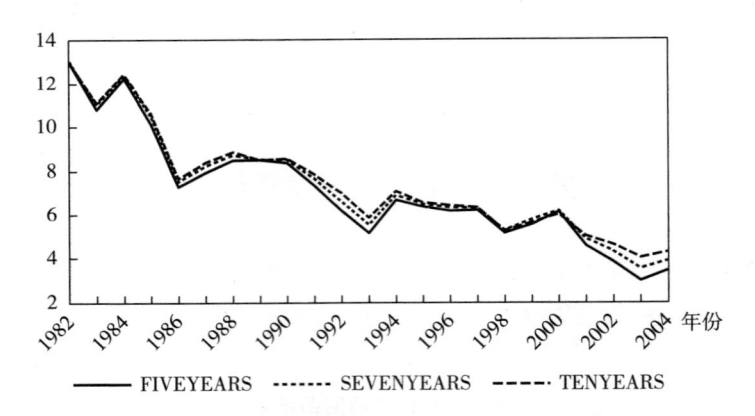

图11　1982—2004年5年期、7年期、10年期美国国债利率走势

接下来我们估算中国机构海外发行的浮动利息美元债券，以发行利率对基准利率的溢价为被解释变量，回归公式为：

$$r = c + b_1 m + b_2 \frac{T}{10} + b_3 \ln(I_{credit}) + b_4 r^* + b_5 \ln\left(\frac{r^*}{r^*_{t-1}}\right) \quad (2)$$

其中，r表示中国机构海外发行浮动利息美元债券利率较 LIBOR 利率的溢价；m表示国际债券面值；T表示国际债券期限；I_{credit}表示国际债券信用等级；r^*表示国际债券发行当年美国T期国债利率；r^*_{t-1}表示国际债券发行上一年美国T期国债利率。

由于人民币基本采用盯住美元的汇率窄幅浮动，因此在模型中没有加入汇率变化的影响。回归结果如表10所示。

表 10　　　　　　　　　　　　　回归结果

Variable	Coefficient	Std. Error	t – Statistic	Prob.
C	2.388116	0.417530	5.719631	0.0000
b_1	-0.078131	0.062457	-1.250948	0.2221
b_2	0.092703	0.190422	0.486831	0.6305
b_3	0.010595	0.171140	0.061910	0.9511
b_4	-0.283975	0.079586	-3.568153	0.0014
b_5	1.142953	0.404713	2.824111	0.0090

R^2 为 0.4434，F 统计量为 4.1421，DW 统计量为 1.7958。模型对浮息债券的解释力度远远小于对固息债券的解释力度，这充分反映了浮息债券中期权影响因素的复杂性。从回归结果看，资信情况和发行资金规模的影响依然不显著，而期限的影响也不显著。这是由于样本中中国境内机构海外发行的浮动利息债券绝大部分为 5 年期，这降低了期限对利率的解释力度。另外值得注意的是，看上去似乎基准利率和利率变化趋势的影响与固定利率债券相关统计中的结论正好相反，但我们对浮息债券进行检验时被解释变量是发行利率对基准利率的溢价。在利率处于中长期下降的趋势中时，利率趋势的系数为正说明随着利率的下降，发行者愿意提供的浮动利率溢价也会下降。而较高的基准利率使发行者预期利率会进一步下降，从而降低提供的浮动利率溢价。

为了增强模型对浮息债券的解释能力，我们增加滞后一期的利率波动趋势作为解释变量，新增解释变量的系数为 b_6，新的回归结果如表 11 所示。

表 11　　　　　　　　　　　　　新回归结果

Variable	Coefficient	Std. Error	t – Statistic	Prob.
C	2.401099	0.335502	7.156737	0.0000
b_1	-0.142075	0.056797	-2.501427	0.0207
b_2	0.640666	0.432681	1.480689	0.1535
b_3	0.212803	0.146528	1.452304	0.1612
b_4	-0.373838	0.082738	-4.518329	0.0002
b_5	1.535234	0.386991	3.967103	0.0007
b_6	-0.558795	0.479203	-1.166092	0.2567

R^2 为 0.6176，F 统计量为 5.6536，DW 统计量为 2.5132。增加一个解释变量后，模型的解释能力明显增强，而且原先各个变量的符号和显著程度没有明显变化。新增的滞后一期的利率波动趋势的符号为负，与当期利率变化趋势的符号相反。这个结论说明在浮息债券溢价决定过程中，长期利率趋势与短期利率趋势的影响不同，但增加考虑长期利率趋势有助于提高模型的解释性。

通过检验，我们发现在中国机构海外发行美元国际债券利率的影响因素中，最重要的是国际市场的基准利率和利率走势，因此海外发行国际债券中，对国际利率走势的把握至关重要。另外一个重要的市场影响因素是汇率走势，但是由于人民币实行盯住美元窄幅波动的政策，在美元债券的检验模型中我们并没有考虑汇率走势的因素，而筹资金额的影响并不显著。至于债券期限，尽管在浮息债券的检验中期限因素并不显著，但应当注意的是，由于模型中基准利率和利率趋势的数据都是与国际债券发行期限相同的美元国债的利率数据，因此期限的影响有一部分隐含在国际债券市场利率的影响因素中。至于发行机构的资信情况，尽管在我们的检验中这个因素并不显著，但我们认为这主要是由于中国境内机构海外发行国际债券评级普遍较低，且由于差距不大造成的，另外在公司债发行中发行者的资信情况是非常重要的。

接下来我们估算中国机构海外发行的固定利息日元债券，以发行利率为被解释变量，回归公式为：

$$r = c + b_1 m + b_2 \frac{T}{10} + b_3 \ln(I_{credit}) + b_4 r^* + b_5 \ln\left(\frac{r^*}{r^*_{t-1}}\right) + b_6 \ln\left(\frac{\hat{r}}{\hat{r}_{t-1}}\right) \quad (3)$$

其中，r 表示中国机构海外发行固定利息日元债券利率；m 表示国际债券面值；T 表示国际债券期限；I_{credit} 表示国际债券信用等级；r^* 表示国际债券发行当年日元 10 年期国债利率；r^*_{t-1} 表示国际债券发行上一年日元 10 年期国债利率；$\hat{r}$ 表示国际债券发行当年日元汇率（USD/JPY）；$\hat{r}_{t-1}$ 表示国际债券发行上一年日元汇率（USD/JPY）。

回归结果如表 12 所示。

R^2 为 0.755719，F 统计量为 22.1712，DW 统计量为 1.8190。通过对参差值的判断，发现 2 个样本偏差过大，分别为中信集团 1987 年在中国香港和伦敦发行的两次债券，但这对我们整体判断的影响并不显著。回归结果中资信的影响不显著，但较美元债券中的影响显著一些，这是因为

表 12　　　　　　　　　　回归结果

Variable	Coefficient	Std. Error	t – Statistic	Prob.
C	0.379219	0.710812	0.533502	0.5964
b_1	-0.414585	0.152750	-2.714138	0.0095
b_2	0.593858	0.317270	1.871776	0.0680
b_3	0.374211	0.343648	1.088939	0.2822
b_4	0.952793	0.101851	9.354748	0.0000
b_5	-0.477948	1.580194	-0.302462	0.7638
b_6	-1.782225	1.021584	-1.744570	0.0882

国内较多地方信托投资公司发行日元债券，其资信评级较低，而一些大型机构发行的日元债券取得了极高的投资评级，使日元债券发行主体的资信差别比发行美元债券主体的资信差别大很多；期限、汇率、基准利率的影响与我们的预期相符合，且均显著。融资金额的系数为负值，这可能是由于发行金额大的样本资质也比较高。而利率趋势的系数为负值，这与我们在美元固定利率债券中的检验结论相类似，但日元固定利率债券中，利率趋势的影响并不显著。与美元债券相比较，日元债券非利率因素的影响更丰富一些。这可能是由于发行日元债券的主体更为丰富，而发行美元债券的主体差别较小。

16.7　结论和政策建议

通过上述研究，我们发现中国机构海外债券发行中最重要的问题是对市场因素重视不够，而政策性因素影响过多。由于政策性约束，境内企业海外发行公司债的金额非常少，国际债券的发行以政府债和金融债为主，一些海外上市的中国企业发行的债券是国际债券市场上中国公司债的主体，但总体来看，中国国际债券的发行主体非常少，大量企业还没有借助于国际债券市场。由于中国企业发展速度较快，融资的欲望越来越强烈，而国内金融市场比较狭小，因此未来中国企业海外发行债券的市场前景很大，但政府和企业似乎并没有为这种情况做好准备。

对于政府而言，随着境内机构国际融资需求增加和中国逐渐融入国际资本市场，海外债券发行的政策约束放开是必然选择。我们首先认为，中国应加大主权债券的国际发行力度和连续性，这可以为公司债券的海外发行提供基准，而且安排好还款期，可以抚平未来企业国际债券融资快速上升时资本的大量流动，主权债在调节国际资本流动中应当发挥更充分的作用。其次，政府可宏观适当调节国际债券发行和币种结构、期限结构、利率结构，大量发行美元债券必然给人民币汇率带来更大的压力。

对于企业而言，应对国际债券发行中的利率和汇率风险给予更多的关注。在过去中国境内机构海外债券发行中，由于没有进行汇率套期保值等方法，在汇率波动中蒙受了巨大损失。我们在实证检验中注意到国际基准利率、汇率、期限结构是机构国际债券发行中利率确定的重要影响因素，而资信评级对企业债券而言的重要性也是不言而喻的。但中国机构在国际债券市场上大量同质化的低评级是非常不合理的，中国企业应该在国际评级中争取更多的力量。

尚待探讨的问题。首先，我们在实证检验中发现影响中国企业海外债券发行的因素与政府债券、金融债券的影响因素有所区别。但是，由于中国企业发行国际债券案例太少，难以进行相关的实证分析。我们认为资信应该是这个区别出现的关键，随着今后企业债海外发行的增多，我们认为相关的后续研究是有必要的。

其次，我们认为，中国国际债券海外发行中政策因素影响是巨大的，包括目前中国实行的人民币汇率管制和资本账户有限开放，以及企业海外发行债券的严格审批。政策因素的不确定性，给我们的研究带来了很大阻力。但我们在对中国公司发行国际债券的研究中发现两点比较有趣。一是海外发行上市的企业对国际债券市场的利用更为充分，包括发行可转换债券，而这些企业大多在我国香港和美国挂牌上市交易；二是中国机构发行的国际债券大多在香港债券市场进行交易，提高了这些债券的流动性。因此，我们认为香港在未来中国机构国际债券发行中的地位是非常重要的。香港作为亚太地区重要的金融中心，是亚洲与欧美资本市场连接的主要门户，香港资本市场的发展与中国金融自由化的进程密切相关。在中国债券市场开放的进程中，香港资本市场更是起着举足轻重的作用。在债券筹资开放方面，香港是中国境内机构发行债券的重要场所，是中国发债机构与欧美投资者之间的重要纽带，另外中国有大量企业在香港上市，这些企业在香港发行债券或可转债，是中国企业海外发行外币公司债的主体。在债券投资开放方面，2004年3月香港金融管理局债务工具中央结算系统（CMU）与中国中央国债登记结算公司中央债券簿记系统实现联网，中国境内经批准可经营外汇业务的金融机构可以通过跨越两个系统的联网直接持有及买卖CMU债务工具，这使中国境内投资者可以直接投资香港流通的外币债券。除此之外，债券市场的开放同时意味着债券发行、投资和交易等中介服务的开放，香港也就成为中国境内金融机构，包括企业交流信息、学习经验的重要场所，是中国境内机构走向国际化的重要平台。

17　国内企业海外上市利于中国资本市场发展[①]

17.1　前言

针对近年来对国有企业海外上市的争论，本文介绍了国内企业海外上市的概况，并以实际案例说明了海外上市企业的成长性。在此情况下，本文比较深入地分析了国内企业海外上市的原因，认为企业上市是企业自身的决策行为，不应该受到政府的干预。而国企海外上市不但不会造成国有资产流失，反而是国有资产保值增值的一种方式。大量国内企业海外上市既给中国的资本市场带来了压力，也促进了国内金融市场重组和改革的动力。

17.2　国内企业海外上市的概况

中国企业海外上市的融资方式主要有这样几种方式：内地的企业法人在境外直接上市（IPO）：如果在香港首次发行股票称为 H 股，在纽约首次发行股票称为 N 股，在新加坡首次发行股票称为 S 股。涉及境内权益的境外公司在境外则可以以红筹股的形式直接上市。除此之外，还可以通过境外买壳上市或境外上市公司反向兼并中国内地或内地之外的企业法人这种方式上市。如中信泰富就是以买壳的方式在香港市场上市，而北美特别是加拿大市场一般采用反向收购（RTO）的方式实现挂牌上市。国内 A 股上市公司可以进行境外分拆上市。如 A 股公司同仁堂就是

[①]　该文章发表在《管理世界》2006 年第 7 期。

分拆子公司以 H 股方式在香港创业板上市。另外，还有存托凭证（DR）和可转换债券（CB）的方式。比如青岛啤酒、上海石化等公司，它们的主挂牌在香港，但又同时通过全球存股证方式（GDR）和美国存股证方式（ADR）分别在全球各地和美国纽约证券交易所上市。目前在美国纳斯达克证券交易所上市的中国企业则普遍采取存股证方式（ADR）实现境外上市。

随着世界经济的一体化和金融全球化趋势的加强，以及中国对外开放程度的提高，中国企业受到了海外投资者的广泛关注，越来越多的国内企业选择在国际资本市场融资。而最近两年来，由于 A 股市场持续低迷，2005 年更是因为股权分置改革而暂停新股发行，海外上市就成为很多国内企业的唯一选择。据证监会数据，截至 2005 年 11 月 30 日，境外上市外资股筹资额已经达到了 198.54 亿美元（约 1600 亿元），近 3 倍于 2004 年 A 股股票的筹资总额。1997 年中国电信，2000 年中石油、中国联通；2003 年，中国人寿、中国人保、首创置业、中芯国际等重量级国有企业相继在境外上市；2004 年，中国石油、蒙牛境外上市；2005 年，交通银行、神华能源和建设银行先后在香港上市（见表1）。由此可见，海外上市企业的规模越来越大，而且已经涉及一些行业的整体改制。

表1　　　　　　　　近年来海外上市的中国大型企业

上市公司名	上市时间	交易所	发行数量	融资额	备注
中国人寿 (2628，HK)	2003 年 12 月	纽约所、 香港联交所	64.7 亿股（H 股或美国预托）	34 亿美元	当年全球最 大规模的 IPO
中海集运 (2866，HK)	2004 年 6 月	香港联交所	24.2 亿股 H 股	9.85 亿美元	
平安保险 (2318，HK)	2004 年 6 月	香港联交所	13.87 亿股 H 股	143 亿港元	首家在境外公 开招股的金融 控股集团
中电国际 (2380，HK)	2004 年 10 月	香港联交所	9.9 亿股 H 股	25.05 亿港元	
中国网通 (0906，HK)	2004 年 11 月	纽约所， 香港联交所	10.46 亿 H 股	11.4 亿美元	
中国国航 (0753，HK)	2004 年 12 月	香港、 伦敦证交所	28.06 亿股 H 股	83 亿港元	

续表

上市公司名	上市时间	交易所	发行数量	融资额	备注
中兴通讯 （0763，HK）	2004年12月	香港联交所	1.41亿股H股	3.98亿美元	
神华能源 （1088，HK）	2005年6月	香港联交所	33.99亿股	32.76亿美元	
建设银行 （0939，HK）	2005年10月	香港联交所	全球发行 264.86亿H股	622亿港元 （折79.8美元）	发行金额创香港历来上市集资金额的最高纪录

资料来源：根据方正证券2005年三季度研究报告以及相关公开资料整理。

实际上，国内A股IPO的融资额实际上已经连续三年低于海外IPO的融资额了。2003年中国企业海外新上市（IPO）的数量为48家，筹资金额约70亿美元；与此对应的是沪深两市IPO有66家，IPO融资额为453.5亿元，约54.8亿美元。2004年海外上市的企业数量为84家，筹资金额111.51亿美元；2004年A股市场新股共募集资金353.46亿元，约42.7亿美金。2005年的中国企业海外IPO数量为70家，较2004年减少了约14%，但筹资金额约为212.3亿美元，较2004年增长了约90%；2005年A股市场发行15只新股共募集57亿元，约6.84亿美元，是1997年以来IPO募资额最低的一年，如图1所示。

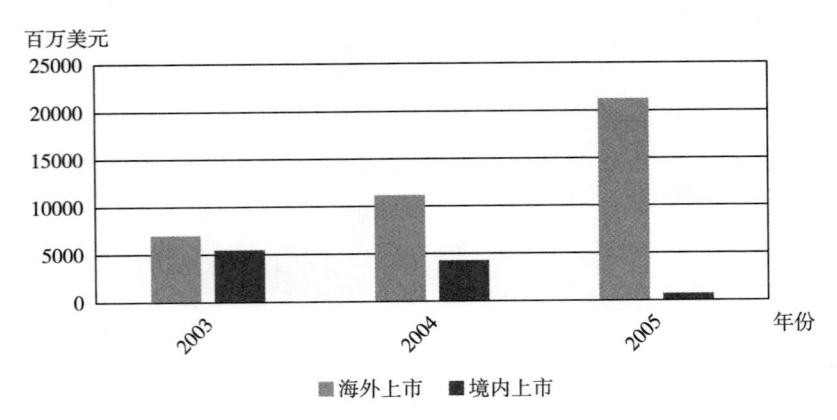

图1 2003—2005年境内外IPO融资额度比较

资料来源：根据相关公开资料整理。

在国有企业深入改制和民营企业迅速成长的背景下，我国企业的市场化程度已经大大增加。在有关融资的决策上，企业是按照效益最大化的原则来确定的。既是市场经济的体现和要求，也是我们判断国内企业海外上市适当与否的前提。

17.3 国内企业海外上市的成长性

国内企业通过海外上市，不仅获得了企业发展所需要的大量资金，更重要的是，境外严格规范的资本市场对企业的信息披露、管理体制、经营业绩都提出了更高的要求，这种要求有利于企业改善治理结构、转变经营理念、树立股东价值最大化目标，从而更好地与国际市场通行规则接轨。因而国内企业海外上市的过程，既是不断改善自己以适应国际资本市场要求的被动过程，更是自身发展壮大的主动过程。

迄今为止，国内各个行业中的领先企业已经纷纷在境外上市，它们上市之后获得了良好的业绩，为国际投资者带来了丰厚的回报，也为进一步发展打下了坚实的基础。

在石油行业，3月20日公布业绩的中石油成为举世瞩目的盈利明星。该公司在2005年度获得了1333.62亿元的净利润（归属于本公司股东的利润），成为亚洲最赚钱的公司，净利润增幅高达28.4%。图2和图3显示，截至2005年年底，中石油年度实现营业额达5522.3亿元，较上年度上升39%，每股基本及摊薄盈利为0.75元，比2004年增长约0.16元。

中石油于2000年4月定价发行新股15824176200股H股（包括代美国托存股份代表的H股），同时，中国石油天然气集团公司出售其所持的公司股份1758241800股，募集资金净额203.37亿元。[①] 这些股份分别于2000年4月6日及2000年4月7日在纽约证券交易所和香港联交所主板上市，经营业绩一路攀升，每年都为国有股东及海外投资者带来了丰厚的利润。

---

① 更详细的发行情况参考中石油（0857，HK）2000年年报。

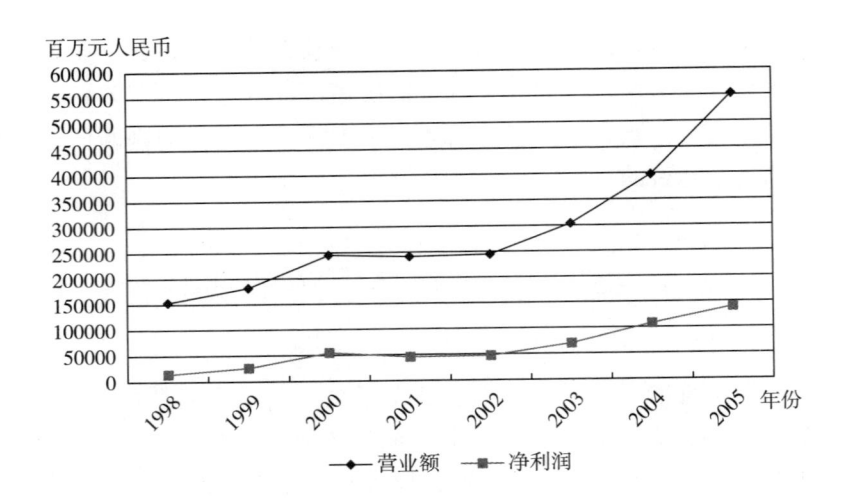

图 2　1998—2005 年中石油营业额和净利润增长

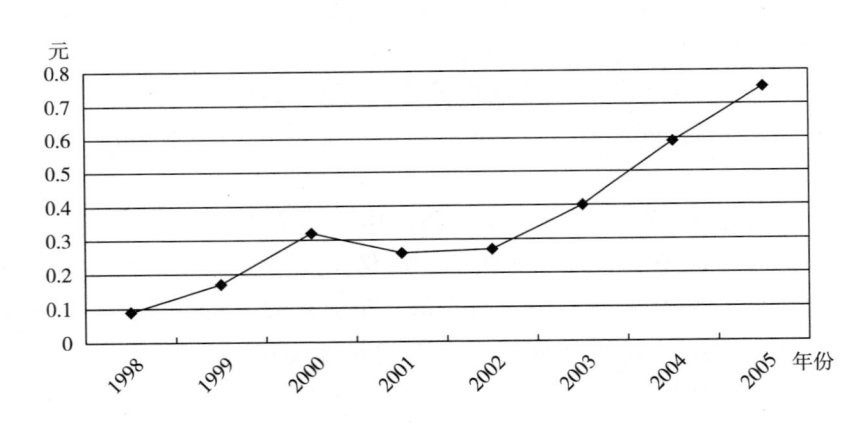

图 3　1998—2005 年中石油每股净利润增长

资料来源：根据中石油1998—2005年年报整理。

从中石油连续 8 年以来的周 K 线图（见图 4）来看，在业绩连续增长和国际油价上涨的背景下，走出了震荡上升的行情。特别是近两年多来，中石油、中石化两大国企股走势多次跑赢恒生指数大市，为恒生指数冲高贡献了强大的力量。

由于业绩一路向好，而中石油又严格恪守上市之初的承诺，坚持稳定派息政策，按税后净利润的 45% 分派股息，受到投资者的欢迎，所以中石油于 2005 年 9 月又完成了共计 35.16 亿股 H 股的配售，再融资额高

17 国内企业海外上市利于中国资本市场发展 / 343

达 27.15 亿美元,实现了国有资产的大幅增值。

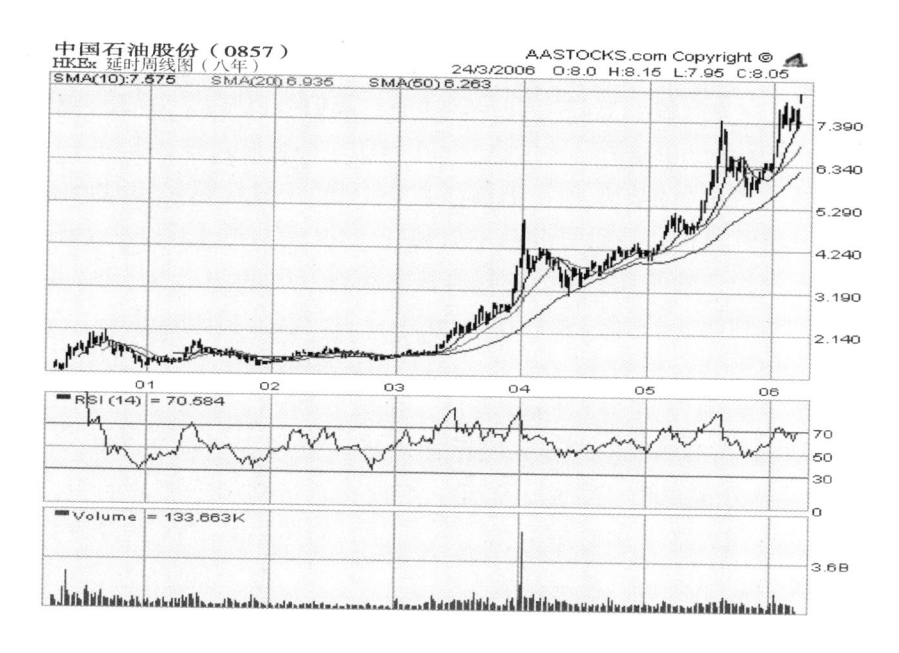

图 4　中石油 8 年周线

资料来源:AASTOCKS.com。

中国移动(香港)[2006 年 6 月 28 日之前公司名称为中国电信(香港)]有限公司,2000 年 6 月之后正式更名为中国移动(香港)有限公司。更名的背景是 1998 年中国电信业体制改革,中国电信被分解为中国电信和中国移动两家公司。现在的中国移动(香港)集团通过中间控股公司间接持有中国移动(香港)75.6% 的股权是另外一家分别在纽约证券交易所和香港联合交易所上市的大型企业。中国移动是中国内地最大的移动通信服务供应商,至 2004 年,已经连续 3 年入选《福布斯》"全球 400 家 A 级最佳大公司"榜单。中国移动(香港)早在 1997 年就已经在两地上市,因而也就比同行业的其他公司更早获得充足的发展资金,更早建立起比较完善的公司治理机制。中国移动(香港)的股票在 1998 年 1 月 27 日成为香港恒生指数成分股。中国移动(香港)1997 年 10 月首发筹资 42 亿美元,自上市之后,分别于 1999 年筹资 20 亿美元,2000 年 11 月再次筹资 68.65 亿美元。

344 / 第四编　融资及香港金融市场

　　图 5 反映的是中国移动 1996—2005 年的营运收入情况。2005 年的营运收入比 2004 年增长了 26.3%，EBITDA（扣除利息收入、利息支出、营业外收入、所得税、折旧及摊销前的盈利）比 2004 年增长了 24.8%（见图 6），而每股盈利更是增长了 27.8%。我们可以看出，从中国移动（香港）1997 年上市以后，营运收入和 EBITDA 都有很大的上涨幅度。为了适应新技术新业务的发展，中国移动在 1999 年对模拟移动通信设备进行了减值及注销，导致每股基本盈利在 1999 年有所下降。但是在未计入模拟网设备减值及注销前的每股基本盈利为 0.86 元，比 1998 年的每股基本盈利增长了 43.3%。在 1999 年之后，该公司的每股基本盈利就开始一路攀升（见图 7）。上市公司经营业绩的稳步上升，反映在股东权益上就是股东应占利润的增长。如图 8 所示，股东应占利润在 2005 年达到了 5354900 万元人民币的水平。每股股息也从 2004 年的 0.66 元一跃升至 2005 年的 1.02 元，给投资者带来了丰厚的回报。由于中国移动（香港）的红筹身份，获利最大的还是具有国资背景的中国移动集团。

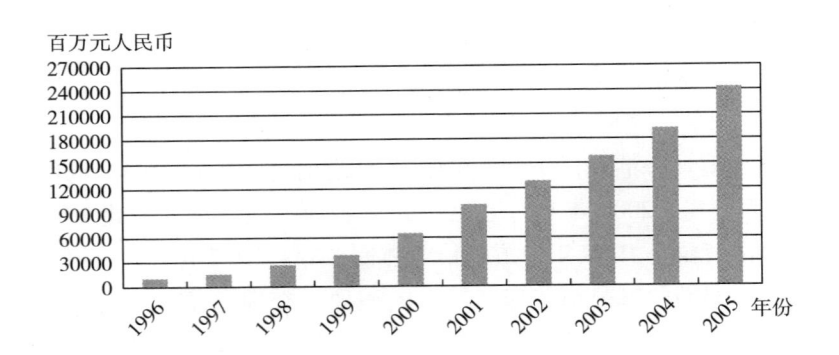

图 5　1996—2005 年中国移动营运收入

资料来源：根据中国移动 1997—2005 年年报及公开资料整理。①

---

　　①　1996 年、1997 年两年的每股基本盈利是备考每股盈利。由于中国移动（香港）在 1998 年 6 月收购了江苏移动，为方便比较，以前年度的经营业绩均为假设该集团现时的结构在叙述所及期间一直存在的备考合并业绩。

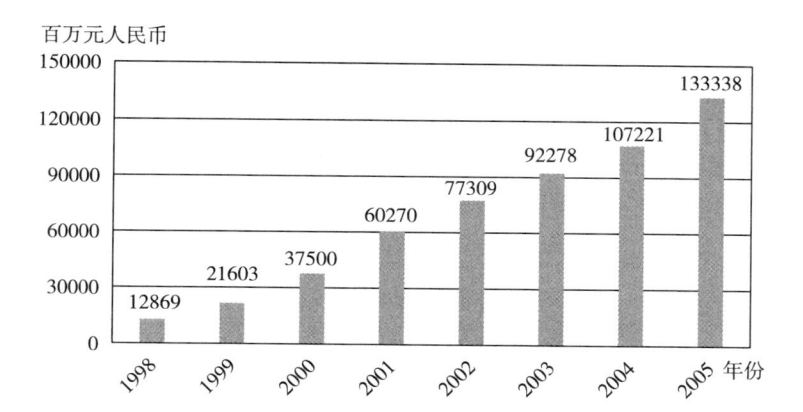

17 国内企业海外上市利于中国资本市场发展 / 345

图 6 1998—2005 年中国移动 BBITDA

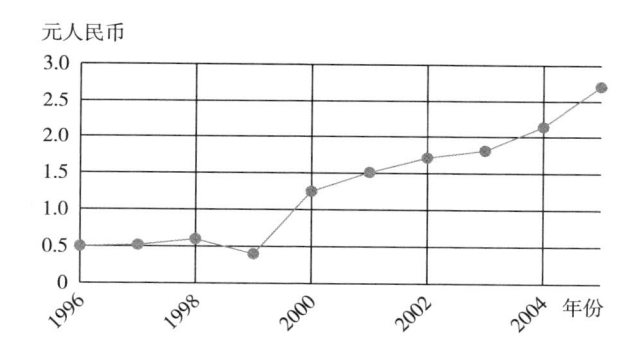

图 7 1996—2005 年中国移动每股基本盈利

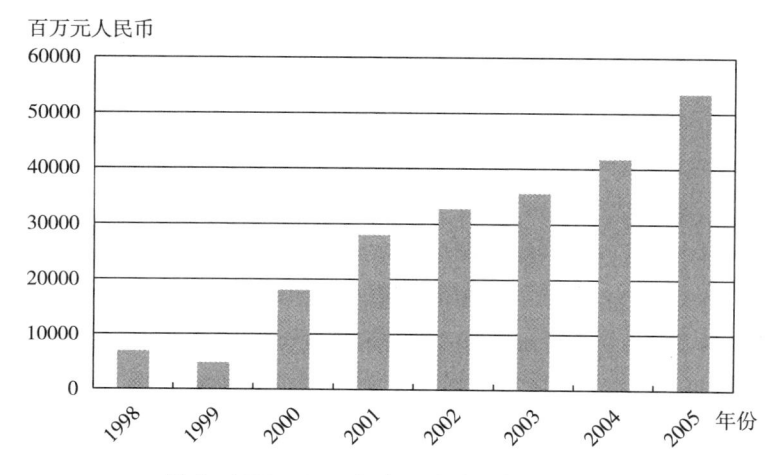

图 8 1998—2005 年中国移动股东应占利润

从中国移动 1999—2005 年的周线图来看（见图 9），中国移动在大盘影响下，曾经在 2000 年、2001 年间冲到高点。此后在掉头回调，又走出了平稳上升的行情。作为香港恒生指数成分股，中国移动同样发挥了引领大盘的作用。如 2005 年 8 月 10 日中国移动发布半年报，业绩增长 27.7%，利润总额达到 240 亿元人民币，每股盈利为 1.22 元人民币，中期派息为每股 0.45 元港币，全年的派息率确定为 39%。消息公布之后，中国移动股价飙升 7.321%，报收 34.45 元，创下四年新高，并带领恒生指数冲破 15300 点，大涨 298 点，报收于 15346 点，指数创下四年来的新高。当日中国移动的上涨为恒生指数贡献了 147.6 点，接近恒指当天涨幅的一半（水皮，2005）。优良的业绩以及股价表现，为中国移动再融资积聚了良好的人气。

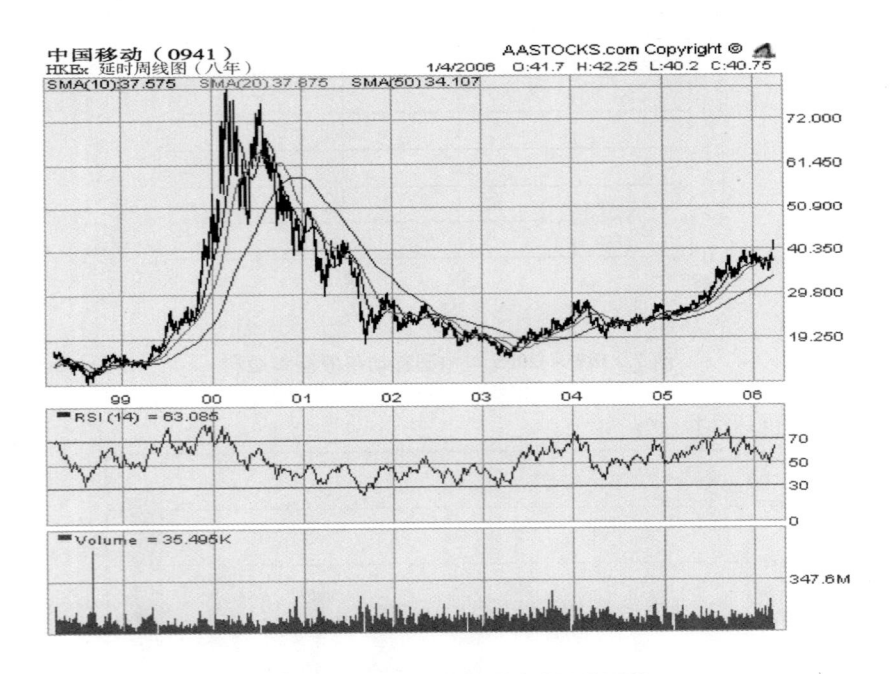

图 9　1999—2005 年中国移动股价周线

资料来源：AASTOCKS.com。

而在美国纳斯达克上市的企业一般为高科技企业或者是网络公司。这个市场由于聚集了一大批对于科技公司有着较好理解力的投资者而吸引了全世界的科技公司。网易公司于 1997 年成立，2000 年 6 月以美国存托股份（ADS）的方式在纳斯达克市场上市，每股 ADS 定价为 15.5 美元。在经历过 2000 年互联网的"寒冬"之后，网易已经逐渐找到比较成熟的盈利模式，实现了从门户网站到在线游戏运营商的成功转型。从目前的情况来看，游戏业务收入已经占到其总收入的 81.42%。虽然网易在 1999 年至 2001 年间亏损严重（见图 10、图 11 和图 12），每股 ADS 的基本收益为负，还曾经因为亏损在 2001 年遭受停牌，股价跌幅达到 96%，但是从 2002 年起，业务收入增长迅速，2005 年总收入比 2004 年增长了 76.8%，净利润增长 111.1%，发布 2005 年年报的当日（2006 年 2 月 24 日）市盈率达到了 28.77 倍。

图 10　1999—2005 年网易总收入

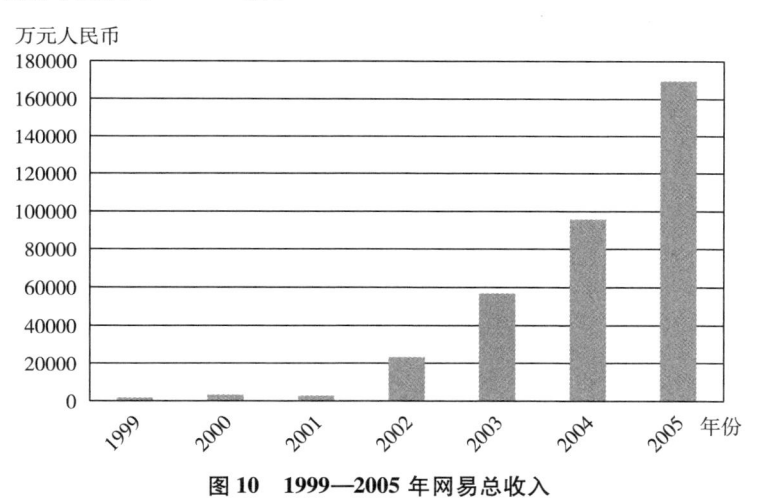

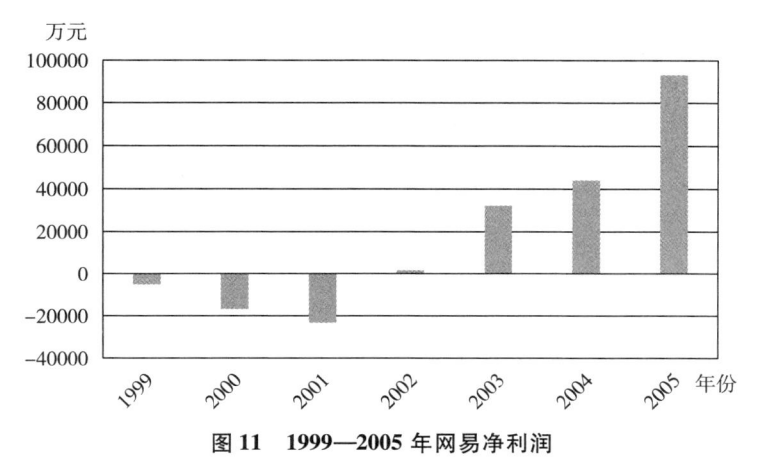

图 11　1999—2005 年网易净利润

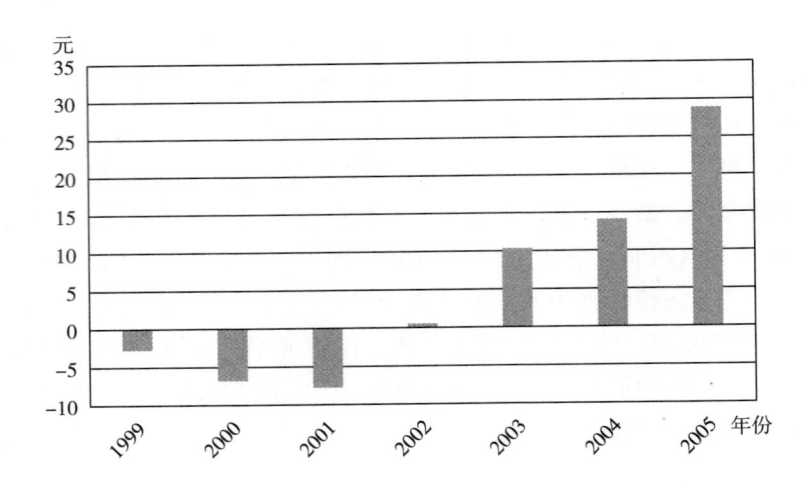

图12　1999—2005年网易每股ADS基本收益

资料来源：根据网易2001—2005年年报整理。①

从众多大型国有企业、民营企业包括科技型企业在境外上市的成功经验可以看出，国内企业通过进入境外资本市场，可以推动其进行有效的业务和资产重组，调整其内部组织和管理结构，并引入符合国际规范的法人治理结构、会计制度和激励制度，从而实现业绩的大幅度增长和资产增值，以及股东利益最大化。

17.4　国内企业海外上市的原因

在讨论国内企业海外上市的得失之前，我们首先要了解的是国内企业海外上市的原因。国内企业之所以前赴后继海外上市，既是出于企业自身利益最大化的市场选择，也是国内资本市场缺陷下的现实选择。企业上市，从根本上说，是资金和制度的供需双方自由选择的过程。我们将从问题最一般的层面，即资金和制度的需求方、资金和制度的供给方、沟通资金供需双方的平台，以及沟通双方的程序制度四个方面来分析国内企业海外上市的原因。

---

① 网易2005年的相关数据尚未经过审计。

17.4.1 资金和制度的需求方——企业：企业有迫切的融资和改制需求

随着国内经济快速持续发展，资金的短缺仍然是国内企业发展与扩张的"瓶颈"。据统计，目前，国内企业有近2000万家，特别是中小企业占国内注册企业总数的99%，其工业总产值和利润分别占到全国总额的60%和40%，外贸出口总额的60%。而在这些企业中具备上市条件的企业有上万家，但目前在国内A股市场上市的公司仅有1370多家。在中国经济持续增长和WTO规则日益深入的宏观背景下，还有更多企业迫切需要资金来提高生产技术、扩大生产规模、拓展市场占有率以提高整体竞争能力。而大型国有企业更是需要通过上市来完成改制和治理结构的改善，促使企业更好地与国际规则接轨。

根据最新统计资料显示，目前已有超过587家公司完成股改，获准IPO发行A股正在排队的公司已经超过50家。在383家G股公司中，57家有再融资计划，未股改公司中有21家有融资计划（凌嘉，2006）。与国内企业急切的融资需求不相称的是A股市场重新启动IPO和再融资的不确定性，这就说明国内企业的融资需求在国内市场暂时得不到满足。

17.4.2 资金和制度的供给方——证券市场和投资者

资金方面，A股市场融资功能下降，而国际资本市场资金充裕，层次丰富。制度方面，引进海外投资者更有利于规范企业治理结构，促进企业发展。

从资金方面来看，国家近3年来的宏观调控抑制了很多过热行业的发展，银行迫于不良贷款率的压力和风险的考虑使其慎贷行为日益加剧，控制信贷规模成为大多数银行提高资本充足率的手段，因而作为国内主要融资方式的商业银行贷款规模也就大幅度地减少。但正如上文所分析，很多企业特别是民营企业对资金的需求仍在增加。而国内股市长达5年的低迷，2004年来国内市场的整顿以及国内市场舆论一直以来对股市扩容的反对，加上2005年新股发行的暂停，对于亟须资金发展的科技型企业或者需要通过上市来完成改制的大型国企来说，拥有巨大资金存量的海外资本市场就成为这些企业的最优选择，而国际资本市场的多层次性也能满足各种融资规模的要求。

从海外投资者的角度来看，国内经济的快速发展，也吸引了许多海外投资者通过境外市场来买卖国内企业的股票。这样一方面海外的投资者能够分享到中国经济快速发展之成果，如果海外投资者预期到人民币升值，就可以通过买卖中国企业的股票来分享人民币升值；另一方面，海外投资者的这种兴趣又会吸引更多的国内企业到海外上市。

另外，对于某些行业来说，海外市场的投资者相对于国内市场的投资者来说，能够更好地了解行业背景和发展前景，对于公司的发展能够提供比较长期的支持，而不会因为一些短期性的因素导致公司上市之后的市场价格出现较剧烈的波动。许多新经济企业之所以对美国市场情有独钟，最主要的原因就在于这个市场已经积累起大量对于新经济行业有深刻理解能力的投资者（巴曙松，2005）。

就制度方面来说，通过重组改制海外上市的过程，国内企业在管理体制、经营理念、业务流程、会计制度、激励约束上都将经历一次巨大的转变，而正是这种转变为企业融资以后的发展奠定了基础。通过海外上市，企业能够接受更高素质投资者和更规范的国际资本市场的监督，这就为企业的信息披露和规范治理提供了制度上的保障。正如曹凤岐所指出的那样，国内实力雄厚的战略投资者大多还是大型国有企业或国有控股公司，对于改变股权结构、建立完善的法人治理结构来说于事无补，而对于国内银行这一类的企业来说，引进境外战略投资者，对于改变银行股权结构、提高资本充足率、促进建立完善的法人治理结构、借鉴国外先进经验是很有好处的。所以，在目前的环境下，利用海外资本市场来推动国有企业改制重组、提高国有企业经营效率的一种有效途径。

因此，海外上市不仅解决了企业的资金问题，更重要的是为国有企业改革和企业机制的转换提供了制度上的保障，为国有企业走向国际化、参与国际竞争提供了有利的条件。国有企业近年来的发展，与海外上市的作用是分不开的。国资委从2003年成立之后，中央企业销售收入和资产总额平均每年增加1000多亿元，上缴税收平均每年增加近1000亿元，充分说明了国有企业海外上市之后体制变化带来的经济效益（彭华岗，2006）。

17.4.3 沟通资金供需双方的平台——证券交易所：海外证交所能够为企业提供更好的交易平台和交易环境

不仅海外投资者对国内企业的治理结构有严格的监督，海外证交所对上市企业同样也有严格的要求。国际资本市场的法律法规比国内上市要完善，所以海外上市的公司需要经过当地证券交易所的严格评估。这种强有力的监管力度推动了上市公司内部治理结构的规范和健全。而合理的企业内部治理结构和规范的决策程序都会大大地提高海外上市公司的市场竞争力。我国有很大一部分国有企业的国际竞争力就是在海外上市的严格监管和规范治理的要求下不断得到增强的。

另外，境外各大证券交易所也因为看好中国丰富的上市资源而纷纷进入中国。纽约、纳斯达克、中国香港、新加坡、伦敦、东京等证券交易所竞相对中国企业进行海外上市的推介，有不少海外交易所及上市中介机构都在国内设有办事处。它们希望通过直接与国内企业打交道，来帮助企业分析海外资本市场上市的可行性，解决企业海外上市所遇到的法律、融资方式、上市方案等障碍，这对一直在国内市场等待上市的企业来说具有相当大的诱惑力。

17.4.4　沟通资金供需双方的程序制度

企业上市及再融资程序：海外上市及再融资程序易于国内资本市场，申请境外上市和再融资相对境内而言时间较短、成功率更高。

在目前 A 股发行上市核准制度下，企业要在国内主板上市，从改制、辅导 1 年，到通过证监会发行审核委员会的审查，再到最后的发行上市，往往需要 2—3 年的时间。虽然证监会从 2004 年 10 月之后已经开始推行"保荐制"，以符合条件企业的上市请求，然而目前发行上市的通道制①尚未完全取消，虽然通道制改变了以前那种以行政机制推选发行人的做法，但是"名额制"的本质并没有改变，因此在"通道制"与"保荐制"并行的一段时期内，证券公司推荐企业发行上市仍将可能受到数量限制，企业上市的不确定性仍然很大，从而影响了国内企业在 A 股申请上市的积极性和成功率。

与之相反，中国企业到境外上市由于上市程序相对简单透明，准备时间较短，符合条件的拟上市公司一般都能在 1 年内实现挂牌交易。这就有利于中国企业及时把握国际市场机会，在较短时间内完成融资计划，及时获得它们进一步发展所需要的资金。

另外，国内上市企业的再融资成本相对较高。一方面是证监会发审

---

①　通道制，2001 年 3 月开始实施，是指向各类券商下达可推荐拟公开发行股票的企业家数（通道数）。只要具有主承销商资格，就可获得 2 个至 9 个通道，具体的通道数以该承销商所承销的项目数为准，新的综合类券商将有 2 个通道数。

委对国内上市企业再融资申请的审批通过率比较低,另一方面是国内市场投资者视上市公司增发配股为再次"圈钱",反对扩容,对再融资认同度较低。而境外证券市场再融资则相对灵活,可随时进行增发。相当一批中资企业通过增发或配股获得融资额,已经大大地超过了企业进行首次公开发行获得的融资额(尹小微、邓映霞,2004)。

综合来看,虽然企业海外上市具有较高的上市成本,比如香港的上市费用是筹资额的20%,但这些成本都是显性的,而企业在国内市场上市则会面临很多隐性成本,这包括上市过程的不确定性、持续时间长、持续融资难度大等,这就使企业国内上市成本大大增加(巴曙松,2006b)。与企业海外上市较高融资成本相对应的是企业更多的融资机会。港交所的数据显示,从1993年到2005年10月,国有企业在香港融资和再融资额高达9882亿港元,接近1万亿港元(彭华岗,2006)。沟通资金供需双方的程序制度上的巨大差别也体现了海外上市的优势。

从这样四个方面来看,国内企业的海外上市,是企业在给定的市场约束条件下,经过成本收益比较之后得出的结果,是一种市场行为。

17.5　国企海外上市是国有资产保值增值的一种方式

近年来,国内企业海外上市的现象引起了各方的关注和讨论。由于海外上市的企业中有很大一部分是国有企业,所以讨论甚至延伸到了国有资产是否流失的问题上。比如,中国人民大学的校长纪宝成就表达了对目前大量大中型企业赴海外上市热潮的担忧。他认为,这一盲目现象将造成中国国内资本市场的空心化和边缘化,使我国资本市场的发展战略屈从于个别企业的利益或者发展战略;而国有企业过多海外上市以及过分国际化,将影响国家的经济安全和未来发展战略实施,影响本国利益的更好实现;另外,中国经济发展到现在,海外上市的制度效应、资金效应以及资源配置效应都已经大大减弱,所以从这个方面来说,大型国有企业不需要海外上市。

与此相反,我们认为,国内企业海外上市并不会造成国有资产流失(这个概念应该慎用)的情况,反而是国有资产保值增值的一种方式。一个企业是否要上市,要在哪里上市,都是由企业自己决定的。这是我们判断企业海外上市适当与否的前提和标准。

17.5.1 企业上市与否以及上市地点的选择是企业在市场约束条件下自身的决策问题

从企业的角度来看,每家企业的生存环境和融资条件都是不同的,因而企业融资方式的选择、上市地点的选择,都是企业自身的运作决策行为,是一种市场行为,不应该由政府进行干预。对于这个问题,早在一年前就有国内金融机构发表报告认为,如果让中国大量的优质公司到海外上市,或让大量的国内优质上市资源流向海外,是不利于证券市场发展的,因此国内政府机构应该采取相应的政策来保护这些上市资源。出于对国内资本市场利益的保护,以上的看法不无道理。但是,以这样的方式考虑问题存在一个前提,即拟上市公司是否能够自由进入国内证券市场。如果这个前提条件不存在,而寄望于通过行政方式强行留下这些上市资源,实际上是不可能的。目前,国内企业有近2000万家,而在这些企业中具备上市条件的企业只有上万家,但目前在国内A股市场上市的公司仅有1370多家。按照以往国内A股市场的发展速度,这上万家具备上市条件的企业排队上市的队伍就已经相当之长。特别是近几年国内A股市场低迷,自2004年以来国内市场的整顿,以及目前股权分置改革所导致的新股发行暂停,使这些公司能否上市、在什么时候上市都充满了不确定因素。然而,市场环境是不断变化的,如果这些拟上市公司不能把握相应的机会,也就失去了可上市的资源。比如2004年原计划以"A+H"方式发行股份的神华能源和交通银行就因为国内A股市场停发新股而被迫独自在香港上市。如果拟上市公司本来有市场机会,但是在目前国内证券市场的情况下无法在国内市场上市,也不能绕道海外资本市场上市,那么无论是对上市公司个别利益还是对社会国家利益,都是一种极大的伤害。因此,国内企业大量海外上市,并非一种盲目行为,而完全是企业在既定的市场约束下自由选择的结果,是企业根据自身的发展需要和资本市场情况所做的自主决策。如果连企业是否上市、何处上市都要干预,就完全背离了市场经济的本来含义。

从政府的角度来看,以国家战略和社会利益的名义来对企业的融资行为进行干预,也许能够治理"市场失灵",但更可能出现"政府失灵"。这样的政府干预不仅增加了行政成本,而且很有可能带来租金:在政府不可能完全封闭海外上市途径的情况下，政府如何决定哪家企业应该海外上市，而哪家企业不能海外上市？一旦政府控制了企业海外上市的审批通道，必然会出现国内资本市场发展前期上市额度审批制的"设租"和"寻租"现象，其后果就是陷入我们现在所面对的 A 股市场上市公司良莠不齐、鱼龙混杂的困境。

另外，在社会主义市场经济下，我们更要避免以国有企业的宏观效率的名义来要求国有企业背负它不可能完成的任务。在市场经济的衡量标准下，如果承认以前的"国企办社会"是对国有企业的一种不适当的要求，那么现在要求国有企业承担完善我国资本市场重任的这种思维逻辑就有前后不一致的嫌疑。

17.5.2　企业上市的定价是市场博弈的结果

大量的国内企业到海外上市并不意味着国有资产的流失，也不意味着让国内经济发展之成果仅仅是让国外资本分享。市场价格是买卖双方自由博弈所生成的结果，如果能够在比较严格的评估程序下，经过反复比较与筛选，双方又在多次的谈判与博弈下达成价格协议，那么这种交易价格就有一定的合理性。国内企业海外上市不仅在其股份制改造过程中发现其内在价值，而且在其股份制改造、公司重组与上市后的竞争中增加其市场价值。在目前的情况下，大量的国内企业海外上市不仅没有造成国有资产流失，反而增强了国有企业的竞争能力和市场价值。

以这种理论来看，用国企海外上市较低的市盈率和较低的 IPO 价格来说明国有资产流失就是一个错误的依据。第一，长期以来，我国资本市场的高市盈率并不是正常现象。正是因为我国 A 股市场上市公司长期以脱离企业基本面的高市盈率上市圈钱，但上市之后很快跌穿招股价——所谓"一年绩优，二年绩平，三年 ST"，才导致众多投资者极力抵制 IPO 和再融资，反对市场扩容，进而导致 A 股市场融资功能衰竭，到 2005 年只能以暂停新股发行为代价来解决股权分置这种制度上的致命难题，以挽救证券市场。所以，海外上市的较低市盈率和较低价格并不是国有资产流失的表现，反而是国际资本市场成熟规范的投资结果。正如皮海洲所指出的：我们不能拿 A 股市场的不成熟当荣耀，来要求海外股市都如 A 股市场一样搞超高价发行；更不能因为少圈了 600 亿美元而认为是国有资产流失了（皮海洲，2006）。

第二，从目前情况来看（见图13），我国A股市场的市盈率相对于以前已经大大回落。上证A股指数在2005年的市盈率已经降到17.2倍的水平，整体水平已经略低于美国市场。事实上，同类资产的市盈率都是有参照的。比如，交通银行和建设银行的招股价也是参照国内外同业的市盈率和市账率（股价/账面值，P/B）来确定的（见图14）。两行的市盈率约为14倍，高于汇丰银行的13倍；市账率约为2倍，与国内上市的招商银行持平。中国移动在香港主板的市盈率为15.62倍，而同为国有企业的中石化在A股市场的市盈率连10倍都不到。这就说明，目前企业海外上市的市盈率并不比国内市场低。

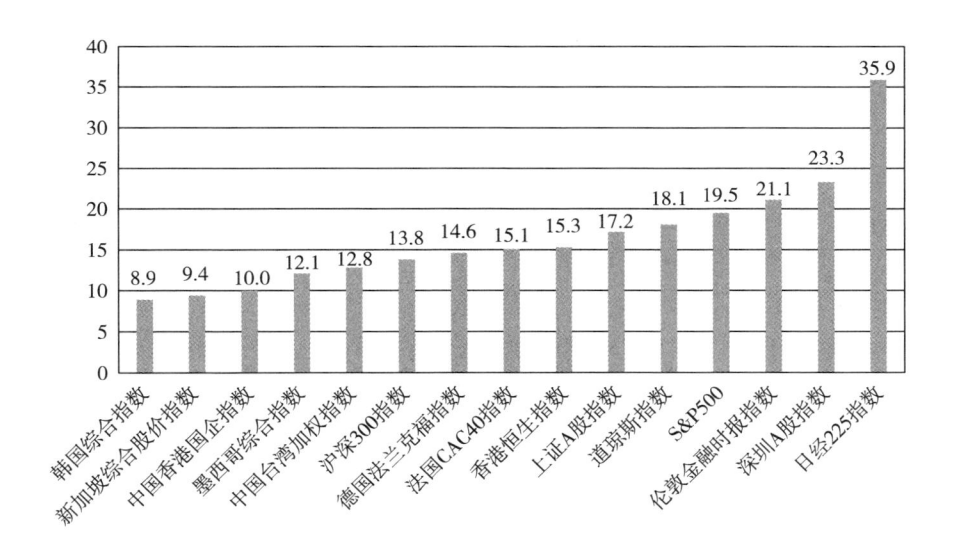

指数	市盈率
韩国综合指数	8.9
新加坡综合股价指数	9.4
中国香港国企指数	10.0
墨西哥综合指数	12.1
中国台湾加权指数	12.8
沪深300指数	13.8
德国法兰克福指数	14.6
法国CAC40指数	15.1
香港恒生指数	15.3
上证A股指数	17.2
道琼斯指数	18.1
S&P500	19.5
伦敦金融时报指数	21.1
深圳A股指数	23.3
日经225指数	35.9

图13　2005年全球市场市盈率比较

资料来源：方正证券研究报告。

第三，企业上市之后股价上涨超过招股价也不代表IPO定价过低，国有资产流失。企业上市之后的股价上涨，是投资者看好企业的未来盈利能力而以买入股票来投票，并不能以此说明股票IPO定价过低。而这种对我国国有企业的正向预期恰恰来自投资者认为国企海外上市会使企业改善治理结构和经营理念（王一江，2006），因此，股票定价最终是当时市场买卖双方的力量博弈而成的，我们不能以股票某日的最高价为该股一厢情愿地定价，这是经济学中的基本道理。

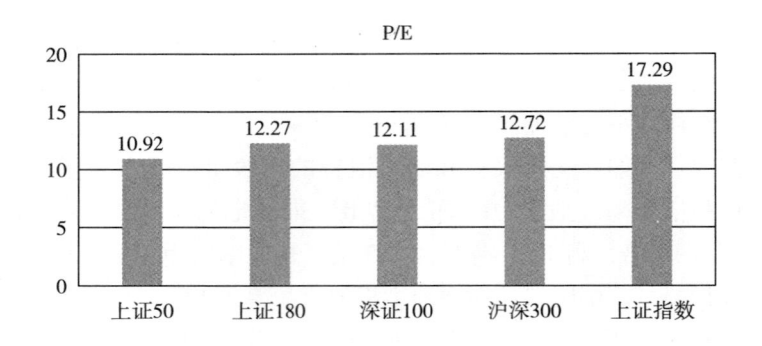

图 14　2005 年中国股市各主要指数市盈率比较

资料来源：渤海证券研究报告，天相数据分析系统。

17.5.3　国有企业海外上市不会影响国家经济安全

一般来说，在经济全球一体化的时代，企业国际化的程度是决定企业竞争力的主要标志，企业国际化程度越高，其竞争力就越强。更为重要的是，无论这些企业的国际化程度多高，都会把企业最核心的业务或流程放在本土上，都会使其创造的财富源源不断地流向本国。特别是当这些企业在国际市场上实现价值增值以后，回馈国内市场是它们的必然选择。最近 H 股公司纷纷希望回国内市场上市就是最好的说明。如中国铝业、交通银行、中国移动、大唐发电、中国国际航空和中石油都有近期在 A 股市场上市的计划。因此，国内企业的国际化程度提高只会对国内证券市场、对国家经济安全及经济发展战略起到正向作用。

另外，作为公众公司的国有企业，尤其是我国垄断行业的公众公司，对股权的控制都在 51% 以上。即使不是绝对控股，相对控股也能保证企业掌握在国家手里。而海外投资者股权投资是相对分散的。他们购买股权，享受的是投资收益，并不参加公司的经营决策，因而并不能对公司的运转产生影响，国家安全的问题也就无从谈起。

另外，过分强调垄断性国有企业的垄断性质，并以其垄断利润和国民经济命脉的定位作为反对国企海外上市的理由，是完全没有根据的。因为如石油、电信这些行业，基于技术和资源原因形成的自然垄断成分现在已经越来越少，在国外已经具有相当竞争性的行业。而在我国，这些行业的高垄断性是行政垄断所导致的（王一江，2006）。如果非要认为国外投资者分享了我国垄断国企的垄断利润，或者通过持有垄断国企的股份控制了我国的经济命脉，那么解决问题的办法就是打破垄断，而不是阻止这些企业海外上市。

17.6 国内企业海外上市对中国资本市场的影响

大量国内企业的海外上市，在促进企业自身发展和国有资产保值增值的同时，也会对国内资本市场造成一定的影响。国内企业海外上市不仅不会影响中国资本市场的发展，反而是一个带动国内股市走出困境的机会。

17.6.1 国内外资本市场对上市资源的竞争会导致良性循环的出现

在一个逐渐开放的市场经济国家里，国内外资本市场对上市资源的竞争不可避免。这种竞争使不同的资本市场之间权衡利弊得失，从而选择使自身利益最大的地点上市。各个市场为了拓展市场，争夺优质上市资源，必然会采取措施降低本市场的交易成本，简化上市程序，完善上市制度。如果政府没有太多介入这种竞争，只会使企业上市与资本市场之间的关系走向良性发展。

17.6.2 国内企业海外上市是促进国内金融市场重组和改革的动力

国内优质上市资源的流失和海外上市的压力，必然会促进或者说"倒逼"国内资本市场完善各项制度，恢复市场融资功能、扩容市场，进而推动国内的证券市场、监管机构、监管体制以及特别是金融市场基础性制度的重建和完善。所以国内企业海外上市非但不会使国内市场边缘化，反而成为国内资本市场以及整个金融体制重组和改革的动力。

以香港证券市场为例，香港资本市场发展与国内资本市场的发展并非此消彼长的关系，更不是一种零和博弈的过程，而是一个互动促进、竞争发展的过程。国内资本市场发展十几年来的经验表明，香港市场的发展不仅成为国内证券市场发展样式也成为其繁荣的动力。

正如巴曙松（2006a）所指出的，中国本土的融资结构，特别是在银行融资中，企业成长和成熟时期的融资如银行融资是比较完善的，而银行融资基本不可能倾向于高风险和重组，导致我国的融资工具在创始期和调整期的匮乏，进而形成了"信贷—紧缩，经济就迅速下降；信贷—

回落，经济就迅速回落"的局面。企业在创始期和调整期的融资要求无法在国内市场得到满足，只能转移到海外市场。企业的这种自主选择给国内的资本市场乃至整个金融体制都带来了压力，也将成为其重组和改革的动力（巴曙松，2006c）。

17.6.3　国内上市有足够的上市资源让境内外市场来分享、来竞争

国内具备上市条件的公司很多，因此不必担心优质企业海外上市而劣质企业留在国内。国内有足够的上市资源让境内外市场来分享、来竞争，即使已经有一些企业海外上市，国内资本市场还有相当多可供挖掘的上市资源。因此，我们应该着力于建立健全国内资本市场合理的价格形成机制，完善国内金融市场的基础性制度，保护投资者的利益，以吸引优质企业国内上市，而不是阻止国内企业海外上市。只有以改革国内资本市场的发行定价机制、重建证券市场基础性制度、恢复价值融资、保护投资者利益为核心，才能吸引国内优质企业在国内上市，国内市场才能逐渐走向成熟。如果置国内资本市场发展的本质问题于不顾，而寄希望于以计划经济的手段阻止国内企业海外上市，就完全本末倒置了。就目前的情况来看，国内股市本来就比海外的市场落后，在市场暂停融资的情况下还要阻止国内企业到海外上市，国内市场边缘化的速度只会更快。

17.7　国内企业海外上市展望

根据各方面反馈的信息表明，2006年中国内地企业的海外市场IPO的规模已超过2005年，且再创新高。2006年将会是一个中国企业包括国有大型企业海外上市的高峰。有消息透露，中国银行拟于2006年5月启动国际路演，5月下旬在港交所挂牌交易，其IPO将筹资40亿—100亿美元，而中国最大的银行中国工商银行的上市也可能紧随其后。民生银行2005年已经两次推迟在港上市的时间，因此2006年很可能成功海外上市。由于这些大型企业的海外上市安排，中国企业的海外上市的数量和融资额度都将在2006年达到顶峰。

在银行业将全面海外IPO迹象日益明朗之际，国内的IT公司，如当当网和博客网，也有可能在2006年登陆纳斯达克。国内几大IT公司成功

海外上市，为内地 IT 企业树立了榜样，很多内地 IT 企业以及风险投资商都会以纳斯达克为目标。这些因素都将全面提升 2006 年国内科技企业的海外 IPO 速度。

从中长期来看，中国内地的中小规模企业、地方性企业也不甘落后。目前，诸多小型的地方银行也有上市的准备，其中包括广东发展银行、北京银行等。这些地方性银行企业将会以集中重组的方式，打包至海外进行 IPO。比如据消息表明，安徽省内的 6 家小型城市银行正进行合并，计划重组为一家名为徽商银行的实体，进而在海外进行 IPO。中型民营企业和自然能源企业也会加快海外上市的步伐。对于这些企业来说，扩大自身的规模以便更好地发展是它们的当务之急，而扩大规模的方式无非就是吸引战略投资或者并购。目前，这些企业一般是先并购一些小型企业后，再进行海外 IPO。中国神华能源股份有限公司就是之前的一个案例，其通过收购矿产公司来扩大规模，进而于 2005 年 6 月在香港上市，筹资 29.5 亿美元，为企业进一步的发展奠定了基础。可以预见很多自然资源企业都将与中国神华能源股份有限公司一样，通过并购一些小型企业充实自己后，在海外进行 IPO。目前，陕西有色金属控股集团就已经开始进行这一步的规划。

因此，从短期来看，大型企业的海外 IPO 将在未来的 1—2 年达到顶峰。从中长期来看，在将来的一段时间内，将会出现大型企业海外上市淡出，而内地中型企业海外上市异军突起的局面。当然，随着国内市场恢复融资功能，还会有相当一部分企业选择在国内上市，海外上市的企业可能会回归 A 股市场，某些改制后的国企可能会选择国内外同时上市。

综上所述，我们认为国内企业海外上市是企业在一定的市场约束条件下的决策问题，是企业根据自身的发展需求和资本市场情况来确定的，是一种市场化行为，不存在不经济的外部性，因而不应该受到政府的干预。由于我国以往和目前的资本市场不能为大型国企提供充足的资金供给和完善的制度供给，所以海外上市成为企业的最优选择。而国有企业海外上市，不仅获得了发展壮大所需要的资金，更重要的是有利于企业改变经营机制、完善公司治理结构、整合内部业务流程和提高国际化水平。海外上市国企用优良业绩和高成长性的事实证明了这一点。国有资产在海外上市的过程中不仅没有流失，反而以高额利润和快速增长实现了保值增值。大量国内企业海外上市也给我国资本市场的改革带来了压力和动力,但是我国资本市场的问题,不可能通过阻止国内企业海外上市来解决。改革和发展我国资本市场的关键还在于完善金融市场的基础性制度(包括合理定价机制的培育),提高市场对上市公司的监管和制约能力,保护投资者的合法利益,重建市场信心。另外,我们认为"国有资产流失"这样的概念应该慎用,对于股票定价交易这样的市场行为,我们不应该以计划经济的思维方式去衡量市场博弈的结果。

18 香港设立人民币债券离岸中心可行性分析[①]

在国际债券市场上，美元和欧元占据着垄断地位，两者相加大约已达到了2002年第一季度新发行数额的90%。同时，这也意味着纽约和伦敦在债券市场上的主导地位。1997年金融危机之后，人们越来越意识到债券市场作为银行之外融资渠道的重要作用。而亚洲却缺乏一个多层次、流动和成熟的债券市场，使亚洲国家被迫依靠拥有全球市场参与者的欧洲和纽约市场作为金融媒介。现在建立亚洲区域债券市场的呼声越来越强烈，而人民币作为亚洲的重要货币之一，建立人民币债券离岸中心也提上了议程。香港作为国际金融中心，邻近中国内地，有着得天独厚的优势，在香港设立人民币债券离岸中心自然成为必然的趋势。下面我们首先分别考察一下中国香港的债券市场的情况，再分析香港成为人民币债券离岸中心的优势与不足，最后提出了相关的政策建议。

18.1 香港债券市场的现状

香港债券市场是指由本地和境外机构在香港发行以港元或外币为面值的债券并进行交易的市场，它包括本地港元债券市场，在香港发行和交易的非港元债券市场和欧洲美元债券市场。20世纪70年代，香港的债券市场开始启动。在政府债券方面，由于港府长期实行保守的财政政策，一直有财政盈余，无须通过金融市场发行政府公债来筹措资金，因此，长久以来就没有形成一个政府债券市场。1975年，港府首次发行政府债券，期限为5年，共集资2.5亿港元。在企业债券方面，发展相对股票市场也较缓慢，这是由于大公司及金融机构对大型及长期融资的需求不大，

[①] 该文章发表在《证券市场导报》2004第2期。

传统上它们更加依赖银行借贷或发行股票以筹集资金。据不完全统计，1971—1980年，香港仅有38宗债券发行，筹资总额为86亿港元，在浮息、定息及定款证方面，共发行32宗，筹资总额约26亿港元。进入90年代，随着亚洲债券市场的发展，香港债券市场进入了一个新的发展阶段，以外汇基金票据的发行为先导，在香港金融管理局和金融界的积极推动下，债券市场基础设施逐步完善。特别是亚洲金融危机之后，香港特区政府意识到强大的债券市场对危机发生时的制衡作用，于是积极推动债券的发展，致力将香港发展为亚洲债券市场中心。现在的香港债券市场同过去相比有很大的发展，拥有亚洲领先的金融基础设施，市场已初具规模。

表1　　　　2001年部分亚洲经济体系各种融资渠道的规模

国家（地区）/经济体	本地生产总值	银行贷款		股票市场市值		债券市场		其中：公营债券		私营机构债券	
	十亿美元	十亿美元	%	十亿美元	%	十亿美元	%	十亿美元	%	十亿美元	%
中国香港	161.9	252.6	156.	506.1	312.5	63.3	39.1	19.2	30.4	44.1	69.6
印度尼西亚	143.4	28.7	20.0	23.0	16.0	5.4	3.8	4.0	74.0	1.4	26.0
韩国	414.9	405.7	97.8	194.5	46.9	261.4	63.0	125.3	47.9	136.1	52.1
马来西亚	87.5	95.9	109.5	119.0	135.9	49.7	56.8	28.6	57.6	21.1	42.4
菲律宾	70.6	25.1	35.5	21.2	30.1	3.2	4.5	2.1	64.6	1.1	35.4
新加坡	83.2	100.3	120.6	115.7	139.1	55.1	66.2	31.9	58.0	23.1	42.0
中国台湾	273.0	365.6	133.9	292.6	107.2	82.4	30.2	53.2	64.5	29.2	35.5
泰国	115.4	85.4	74.0	35.9	31.2	42.6	36.9	30.4	71.4	12.2	28.6
平均	168.7	169.9	100.7	163.5	96.9	70.4	41.7	36.8	52.3	33.5	47.7
美国	10208.1	7587.5	74.3	13923.4	136.4	17118	167.7	10010.8	58.5	7107.2	41.5
英国	1439.0	1998.1	138.9	2149.5	149.4	601.2	41.8	419.7	69.8	181.5	30.2
日本	3825.0	4094.1	107.0	2264.5	59.2	4965.1	129.8	3879.1	78.1	1086.1	21.9
平均	5157.3	4559.9	88.4	6112.5	118.5	7561.4	146.6	4769.8	63.1	2791.6	36.9

资料来源：《香港金融管理局季报》2003年3月。

　　市场规模：目前来说无论在规模还是集资额方面，香港都后来居上，超过了新加坡而成为亚洲（日本除外）最主要的债券市场（见表1）。2002年，香港债券的发行总额为3960亿港元，比2001年上升3%。[①] 但是与拥有国际金融中心的美国、日本及英国相比，还是有很大的差距。

---

① 参见《香港金融管理局季报》2003年3月。

以债券总额与国内生产总值比较，这三个国家分别为167.7%、129.8%和41.8%，而香港仅为39.1%。港元债券市场结构从图1和图2中，我们可以看出由外汇基金新发行港元债务占总体新发债工具的大半部分，其次是认可机构发行的债务工具，而在未偿还的港元债务证券中，海外非多边发展银行、认可机构、外汇基金三分天下。其中，外汇基金票据及债券的未偿还面值总额2003年6月底为1190亿港元，而其每日平均成交额达到了250亿港元。截至2003年6月，在债务工具中央结算系统（CMU）共拥有175位CMU会员可持有及清算私营债券，158位认可交易商（29位为市场庄家）可持有及清算外汇基金票据及债券。存放在CMU的证券中，有1190亿港元外汇基金票据债券，60亿港元法定机构发行的债券，2048亿港元的私营机构债券，108亿港元等值外币债券，每天平均交易额为200亿至300亿港元。

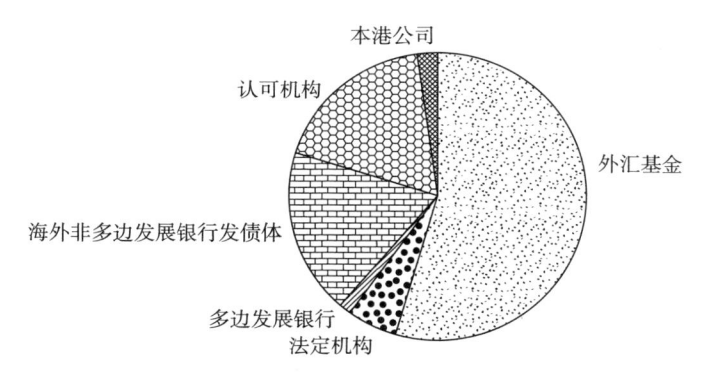

图1　2002年新发行港元债务证券按发行体划分的结构

资料来源：《香港金融理局季报》2003年3月。

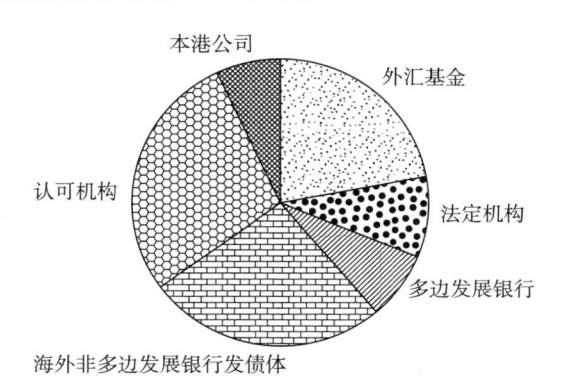

图2　2002年年末偿还港元债务证券按发行体划分的结构

基础设施：香港现有的金融基础设施在亚洲居于领先地位，其中债务工具中央结算系统（CMU）与美元债券结算系统和即时支付结算系统联网，2002年12月推出专为美国国库券而设的结算、交收及托管服务；与欧洲结算系统（Euroclear）及 Clearstream 联网并推出欧元结算系统，2002年11月开始运作；与澳洲、新西兰及韩国联网。此外，金管局与中央国债登记结算有限责任公司已达成协议，在2003年年初将双方的证券结算系统联网，内地经批准可经营外汇业务的金融机构可以持有及结算在香港的债务。另外，还有两项内地与香港之间支付的金融基础设施正在建设。1998—2002年6月分阶段推出了香港与广东省的港元支票联合结算服务，由香港的银行支付而在广东省兑存的港元支票，或由广东省银行支付而在香港兑存的港元支票，只要两个工作日便可完成结算程序。2002年12月，香港与深圳的港元即时支付结算系统联网，通过联网，香港及深圳银行均可互相进行港元即时支付结算的交易（香港金融管理局季报，2003）。

市场种类和投资者类型：香港债券市场可分为本地港元债券市场、在香港发行和交易的非港元债券市场和欧洲美元债券市场。而本地港元债券市场又可分为港元定息债券市场、港元浮息债券市场。主要的发债体为外汇基金、认可机构、香港公司、多边发展银行和海外非多边发展银行，以及法定组织或政府持有的公司。而其主要的投资者是由少数机构投资者主导，如银行、合约储蓄机构（退休基金/公积金、寿险公司及投资信托公司）及公共基金等。相对而言，这样的投资者基础较为单一，若要改善这一局面的主要方式是吸引零散投资者。目前，香港政府正采取各种措施提高债券市场对零散投资者的吸引力，使零售债券市场不断地创新发展。从1999年9月起金管局刚刚推出零售债券，2001年11月香港按揭证券公司率先推动零售债券市场的发展，以银行作为零售债券发售的配售代理。现今据估计，本港公司及金融机构在2002年通过发行港元零售债券及存款证共集资超过180亿港元，占新发行港元债券的5%。市场上还出现了附有创新条款的零售债券，包括定息加反向浮息债券以及附有可延期选择权的交易。

基准收益率曲线：在利率体系中对其他利率起到基准作用的是基准收益率曲线，它对于债券及其他金融产品的定价有基准的作用，可靠的收益率曲线有利于债市的健康发展。通常短期的基准利率是银行间拆借和债券回购利率,中长期的基准利率是中长期国债的收益率。金管局1990年3月推出外汇基金票据及债券发行计划,该计划于其后不断扩展,由此逐步形成长达10年期的港元基准外汇基金票据及债券。金管局定期推出了91天、182天和364天期限的外汇基金票据。2000年11月决定调整发行计划,发行更多较长期的外汇基金票据及债券,以取代短期外汇基金票据,现已推出了2年、3年、5年、7年及10年期限的债券。由香港按揭证券有限公司、机场管理局、地下铁路公司及九广铁路公司等法定机构及政府拥有的公司发行的债券构成的准政府收益率曲线,可作为辅助性质的基准收益率曲线,有助于私营机构发行的债券的定价。但是现有的债券的年限不过十来年,需要一定的延长才能构成有参考价值的收益率曲线。自2002年12月起,金管局每日公布外汇基金票据及债券的正式参考价格及收益率(外汇基金票据及债券定价)。这些具有代表性及获广泛接纳的外汇基金票据及债券定价有助于加强港元基准收益率曲线的可信性,让私营机构发行的债券能够有可靠的定价参考。

税务政策:香港现行的税务政策主要是为吸引国际投资者及发债体,施行了一定的税收优惠政策。来自外汇基金票据及债券、多边发展银行债券,以及由非金融机构持有,香港认可机构发行的存款证的收入均可获豁免利得税,而来自合资格债券的收入(是指由私营机构发行,并符合以下条件的港元债务:评级不低于金管局指定的最低信贷评级,目前指定的评级是标准普尔BBB-,原定年期最少5年,面额最少5万港元,向公众发行,通过债务工具中央结算系统交收及结算。如果法定机构及政府持有的公司发行的港元债务能符合上述条件,便可作为合资格债务证券)可获减免50%税项(香港金融管理局季报,2001)。

债券发行及上市机制:在香港联合交易所上市的债券,以及发行面额5万港元或以上债券均须符合《公司条例》及《保障投资者条例》的登记及发售章程规定。经证券及期货事务监察委员会进行有关发售章程的核准程序,经公司注册处办理登记程序。这一债券发行程序被指摘为过于烦琐,于是1999年11月成立专门工作小组对现行法例及规则进行研究,来简化有关文件的要求及上市程序。据报道,新债券发行指引即将发布。

流动性:对于债券这种固定收益证券来说,流动性是相对重要的。但是港元债券的二级市场并不活跃,外汇基金票据的持有者可以用这些债券向金管局作抵押，以回购形式取得流动资金，但这些只是银行之间的双边交易，香港并不存在回购协议市场。目前，香港金管局已采取了一系列措施来增加市场透明度和流动性。加强外汇基金票据及债券的现有市场庄家制度，到 2003 年 6 月，CMU 已有 158 位认可交易商，其中有 29 位是市场庄家。一些私营机构，向公众提供债券价格资料，提高本地债券市场的透明度。金管局支持香港期货交易所推出外汇基金债券期货计划，债券期货合约可让投资者对冲利率风险。期货市场的买卖活动会刺激场外现货市场的交投，有助于形成债券的回购市场，可以增加现货市场的（尤其是定价过程的）透明度，促进债券被广泛用作抵押品的情况，从而可刺激市场流通量。香港银行公会及香港外汇市场及倾向市场事务委员会已采纳了 ISMA 回购协议，让市场人士进行回购协议交易时使用。香港的私营机构也在 2000 年推出电子债券交易平台，改善定价过程。

评级机制：香港没有成立本地评级机构，由主要国际评级机构进行评级。但有资料显示，目前香港获 B 级以上信贷评级的蓝筹公司有 17 家，获 A 级评级的公司则不到 10 家。评级级别不高，评级成本费用高昂是债市进一步发展的制约因素。

18.2 人民币本地债券市场的发展

20 世纪 80 年代后期，中国债市最初从实物券的场外市场起步，后转向记账式债券。目前，中国债券市场形成了交易所债券市场和以银行间债券市场为主的场外交易市场共存的格局，主要由银行间债券市场、交易所债券市场和凭证式国债市场组成。债券种类可分为国债、企业债和金融债。市场中所主要交易的品种是以国家信用为基础的国债及政策性金融债券。近些年来，在积极的财政政策和稳健的货币政策之下，加上利率水平下降，债券市场规模不断扩大，2002 年财政部共发行凭证式国债 4 期、记账式国债 16 期，发行总额达到 6061.33 亿元，创出了新中国国债发行规模之最。

市场规模：银行间债券市场债券托管余额到 2001 年已经达到 20000 亿元，而股票市场的 A 股、B 股、H 股 10 年里筹资才 7700 亿元，银行间债券市场 4 年就筹资 16000 亿元；市场成员从 1997 年的 16 家发展到 2001 年的 700 家。我国 2001 年年末银行间市场、交易所市场托管的债券，再加上凭证式国债，总共为 27941 亿元，GDP 为 95933 亿元，即债券总值相当于 GDP 的 29%。从国际经验看，与发达国家美国、日本及英国相比，还是有很大的差距。债券总额比国内生产总值，这三个国家分别为 167.7%、129.8% 和 41.8%。这样看来，我国债券市场的发展潜力是非常大的。

市场结构（见表 2）：从市场主体来说，中国债券市场形成了交易所债券市场和以银行间债券市场为主的场外交易市场共存的格局，主要由银行间债券市场、交易所债券市场和凭证式国债市场组成。中国人民银行于 1997 年 6 月组建全国银行间债券市场，是目前中国债券市场的主要组成部分，这构成了中国债券市场的基本特征。银行间债券市场建立初期有 16 家商业银行总行，通过全国银行间同业拆借中心的交易系统进行报价和交易，在中央国债登记结算有限公司统一托管债券和进行债券结算，通过中国人民银行清算系统进行资金清算。目前，银行间债券市场交易以债券回购为主，主要起到了银行间的债券抵押拆借功能，实现了银行间无信用风险的资金融通。通常意义下的债券二级市场交易——债券现券交易，可起到金融资产结构调整和发现价格与利率的功能，现在并没有发展起来。银行间债券市场回购量远远超过现券量。银行间债券市场的主体是商业银行等金融机构。开始的银行间债券市场是交易所债券市场，而因要切断资金流入股市的渠道迫使商业银行退出交易所债券市场，才建立了场外交易市场。中国的场外债券市场以银行间债券市场的形式出现，参与者仅限于商业银行及部分金融机构，总计不超过 700 余家。但最近情况有所变化，从《商业银行柜台记账式国债交易管理办法》的出台、金融机构进入银行间债券市场实行准入备案制，到 39 家商业银行可以为非金融机构在银行间债券市场代理进行现券买卖和逆回购业务，几乎所有的机构和个人都已经可以成为银行间债券市场的投资主体。企业和个人购买债券还主要是通过凭证式国债来完成，没有二级市场不能流通。

流动性：现券交易不活跃，而且由于银行作为市场主体，其稳健的营业方针决定了其不会频繁地交易债券。目前，银行间债券市场的做市商制度尚未成熟也造成了流动性不足。缺乏成熟的做市商制度投资者在

表 2　　　　　　　　　　　中国债券市场结构

	市场性质	市场主体	交易工具	交易方式	债券存量	债券托管机构
银行间债券市场	场外市场	商业银行、城乡信用社、保险公司、证券公司、基金管理公司、财务公司（39家商业银行可为非金融机构进行业务）	国债、中央银行债券、政策性银行金融债券	现金交易、回购		中央国债登记结算有限责任公司
交易所债券市场	场内市场	证券公司、保险公司、财务公司、企业和个人通过证券公司参与	国债、企业债券	现券交易，指令驱动型		中国证券登记结算有限公司
凭证式国债市场	不能流通转让，只有一级市场没有二级市场	居民个人				商业银行

资料来源：《财经》2002 年第 5 期。

交易时就要和大量的潜在对手谈判，达成交易的成本就大幅上升，制约了流动性的提高。由于债券品种以政府信用为主，市场主体以国有银行为主，银行缺少内部激励机制，交易的积极性不足。避险机制工具不足，国债期货、债券期货并未推出，进一步减少了市场的流动性。

基准收益率曲线：中国债券收益率曲线缺乏代表性。自 1998 年起，交易所债券市场的交易量不断下降，上海证券交易所的现货交易量从 1998 年的 6047 亿元下降到 2000 年的 3657 亿元，回购交易量从 1998 年的 15189 亿元下降到 2000 年的 13147 亿元。2001 年财政部扩大了在上海证券交易所发债的数量，全年发行 960 亿元，上交所债券存量增加了 1 倍多，但现货和回购交易量却与 2000 年持平，反映换手率下降了一半多。由于我国没有实行利率市场化，银行间债券市场的债券收益率很大程度上由银行的存贷款利率决定，而与之相比，发达国家，银行的存贷款利率是参考货币市场和债券市场利率水平决定的。在当前未成熟的债市操作经验下，债券收益率曲线是难有代表性的。

企业债券的问题：企业规模小、投资者少、债券品种缺乏。2002年，企业债券共发行200多亿元，而国债发行了6000多亿元。在发达国家，企业债券的融资额通常是股票市场的3到10倍，如2000年，美国证券市场上共有1592家上市公司发行公司债券融资，而仅有199家上市公司发行股票。而在我国，2000年证券市场总融资6400亿元，国债4800亿元而公司债仅有200亿元，2001年企业债还不足170亿元。还不存在企业债券的场外交易场所，《证券法》第32条规定："经依法核准的上市交易的股票，公司债券及其他证券，应当在证券交易所挂牌交易。"这样，企业债券只有在上海、深圳两个证券交易所上市交易是合法的。而我国只有10余只企业债券在上海和深圳证券交易所进行交易，而在交易所交易的企业债券交易额又很小，每日成交额还不足5000万元。债券的发行目前由国家发展和改革委员会审批，中国人民银行核准其利率，证监会监管其交易。不过当前学界、政界都已意识到企业债市的重要性，开始采取一些措施进行改进。新近要出台的《企业债券管理条例》放宽了以前规定的企业发行债券募集资金的用途，将只用于本企业的生产经营拓宽到可以用来偿还旧债甚至用于偿还外债，并且企业债券发行利率趋于市场化。按照有关规定，"企业债券的利率不得高于银行同期居民储蓄定期存款利率的40%"，由于目前的利率水平已经比较低，这一限制就明显制约了企业债券的发行。另外，这一规定也使债券利率不能反映资金供求的真实变动情况和不同企业风险差异。还有其他一些规定，例如将审批制改为核准制，都将会很快出台。新的《企业债券管理条例》的出台之后，企业债券的发行条件、发行主体、利率决定等都将随之发生深刻的变化（何德旭、王朝阳，2003）。

信用评级：目前国内信用评级体系并未完全建立。虽然发行的债券都进行了信用评级，但是由于评级体系不完善、评级的行为不规范、评级的价值仍未被投资者所重视，我国的信用评级还存在很大的改进空间。

税收：根据有关规定，购买国债、金融债券的利息收入都是免税，而企业债券利息税并没有豁免。在《企业债券管理条例》中规定"单位和个人所得的企业债券利息收入，按照国家规定纳税"。企业债券利息引起的个人所得税按照《个人所得税法》进行征收（安义宽，2002）。

18.3 香港离岸债券中心的足与不足

香港拥有庞大的资金基础（见表3），香港作为国际金融中心和金融自由港，吸引了世界的资本流入，而香港居民对外进行直接投资、金融投资或借款，对外埠经济发挥了巨大的影响。香港2002年第一次对外公布三年的国际投资头寸数据。统计显示，香港从2000年至2002年对外金融资产净值数额在不断增加：2000年年底为17295.47亿港元，到2002年年底增加到26460.76亿港元（《从国际金融数据看香港的喜与忧》，2003）。香港2002年年底国际投资净资产2646.76亿港元，其中国际投资资产为80246.46亿港元。以居民对外直接投资来说，据美国商务部资料，截至2003年3月底，香港持有的美国国库券就达498亿美元，在亚洲仅次于日本和中国（《从国际金融港数据看香港的喜与忧》，2003）。

表3　　　　　　　1997—2002年香港主要经济指标　　　　　单位:%

年份	经济增长率	失业率	物价指数*
1996	4.5	2.8	6.0
1997	5.0	2.2	5.7
1998	-5.3	4.7	2.6
1999	3.0	6.2	-3.3
2000	10.5	4.9	-3.0
2001	0.1	5.1	-1.7
2002	2.2	7.3	-3.2

注：*代表甲类消费物价指数。
资料来源：《黄金海岸年鉴》（1998—2000），《香港统计月报》（香港）。

香港与中国内地的金融联系紧密（见表4）。目前，香港仍为内地吸收外资的最大来源地。2002年1—6月，内地吸收香港直接投资项目4841个（占同期内地总数的31.94%），合同港资金额122.81亿美元（占同期内地总数的27.94%），实际使用港资81.7亿美元（占内地同期总数的33.25%），分别比上年同期增长32.85%、27.04%和9.43%。截至2002年6月底，内地共吸收港资项目204698个，合同港资金额3599亿美元，实际使用港资 1975.63 亿美元，分别占同期内地吸收外资总数的 50.5%、45.6% 和 46.6%（2001 年全年比重分别为 51.2%、46.6% 和 47.4%），大约占内地投资的 40%。[1]

表 4　　　　　　香港银行对内地的债权与负债　　　　单位：10 亿港元

年份	1997	1998	1999	2000	10/2001
对内地的债权及负债					
港元债权	79	81	53	46	22
外币债权	329	243	193	173	175
总债权	408	324	245	221	197
港元负债	140	148	117	182	119
外币负债	167	143	145	211	226
总负债	306	291	262	393	345
净债权/负债					
港元	-60	-67	-64	-136	-97
外币	162	100	47	-35	-51
总计	102	34	-17	-172	-148

资料来源：《香港金融管理局季报》2002 年 2 月。

另外，香港拥有领先的金融基础设施、宽松的金融环境、没有太多的法律限制、有从事金融业专门的人才以及香港债市与国内债市相比的优越性，香港成为人民币离岸债券中心的条件是具备的。但人民币离岸债券中心在当前人民币资本项目不可兑换的条件下是不可能成立的，但是随着时间的推移，根据中国加入世贸组织的协定规定，资本项目的开放是必然的趋势，在此种情况下，香港应该及早做好准备。针对目前香港债市的问题，采取必要的措施进行改进。

正如前文所提到的，香港债市的主要问题在于基准收益率曲线，信贷评级机制和二级市场的流动性。香港的基准收益率曲线仅有十多年的历史，还有待于进一步延伸发展。而信贷评级选用国际的评级公司，评级标准很严格，费用过高，造成公司企业评级的动力不足，制约了债市的供给。香港的债券市场相对欧美发达国家来说，还存在很大的发展空间，香港政府应采取必要的不妨害市场的措施进一步推动市场的发展。

---

[1] 中华人民共和国商务部港澳司。

18.4　香港设立人民币离岸债券中心分析

　　发展香港人民币离岸债券中心，是发展亚洲债券市场的重要一环，对于香港和中国内地来说，这相对于将该区域的储蓄留在该地区内使用，这对该地区普遍的高值储蓄率有极大的意义（李扬，1999）。发展以人民币为计值货币的债券，也是承认了人民币在香港等中国内地的巨大流量，为这些资金合理回流找到了有效的渠道。

　　中国内地和香港传统上都依赖于间接融资，也就是通过银行来作为储蓄和投资之间的主要媒介。亚洲金融危机暴露了这种单一融资结构的脆弱性，各国政府都意识到了债券市场作为另一条避险机制，改变银行主导金融体系的重要作用。债券是固定收益证券，波动性相对股票来说较小，另外债券的期限规定减少了债市对突然而来的外在冲击的敏感性。债券市场将改变本地区银行主导的金融体系，可作为金融融资的另一渠道，是改善亚洲原罪的有利途径（香港管理局季报，2001）。但也有研究表明金融危机时，债券市场同样受到巨大压力，与危机有联动效应，国际货币基金组织（2001 年）计算了 9 个主要新兴市场国家（阿根廷、巴西、厄瓜多尔、墨西哥、巴拿马、秘鲁、委内瑞拉、波兰及俄罗斯）1994 年前债券回报的未加权平均交叉相关值。其主要结果表明在市场受压时，无论是一级还是二级债券市场都有密切的相关性。许多实证研究都集中关注于国与国之间的金融连锁影响，香港金融管理局也对国内银行融资、债券及股本发行三者之间的关系进行了相关性的研究，评估了本地债券市场在本地作为另一融资渠道的有效性。

　　而对于中国内地来说，建立人民币离岸债券市场，为中国企业发行债券提供另一条渠道。中国内地现虽鼓励发行企业债券，大力倡导发展债券市场。但国内债券市场与香港债市相比，从表 5 中可以看出，仍存在很大的差距，其企业发行债券的法律限制还很多，要经由国家发展和改革委员会审批，中国人民银行核准其利率，证监会监管其交易。经由国家审批的程序虽有望改为核准制，但对于企业来说，仍存在排队等待发债的情形，加上企业债市的二级市场交易量太小，对普通的投资者没有什么吸引力，企业债的收益率也不甚理想。企业的利率受控制，其信用评级的作用不受重视，评级低的企业不能通过高利率吸引投资者。如果有离岸债券市场，信用级别高，信誉好的企业往往能获得低利率的融资。另外，人民币在港的流量巨大，离岸债券市场的建立为人民币资金的有效利用找到了出路。对香港来说，人民币离岸债券中心的建立有利于进一步巩固其香港国际金融中心的地位。

表5　　　　　　　　　　内地和香港债市的有关对比

	中国内地	香港
市场一般	占GDP的29%，主要以国债为主	离岸债市发达，外汇基金票据占主要部分，而海外非多边发展银行发债体占重要地位
利率控制	要求不高于银行同期居民储蓄定期存款利率的40%（虽有所松动，但利率市场化仍需经一段过程）	无限制
发行程序	要经由国家发展和改革委员会审批，中国人民银行核准其利率，证监会监管其交易（将可能改为核准制）	
税收优惠	对企业债无优惠	实行一定的税收优惠

资料来源：根据有关资料整理。

本文试图以一个微观理论模型来描述香港离岸债券中心的发行其中的关系。刘树成（2002）等建立了一个微观基础开放的宏观经济模型分析了人民币完全可兑换给香港和内地带来的影响。本文参考其模型的建立，但不考虑商品的进口和出口。

香港的人民币离岸债券中心的出现应该是随着资本项目开放的进程，在模型中本文假定，只考虑两个经济体：中国内地和香港。中国企业到香港发行人民币债券，香港居民或机构用手中持有的人民币进行购买，有代表性的企业追求利润最大化，有代表性的个人追求的是效用最大化。

香港有代表性的个人购买人民币债券，要使其效用最大化，其方程参考了刘树成（2002），但将主要的考察对象不再是中国内地，而成了香港：

$\max u_t = \sum_{s=t}^{\infty} \beta^{s-t} u(C_s)$ 设代表性消费者的效用来源是当期的本地消费品 C，考虑持有货币中国，香港本地公司发行的债券 B_h，由中国发行的债券 B_c，香港居民持有的港币 M_h，香港居民持有的人民币 M_c。q 为真实汇率，而 p_h 为香港的物价指数，p_c 为中国的物价指数。

$$u_t = \sum_{s=t}^{\infty} \beta^{s-t}[u_1(C) + u_2(M_{h,s}/p_{h,s}) + u_3(M_{c,s}q_s/p_{c,s})] \tag{1}$$

收入来源有本地债券、内地债券的利息报酬、劳动收入和其他收入。

s. t.

$$C_t + (B_{h,t} - B_{h,t-1})/P_{h,t} + q_t(B_{c,t+1} - B_{c,t})/p_{c,t} + (M_{h,t+1} - M_{h,t})/p_{h,t}$$
$$+ q_t(M_{c,t+1} - M_{c,t})/p_{c,t} = w + r_{h,t-1}B_{h,t-1}/p_{h,t} + q_t r_{c,r-1}B_{c,t-1}/p_{c,t} \tag{2}$$

$$q_t = \frac{e_t p_{h,t}}{p_{c,t}} \text{ 为实际汇率，} e_t \text{ 为名义汇率}。\tag{3}$$

由式(2)求出 C_s，代入式(1)，$u_t = \sum_{s=t}^{\infty} \beta^{s-t}u(C_s)$

$$= \sum_{s=t}^{\infty} \beta^{s-t} u \begin{bmatrix} w + r_{h,s-1}B_{h,s-1}/p_{h,s} + q_s r_{c,s-1}B_{c,s-1}/p_{c,s} - (B_{h,s} - B_{h,s-1})/P_{h,s} \\ - q_s(B_{c,s} - B_{c,s-1})/p_{c,s} - (M_{h,s} - M_{h,s-1})/p_{h,s} \\ - q_s(M_{c,s} - M_{c,s-1})/p_{c,s} \end{bmatrix} \text{对}$$

此式 $B_{c,s}$ 求导：

$$u'(C_x) = \beta \frac{q_{s+1}p_{c,s}}{q_s p_{c,s+1}}(1 + r_{c,s})u'(C_{s+1})$$

而中国的企业发行债务的追求利润最大化，它可选择在中国内地发行 $b_{c,t}$，利率为 R_C，也可选择在香港发行 $b_{c,t}$，利率为 R_H，若设企业资产折旧率为100%：

$$Y_{c,t+1} = AK_t^{\alpha}L_{c,t+1}^{1-\alpha}$$

而 $K_t = b_{h,t} + b_{c,t}$

$$\pi = A(K_t^{\alpha})L_c^{1-\alpha} - b_{c,t}(1 + R_{c,t}) - b_{h,t}(1 + R_{h,t}) - L_c w_{c,t+1}$$

其主要的约束条件为 $R_{h,t} = r_{c,t}B_{c,t} = b_{h,t}$

最后的约束条件是，人民币的总量要等于在内地外的人民币总量 $M_{c,t} + B_{c,t} = M$。

M 的决定是由贸易等因素决定的。

这个简单的模型只是初步地模拟了债券的发行者和购买者的情况，但并没有与经常项目或其他金融投资联系起来，形成一个完整的宏观模型。

而从这个小模型中我们可以看到，对于有代表性的企业而言，由于在外发债和在内发债获得的都是完全可替代的资本——人民币，则只要在香港离岸债券中心的发债成本低于内地，则企业会选择全部在外发行债务，而若只局限于在国内发行债券，则企业的融资成本过高，会带来企业运作的无效率。在外发债的企业越多，人民币若只能进不能出。也就是说，仅开放资本流入项，那么发债成本便会随之上升，若达到内外利率一致，从而会造成某种均衡。

另外，若存在人民币升值预期，则持有人民币的效用会提高，居民可能不会用人民币购买债券，获得固定收益，而是会等待进一步的投资机会。

随着中国资本项目的进一步开放，内地的资本持有者将投资于外埠，资本的流动，M 将不会是固定的，而会是不断变动的。

18.5　香港设立人民币债券离岸中心程序与时间安排

在香港设立人民币离岸债券中心，应按照中国加入世贸组织的有关时间表循序渐进地推行，最初要香港成立包销及买卖人民币债券的合营企业，然后是发展人民币债券基金。

在香港发行人民币债券，其主要程序是人民币债券托管在债务工具中央结算系统，结算交收也在债务工具中央结算系统中进行，而人民币资金的交收由两地人民币汇款系统处理。其主要的资金流程如图 3 所示。

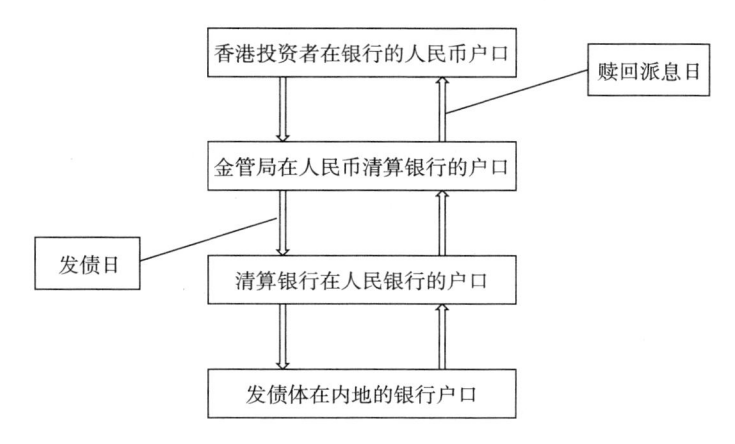

图 3　香港人民币债券离岸中心资金流程

而二手市场债券结算也主要在债务工具中央结算系统内结算交收，而法律上在金管局账册上过账。

19　香港国际金融中心定位与发展的研究[①]

19.1　上海与香港的国际金融中心的关系

据报道，2009年3月25日，国务院常务会议审议并原则通过了关于推进上海加快发展现代服务业和先进制造业、建设国际金融中心和国际航运中心的意见。会议提出，到2020年，将上海基本建成与我国经济实力和人民币国际地位相适应的国际金融中心、具有全球航运资源配置能力的国际航运中心。对上海来说，这个消息自然是鼓舞人心的。因为，在现行的体制下，国家政策上的优势让上海成为国际金融中心，就能够聚集全国的力量来发展上海，并让上海成为名副其实的国际金融中心。但是，仅仅这点是不够的，因为一些地方仅是希望政府政策的方式来建立国际金融中心，来聚集整个社会的金融资源，那么这不仅无法让有效的金融中心建立起来，也无法实现国家经济发展的重大战略。

笔者记得在2008年，作为全中国的政治、经济、文化中心，北京也在5月6日，正式公布了北京市《关于促进首都金融业发展的意见》，首次提出将北京建设成为具有国际影响力的金融中心城市，并在空间布局、市场体系建设、吸引人才等诸多方面做出详细规划。而且，还有深圳、广州、武汉、天津、大连、重庆等也正在通过不同的方式希望各自的城市也成为国家的或区域性的金融中心。据国内媒体报道，中国提出建立金融中心设想的城市多达90余座。

这种现象如何来理解，即国内的这些城市，再加上香港为什么都在争取成为区域性或国际性金融中心？这里既有整个国家及整个社会对金

[①]　该文章是2006年与香港大学金融学院合作课题部分成果。

融市场的认识突破，也有各个城市希望借助于中国经济转轨通过政府的政策来发展当地经济。因为，我们可以看到，国内无论哪一个城市希望该城市成为区域性或国际性金融中心，首先都是希望在中央政府主导下通过国家政策上的优势来成为金融中心。但实际上，从中央近年来批准的情况来看，如果许多城市都想成为国际金融中心或区域性的金融中心，那么整个国内就没有金融中心而言，更没有国际金融中心了。

19.2　从伦敦国际金融的发展看香港的定位

在此，我们先得对什么是金融中心？金融中心是如何形成的？判断一个金融中心或国际金融中心的前提条件是什么？对这些问题——梳理，那么我们才能对目前这种现象做一个清楚的解释。

一般来说，金融中心是一个特定城市和地区各类金融机构聚集的市场。它本质上承担的是金融中介功能，但这种中介功能又不同于金融机构的中介功能，它主要是为金融机构提供集中交易和清算的场所。而国际金融中心则是指有众多的外国投资者通过这个城市或地区的金融市场积极、活跃地从事各种金融交易活动。而刘明康则认为，一个城市要成为国际金融中心需要拥有四个基本条件：创造一个国际通用的法律和制度环境；拥有一个对内、对外都十分开放的和比较完善的金融市场体系；拥有良好的金融基础设施以及有一个能够凝聚和聚集一流国际金融人才的机制。而任志刚则认为一个国际金融中心，不能单纯地看数字，比如多少个机构或者是中介机构，而是看这个城市有没有更多的国际金融服务需求，即有没有更多国际投资者便利地进入这个城市进行各种各样的金融交易。

而且从金融交易的一般特性来说，成为国际金融中心的三个必要条件是，一是金融交易的完整性。因为任何金融资产都包括了当前价格及未来的不确定性，任何一次金融交易，在完成交易的瞬间都会影响资产的价格与风险。完整的金融交易不仅要表现在当前标的物的价格，而且也要表现在当前价格水平上对该资产未来不确定性的判断。因此，金融交易完整性包括了金融产品、期货交易及金融衍生品的交易。二是金融交易的便利性。即金融市场能够为投资者提供各种交易工具，以方便投资者购买资产及规避风险。三是交易的透明性。因为金融资产存在严重的信息不对称，以及金融持有人对其资产保值增值缺乏应有的知识及信息。因此，交易的透明性才能保证金融交易的公平公正。

正因为国际金融中心这样一般性及前提条件，我们来考察任何国际金融中心出现都是一个自然演进的过程而不是人为的结果，而且这种自然演进的过程往往是与世界经济重心的转移联系在一起的。根据国际政治经济学先驱金德尔伯格等跟踪研究，金融市场的活动最早出现在公元前1900年巴比伦，而最早的金融中心是阿姆斯特丹等地。而工业革命使世界经济重心转向英国，伦敦成为国际金融中心；第一次世界大战后，世界经济的重心开始逐渐地向美国转移，纽约也就成了新的国际金融中心。自20世纪60年代开始，世界经济重心逐步向亚太地区转移。中国香港、新加坡开始逐渐向区域性金融中心转变。到1997年亚洲金融风暴之后，中国经济、印度经济、东盟经济、东北亚经济在世界经济中比重越来越大，世界经济重心也逐渐地向亚太地区转移，因此，一些亚太地区的城市在国际金融市场的重要性也渐渐地显现出来。比如，印度的孟买、中国的上海、日本的东京等。

而且从全球金融资产配置的情况来看，到2006年年底，全球金融资产已达到167万亿美元，比上年增长了17%，是1995年至2005年年均增长8%的2倍。2006年，全球金融资产总量约为全球GDP的3.5倍，每天平均流量高达115万亿美元以上，约为全球每天平均商品贸易额的50倍。也就是说，在经济全球化不断深化的进程中，随着全球金融资产持续增长，虚拟经济对实体经济的比重不断扩大，这自然会产生各国对国际金融中心的巨大需求。

但是从这些金融资产地区公布情况来看，目前全球金融资产呈现非均衡分布（2006年，美国、欧元区、日本和英国总共占了全球金融资产的73%，地区的金融资产所占的比重仅为27%），但在全球金融资产迅速增长的份额中，新兴市场国家的贡献则越来越大。比如，在过去的10年里，新兴市场国家金融资产的增长速度是发达国家增长速度1倍以上。其中，中国金融资产的增长贡献率占到新兴市场国家的1/2，其规模达到8.1万亿美元，约占新兴市场国家总额的1/3。因此，新兴市场国家金融资产的高速增长带来的交易需求，也可以引发国际金融中心全球性布局一次重大的调整，比如香港及上海国际金融中心的成长。

可以看出，2007年GFCI（全球金融中心指数）的排名，除了伦敦、纽约占有绝对领先地位之外，中国香港与新加坡也遥遥领先于其他老牌的欧洲城市，而上海与北京也分别获得较前排名（分别为第24、36名）。不仅说明全球经济重心向亚洲转移导致国际金融中心新格局，也说明了全球金融资产分布开始向亚洲地区转移。不过，除中国香港与新加坡之外，国内各城市与国际金融中心要求仍然相差很远。

因为，上海，无论是从历史的辉煌性，还是从中国近年的经济实力来看，这些都为上海成为金融中心奠定了坚实的基础。特别是随着近年来中国金融领域进一步深化改革开放，上海国际金融中心建设取得了明显进展。上海金融市场体系日益完善，基本形成了一个由股票、债券、货币、外汇、商品期货、金融期货、黄金、保险等构成的全国性金融市场体系，其中金融期货正在准备上市交易；金融机构进一步集聚，成为国内中外资金融机构的集聚地；金融产品创新步伐加快，成为中国金融产品最丰富、最集中的地方；金融生态环境进一步优化，金融风险防范化解机制不断完善。

但是，上海与国际金融中心要求仍然相差很大。因为，从GFCI国际金融中心竞争力14项指标来看，比如训练有素的专业技术人员、监管环境、进入国际金融市场的容易度、基础设施、客户的可获得性、公平公正的商业环境、政府回应、企业税制、运营成本、专业服务供应商的获取、生活质量、文化和语言、商业楼宇的质量及供应、个人税制等，上海与国际金融中心的差距很大，而香港在这些方面则有明显的优势。

一般来说，上海不仅具有地理和交通优势，具有辉煌的金融历史以及金融文化的环境，而且具有良好实体经济作支撑，因此，上海要建成国际金融中心仅是一步之遥，但是由于计划经济的出现与摧毁，上海要成为国际金融中心面临的困难与问题要大得多。首先，在中国资本项没有开放的情况下，国内外的资金要自由流动根本就不可能。如果资金无法自由流动，那么国内外的资金要自由聚集就不可能。如果说，连资金的自由流动都不可能，特别是国外资金要自由流动不可能，那么目前上海要成为国际金融中心只能是未来资本项完全开放后的事情。因此，在目前的情况下，上海金融中心的定位，并非是如何建立国际金融中心，而是如何形成全国的金融中心或人民币的金融中心，以人民币计价的金融产品创造与交易的中心。在目前的情况下，这是上海金融中心的定位。

其次，从目前上海国际金融中心建设来看，上海国际金融中心形成更希望体现国家干预、政府主导的新模式，如中央大力支持上海金融改革先行先试，甚至要进一步把政府主导作用和干预效果的重点，放在国家层面的组织保障、中央政府的立法支持和政策倾斜上。比如，上海市政府负责人特别指出，上海金融中心建设除了在规划上、政策上、服务上要遵循国际惯例提供相应支持外，在人文环境上要加快与纽约曼哈顿、香港中环等功能核心区的交流工作，推动信息环境、文化环境等方面的完善与创新。

可以说，现代国际金融中心的确立，政府作用是不可或缺的。但是，从现代市场演进与发展的情况来看，任何市场建立都是一个自然演进的过程。如果一个市场的形成更多的是政府为主导、是人为因素，特别是政府因素所促成，那么这个市场要得到健康的发展是不可能的。从中国股市发展来看，目前股市出现的一系列问题，都在于政府对微观行为干预过多的结果。如果上海国际金融中心的建立仍然要政府来主导，那么这个市场的发育一定会渗透更多政府的因素，政府对市场的干预也不可避免。

当然，现代市场的建设离不开政府支持，但政府的作用仅是在市场制度规则设立、产权制度保护、市场合约保证履行及保护投资者财富不受到掠夺上，即政府对市场的作用更多地体现在建立市场秩序上，而不是对市场微观主体的直接干预上。比如，在GFCI指标中，关于商业环境指标体系中就有经济自由度、透明指数、腐败指数等，在这些指数测算中，上海之所以得分很低，就在于政府对金融市场干预过多。

也正因如此，上海国际金融中心的建立更多地希望政府政策来主导，不仅会造成政府对市场干预过多，而且也会造成国内各城市通过各种关系来争取中央的金融政策资源。可以看到，在改革开放初期或20世纪90年代，中央政府的政策资源对当地影响是至关重要的。因为，在那时，全国经济发展仍然处于计划经济限制下，任何市场经济政策都是一种利益。这样谁获得政策谁就获得一份利，就容易通过这种市场政策来推动当地经济发展。但是，从目前的情况来看，整个中国经济发生了根本性变化，尽管当前许多地方计划经济观念的影响仍然存在，但是市场经济体制早就深入人心，整个国家经济运行的机制基本上是以市场为主导。因此，政府市场政策的效应也自然减弱，甚至在激烈的市场竞争环境下，这种市场经济政策的效应基本上不大。因为，当一种政策在一个地方试行，然后立即在全国推广之后，这样政策效应效果就十分小。

目前，为什么全国许多城市都想建立金融中心？问题就在于各个城市都希望如何来获得这种金融市场的政策效应。实际上，在目前统一的国内金融市场，如果哪个城市都希望政府的政策支持建立金融中心，那么实际上各个城市都不可能成为金融中心。因此，在目前的情况下，上海国际金融中心的确立要放弃政府主导的这种定位，要求只是中央加快金融市场改革开放步伐，减少对国内金融市场干预，并通过有效的市场竞争，上海国内金融中心的地位就能够在市场中确立。

比方说，最近北京市也认为要确立北京国际金融中心的地位。笔者认为，国际金融中心的前提条件是中国金融市场全面开放，或中国资本项全面开放、中国金融市场化程度提高。但是，北京的金融市场、金融机构、金融行为等基本上都是政府聚集资源的结果。而北京要确立国际金融中心，就得对金融市场进一步全面改革开放，就得对政府聚集金融资源权力不断地弱化。如果政府对金融资源聚集权力完全弱化，那么北京国际金融中心从何而来。因此，上海国际金融中心的确立不可走政府为主导之路，而且借助于上海金融历史与文化、上海地理位置与交通条件、上海的实体经济支撑等在激烈的竞争中形成。上海市政府要做的仅是为这样的国际金融中心确立创造制度环境。当然，尽管上海成为国际金融中心是一个长期目标，但同样要以市场为主导。

还有，当前上海国际金融中心的差距还表现在人才资源缺乏及金融市场的基础性制度不足上。对于前者，从数量上来说，纽约拥有77万金融人才，而香港有35万，上海则不足20万。而且上海金融人才缺乏不仅表现在数量上的不足，而且表现在质量上的不足。比如，合适岗位需求的金融从业人员缺乏，如金融从业人员高学历化、中坚力量的流失引起金融员工的低龄化、市场人才流动的无序与恶性竞争、中资金融机构成为外资金融机构的人才"培训基地"等。

更为严重的是金融市场的基础性制度缺乏。大家都知道，金融市场交易的是信用，是给信用的风险定价。但是，从目前国内的金融市场来看，由于政府对金融市场的主导，那自然整个市场的信用要政府来担保。在政府对金融市场信用担保的情况下，不仅无法形成有效的金融市场定价机制，无法确立金融市场公平公正交易平台，更无法建立起一套公平公正独立的第三方的法律及司法体系。在这样的情况下，上海国际金融中心要建立起来是根本不可能的。

对于中央政府确立上海建立国际金融中心的发展战略，香港的媒体又比较紧张了。其实，香港根本就不需要担心上海国际金融中心的崛起，因为一是从政策上来说，上海要成为国际金融中心仍然是一个漫长的过程，不是一朝一夕可解决的；二是从笔者上面所讨论国际金融中心的含义上来说，上海与香港相比仍然存在巨大的差距，上海在发展，香港也在发展，那么这种差距要在短期内得以追赶是不可能的；三是上海国际金融中心的确立与香港国际金融中心的发展不是冲突的，反之还会起到促进的作用。试想，中国这样一个大的经济体，多几个金融中心又有多少关系。

总之，确立上海国际金融中心地位是国家经济发展的一项重大战略，但上海国际金融中心的确立同样是一个市场自然演进的过程而不是政府主导的结果，否则以政府主导的国际金融中心即使出现也不能真正有效配置国内外金融资源。

参考文献

Aaron, Henry, "The Social Insurance Paradox", *Canadian Journal of Economics Political Science*, Vol. 32, No. 3, 1966.

Adrian, Tobias, and H. S. Shin, "Liquidity, Monetary Policy, and Financial Cycles", *Current Issues in Economics Finance*, Vol. 14, No. 1, 2008.

Alan Gart, *Regulation, Deregulation, Reregulation—The Future of the Banking, Insurance, and Securities Industries*, John Wiley Sons, Inc., 1994.

Argy, V., "International Financial Liberalization: The Australian and Japanese Experiences Compared, Bank of Japan", *Journal of Monetary and Economic Studies*, Vol. 5, No. 1, 1987.

Baffes, John et al., *The Great Plunge in Oil Prices: Causes, Consequences, and Policy Responses*, Social Science Electronic Publishing, 2015.

Bank for International Settlements, *Credit Risk Transfer: Development from* 2005 *to* 2007, April 2008.

Barro, Robert J., "Are Government Bonds Net Wealth?", *Journal of Political Economy*, Vol. 82, 1974.

Batten, Jonathan A., T. A. Fetherston, and P. Hoontrakul, "Factors Affecting the Yields of Emerging Market Issuers: Evidence from the Asia – Pacific Region", *Journal of International Financial Markets Institutions Money*, Vol. 16, No. 1, 2006.

Becker, Gary S., "Crime and Punishment: An Economic Approach", *Journal of Political Economy*, Vol. 76, No. 2, 1968.

Ben S. Bernanke, Speech 409, Board of Governors of the Federal Reserve System (U. S.), 2008.

Bernanke, Ben S., "Federal Reserve's Exit Strategy", *The Wall Stress Journal*, 2009.

Bhandari, J. S., "Trade Reform under Partial Currency Convertibility", *Staff Paper*, *IMF*, Vol. 34, No. 22, 1989.

Blinder, Alan S., and J. Morgan, "Do Monetary Policy Committees Need Leaders? A Report on an Experiment", *American Economic Review*, Vol. 98, No. 2, 2008.

Broner, F., Lorenzoni, G., Schmukler, S., "Why Do Emerging Economies Borrow Short Term?", *World Bank Working Paper No. 3389 and MIT Department of Economics Working Paper*, 2004.

Caballero, Ricardo J., and P. O. Gourinchas, "Financial Crash, Commodity Prices and Global Imbalances", *Brookings Papers on Economic Activity*, No. 2.

Calder, K. Strategic Capitalism, *Private Business and Public Purpose in Japanese Industrial Finance*, New Jersey: Princeton University Press, 1993.

Campell, G. Ricardo, "Italian Social Security Reform", *Social Security Bulletin*, Vol. 55, number 4 (Winter), 1992.

Cargill, T. F. and Gillian G. Garcia, *Financial Deregulation and Monetary Control: Historical Perspective and Impact of the 1980 Act*, California: Hoover Institution Press, 1982.

Cargill, T. F., *Financial Reform in the United State and Japan: A Comparative Overview*, in Hang – Sheng Cheng, ed., Financial Policy and Reform in Pacific Basin Countries, Lexington Books, 1986.

Chandler, L. V. and S. M., Goldfeld: *The Economics of Money and Banking*, New York: Harper Row Press, 1977.

Christine Fay and Toni Gravelle, "The Market Impact of Forward – looking Policy Statements: Transparency vs. Predictability", *Bank of Canada Review*, 2008 – 2009.

Cole, R. A. et al., "FIMS: A New Monitoring System for Banking Institutions", *Federal Reserve Bulletin*, Vol. 81, No. 1, 1995.

Corbo, V. and Jaime de Melo, eds., "Liberalization with Stabilization in the Southern Cone of Latin America", *World Development*, Vol. 13, No. 8, 1985.

Corsetti, Giancarlo, and Klaus Schmidt – Hebbl, *Pension Reform and Growth*, in *The Economics of Pensions: Principles, Policies, and International Experience*, Edited by Salvador Valdes – Prieto, New York: Cambridge University Press, 1997.

Darby, M. and Lothian J., *The International Transmission of Inflation*, Chicago: University of Chicago Press, 1983.

Davis, E. P., *Pension Founds, Retirement – Income Security, and Capital Market: An International Perspective*, Oxford: Clarendon Press, 1995.

De Almeida, Ciao, Duarte, Antonio, and Christiano Fernandes, "Decomposing and Simulating the Movements of Term Structures of Interest Rates in Emerging Eurobond Markets", *Journal of Fixed Income*, 21 – 31, 1998.

Demyanyk, Y. and Hemert O. Van, "Understanding the Subprime Mortgage Crisis", *SSRN Paper*, August 19, 2008.

Diamandescu, Lucian et al., "Effects of a Surfactant on the Morphology and Photocatalytic Properties of Polycrystalline Fe – doped ZnO Powders", *Journal of Physics Chemistry of Solids*, Vol. 121, 2018.

Diamond, D. and P. Dybvig, "Bank Runs, Deposit Insurance and Liquidity", *Journal of Political Economy*, Vol. 91, No. 3, 1983.

Diamond, Peter A., *Issues in Privatizing Social Security*, MIT Press, 1999.

Diazroldan, Carmen, "International Monetary Policy Coordination under Asymmetric Shocks", *Documentos de Trabajo – Lan Gaiak Departamento de Economía – Universidad Pública de Navarra*, Vol. 10, No. 1, 2000.

Dooley, Michael P., "A Survey of Literature on Controls over International Capital Transactions", *Staff Papers – International Monetary Fund*, Vol. 43, No. 4, 1996.

Dooley, Michael P., D. J. Mathieson, and L. Rojassuarez, "Capital Mobility and Exchange Market Intervention in Developing Countries", *NBER Working Papers*, 1997.

Edwards, S. et al., *Capital Controls, Exchange Rates, and Monetary Policy in the World Economy*, Cambridge University Press, 1995.

Ehrlich, Isaac, and Francis T. Lui, "Social Insurance, the Family, and Economic Growth", *Economic Inquiry*, Vol. 36, Number 3 (July), 1998.

Ehrmann, Michael, and M. Fratzscher, "Communication by Central Bank

Committee Members: Different Strategies, Same Effectiveness?" *Journal of Money Credit Banking*, Vol. 39, No. 2/3, 2007.

Eichengreen, Barry, "Does Mercosur Need a Single Currency", *NBER Working Papers*, 1998.

Entwistle, R. and C. R. Winegatden, "Fertility and Pension Programs in LDCs: A Model of Mutual Reinforcement", *Economic Development and Cultural Change*, Vol. 32, 1984.

Estrella, A., "The Future of Regulatory Capital: General Principle and Specific Proposals", *Swiss Journal of Economics and Statistics*, 1998.

Fabel, O., *The Economics of Pensions and Variable Retirement Schemes*, John Wiley Sons, 1994.

Feldstein, Martin S., "Social Security, Induced Retirement, and Aggregate Capital Accumulation", *Journal of Political Economy*, Vol. 82, 1974.

Ferrero, Giuseppe, M. Gross, and S. Neri, *On Secular Stagnation and Low Interest Rates: Demography Matters*, Social Science Electronic Publishing, 2017.

Fischer, S., Capital Account Liberalization and the Role of the IMF, in S. Fischer et al., eds., "Should the IMF Pursue Capital – Account Convertibility?", *International Finance*, No. 207, Department of Economics, Princeton University, May, 1998.

Fisher, G. C., *American Banking Structure*, New York: Columbia University Press, 1968.

Fisher, I., "The Debt – deflation Theory of Great Depressions", *Econometrica*, No. 4, 1933.

Frieden, J. A., "Invested Interests: The Polities of National Economic Policies in a World of Global Finance", *International Organization*, Vol. 45, No. 6.

Gart, A., *Regulation, Derelgulation, Reregulation—the Future of the Banking, Insurance, and Securities Industries*, John Wiley Sons, Inc, 1994.

Gerard Caprio, Jr. Izak Atiyaa and James A. Hanson, *Financial Reform: Theory and Experience*, New York: Cambridge University Press, 1994.

Gillion Colin and Alejandro Bonilla, "Analysis of A National Private Pension

Scheme: The Case of Chile", *International Labor Review*, Vol. 131, No. 2, 1992.

Giovannini, Alberto, and J. W. Park, "Capital Controls and International Trade Finance", *Cepr Discussion Papers*, Vol. 33, No. 3 – 4, 1989.

Goodhart, C. A. E., *The Evolution of Central Banks*, Cambridge: MIT Press, 1988.

Guha, K., "Paulson Says Excess Led to Crisis", *Financial Times*, 2009.

Guidotti, Pablo E., and C. A. Végh, "Macroeconomic Interdependence Under Capital Controls: A Two – country Model of Dual Exchange Rates", *Journal of International Economics*, Vol. 32, No. 3 – 4, 2004.

Gumerlock, R., "Valuation, Liquidity and Risk, IFRI Risk Management Roundtable", *Mimeo*, No. 6, 2000.

Hanson, J., "Open the Capital Account: A Survey of Issues and Results", *World Bank Staff Working Paper*, No. 901, 1992.

Harold Crouch, *Government and Society in Malaysia*, Ithaca: Cornell University Press, 1996.

Harwood, A., *Financial Reform in Developing Countries, in Sequencing? Financial Strategies for Developing Countries*, Edited by Alison Harwood and Bruce L. R. Smith, Washington, D. C.: The Brooking Institute Press, 1997.

Haveman, R. and Knoopf, K. A., *The Market System*, New York: John Wiley Sons, 1970.

Helleiner, E., *States and the Re – emergence of Global Finance*, Ithaca: Cornell University Press, 1994.

Helleiner, G. K., *Capital Account Regimes and the Developing Countries*, New York: St. Martin's Press, 1998.

Henning, *Currencies and Politics in the United States, Germany, and Japan*, Washington, D. C.: Peterson Institute Press, 1994.

Hills, J. et al., *Beveridge and Social Security—An International Retrospective*, Oxford: Clarendon Press, 1994.

IMF, Annual Report on Exchange Arrangements and Exchange Restrictions, 1999.

Ize, Alain, and E. Parrado, "Dollarization, Monetary Policy, and the Pass-Through", *IMF Working Papers*, Vol. 188, No. 2, 2002.

James A. Hason, Open the Capital Account: Costs, Benefits, and Sequencing, in Sebastian Edwards, *Capital Controls, Exchange Rates, and Monetary Policy in the World Economy*, New York: Cambridge University Press, 1995.

Jappelli, Tullio, and M. Pagano, "Saving, Growth, and Liquidity Constraints", *Quarterly Journal of Economics*, Vol. 109, No. 1, 1994.

Jimenez et al., "Determinants of Collateral, *Journal of Financial Economics*", Vol. 83, No. 2, 2006.

John Zysman, Governments, Markets, and Growth: *Financial Systems and the Politics of Industrial Change*, Ithaca: Cornell University Press, 1983.

Johnston, R. Barry, S. M. Darbar, and C. Echeverria, "Sequencing Capital Account Liberalization: Lessons from the Experiences in Chile, Indonesia, Korea, and Thailand", *Social Science Electronic Publishing*, Vol. 97, No. 157, 1997.

Joseph P. Quinlan and Marc Chandler, "The U. S. Trade Deficit: A Dangerous Obsession, Foreign Affairs", Vol. 80, No. 3, 2001.

Kaj Areskoug, "Exchange Rates and the Currency Denominations of International Bonds", *Economica, New Series*, Vol. 47, No. 186, May, 1980.

Katzenstein, P., "Conclusion: Domestic Structures and Strategies of Foreign Economic Policy", in Peter Katzenstein, ed., *Between Power and Plenty: Foreign Economic Policies of Advanced Industrial States*, Madision: University of Wisconsin Press, 1978.

Kaufman, G. G., *The United State Financial System: Money, Markets and Institutions*, New Jersey: Prentice-Hall Inc, 1995.

Keeler, Theodore E., "Theories of Regulation and the Deregulation Movement", *Public Choice*, Vol. 44, No. 1, 1984.

Kelleher, David S., "Toward a New International Financial Architecture: A Practical Post-Asia Agenda", *Peterson Institute Press All Books*, Vol. 4, No. 1, 2001.

Keys, Benjamin J., et al., "Did Securitization Lead to Lax Screening? Evidence from Subprime Loans", *Social Science Electronic Publishing*, Vol. 125, No. 1, 2008.

Knoszner, R. S., Liquidity and Policy, 2007, see avaliable at http://www.federalreserve.gov.

Kohler, T. A. et al., "Greater Post-neolithic Wealth Disparities in Eurasia than in North America and Mesoamerica", *Nature*, Vol. 551, No. 7694, 2017.

Kotlikoff, Laurence J. and Jeffrey Sachs, The Personal Security System (PSS)—A Framework for Reforming Social Security, Mimeographed, 1997.

Kozo K., Asian Economic Crisis 97/98 - Issues in Macroeconomic Imbalances, Capital Outflows and Financial Crises, 1999.

Kritzer, Barbara, Sweden Reduces Social Security Costs, Social Security Bulletin, Vol. 56, No. 2 (Summer), 1993.

Krueger, A., "Problem of Liberalization", *in World Economic Growth*, ed. by A. Harberger, San Francisco: ICS Press, 1986.

Krugman, Paul, "Balance Sheets, the Transfer Problem, and Financial Crises", *International Finance and Financial Crises*, 1999.

Kurt M. Campbell and Ely Ratner, "The China Reckoning: How Beijing Defied American Expectations", *Foreign Affairs*, Vol. 97, No. 2, 2018.

Kuttner, Kenneth N., and A. S. Posen, "Do Markets Care Who Chairs the Central Bank?", *Journal of Money Credit Banking*, Vol. 42, No. 2-3, 2010.

Kyle, A. S., "Continuous Auctions and Insider Trading", *Econometrica*, Vol. 53, No. 6, 1985.

Lal, D., "The Political Economy of Economic Liberalization", *World Bank Economic Review*, Vol. 1, No. 2, 1987.

Landes, William M, and R. A. Posner, "The Private Enforcement of Law", *Journal of Legal Studies*, Vol. 4, No. 1, 1974.

Lash, N. A., *Banking Laws and Regulations: An Economic Perspective*, New Jersey: Prentice-Hall, Inc., 1987.

Leiderman, L. and Assaf Razin, *Capital Mobility: The Impact on Consumption, Investment and Growth*, Cambridge University Press, 1994.

Lippman, S. A. and Mccall, J. , "An Operational Measure of Liquidity", American Economic Review, Vol. 76, 1986.

Low, Linda, Central Provident Fund in Singapore, HKCER Letters (November), No. 41, 1996.

Lucas Robert E. , Jr. , "The Machines of Economic Development", Journal Monetary Economics, Vol. 22, 1988.

Marston, R. , "Interest Differentials under Bretton Woods and the Post – Bretton Woods Float", in M. Bordo and B. Eichengreen (eds.), A Retrospective on the Bretton Woods System, Chicago: University of Chicago Press, 1993.

Massad, C. , "The Liberlization of the Capital Account: Chile in the 1990s, and Cooper, R. N. , Should Capital Account Convertibility be a World Objective", in Fiscsher, S. et al. , International Finance, No. 207, 1998.

McKinnon, R. I. , "The Order of Economic Liberalization: Lesson From Chile and Argentina, in Karl Brunnrand Alan Meltzer", (eds.), Economic Policy in a World of Change, Amsterdam: North Holland Publisher, 1986.

McKinnon, R. I. , The Order of Economic Liberalization—Financial Control in the Transition to a Market Economy, The Johns Hopkins University Press, 1993.

McKinon, R. L. Pill H. , Credit Liberalization and International Capital Flow, The Overborrowing Syndrome, Department of Economic, Standford University Press, 1995.

Meade, J. E. , The Theory of International Economic Policy, Vol. 1: The Balance of Payments, London and New York: Oxford University Press, 1951.

Michael Michaely, "The Timing and Sequencing of a Trade Liberalization Policy", in Aemeane Choksi and Demetris Papageogiou (eds.), Economic Liberalization in Developing Countries, London: Basil Blackwell, 1986.

Miller, G. J. , Managerial Dilemmas: The Political Economy of Hierarchy, Cambridge University Press, 1995.

Minsky, H. , John Maynard Keynes, Columbia University Press, 1975.

Minsky, H. , Stabilizing an Unstable Economy, Yale University Press, 1986.

Mishkin, F., "Financial Policies and the Prevention of Financial Crises in Emerging Market Countries", in M. Feldstein (ed.), *Economic and Financial Crises in Emerging Market Countries*, Chicago: University of Chicago Press, 2003.

Mundell, Robert A., "The Appropriate Use of Monetary and Fiscal Policy for Internal and External Stability", *Staff Papers*, Vol. 9, No. 1, 1962.

Niahimura, K. G., Financial Factors in Commodity Markets, Speech by Mr Kiyohiko Nishimura, Deputy Governor of the Bank of Japan, at the Paris Europlace International Financial Forum, Tokyo, 28 November 2011.

Niels Jensen, Nick Rees, and Tricia Ward, Absolute Return Letter: A Case of Broken BRICS? By September 11, 2013.

Norton, J. J., *Bank Regulation and Supervision in the* 1990s, London: Lloyds of London Press, 1991.

Obstfeld, M. and Alan M., Taylor, *Global Capital Markets: Integration, Crisis, and Growth*, Cambridge: Cambridge University, 1999.

Obstfeld, Maurice, "Rational and Self-fulfilling Balance-of-Payments Crises", *American Economic Review*, Vol. 76, No. 1, 1986.

Petersen, M. and Rajan, R. G., "Does Distance Still Matter? The Information Revolution in Small Business", *Journal of Finance*, Vol. 57, No. 6, 2002.

Quirk, Peter J., and Owen Evans, "Capital Account Convertibility: Review of Experience and Implications for IMF Policies", *Occasional Paper* 131, International Monetary Fund, Washington, D. C., 1995.

Rajan, R. G. and Zingales, L., "The Great Reversals: The Politics of Financial Development in the Twentieth Century", *Journal of Financial Economics*, Vol. 69, No. 1.

Ratti, Ronald A., and J. L. Vespignani, "Liquidity and Crude Oil Prices: China's Influence Over 1996–2011", *Economic Modelling*, Vol. 33, No. 7, 2003.

Reisen, H., "Debt, Deficits and Exchange Rates", *Financial Interdependenc and Development*, OECD Development Centre (Paris), 1994.

Robert A. Mundell, "Capital Mobility and Stabilization Policy under Fixes and

Flexible Exchange Rates", *Journal of Economics and Political Science*, Vol. 29, No. 3, 1962.

Robert O. Keohane, and Helen V., Miliner: *Internationalization and Domestic Politics*, New York: Cambridge University Press, 1996.

Rodrik, D., *Who Needs Capital Account Convertibility? Symposium Paper to Appear in Princetin Essays in International Finance*, Princeton University, 1998.

Ronald I. McKinnon: *The Order of Economic Liberalization Financial Control in the Transition to a Market Economy*, The Johns Hopkins University Press, 1993.

Royama, S., "Big Bang in the Japanese Securities Market", *Japan Review of International Affairs*, Vol. 11, No. 4, 1998.

Sachs, J., Tormell and Velasco, "Financial Crises in Emerging Market: The Lessons from 1995", *Brooking Paper on Economic Activity*, No. 1, 1995.

Samuelson, Paul A., "Optimum Social Security in A Life Cycle Growth Model", *International Economic*, 1975.

Schmukler, Sergio L., and E. Vesperoni, "Financial Globalization and Debt Maturity in Emerging Economies", *Journal of Development Economics*, Vol. 79, No. 1, 2006.

Sebastian Edwards, *Capital Controls, Exchange Rates, and Monetary Policy in the World Economy*, New York: Cambridge University Press, 1995.

Stephan Haggard, and Andrew Macintyr, "The Political Economy of the Asian Economic Crisis", *Review of International Political Economy*, Vol. 5, No. 3, 1998.

Stigler, George J., "The Optimum Enforcement of Laws", *Journal of Political Economy*, Vol. 78, No. 3, 1970.

Stiglitz, Joseph E., and A. Weiss, "Credit Rationing in Markets with Imperfect Information", *American Economic Review*, Vol. 71, No. 3, 1981.

Sylvia Maxfield, *Governing Capital: International Finance and Mexican Politics*, Ithaca: Cornell University Press, 1990.

Teruhiko Mano, "New Moves in the Money and Capital Market", *Japan Review of International Affairs*, Vol. 11, No. 4, 1998.

The Bank Relationship Consultant, *Banking in the USA*, London: Pearson Professional Limited, 1997.

Thomas D. Willett (ed.) *Establishing Monetary Stability in Emerging Market Economies*, Boulder, Co: Westview Press, 1995.

Tobin, James, "A Proposal for International Monetary Reform", *Cowles Foundation Discussion Papers*, Vol. 4, No. 3 – 4, 1978.

Torre, Augusto De La, and S. L. Schmukler, "Coping with Risks through Mismatches: Domestic and International Financial Contracts for Emerging Economies", *International Finance*, Vol. 7, No. 3, 2004.

United States Treasury, *Modernizing the Financial System: Recommendation for Safer, More Competitive Banks*, Washington D. C. : US. Government Printing Office, 1991.

Volker, P., The Federal Reserve Position on Restructuring of Financial Regulation Responsibilities, Federal Reserve Bulletin, Vol. 70 (July), 1984.

Wang Jisi, J. Stapleton Roy, Aaron Friedberg, Thomas Christensen, Patricia Kim, Joseph S. Nye Jr., Eric Li, Kurt M. Campbell and Ely Ratner, "Did America Get China Wrong? The Engagement Debate", *Foreign Affairs*, Vol. 97, No. 4, 2018.

Williamson, Jeffrey G., "Globalization, Labor Markets and Policy Backlash in the Past", *Journal of Economic Perspectives*, Vol. 12, No. 4, 1998.

World Bank, *Averting the Old Age Crisis*, New York: Oxford University Press, 1994.

World Bank, *China: Pension System Reform*, China and Mongolia Department, Report No. 15121 – CHA, 1996.

World Bank, *Private Capital Flows to Developing Countries: The Road to Financial Integration*, New York: Oxford University Press, 1997.

World Bank, *Global Economic Prospects*, Washington, D. C., 1999.

Yoshio Suzuki, "Financial Reform in Japan and Global Economic Stability", *Cato Journal*, Vol. 13, No. 3, 1994.

Zysman, J., Governments, Markets and Growth: *Financial Systems and the Politics of Industrial Change*, Ithaca: Cornell University Press, 1983.

安义宽：《发展企业债若干问题的讨论》，《证券市场导报》2002年

11月。

[美] 巴茨:《反思银行监管》,黄毅等译,中国金融出版社2008年版。

白俊男:《货币银行学》,三民书局1997年版。

巴曙松:《中国企业选择海外上市的主要因素》,《产权研究》2005年第3期。

巴曙松:《我们缺少本土金融市场》,《中国经济时报》2006年2月27日。

巴曙松:《海外上市是金融改革动力》,《证券日报·创业周刊》2006年3月3日。

巴曙松:《海外上市潮:中国资本市场的压力和动力》,《资本市场》2006年第4期。

北京大学中国经济研究中心宏观组:《中国社会保障养老保险制度的选择:激励与增长》,《金融研究》2000年第5期。

北京大学中国经济研究中心宏观组:《流动性的度量与资产价格的关系》,《金融研究》2008年第8期。

贝克尔:《20世纪最大的奉献是使人类延年益寿》,《商业周刊》2000年第4期。

边卫红、陆晓明、高玉伟、陶川:《美国量化宽松货币政策的调整和影响及对策》,《国际金融研究》2013年第9期。

[美] 比尔格罗斯:《支持核心资产价格》,《证券周刊》2009年第4期。

毕老林:《交易商囤油博弈》,香港:《信报》2015年1月12日。

毕老林:《谁坐得上SDR这张大床》,香港:《信报》2015年12月1日。

[美] 伯南克、本·S.:《大萧条》,宋芳秀、寇文红译,东北财经大学出版社2008年版。

[美] 布兰查德:《完美风暴:金融危机根本原因分析》,《金融与发展》,中国财政出版社2009年版。

蔡增家:《美国金融改革的政治分析》,台湾:《问题与研究》2000年第6期。

《从国际金融数据看香港的喜与忧》,《中银经济月刊》2003年7月。

陈奉先:《中国的实际汇率制度:基于BBC框架的动态考察》,《国际金融研究》2015年第11期。

陈清泰:《优质国企海外上市不是国有资产流失》,《第一财经日报》2006

年 3 月 16 日。

陈松男:《金融分析——投资、融资策略与衍生创新》,复旦大学出版社 2001 年版。

陈大为:《页岩气出手,石油价格战恐有排打》,香港:《信报》2014 年 12 月 30 日。

次贷风波课题组:《次贷风波启示录》,中国金融出版社 2008 年版。

[英]大卫·福克兹—兰道等:《国际资本市场:发展、前景和主要政策问题》,余江岩译,中国金融出版社 1998 年版。

戴道华:《人民币兑美元汇率与人民币汇率指数》,《中国银行财经速评》 2016 年第 3 期。

[美]戴维·赫尔德等:《全球大变革:全球化时代的政治、经济与文化》,杨雪冬等译,社会科学文献出版社 2001 年版。

[美]戴维森等:《资产证券化:建构和投资分析》,王晓芳译,中国人民大学出版社 2006 年版。

邓映霞:《中国企业境外上市之路》,《国际商报》2004 年 4 月 13 日。

丁剑平:《资本项目开放没有时间表》,《国际金融报》2001 年 6 月 18 日。

[英]Dobbs R.:《退市引发息升,平钱消失早防患》,《香港经济日报》 2014 年 2 月 7 日。

杜艳华:《2005 年中国企业海外 IPO 报告》,《新财富》2006 年 3 月 14 日。

《2017 年中国统计年鉴》,中国统计出版社 2017 年版。

《2000 年港元债券市场的发展》,《金融管理局季报》2001 年 2 月。

[美]范奥德:《证券化的经济学分析及美国的经验教训》,载《比较》,张传良译,中信出版社 2007 年版。

[美]费尔德斯坦:《低通货膨胀很可怕吗?央行过犹不及》,《香港经济日报》2015 年 3 月 7 日。

Feldstein, M.:《无心抑或无力,储局今年难退市》,《香港经济日报》 2013 年 10 月 10 日。

高海红等:《国际金融体系:改革与重建》,中国社会科学出版社 2013 年版。

葛奇:《次贷危机的成因、影响及对金融监管的启示》,《国际金融研究》

2008 年第 11 期。

龚关：《国际金融理论》，武汉大学出版社 2000 年版。

管清友：《应该放缓国企海外上市的步伐》，《新京报》2006 年 3 月 10 日。

国际货币基金组织：《世界经济展望：全球化和对外失衡》，中国金融出版社 2005 年版。

国际货币基金组织：《全球金融稳定报告——控制系统风险和恢复金融稳健》，中国金融出版社 2008 年版。

国际货币基金组织：《世界经济展望》，中国金融出版社中译本 2011 年版。

[美] 豪斯曼·L.：《新兴市场派对结束，实力见真章》，《香港经济日报》2013 年 9 月 4 日。

何德旭、王朝阳：《今年债券市场四大发展趋势》，《中国经济时报》2003 年。

[日] 何思因：《日本金融体系的政治经济分析》，《问题与研究》1999 年第 9 期。

Helbling：《全球化与对外失衡》，载《世界经济展望》，中国金融出版社 2005 年版。

贺力平、林娟：《试析国际金融危机与全球经济失衡的关系》，《国际金融研究》2009 年第 5 期。

胡祖六：《子虚乌有的"货币战争"》，《财经》2007 年第 25 期。

华民：《新"里昂惕夫之谜"：贸易失衡的超边际分析——兼论中美贸易摩擦的理论根源与演变趋势》，《探索与争鸣》2018 年第 6 期。

黄利明：《国企上市先海外后境内，A 股市场边缘化危机待解》，《经济观察报》2006 年 1 月 1 日。

黄仁德、蔡文雄：《国际金融》，三民书局 1999 年版。

黄元山：《股票分析师太乐观?》，香港：《信报月刊》2008 年第 9 期。

IMF：《各国汇兑安排与汇兑限制》，中国金融出版社 1998 年版。

姜波克：《人民币可兑换和资本管制》，复旦大学出版社 1999 年版。

江春泽、李南雄：《养老保险改革：老矛盾，新问题》，《中国经济信息》1999 年。

金观涛：《现代性及其面临的挑战》，香港：《21 世纪》2007 年第 103 期。

金永军：《美金融危机的根源及对货币政策和金融监管的启示》，《当代银行家》2009年第2期。

［美］卡尔·布鲁纳、艾伦·H. 梅尔茨：《货币经济学：货币分析问题》，康以同等译，中国金融出版社2010年版。

康信鸿：《国际金融理论与实际》，三民书局1994年版。

康信鸿：《国际金融》，三民书局1997年版。

［美］克鲁格曼：《萧条经济学的回归和2008年经济危机》，刘波译，中信出版社2009年版。

［美］科斯：《论生产的制度结构》，盛洪、陈郁译，上海三联书店、上海人民出版社1994年版。

Lall 等：《金融体系如何影响经济周期》，载《世界经济展望》，中国金融出版社2006年版。

劳动和社会保障部：《统一企业基本养老保险问答》，中国劳动出版社1998年版。

劳动和社会保障部：《关于社会保险费征缴暂行条例和有关政策的问答》，华文出版社1999年版。

雷鼎鸣：《老有所养——退休保障评议》，香港：商务印书馆1998年版。

雷鼎鸣：《石油价格战的影响》，香港：《信报》2014年12月19日。

雷鼎鸣：《中国汇率与股市风高浪急》，香港：《信报》2016年1月12日。

［英］利奥·高夫：《离岸金融业务指南》，经济科学出版社2000年版。

廖理等：《探求智慧之旅》，北京大学出版社2000年版。

［美］理查德·M. 莱维奇：《国际金融市场——价格与政策》，中国人民大学出版社2002年版。

李春：《贸易战推演，最怕金融骨牌效应》，台湾：《经济日报》2018年7月16日。

李秋华：《中国的人民币贬值助推海外房地产投资》，香港：《南华早报》2015年8月22日。

李绍光：《养老金制度与资本市场》，中国发展出版社1998年版。

李绍光：《养老保险的困境与出路》，《经济社会体制比较》2000年第3期。

李扬等：《经济转轨中的中国金融市场》，经济科学出版社1999年版。

李钟和：《日量化宽松效力短必须东亚合作求生》，《香港经济日报》2013年5月1日。

林苍祥：《人民币扛强势货币责任》，台湾：《中国时报》2015年12月2日。

林美芬：《人民币跌穿6.8速反弹，人行出手》，《香港经济日报》2018年7月21日。

林维奇、吴淑妍：《日元贬值和全球货币宽松背景下的美国经济及投资展望》，《经济前瞻》2013年第5期。

林行止：《油价下挫通货紧缩掩至，经济转型内地尚佳》，香港《信报》2014年12月10日。

凌嘉：《50多家公司排队IPO，A股市场面临千亿海量融资压力》，《北京现代商报》2006年3月31日。

利求同：《美国退休收入的来源、责任分担和管理要素》，《世界经济》2000年第8期。

刘海龙、仲黎明、吴冲锋：《中国证券市场流动性研究》，第6届全国青年管理科学与系统科学学术会议暨中国科协2001年第4届青年学术年会卫星会议管理科学与系统科学研究新进展。

刘洁：《繁荣与危机：透视流动性的过剩》，中国金融出版社2009年版。

刘亚秋：《国际财务管理》，三民书局2000年版。

刘兆佳：《香港21世纪蓝图》，香港中文大学出版社2000年版。

刘卓衡：《日元利差交易剖析》，香港《信报月刊》2007年第9期。

卢晓平、周翀、商文：《国企海外上市得失再度引发争议》，《上海证券报》2006年3月13日。

［日］鹿野嘉昭：《日本的金融制度》，余熳宁译，中国金融出版社2003年版。

罗家聪：《日央行料2016通货膨胀率达2%》，香港：《信报》2013年4月27日。

马俊：《危机还是契机？》，《南方周末》2009年2月5日。

马西森等：《资本由账户自由化：经验与问题》，中国金融出版社1995年版。

美联社：《15%青年不上学未就业》，《加拿大星岛日报》2013年10月22日。

米勒、张雷：《资本账自由化次序对华盛顿共识的挑战吗?》，《世界经济》2000年第11期。

聂庆平：《关于证券市场国际化的几个问题》，《财贸经济》2003年3月。

［美］诺斯：《经济史上的结构与变革》，厉以宁译，商务印书馆1992年版。

欧阳勋、黄仁德：《国际金融理论与制度》，三民书局2000年版。

彭兴韵：《流动性、流动性过剩与货币政策》，《经济研究》2007年第11期。

彭兴韵：《金融危机管理中的货币政策操作》，《金融研究》2009年第4期。

皮海洲：《欲加之罪何患无辞，海外上市是一面"照羞镜"》，《国际金融报》2006年3月13日第6版。

［韩］朴柄文：《证券市场的开放和合作》，《中国证券业通讯》2002年11月。

齐文：《亚洲金融危机的内因、外因及中介环节》，《国际金融研究》1998年。

瞿强：《资产价格波动与宏观经济》，中国人民大学出版社2005年版。

［美］萨缪尔森：《放松管制的经济难以持续》，《21世纪经济报道》2009年2月6日。

沈联涛：《这场危机的本质》，《财经》2008年第26期。

沈联涛：《十年轮回：从亚洲到全球的金融危机》，上海远东出版社2009年版。

［美］史蒂文·N.杜尔劳夫、劳伦斯·E.布卢姆：《新帕尔格雷夫经济学大辞典》（第二卷），经济科学出版社1992年版。

世界银行：《防止老龄危机》，中国财政经济出版社1997年版。

世界银行：《全球经济展望与发展中国家1998/1999：写在经济危机之后》，中国财政经济出版社1999年版。

［美］施莱佛等：《科斯对科斯定理——波兰捷克证券市场规制比较》，《经济社会比较》2001年第2期。

［美］施瓦兹：《美国住房政策》，黄瑛译，中信出版社2008年版。

水皮：《中国股市十万个为什么，中国移动何时海归A股》，《中华工商时报》2005年8月12日。

［英］斯蒂芬·莫里斯、申铉松：《立足于整个金融体系的金融监管》，载《比较》，中信出版社2009年版。

［美］斯蒂格利茨：《停滞的五年》，《新加坡联合早报》2013年10月11日。

宋晓梧等：《解决隐性债务问题，深化养老保险制度改革》，《中国经济时报》2000年5月9日。

［美］Spence M.：《公共投资不足，美国仅局部复苏》，《香港经济日报》2013年12月24日。

苏显扬、吕慧敏：《揭开"安倍经济学"的面纱》，《经济前瞻》2013年8月13日。

孙涤：《金融杠杆率及其创新》，《南方周末》2009年2月5日。

孙杰：《货币与金融：金融制度的国际比较》，社会科学文献出版社1998年版。

［法］托马斯·皮凯蒂：《21世纪资本论》，巴曙松等译，中信出版社2014年版。

王朝阳：《2003年中国债券市场展望》，《中国证券业导报》2003年1月。

汪丁丁：《经济学思想史讲义》，世纪出版集团、上海人民出版社2008年版。

王康：《盖特纳监管革命第一枪　648万亿场外衍生品入瓮》，《21世纪经济报道》2009年5月19日。

王晓春：《中国资本账户开放度研究》，《上海经济研究》2001年4月。

王燕：《国企海外上市造成资产流失了吗？》，《21世纪经济报道"天下论衡"》2006年4月3日第29版。

王延中：《中国社会保险基金模式的偏差及其矫正》，《经济研究》2001年第2期。

［德］韦伯：《新教伦理与资本主义精神》，于晓、陈维刚译，生活·读书·新知三联书店1987年版。

［美］威塔斯：《金融规管——变化中的游戏规则》，曹国琪译，上海财经大学出版社2000年版。

文贯中：《中美贸易战根源及釜底抽薪之道》，《财经》2018年5月7日。

［美］伍德福德：《利息与价格——货币政策理论基础》，刘凤良译，中国人民大学出版社2010年版。

［美］希勒：《终结次贷危机》，何正云译，中信出版社 2008 年版。

《香港债券市场发展前景》，《中银经济月刊》2002 年 9 月。

《香港金融基建的发展》，《香港金融管理局季报》2003 年 3 月。

［美］小约翰·科菲、希拉里·塞尔：《重构美国证监会：财政部有更好的主意吗?》，载《比较》，中信出版社 2009 年版。

谢德宗：《货币银行学》，三民书局 1993 年版。

谢德宗：《投资学》，台湾华泰书局 1997 年版。

［日］星岳雄、阿尼尔·卡什亚蒂：《日本经济缘何停止增长》，《比较》2011 年第 54 期。

熊伟：《"短期化"之祸：本轮金融危机并非始于一场意外》，《21 世纪经济报道》2009 年 4 月 13 日。

熊伟：《危机一周年：中国不应改变金融创新与开放的方向》，《21 世纪经济报道》2009 年 9 月 16 日。

许昌平：《油价跌，影响全球 GDP》，台湾：《工商时报》2015 年 1 月 9 日。

许成钢：《法律、执法与金融监管——介绍法律的不完备性理论》，《经济社会比较》2001 年第 5 期。

徐滇庆等：《中国社会保障体制改革》，经济科学出版社 1999 年版。

徐家健：《油价升跌还看供求》，香港：《信报》2015 年 1 月 22 日。

徐滢：《量化宽松货币政策理论实践与效应研究》，中国经济出版社 2013 年版。

颜至宏：《多层博弈牵动油价大战》，香港：《信报》2014 年 12 月 30 日。

杨奇：《香港概论》，三联书店（香港）有限公司 1990 年版。

杨胜刚、黄凌：《中国证券市场国际化：结构性矛盾与现实困境》，《财贸经济》2003 年 3 月。

尹满华：《急贬有损无益人行托汇缘由》，香港：《信报》2015 年 8 月 18 日。

易宪容：《现代合约经济学导论》，中国社会科学出版社 1997 年版。

易宪容：《金融市场与制度选择》，经济科学出版社 1998 年版。

易宪容：《新制度经济学与中国经济研究》，《社会科学路线》1999 年第 6 期。

易宪容：《扩展秩序：经济繁荣的源泉》，社会科学文献出版社 2002

年版。

易宪容：《金融监管多元化体系的确立与演进》，《中国金融理论前沿3》，社会科学文献出版社2003年版。

易宪容：《资本账开放的理论与实践》，转引自易宪容、黄少军《现代金融理论前沿》，中国金融出版社2005年版。

易宪容：《美国次贷危机根源、实质及反思》，《风险管理研究》2009年第2期。

易宪容：《美国影子银行信贷危机的金融分析》，《江海学刊》2009年第3期。

易宪容：《信贷扩张合理边界与房地产价格波动的研究》，《财贸经济》2009年第8期。

易宪容：《美联储量化宽松货币政策退出的经济分析》，《国际金融研究》2014年第1期。

易宪容：《中国利率市场化改革的理论分析》，《江苏社会科学》2015年第2期。

易宪容：《8·11人民币"新汇改"的走势》，《探索与争鸣》2016年第1期。

易宪容等：《人民币纳入SDR对中国经济的影响与冲击》，《江海学刊》2016年第2期。

易宪容：《人民币汇率风险总体可控》，《中国报道》2016年第2期。

尹小微、邓映霞：《中国企业上市之路》，《国际商报》2004年4月20日。

殷剑峰、王增武：《影子银行与银行的影子》，社会科学文献出版社2013年版。

［美］约瑟夫·斯蒂格利茨：《"安倍经济学"将会成功》，香港：《信报》2013年4月9日。

Zerozipo清科创业投资研究中心；《Zerozipo清科——2005年第四季度中国企业海外市场IPO报告》，2005年。

［美］詹姆斯·R.巴茨等：《反思银行监管》，黄毅、张晓朴译，中国金融出版社2008年版。

张健华：《美国次贷危机与金融制度重构》，《金融研究》2008年第12期。

张礼卿：《发展中国家的资本账开放：理论、政策与经验》，经济科学出版社 2000 年版。

赵耀辉等：《中国城镇养老保险体制转轨问题》，载北京大学经济研究中心内部讨论稿选编 1995—1999 年《中国经济研究》，北京大学出版社 2000 年版。

张汝伦：《西方现代书生与哲学的危机》，《中国社会科学》2018 年第 5 期。

张宇燕、冯维江：《从"接触"到"规锁"：美国对华战略意图及中美博弈的四种前景》，《清华金融评论》2018 年第 7 期。

张云东：《金融的价值取向与国家安全》，《中国证券报》2013 年 7 月 22 日。

张志超：《开放中国的资本账户》，《国际经济评论》2003 年第 1 期。

赵静梅：《美国金融监管结构的转型及对我国的启示》，《国际金融研究》2007 年第 12 期。

《中国企业境外上市融资五大方式（境外上市常识）》，《国际金融报》2005 年 8 月 9 日。

中国人民银行金融市场司房地产金融分析小组：《2004 年中国房地产金融报告》，中国人民银行网。

中国人民银行货币政策分析组：《2006 年第三季度货币政策执行报告》，中国金融出版社 2006 年版。

中国人民银行营业管理部课题组：《房地产价格与房地产泡沫问题》，中国社会科学出版社 2007 年版。

周京奎：《金融支持过度与房地产泡沫》，北京大学出版社 2005 年版。

周小川、王林：《企业社会保障职能的独立化》，《经济研究》1993 年第 11 期。

周小川、王林：《社会保障：经济分析和体制建议》，《改革》1994 年第 3—4 期。

朱民等：《改变未来的金融危机》，中国金融出版社 2009 年版。